U0147747

長白山傳說（第四冊）

目錄

003　弘揚長白山文化　打響吉林特色地域文化品牌
005　主編寄語

第一冊

地　理

027　長白山的傳說（之一）
030　長白山的傳說（之二）
031　長白山的傳說（之三）
034　長白山天池的傳說（之一）
038　長白山天池的傳說（之二）
040　長白山天池的傳說（之三）
042　長白山天池的傳說（之四）
045　長白山天池的傳說（之五）
047　長白山瀑布的傳說（之一）
048　長白山瀑布的傳說（之二）
050　長白山瀑布的傳說（之三）
052　圓池的傳說（之一）
055　圓池的傳說（之二）
059　長白山溫泉的傳說
065　長白山王池的傳說（之一）
068　長白山王池的傳說（之二）
070　三江之源的傳說（之一）
072　三江之源的傳說（之二）

074 三江之源的傳說（之三）
076 三江之源的傳說（之四）
078 梯子河的傳說
081 二道白河的傳說
082 蒲春河的傳說
084 古洞河的傳說
086 九蝶瀑的傳說
088 奶頭河魔界的傳說
090 七星湖的傳說
094 白龍灣的傳說
096 黑魚泡的傳說
099 兩龍鬥出松花江
101 小花鹿引來鴨綠江
106 二道江的傳說
109 海蘭江（之一）
112 海蘭江（之二）
113 天河取水
119 二道神泉的傳說
121 神泉的傳說
123 金線泉的傳說（之一）
126 金線泉的傳說（之二）
133 金線泉的傳說（之三）
135 玉漿泉的傳說
137 神泉藥水的傳說
139 紅松泉的傳說
142 長壽泉的傳說

145 長興河的傳說
147 仙女泉的傳說
149 明目泉的傳說
152 天池的龍宮
155 「仰臉兒」與小黑龍
158 蓮花池的傳說
165 牛郎渡的傳說
167 仙人橋的傳說
170 鳳凰溝的傳說
175 湧泉溝的傳說
177 夾皮溝的傳說
179 太平溝的傳說
181 馬鹿溝的傳說
185 鯉魚潭的傳說
188 雪山飛湖的傳說
190 長白山十六峰的傳說（之一）
191 長白山十六峰的傳說（之二）
199 長白山天池的三座峰
201 雍順請鷹
203 鷹嘴峰的傳說（之一）
206 鷹嘴峰的傳說（之二）
208 白雲峰的傳說（之一）
214 白雲峰的傳說（之二）
215 白雲峰的傳說（之三）
218 日月峰的傳說
220 金梭峰的傳說

223 神仙峰的傳說
226 白馬峰的傳說
229 五女峰的傳說
233 奶頭山的傳說
235 胭脂山的傳說
238 猴石山的傳說
245 羅通山的傳說
247 拉法山的傳說
250 雙刀山的傳說
254 帽兒山的傳說（之一）
257 帽兒山的傳說（之二）
263 馬蹄山的傳說
268 龍頭山的傳說
270 青龍山的傳說
273 二龍山的傳說（之一）
275 二龍山的傳說（之二）
278 二龍山的傳說（之三）
280 吐月山的傳說
283 五峰山的傳說
285 小孤山的傳說
289 貓耳山的傳說
294 劍山的傳說
296 枕頭山和愛情湖的傳說
298 七星山和萬寶汀的傳說
301 老虎背的傳說
304 牛郎織女凡間度七夕

308 賽棋崖的傳說
311 香蕉崖的傳說
312 羅漢崖的傳說
313 歡喜嶺的來歷
314 老爺嶺的傳說
317 威虎嶺的傳說
321 七十二道龍灣的傳說
323 天宮御花園
338 關門砬子的傳說
341 甕聲砬子的傳說
345 花砬子的傳說
352 望江樓的傳說
358 梳妝台的傳說
360 珠寶崗的傳說
364 金龜島的傳說

第二冊

387 仙人洞的傳說（之一）
390 仙人洞的傳說（之二）
391 仙人洞的傳說（之三）
394 仙人洞的傳說（之四）
398 仙人洞的傳說（之五）
401 神仙洞的傳說
406 棋盤洞和求仙石的傳說
409 避風石的傳說
411 寶卵石的傳說

416 洗兒石的傳說
418 夫妻石的傳說
421 望夫石的傳說
424 臥牛石和柳溪泉的傳說
429 飛來石的傳說
432 釣鰲台的傳說
437 放鶴台的傳說
441 無字碑的傳說
443 縛龍石柱的傳說
446 石針的傳說
448 石龍崗的傳說
452 青龍背的傳說
455 石柱畫廊的傳說
457 孝子岩的傳說
460 老鱉炕的傳說
463 小石龍的故事
465 靈光塔的傳說（之一）
467 靈光塔的傳說（之二）
470 鎮蛟寺的傳說
472 「三人班」的傳說

植物・花草

475 長白山藍莓的傳說（之一）
477 長白山藍莓的傳說（之二）
479 山丹丹的傳說
480 百合的傳說（之一）

484 百合的傳說（之二）
486 金達萊的傳說
490 映山紅的傳說
492 年息花的傳說
495 婆婆丁的傳說
497 冰凌花的傳說
499 山鈴鐺的傳說
504 菱角花的傳說
508 白河與高山杜鵑
513 靈芝的傳說（之一）
516 靈芝的傳說（之二）
520 靈芝的傳說（之三）
522 靈芝的傳說（之四）
524 靈芝的傳說（之五）
529 靰鞡草的傳說（之一）
530 靰鞡草的傳說（之二）
536 靰鞡草的傳說（之三）
539 靰鞡草的傳說（之四）
541 靰鞡草的傳說（之五）
543 含羞草的傳說
545 還陽草的傳說
547 不老草的傳說（之一）
550 不老草的傳說（之二）
552 石茶的傳說
554 關東煙的傳說
559 長白山淫羊藿的傳說（之一）

561 長白山淫羊藿的傳說（之二）
562 狼毒的傳說
564 五味子的傳說
567 關東三寶的傳說
571 刺官棒的傳說
573 穿山龍的傳說
576 黑木耳的傳說（之一）
578 黑木耳的傳說（之二）
579 白山狗寶的傳說
581 蜇麻的傳說
584 布襪菜的傳說
587 天麻的傳說
591 「小紅燈」引路找貝母
593 山芍藥的傳說
595 寒蔥的傳說

植物・樹木

599 美人松的傳說（之一）
605 美人松的傳說（之二）
609 美人松的傳說（之三）
610 美人松的傳說（之四）
612 岳樺樹的傳說
615 白山樺的傳說
617 柞樹的傳說
620 女兒木的傳說
623 樺樹和杜鵑的傳說

628 「大紅袍」李子的傳說
631 斧劈椴樹精
634 大榆樹的故事
636 紅松王的傳說
638 神樹的傳說
641 天女木蘭的傳說

第三冊

飛禽・昆蟲

667 人參鳥的傳說（之一）
670 人參鳥的傳說（之二）
671 人參鳥的傳說（之三）
673 烏鴉受封
675 鴻鵠（烏鴉）的傳說
677 天鵝的故事
681 天鵝仙女
683 白天鵝找樂園
684 海東青和鸕鶿
689 雉的來歷
692 鷹城與海東青
697 「忘恩鳥」的悲憤
699 光棍兒雀
701 魚鷹
704 「車老闆鳥」傳奇
706 金喜鵲成就罕王大業
711 鴘鷹報恩

714 恨狐
719 神鵲救凡察
720 打樁鳥
722 奇怪的「草爬子」
724 小咬兒

走　獸

727 梅花鹿的傳說（之一）
732 梅花鹿的傳說（之二）
737 梅花鹿的傳說（之三）
740 梅花鹿的傳說（之四）
744 金鹿王
748 道哩救鹿
752 蛤蟆的傳說（之一）
753 蛤蟆的傳說（之二）
756 蛤蟆的傳說（之三）
759 蛤蟆的傳說（之四）
764 蛤蟆的傳說（之五）
769 癩蛤蟆的來歷
771 小青蛙跳龍門
773 長白山天池怪獸的傳說
776 花栗鼠的傳說
777 貂的故事（之一）
781 貂的故事（之二）
783 貂的故事（之三）
786 貂的故事（之四）

788 貂的故事（之五）
791 趙初把打羆
795 飛鼠戲烏蛇
796 貂熊來白山
797 黑瞎子的故事（之一）
799 黑瞎子的故事（之二）
801 黑瞎子的故事（之三）
802 黑瞎子的故事（之四）
804 黑瞎子的故事（之五）
806 黑瞎子的故事（之六）
810 黑瞎子的故事（之七）
814 獾子和貉子
816 獾子後悔
818 獾子巧鬥豹兄弟
820 「聰明」的麅子
821 麅子圈
824 麅子機靈野豬傻
825 白脖狐狸
827 黃鼠狼盜寶參
830 狼的故事（之一）
834 狼的故事（之二）
835 狼的故事（之三）
840 狼的故事（之四）
844 狼的故事（之五）
847 狼的故事（之六）
849 猞猁

850 吃狗皆醉的虎
852 知恩必報的老虎
854 刺蝟偷瓜
856 香獐子
860 獐子忌肉
862 王大膽兒殺狴犴
864 飛毛腿巧遇劉海蟾
870 小白龍和白鶴仙子
874 雙龍泉
879 二小認娘
887 神龜望海
894 蛇仙救道士
898 小狗花子
901 火燒蜘蛛精
903 龍鳳相爭
906 長仙洞的由來
908 滴水洞裡有條小龍
910 黑魚娶親
913 黑魚精當知縣
916 黑魚搭橋
918 可憐的狐狸
920 白龍降雨
924 婁金狗保駕
932 紅綾姑娘與黑脖公主
935 白鹿額娘
940 蚌精

948 金蟾島的珍珠姑娘
955 鯽魚貝子
961 金馬駒

歷史・人文

967 補天石
970 華氏兄弟
975 女真摩崖的傳說
977 老罕王的傳說（之一）
980 老罕王的傳說（之二）
982 老罕王的傳說（之三）
984 老罕王的傳說（之四）
987 老罕王的傳說（之五）
992 老罕王的傳說（之六）
997 八旗的傳說（之一）
999 八旗的傳說（之二）
1001 松江的傳說
1004 萬寶的傳說
1007 龍井（之一）
1011 龍井（之二）
1015 仰臉山城的故事
1016 松花石的傳說
1018 花莫利
1023 「吃包兒飯」的傳說
1025 黏耗子
1027 嘎拉哈

1034 額隆袋

第四冊

1061 康熙狩獵
1064 女真定水
1074 樺皮簍
1077 北極星
1079 白雲格格
1083 姑布利開石門
1086 織布格格
1090 水仙格格
1095 百花公主
1098 紅羅女
1103 採珍珠
1105 塔娜格格
1112 繡花女
1118 「老實人」的故事
1123 射柳
1127 冰滑子
1130 蠶姑姑
1135 沙家人
1137 黑娘娘的傳說
1142 炮手和鬍子
1145 鹽豆就飯
1147 姑媽媽

1150 頂水的來歷
1152 打畫墨兒
1155 神農來長白山
1157 關東三大怪
1160 紙人媳婦
1169 嶺上三仙
1173 天門陣的陣圖出自九鼎鐵叉山
1176 姜太公借定風珠
1179 聚寶盆的故事
1185 李道士遇仙記
1187 紀小唐的身世
1191 草人借箭
1193 活人腦子與草帽頂子
1195 一語千金
1199 朝鮮族吃冷麵的習俗

人　參

1203 老把頭的傳說（之一）
1205 老把頭的傳說（之二）
1209 老把頭的傳說（之三）
1214 老把頭的傳說（之四）
1215 老把頭的傳說（之五）
1218 長白山人參的傳說（之一）
1221 長白山人參的傳說（之二）
1223 長白山人參的傳說（之三）
1224 長白山人參的傳說（之四）

1226 長白山人參的傳說（之五）
1227 長白山人參的傳說（之六）
1236 長白山人參的傳說（之七）
1238 長白山人參的傳說（之八）
1241 人參姑娘的傳說（之一）
1243 人參姑娘的傳說（之二）
1246 人參姑娘的傳說（之三）
1248 人參姑娘的傳說（之四）
1252 人參姑娘的傳說（之五）
1255 人參姑娘的傳說（之六）
1259 人參姑娘的傳說（之七）
1262 人參姑娘的傳說（之八）
1265 人參姑娘的傳說（之九）
1267 長白山人參娃娃的傳說（之一）
1268 長白山人參娃娃的傳說（之二）
1270 長白山人參娃娃的傳說（之三）
1273 長白山人參娃娃的傳說（之四）
1276 人參蘆頭的傳說（之一）
1280 人參蘆頭的傳說（之二）
1282 長壽花的傳說
1287 鼠年放山
1291 兩條山規的來歷
1293 人參蜜
1296 長白山人參酒的由來
1300 棒槌營子的故事
1308 棒槌砬子的傳說

1311 棒槌哈達
1314 六品葉溝
1318 乾飯盆
1321 人參老頭
1325 雙胎參
1331 巨蛇護參
1341 酒參
1344 九扣還陽草
1347 藥王參
1351 燈參、寶磨和金馬駒
1355 紅燈籠
1363 李二壞成「神」
1367 韓生和棒槌孩
1369 擰勁參
1373 龍咬參
1375 虎參
1380 龍參
1385 火參（之一）
1392 火參（之二）
1394 刺參
1400 鹿參

康熙狩獵

老爺嶺山頂，在大森林中間，有一大片沒長樹木的苔原，嫩綠的小草，只長一寸來高，好像鋪了一層綠茸茸的地毯，遍地開滿黃橙橙的小花，點綴在地毯當中，到過這裡的人都感覺好像到了另一個世界，覺得稀奇，總想在這暄騰騰的地毯上留下美好的回憶。

有人說，這是個打圍的好地方，這話算說對了。據傳說，康熙爺東巡還到這裡打過圍呢。

康熙皇帝這位中國歷史上的一代明君，既能征善戰，又胸懷大略，開闢了康乾盛世，為世人所欽佩。

另外，他還練就一套狩獵的本領，一生最大的愛好就是射獵。康熙帝在晚年統計：「自幼至今，凡用鳥槍弓矢，獲虎一百三十五、熊二十、豹二十五、猞猁猻十、麋鹿十四、狼九十六、野豬一百二十二、哨獲之鹿凡數百。」有一次，一天之內，射兔三百一十八隻。狩獵場上的赫赫戰績，也是歷史上任何一位君主所不能比擬的。

康熙二十一年（1682 年），因沙俄在北方黑龍江流域不斷騷擾，侵占大清領土，殘酷地殺害大批中國人，為此皇上親自東巡察看。經過吉林烏拉，檢閱了松花江上船隊，成百上千各類船隻漂滿了江面，一隊隊整齊的船隊從皇帝面前駛過，不時地高呼：「吾皇萬歲，萬萬歲！」「天下太平，國泰民安！」皇上龍顏大悅，對陪同他的吉林將軍說：「船廠能造出如此上好的船隻，實乃大清繁榮昌盛之象徵，今後不但要造出好的運輸船隻，還要造出更好、更多的戰船來。」

皇上在明珠和索額圖的陪同下，沿松花江北上巡視完畢，制定出反擊沙俄之策後，回到船廠。吉林將軍見皇上心情好，知道他平時喜歡打獵，有意討好皇上，上前奏曰：「皇上這次東巡，鞍馬勞頓，甚為辛苦，應好好在此歇息幾日。在此西去百里，去寧古塔途經的老爺嶺上有一個天然圍場，如皇上有興致，可否前去消遣消遣？」一席話，說得康熙心裡直發癢，即問：「可有大牲畜嗎？」

「那裡獐、麅、野鹿、熊、虎、野豬，各種野獸甚多，尤其梅花鹿更多。」

「好吧，權且在此歇息幾日。」

次日，皇上帶上火槍弓箭，跨上一匹快馬，索額圖安排京城來的二百多名護衛去趕仗（圈野獸），吉林將軍陪同皇上以及京城來的大臣，浩浩蕩蕩奔老爺嶺而來。過了額赫穆站（今吉林省蛟河市天崗鎮西），就進入古樹參天的窩集，東行四五十里，進了一個大山谷（即紅葉谷）。石虎河嘩啦啦清脆的流水聲，在寂靜的原始森林中演奏出歡迎天子的迎賓曲，讓皇上龍顏大悅。康熙皇帝輕鬆地騎馬漫步而上，盡情享受著大自然的沐浴，興致勃勃地說：「整天關在京城，怎能看見外邊這美麗的藍天啊。諸位愛卿，多多吸納新鮮空氣，吐故納新，才能振奮精神，方可使國家煥然一新哪。」康熙一行逆流而上，忽然駐足遠眺，言道：「此處佛光萬道，乃是一塊風水寶地，日後必有大成者。」當看到一連串湍流不息的瀑布時，康熙皇帝喜出望外，說道：「此瀑布雖無天池瀑布那樣氣勢磅礴，但也是飛流滾滾，姿態萬千，百看不厭。」半路上，見到眾多奇石怪樹，康熙皇帝又是一番驚愕，「我泱泱大國，幅員廣闊，各處風光，特色不一，此處的奇石怪樹，實乃罕見也。」經過彎彎曲曲的山間小道，來到老爺嶺山頂老崗。

吉林將軍指著樹林外一片綠草地說：「啟稟皇上，前邊樹林之外那片開闊地，便是天然圍場，裡面不長樹木，只生小草，這也是老爺嶺的奇妙之處。這片苔原長三里有餘，寬不足一里，正適合圍獵。皇上，咱們是否在這兒守候坐圍？」皇上應允，與眾人下馬休息，等待趕仗人的動靜。等了大約一個時辰，隱隱聽見敲鑼聲和木梆的敲擊聲。皇上飛身上馬，勒緊韁繩，長箭上弦。隨從的大臣們也都做好準備，只待獵物出現。

須臾，從東坡趕過一群梅花鹿，皇上將弓箭放下，曰：「梅花鹿是吉祥之物，況此山之神鹿，對我大清創業有過貢獻，不可傷害。」話音剛落，又一隻斑斕猛虎，從南坡林中鑽出，皇上對準老虎將弓拉滿，大家屏住呼吸，只等把老虎射翻，可是皇上又把弓箭收回，大家不解其意。有人問：「皇上，為何不放箭？」皇上指著遠遠跟在老虎身後的兩隻小虎，說：「你們看，這兩隻幼虎正在哺乳之時，如射死母虎，不得把小虎活活餓死嗎？」過了一會兒，西南又趕上來一群野豬，頭豬齜著兩顆獠牙，看上去很凶猛。皇上喊：「沖上去，把這些禍害人的畜牲消滅掉！」他一馬當先，縱馬衝了過去，野豬見有人衝來，嚇得轉頭向東跑去，皇上緊追不捨，鬆了韁繩，將弓拉滿，一箭便將頭豬射翻，豬群就亂了營，接著又連發兩箭，兩箭兩中。其餘的人一擁而上，幾乎把豬群給包圓兒了。皇上對大家說：「諸位愛卿，今天雖沒射著老虎，射死這麼多野豬，就沒白來，為百姓除了害，也算做了件好事，咱們回去吧。」

將軍派人把獵物收拾好，陪同皇上和各位大臣騎馬在苔原上漫遊一週。皇上稱讚曰：「這真是個好圍場啊，況且苔原大小適中，四面都是茂密的森林，只要獵物到了圍場之中，只能是有來無回。」又說，「這綠茵茵的小草，朕看了心裡舒服、愉悅，恐怕仙界都沒有這樣的好光景。」

康熙皇帝戀戀不捨地離開了老爺嶺。回京後，他還常常回憶起到老爺嶺狩獵的有趣一幕。

女真定水

提起女真定水，那是很久以前的事了。那個時候，黑龍江這塊地方被三條大孽龍霸占著，這三個傢伙經常製造災難，使黑龍江兩岸風不調，雨不順，不是旱得寸草不生，就是澇得一片汪洋。

在大興安嶺上，住著一對年輕夫婦，男的叫完達，女的叫女真。這一年，他們在黑龍江邊種上了大麥、糜子和麻。秋天到了，莊稼熟了，可是惡龍挾著狂風暴雨也來了，江水氾濫，莊稼全給淹沒了。水進了屋，上了炕，一個勁地往上漲，完達和女真只好爬到了山頂上。

那時候，大興安嶺的山頂可高了，高過了雲彩，滿山寸草不生，全都是大大小小的石頭。完達和女真在山頂上看到一條黑龍，一條白龍，還有一條青龍，正在雲中翻滾打鬧，一顆明亮的寶珠在它們中間拋來扔去，隨著寶珠的起落，地面上的黑水也不停地上下翻滾，打著漩渦。這顆寶珠原是天上的一顆明珠，有了它，風雨適時，四季分明。而今，被這三條惡龍盜來興風作浪。

完達和女真看到這種情況實在氣極了，便向惡龍喊道：「你們別鬧了，快讓江水入海吧！」

惡龍們聽到這話很不高興，把寶珠往上一頂，霎時，凶惡的浪頭像堵牆一樣朝完達他們壓下來。

完達和女真舉起山上的石頭向惡龍砸去。三條惡龍更被激怒了，一條噴水，一條吐火，一條吹風，一齊向山頭撲來。完達和女真還是不斷用石頭向惡龍身上砸去。山頂表面的石頭很快用光了，山逐漸矮下去，洪水卻不斷漲上來。女真使勁用雙手刨石頭，刨啊刨，小石頭刨完了，露出來一塊大石頭，怎麼也搬不動。完達和女真一同用勁，轟隆一聲，巨石被他們刨出來了。女真的手被石頭劃破，殷紅的鮮血流在石頭上，石頭裂開了，露出了一把金光閃閃的七星斧。

完達掄起這七星寶斧，劈石石開，劈水水分。惡龍嚇跑了，烏雲消散，黑水暫時歸了江。

冬天來了，完達和女真為了永除水患，決定下江擒龍，奪回被惡龍們盜去的那顆定水寶珠。

他們在雪地上走啊走，終於在古河道上發現了惡龍的痕跡。完達揮起寶斧劈開堅冰，撥開水面，下到了黑龍江江底。

江底下靜悄悄的，所到之處幽暗陰森，寒氣襲人。走不一會兒，他們發現江底深處有一扇鑲滿珍珠的青石大門。門上有「龍潭」二字，門前有兩條馬哈魚在把守。女真往遠處扔了些糜子餅，完達用寶斧輕輕敲了幾下，老馬哈魚本來正在瞌睡，一陣響聲，驚醒了，馬上東尋西找。它們發現了糜子餅，就吞吃起來。完達和女真乘機推開石門，一閃身進了龍潭府。龍潭大廳的黑石上，一條大黑龍正盤在那裡打呼嚕，完達擒龍心切，緊握寶斧向妖孽奔去。剛近黑石，不料腳下有一股看不見的急流，一下子就把完達衝倒了。女真眼疾手快，拋出隨身帶的麻繩，完達抓住繩頭站了起來。

黑龍被驚醒了，它抬起頭，瞪著血紅的眼睛，抖動渾身的鱗片，發出嘩啦啦的聲響，正要撲過來，女真甩出麻繩，正好把龍頭套住，順勢一拉，把黑龍弄了個四爪朝天，完達和女真一齊把它結結實實地綁在了黑石上。

這時，守門的兩條老馬哈魚走了進來，看見這情形，便聲嘶力竭地號叫起來，召來了一幫蝦兵蟹將，在一旁亂蹦亂爬。女真抄起麻繩的另一端，一甩，兩條老馬哈魚就被抽倒在急流裡，立刻被沖得無影無蹤。魚鱉蝦蟹心驚肉跳，哆嗦成一團，誰也不敢再向前了。

黑龍惱怒地問完達：「你們憑什麼要來捉我？」

完達說：「因為你盜去天上的定水寶珠，興風作浪害百姓。」

黑龍轉動了牛一樣的眼睛，悶聲悶氣地說：「給我鬆綁，寶珠一定奉還。」

女真說：「那你就快點把寶珠吐出來！」

黑龍無可奈何，「咕嘟」一聲，吐出了一顆寶珠。這顆珠子黃亮透明，映得滿江泛起金光。完達將寶珠高高擎起，魚鱉蝦蟹們個個撲通撲通地跪下，像搗蒜似的給完達和女真叩頭。

女真問：「這就是定水珠嗎？」

黑龍說：「我就這麼一顆。

女真見老龍這般陰陽怪氣，十分生氣，說道：「真珠也罷，假珠也罷，不教訓教訓你這孽障，今後是不會老實的！」說罷，完達舉起寶斧，「咔嚓」一聲，龍角落地，黑龍疼得滿地打滾。從此，黑龍就再也不能騰雲駕霧，只能在水底下爬了。

女真和完達，一個右手執寶斧，左手托寶珠，一個手舉龍角，肩挎麻繩，大步跨出黑龍潭，回到了陸地上。

原來這龍角是升天的寶物，能變大，也能變小。完達大喝一聲：「長！」龍角立即長成小船一般大。他們登上龍角騰空而起。

完達對女真說，「你看，這顆珠子的光，照在冰上冰崩，映在雪上雪飛，真是顆寶珠！」

女真說：「我們把寶珠拋到大海裡去吧！讓它指引江水向東流入大海裡去。」

完達雙手把寶珠舉過頭祝願道：「願江水向東方水流不斷，願家鄉和風細雨連慶豐年！」

祝願完畢，完達用力將寶珠向東方扔去。寶珠呼嘯著，打著旋兒向大海飛去，凡是寶珠飛過的地方，都颳起了大風，地下的冰雪沙石被風捲起，刮向大海。

寶珠落到大海裡，轟的一聲，掀起了一股巨大的水柱！

水柱旋轉著向大地撲來，黑龍江水倒流，黑水重新淹沒田野，浪頭直拍興安嶺。

見到這種情景，女真氣憤地說：「這條孽龍把我們騙了，這不是定水珠，這是颯風珠！」

完達一咬牙說：「走！找小白龍去，定水珠一定在它那裡。」

他們撥轉雲頭，駕著龍角向長白山飛去。長白山高聳入雲，一片銀白。這裡終年風雪瀰漫，四季嚴寒。完達和女真好不容易才在半山腰一塊老大的冰石後面發現了一個黝黑的洞口。他們正要向洞口飛去，突然，龍角就像被磁石吸著，箭一樣地向石壁撞去，完達和女真見勢不妙，「嗖」的一聲跳下龍角，緊緊抓住了那塊巨大的冰石，這才擺脫了粉身碎骨的危險。可是，龍角戳進洞口，和冰山牢牢地凍結在一起，把洞口封死了。

原來，狡猾的白龍透過冰層看到完達和女真前來攻山，就猛抽一口寒氣把龍角吸過去。這時，白龍正在洞裡哈哈大笑，大聲怪叫道：「我看你們有多大本事，這回讓你們飛不了也走不開，你們就凍死、餓死在我這長白山吧！」

白龍狂笑著把頭一甩，一股寒風，夾著冰雪直向完達和女真撲來，完達頂風冒雪奮力掄起寶斧向龍洞上的堅冰砍去，可是斧落冰裂，斧起冰合，怎麼也砍不開。狂風越刮越緊，冰石滿山飛滾，一聲震破天空的巨響，雪山崩塌了，整個山峰向完達和女真壓來，他們急忙下山，躲在一個背風的山旮旯兒裡。

女真坐在地上，覺得腳下濕漉漉的，仔細一看，原來是山縫裡淌出了細細的水流。夫妻倆向前走去，又發現地上有螞蟻，螞蟻給他們引路，使他們找到了冰涼的盡頭，見到了石壁，看見了土。

「有土就好鑿了！」完達用斧去劈石壁，石裂土塌，一股泉水奪路而出，形成了一條長河，至今人們還管這條河叫螞蟻河。

完達繼續用斧開山，終於鑿通了龍洞的石壁，向上望去黑咕隆咚，向下望去深不見底，這龍洞原來是一個直上直下，四壁冰滑的無底洞。

女真抖開麻繩，完達攀著繩索向龍洞深處搜去。

小白龍正在洞內作法，猛然，一塊巨石砸在了它的尾巴上，疼得小白龍馬上躥了起來。抬頭向上一看，只見完達背著寶斧正向洞底滑來，它急忙推開吸在洞口的那個黑龍角，鑽到了冰山外面。

女真正在洞口小心地向下放繩索，冷不防，小白龍從背後猛推一把，女真摔倒了，繩子脫落了，她掉到了洞底。凶狠的白龍又向女真撲來，它想把女真推到洞裡然後用冰封住。可是女真一閃身，躲過了衝過來的龍頭，翻身抓住了龍尾巴，用手揭它被石頭砸破的傷口，小白龍疼痛難忍，拚命轉過身來抓女真。在洞口邊，女真徒手和尖牙利爪的惡龍搏鬥起來。

完達在洞底聽到上邊的聲音，知道女真處境危險，便不顧一切地往洞口爬。

女真緊緊攥住龍尾上下抖動，白龍渾身骨節格格作響，鱗片紛紛下落。抖了一會兒，白龍不動了，女真以為白龍已死，稍一鬆勁，白龍立即回過頭來張牙舞爪撲向女真。正在這千鈞一髮之際，完達手持寶斧衝出洞口，一斧就把小白龍攔腰砍成兩段，小白龍死了。女真扒下龍皮，抽出龍筋，完達撬開龍嘴，從小白龍喉嚨裡掏出一顆火紅色的寶珠。

完達把寶珠交到女真手裡，可是女真這時臉色煞白，頭冒冷汗，捣著肚子彎腰坐了下來。完達連忙扶住她，著急地問道：「你怎麼了？受傷了嗎？」女真吃力地說：「沒……沒受傷，剛才一陣肚子絞痛，恐怕是累的……」完達知道女真已經懷孕，疼愛地把自己的皮襖披在了她身上。

女真問：「這是定水珠嗎？」

完達說：「小白龍能凍冰，它口中含的珠子一定會定水，你看，這顆寶珠多亮啊！」

完達扶著女真艱難地爬上長白山頂，狂風不斷地吹來，雪在珠光的照耀下迅速地化為冰水。一輪紅日從東方冉冉升起，在狂風的吹拂中放出火一樣的光芒。女真拿起寶珠，向著太陽升起的地方用力扔去，兩人同聲念道：「願寶珠鎮狂風，珠到風停，引春水治乾旱，災害永除！」

寶珠飛離女真的手，像一團火球似的躍向大海，整個天空都變紅了。女真和完達注視著寶珠的去向，眼見寶珠徐徐落到了海面上，珠子落處，火苗衝天而起，烈焰被狂風一吹，伸出了無數條火舌，直奔黑龍江。黑龍江兩岸遍地生煙，樹燒著了，地烤焦了，長白山的積雪也被烤化了，雪水向東北流進火海，化成了一股股白氣，被風捲得四處飛散。水、火、風在大平原上交織在一起，天上狂風、地上烈火、腳下泥水，真是一場空前的災難哪！

女真的肚子疼得越來越厲害，完達扶著女真，沿著一條山溝下山。這時，狂風捲著火舌，沖上長白山頂，融化的雪水咆哮著從山頂上奔騰而下，完達用寶斧左擋右擋，但是飛瀉的洪水好像脫韁的野馬，一把斧頭怎麼能抵擋得住？女真一腳踩空，轟鳴的雪水拋著水花，把女真卷下了山。

完達回頭一看，不見了女真，急得他兩眼冒金星，渾身直出汗，邊跑邊叫，三步兩步就跑下了山頭。

雪水流到山坳裡，形成了一個平靜的池潭，這就是現在的天池。完達在天池邊喊叫哇，滿山都迴響著完達呼喚女真的聲音。忽然，湖面上升起彩虹，池裡傳來了兩個嬰兒的哭聲。他循聲跑了過去，看見女真躺在一片巨大的荷葉上，身旁兩朵蓮花，每朵蓮花上托著一個嬰兒，一個男孩，一個女孩。男孩身體結實得像小老虎，女孩的容貌就像一朵盛開的山花。完達急忙把女真和孩子接上岸來，那荷葉和蓮花變為三朵祥雲先在水面漂浮，後來變為彩雲，升到藍天上。

女真為男孩起名叫興凱，完達為女兒取名叫牡丹。女真用龍筋做線，龍皮當布，給兩個孩子縫成衣裳。這衣服既禦寒又能遮雨，冬暖夏涼。完達用斧頭劈樹取枝，做了兩個吊床掛在樹上，兩個孩子甜蜜地睡著了。

完達對女真說：「山河還沒治理好，孩子就來了，咱們不能就此罷休！」

女真說：「原來定水珠是在青龍那裡，咱一定要把它奪回來！」

完達說：「孩子太小，你行動不方便，咱們就在長白山安家吧，待我奪回定水珠，咱們再團聚！」

女真難過地說：「就你一個人去鬥青龍，我多不放心啊！」她解下身上的麻繩對完達說：「帶上它吧，遇到困難這繩子用得上，奪得寶珠早日回家！」

完達告別妻子兒女，手提寶斧，肩挎麻繩，向北走了十天，翻過了十座山，來到了一片燒焦的土地上。只見前面青雲繚繞，霧氣騰騰，隱隱約約可聽到嘩嘩水聲。再往前走，只見一片清澈的湖水中心，有一座古老的祭壇，祭壇後面的龍王廟裡傳來了斷斷續續鼓磬聲。祭壇的四壁刻滿了各種怪龍，祭壇下的湖水裡，可以清晰地看到一簇簇水草，隨著水波擺動著。祭壇上一條青色的巨龍若無其事的蟠臥著，兩眼朝天，從嘴裡噴出一股水，水花上跳動著一顆水晶般的寶珠。青龍悠閒地把這寶珠一會兒噴上去，一會兒又吸回來。

完達舉起寶斧就要闖過去，突然想起女真臨別的叮嚀，小心地觀察起來。他看到珠起水漲，珠落水降，隨著湖水的漲落，祭壇下的水草劇烈地鑽動，而且還閃著陰森森的寒光。再定睛一看，這不是水草，是一種名叫虺的毒蛇！它們並不像老龍那樣沉得住氣，已經等得不耐煩了，一個個張著嘴，吐著殷紅的蛇芯，正盼著完達入水呢。完達擦了一把冷汗，知道一旦下水就會被虺蛇纏住咬死。

「不能下水！」完達心裡一邊這麼想，一邊盤算著如何擒龍奪珠。「女真若是在身邊該有多好啊，她一定會有辦法的。」想到女真，完達不由自主地摸一下肩上的麻繩，一條妙計湧上了心頭。

他操起利斧，將麻繩迅速地剁成幾段，抖成碎麻扔進水裡。這些碎麻一入水，立刻把虺蛇們一條條結結實實地捆成了一團，虺蛇們嘶嘶地叫著，全都動彈不了啦。

完達用寶斧劈開水面，飛快地登上了祭壇。這時，青龍剛把寶珠噴出口，完達對準珠子猛砍一斧，珠子被打成無數碎片。由於完達用力過猛，斧子也隨著脫手而出，飛出很遠。

這些碎珠片像一顆顆掃帚星似的在天空飛著，最後紛紛落在連珠山上，珠片落處，湧出一股股泉水，匯成了一潭清澈的湖水。

珠子被打碎了，青龍立即騰空而起，追到連珠山，慌忙用爪亂刨亂挖，妄圖把已嵌入山石裡的珠塊刨出來。完達緊追過來，騎上龍身，抓住龍頭，往山石上猛撞。龍牙碰掉了，龍眼撞瞎了，青龍疼得滿山打滾，怪叫一聲，回身撲來，死死纏住了完達。

完達與青龍搏鬥了三天三夜，只鬥得飛沙走石狂風捲，天昏地暗日月無光，打得難解難分。

到第三天晚上，瞎龍已是垂死掙扎，完達也渾身是傷。完達使出最後的力氣緊緊掐住了青龍的脖子，青龍疼得四爪亂抓，龍爪像刀似的刺進完達的皮肉，完達的鮮血像泉水一樣湧了出來。最後，青龍渾身癱軟，斷氣了。完達剛站起來，眼前一黑，朝著長白山的方向倒了下去，變成了一座山。

完達望著親人，他用自己的身軀擋住海上刮來的暴風，積蓄了流水。黑龍江上的風停了，火止了，水流了。但是，災難並沒有結束，那條被砍掉角的黑龍見完達倒下了，斧頭丟了，珠子碎了，於是使勁地在江底搖頭擺尾，興風作浪，使好好的一條黑龍江在大地上來回扭動，今日淹河南，明日淹河北，還是河無定床，水無定位。看到黑龍還在作孽，完達身子動彈不得，他閉不上雙眼，流下的眼淚化成了兩股山泉。完達焦急地瞪著兩眼，瞪啊，瞪啊，終於在一個狂風暴雨的夜晚，兩隻眼珠瞪出了眼眶，化作兩隻白胸脯、黑頭、烏翅的喜鵲，沖上了藍天，一直奔向長白山。

自從完達走後，女真精心撫養一雙兒女，日日夜夜盼望著完達歸來。冬去春來，夏盡秋到，野火過後，向陽坡上長出了嫩草，牡丹和興凱也像小樹一樣在長白山上茁壯地成長起來了。

這一天，女真帶領牡丹和興凱登上長白山頂。他們看到北面新凸起的大山擋住了海上狂風，看到了黑龍江左彎右轉起伏不定，人間仍不太平，女真呼喚著：「完達呀，是勝是敗？你現在哪裡？為什麼不回家？」正在這時，一對美麗的喜鵲從雲彩裡飛來了，在他們頭上盤旋，悲鳴著：「家！家！家！」

聽到這感人肺腑的叫聲，女真明白了，她把兩個孩子摟在胸前說：「你爸爸死了，他生前的夙願還沒完成，這喜鵲是來叫我們娘仨去找他的！」

喜鵲在前面飛，女真和孩子們在後面追，穿過百草溝，翻過老松嶺，來到連珠山。女真看到連珠山上的一處處泉水，連珠山下一片水潭，知道定水珠就在附近，於是對喜鵲說：「喜鵲快快飛，找回七星斧，鎮龍奪寶珠。」

喜鵲向老林飛去，娘仨緊緊跟隨，林內巨木參天，怪石遍地，森林深處，射出一道金光。在灌木叢後，他們發現寶斧嵌在了一塊大青石上。興凱見到斧子高興得跳上去就要拔，忽然，石後「嘩啦」一聲響，跳出一隻斑斕猛虎直向興凱撲來。興凱一躍跳上松樹，老虎吼著又去猛撲。女真和牡丹搬起石頭朝老虎身上猛砸，老虎咆哮如雷，反身向女真、牡丹猛撲，興凱坐在樹杈上抓住了老虎尾巴，使勁一提，就把老虎倒吊了起來。興凱索性把老虎尾巴拴在了樹枝上，牡丹拔出寶斧砍下了虎頭。兄妹倆剝下虎皮紮成圍裙，砍倒樹木，紮成木排，娘仨乘木筏沿江來到完達山下。山林吼，大地悲，娘仨灑盡千滴淚，但見青山不見人。喜鵲喳喳叫，提醒女真莫把宏圖忘記了。女真帶領兒女向完達山拜了三拜，棄筏而去。

喜鵲飛上連珠山，叼來一塊珠片放到女真手裡。女真知道寶珠已碎，於是率領兒女，手提寶斧，到各條山泉的泉眼裡挖取碎珠，碎塊越聚越多，女真把它們往一塊拼湊，最後還缺一塊珠片就成了圓溜溜的珠子。這最後一塊碎片在哪兒呢？

牡丹登上一塊石頭朝四下望去，指著山下嚷道：「熊！狗熊！」女真和興凱順著牡丹所指的方向，看見一隻黑熊正在向北跑，它身後有一股泉水也隨著向北流去，狗熊的嘴裡還叼著一塊發光的東西！

「有水必有珠！」

「狗熊偷走了珠片！」

「追！」

興凱抄起斧子奔下了連珠山，女真和牡丹跳上木筏經穆棱河入天王江也直奔黑龍江而來。這時，江底的黑龍見女真乘筏進江攔截黑熊，就使勁扭動身子，搞得江水翻滾，白浪滔天，使木筏無法自天王江進入黑龍江。黑龍在江中弓起身，形成一架過江橋，想叫黑熊過江，這時兩隻喜鵲像箭一樣地飛上前去，一左一右啄瞎了黑熊的雙眼。這只黑熊仍不死心，捣著流血的臉跌跌撞撞地跑到黑龍弓起的背上。這時，興凱提斧趕到，黑熊聽到腳步聲，趕忙就要過江，興凱掄起寶斧向熊砸去，這一斧正打在狗熊的腰上，狗熊沉到江裡，寶珠碎片也從嘴裡掉出，像釘子一樣插進了黑龍背。這段江水從此平靜了，天王江水流進了黑龍江，在二水會合的江心，慢慢隆起一座島，此島名為「黑瞎子島」。

女真見到碎珠釘住了黑龍的背，於是，率領興凱和牡丹乘木筏沿江而上。牡丹撐篙，女真拋珠，興凱持斧，一塊一塊珠片拖著亮光，就像一根根釘子打入江心。木筏駛到哪兒，珠子碎片就釘到哪兒，惡龍拚命掙扎，但是龍身全被固定了，河床定位，江面恢復了平靜。女真定水的故事，也世代流傳下來。

樺皮簍

傳說很久以前，有那麼一對小哥倆，住在花臉溝一個十多戶的小屯裡，靠放山打獵為生。他們每次放山打獵回來都把山貨和獵物交給屯裡一個德高望重的穆昆達老額娘，由她把這些東西平分給大家。生活在深山老林裡的十多戶人家，和和氣氣地過著無憂無慮的日子。

可是好景不長。有一年，來個領兵的嘎珊達（族長），一眼看中這塊地方，硬是把小屯給占了。從此，屯裡人都被迫為嘎珊達幹活。大夥的日子一天比一天過得困難，而那嘎珊達卻肥了，買地建宅，日子越來越闊。

一天，那哥倆給嘎珊達上山打獵。臨太陽下山，哥倆坐在樹下，掏出乾糧剛要吃，見林子裡趔趔趄趄地走來個白鬍子老頭，老頭背個破舊的樺皮簍，穿戴破爛，渾身凍得發抖，來到哥倆跟前就倒了。哥倆慌忙上前邊喊邊給他揉心口，過了一會兒，老人緩醒過來，吃力地睜開眼睛說：「好心的孩子，我三天三宿米水沒沾牙了，你們把我救過來，沒東西吃，怕還得凍死餓死啊！」小哥倆二話沒說，脫下身上的衣服給老人披上，把乾糧送到老人手裡，老頭也不客氣，幾口就把乾糧吃光了。

第二天，哥倆上山打獵又碰上那白鬍子老頭。老頭說：「孩子，救人救到底吧，行點好，再給我口吃的吧！」

哥倆又掏出乾糧給老人吃了。

兄弟倆瞅著這個挺眼生的老頭問：「老爺爺，你從哪兒來？到這兒做啥呀？」

老人答道：「從很遠的地方來，我是出來找兒子的。」

老頭三口兩口把乾糧吃光，卻盯著哥倆肩上的麅子和野雞道：「孩子，我飯量大，這點幹糧哪兒能填飽肚皮呀！你們再給我點麅子肉吃吧！」

哥倆忙說：「這可不行，我們是給嘎珊達老爺打獵啊，拿不回去獵物要挨鞭子的！」小哥倆是熱心腸，經不住苦苦哀求，就把獵物分給老人一半。結果，回去嘎珊達見獵物少了，兄弟倆各挨了二十鞭子。

就這樣，哥倆每天在山上都遇著那奇怪的白鬍子老頭來分吃乾糧。直到第九天，白鬍子老頭解下背上的樺皮簍說道：「好心的孩子，我該走了。這些天我吃你們不少東西，臨走沒啥報答，就把這樺皮簍送你們吧，往後或許有點用場！」哥倆不好推辭老人的心意，磕個頭，接過樺皮簍。白鬍子老頭笑眯眯地點點頭，眨眼工夫沒影了。再說，這哥倆幾天來就沒吃頓飽飯，肚子餓得咕嚕嚕直叫，回到家掀開米櫃，見一粒糧都沒了，倆人你瞅瞅我，我看看你地皺著眉頭髮愁。天還沒黑透，哥倆把樺皮簍掛在北牆上，早早上炕睡下了。

不承想，第二天早上，哥倆沒起炕就聞到一股香噴噴的飯味。起來一掀鍋，真怪呀，鍋裡熱氣騰騰，又是飯又是糕，倆人實在餓急了，顧不得細想，狼吞虎嚥地吃個飽。打那往後，天天鍋裡有飯有糕，可就是猜不出飯是哪兒來的。哥倆越想越怪，決心揭開這個謎。

這天，兄弟倆見家裡煙囪又冒煙了，就悄悄溜回家，躲在窗外，把窗戶紙舔個窟窿偷偷一望，這一看不打緊，小哥倆都驚呆了。原來廚房裡有三個仙女一樣漂亮的姑娘在做飯。不一會兒飯好了，三個姑娘輕輕一跳，化成三股青煙鑽進樺皮簍。哥倆這才知道樺皮簍是個寶物。打這起，哥倆像敬神似的供奉那個樺皮簍。

日子一天天過去了，給嘎珊達幹活的人們更加吃不飽飯了，一天晚上，哥哥對弟弟說：「兄弟呀，咱倆是不愁吃不愁穿了。可鄉親們還照樣窮哇！咱何不禱告樺皮簍讓大傢伙都有飯吃呢！」弟弟也喜笑顏開地說：「好啊！」於是倆人跪在樺皮簍下邊誠心誠意地禱告心裡的願望。說來也怪，第二天，屯裡的鄉親們果然家家鍋裡有飯有糕。大夥又驚又喜，鬧不清怎麼回事，只有那位德高望重的穆昆達老額娘知道事情的底細，她對大家講了。眾人都感謝哥倆的救濟，說他們兄弟做了好事，感動了神。

終究牆外有耳。不久，這事傳到嘎珊達耳裡。他捻著兩撇山羊鬍樂得肚皮直顫，領人來到哥倆的小馬架子，假惺惺地說：「今兒個我要宴請你們哥倆，你們為我得了寶貝，該受上賞哩！」兄弟倆一聽，臉都氣青了，他們明白這是黃鼠狼給雞拜年——沒安好心吶！可又惹不起嘎珊達，只好眼睜睜地看著樺皮簍被搶走了。

嘎珊達把搶來的樺皮簍供奉在大堂上，一邊叩頭一邊喜眉笑眼地喊：

樺皮簍，樺皮簍，
我不要肉不要酒，
專要金銀四大簍。

約莫半袋煙工夫，想不到四簍金晃晃、亮燦燦的金銀真的出現在他眼前。貪婪的嘎珊達樂得圍著金銀直轉磨磨。這時，他心裡猛然又想出個鬼點子，嘴裡高聲喝道：

樺皮簍，樺皮簍，
三個姑娘歸我有，
榮華富貴過長久。

他話音剛落，突然從樺皮簍裡躥出三條赤紅的火蛇照著嘎珊達腦瓜門飛去，轉眼間大火燒紅半邊天，嘎珊達活活給燒死了，他的家業被燒得片瓦無存，只有那樺皮簍和四簍金銀紋絲未動地保留下來。哥倆把金銀分給窮鄉親。打這兒以後，大夥又過上了安居樂業的好日子。

傳說這善良的哥倆活了好大歲數，一生受到人們的愛戴。那樺皮簍呢，也一直流傳下來受到滿族人的敬重。後來滿人敬神祭祖都用樺皮簍裝肉，蓋房子還用三片樺樹皮貼在正中的滴水瓦上哩！

北極星

在寧古塔胡士哈吐溝南山坡，有個烏蘇哈拉部落。部落長是位八十歲的老人，叫烏蘇里汗。烏蘇里汗老人沒兒沒女，心地善良，把本部落的人都看作自己的親骨肉，誰家有難遭災他都能幫忙，族人稱他「道耶瑪發」，意思是受尊敬的老爺爺。他每天除做部落的事外，還給各家放牧小牲口。牧場是一片草甸子，甸子裡有眼清泉。

這天，一頭小牛到泉眼喝水，抬著腦袋，瞪著眼睛，「哞——哞——」直勁兒地叫喚。烏蘇里汗老人來到跟前一看，原來泉水乾了，再一看裡面爬著一條小泥鰍，被太陽曬得皮都要打褶了。老人把小泥鰍從泉眼裡輕輕捧了出來，小泥鰍微微擺了一下尾巴。老人一看小泥鰍還活著，就放進甸子邊的小河溝子裡了。小泥鰍慢慢喝了兩口水，抬起腦袋，瞅了瞅老人，一擺尾巴遊走了。

第二天烏蘇里汗老人又照例在草甸裡放牧。日頭下山時，從西邊來個穿青衣服的小夥子，到老人面前，兩手拄在膝蓋上打個「千」說：「道耶瑪發，您是我的救命恩人，讓我怎麼報答您呢？」老人打量小夥子半天，雖說自己救過不少人，可眼前這個小夥子卻從沒見過，便搖了搖頭說：「小阿哥，你認錯人了，我沒救過你呀！」說完，轉身要走，小夥子急了，一把拽住老人的衣袖，說：「老爺爺，我就是您從乾泉裡救出的小泥鰍啊。」老人吃驚地搖了搖頭又要走。小夥子撲通一聲給老人跪下了，問老人要啥禮物。老人說：「我們諸申人從不受人禮物，咱就交個朋友好吧。」無論老人怎麼說，小夥子還是死死拽住老人的衣襟不讓走，老人沒辦法，說：「這樣吧，我們部落族人都沒盆子使，給我們一家一口泥盆吧！」小夥子樂了，站了起來：「道耶瑪發，明早太陽未出之前，就到這兒來取盆吧！」說完，小夥子就不見了。

第二天早晨，老人領著人把泥盆取了回去，一共七七四十九個盆，正好一家一個。這盆兒盛水喝不了，盛米用不完，人人都樂得合不上嘴。一連幾天，老人沒見到小夥子面了，這天傍黑時，小夥子呼哧帶喘地跑來，給老人行過禮後，對老人說：「道耶瑪發，大難要臨頭了，三個時辰之內，這個地方要發大水，您老人家趕快逃走吧！千萬不要告訴別人，告訴了，您就要遭殃，要化為青煙。」小夥子臨走時，又囑咐了一遍。

烏蘇里汗老人回到家裡，收拾好隨身帶的東西就悄悄離開了部落。他走出半里路，站在山坡上，往部落一瞅，家家還沒熄燈，媽媽逗寶寶的笑聲、姑娘和小夥子的歌聲都聽得一清二楚。老人邁不動步了，罵自己越老越糊塗，全部落二百來口人，你能一個不顧嗎？我得回去通知大夥趕快逃出虎口。可是，一轉身，耳邊又響起了小夥子的話語，他又停下了。這時，家家燈滅了，孩子的笑聲、年輕人的歌聲聽不見了，人們都睡了，老人猛然想到：不好，若是大水來了，一個人也逃不了的！只要能救下全部落人的性命。我化為青煙又算個啥！想到這兒，老人就轉身跑回部落，敲起銅鑼，把大人小孩都喊了起來。人們跑到山頂，大水就淹沒了部落。大家回頭找老人，怎麼找也不見影，怎麼喊也不聞聲，只見村頭上一股青煙沖上天空，一眨眼化作一顆亮晶晶的星星閃閃發光，像老人慈祥的眼睛注視著大傢伙。人們知道這星就是烏蘇里汗老人。大人孩子就在山頭上跪下遙拜起來。從此，滿族在祭祖時都要祭星。祭星就是祭烏蘇里汗老人。這顆星在天空的北方，人們又叫作「北極星」。

白雲格格

興安嶺的山河溝汊，為啥盛產黃金？為啥人們都喜愛白樺樹？從翁古瑪法[1]傳到太爺爺，又從太爺爺傳到爺爺、阿瑪，代代傳誦著古老的白雲格格的故事。

傳說，天地初開的時候，天連水，水連天，天是黃的，地是白的。漸漸，漸漸，世上才有人呀，鳥呀，魚呀，獸呀，蟲呀。住在九層天上的阿不凱恩都里[2]，瞧見地上出現奇怪的生靈，大發雷霆，要把所有生物統統收回天上去。於是，他叫雷神媽媽、風神媽媽、雹神媽媽和雨神媽媽，朝地下猛勁地颳起狂風，灑下暴雨、冰雹；派把守東海的龍王，打開水眼，洪水從天上淌下來，一連三千三百三十六個日夜，遍地汪洋，白浪滔天。人呀，鳥獸呀，混在一塊漂流，誰也顧不得誰，都在黑浪裡號叫、掙扎……

地上生靈悲慘的遭遇，感動了善良的白雲格格。

白雲格格是天神阿不凱恩都里的小女兒。老輩人講，阿不凱恩都里有三個姑娘，順、畢牙[3]和白雲格格。白雲格格排行老三，所以，又叫她依蘭格格[4]。她身披九十九朵雪花雲鑲成的銀光衫，聰明，美麗。阿不凱恩都里送給順大格格、畢牙二格格每人一個銅鏡子，她們出嫁後主管著天地的溫暖和光明。身邊只剩下白雲格格，她不想遠離天神，願意一輩子侍奉阿瑪。阿不凱恩都里格外寵愛她，信任她，給她無限的權力，讓她掌管著天上的聚寶宮。眾神誰都敬重她，也都喜愛著美貌多姿的白雲格格。

這天，白雲格格走出雲宮，想摘兒朵瑪瑙雲，給阿不凱恩都里裁剪梅花寶

1 翁古瑪法：滿語，曾祖。
2 阿不凱恩都里：滿語，天神。
3 順、畢牙：滿語，即日頭和月亮。
4 依蘭格格：滿語，三公主。

帳。忽然傳來喳喳喳的喜鵲叫聲，鬧得她心煩意亂的，她摘了朵紅雲彩，剪了個寶雲船，跳上去劃出宮殿，想看個究竟。劃呀劃，白雲格格往下一看，大吃一驚，腳下一色兒是白亮亮的汪洋，一幫花脖喜鵲撲棱著濕翅膀，掙紮著飛來飛去，向青天哀叫著，累得眼看要掉進大浪裡啦！

白雲格格一瞧，忙呼喊著：「喜鵲、喜鵲！快上寶雲船來！」

喜鵲望見美麗的白雲格格來了，真是遇見了救星，撲棱棱全飛上小船。喜鵲們滴答著眼淚說：「善良的依蘭格格，阿不凱恩都里要毀掉地上的歡樂，快救救下邊的生命吧，我們沒吃、沒住，連塊歇爪的地方都沒有。」

白雲格格望著滾滾的白水，氣恨阿瑪太專橫了。她從寶雲船上撿起幾根小木枝，扔了下去，說：「去吧，用小木枝絮幸福窩吧！」

喜鵲感激白雲格格的熱心腸，搧動著翅膀，從寶雲船上飛下來。幾根小木枝，在大水裡一下子變成了千株、萬株大樹。人啊，用漂在水上的綠樹鑿成威呼[5]逃命；鳥啊，從此總是叼著細枝，在高樹上絮窩；蟲啊、獸啊爬到木頭上，漂到了遠處藏身。剩下的枝杈，在淺灘上紮根，慢慢變成了興安嶺上的森林。

白雲格格回到天宮，還覺得不放心，惦念地上猛漲的洪水，心想，光扔幾根小木枝咋行呢？得想個法子收住洪水，地上生靈才能得救。她想呀想，想到掌管在自己手裡的萬寶匣。可是，開寶匣違犯家法天規，威嚴的阿瑪絕不會饒恕的。白雲格格狠狠心，決定情願負罪，也要搭救地上的萬物。又一轉念，萬寶匣全鎖在聚寶宮裡，沒有阿瑪的開天鑰匙，怎麼辦？白雲格格眼睛一動，有了主意：趁天神睡午覺時去偷！白雲格格一直等到晌午，阿不凱恩都里睡了，她悄悄來到寢宮。她走著走著，寢宮的石橋一下子化成一條大火龍，白雲格格不顧一切地衝過去了，走著走著，寢宮的門閂一下子變成惡鬼的火嘴，白雲格格從惡鬼的嘴裡鑽過去了。

5　威呼：滿語，小船。

阿不凱恩都里睡覺，鼾聲像九十九道瀑布聲那麼響。眾神誰想偷偷貼近他，都會被震成煙塵死掉。白雲格格有阿瑪賞賜的鎮耳珠，可以平平安安地走到阿不凱恩都里身旁，輕輕解下掛在他胸口窩上的開天鑰匙，扭身溜出寢宮，打開了聚寶宮的大門。她頭一次私進聚寶宮，望瞭望，找了找，愣住了，原來寶匣一排排的，有三千三百三十多個。她犯愁了，究竟打開哪個寶匣才能收住洪水呢？她怕阿瑪睡醒了追來，又急又慌。突然，瞧見眼前兩個匣子，打開用手指捻了捻，一個金黃色，一個黑黃色，都干刷刷地直耀眼。她心想，這準是黃砂土。水怕土掩，快把這兩匣子土撒下去吧！以免誤了時辰，她抱起兩個萬寶匣跑出聚寶宮，乘上寶雲船，望著地下的洪水，先打開一匣，全從天上倒下去了，停了停，見洪水不見消，又把另一匣黑黃黑黃的土，也揚到了地上。嘿！這一撒大地變樣了。白亮亮的水全擠進溝壑裡了，變成江河、泡子。白雲格格由於心慌撒得不勻，土多的地方凸成一條條山丘，土少的地方成了平川。白雲格格撒在大地上的兩個萬寶匣子裡，一匣裝的是黃金，一匣裝的是油沙土。後來人們都說興安嶺山不陡，土質肥，就是白雲格格留下的。所以，我們住的地方金子多。刨土篩沙，能得到狗頭金！

再說雷、風、雹、雨四神，又往地上施展神威，可是仔細瞅瞅，很驚奇，白浪變成了黑地，他們趕緊稟告阿不凱恩都里。阿不凱恩都里剛睡醒，慌忙朝地下一瞅，大發脾氣，一摸聚寶宮鑰匙也丟啦，大聲說：「這不用說，定是依蘭格格幹的壞事，快把她給我抓回來！」

白雲格格明知闖下了禍，阿瑪會怪罪下來。天宮雖然廣闊，可往哪裡躲，哪裡藏呢。她跑去哀告順大格格，順惱恨她違犯家規，不但不收留，還用烈火燒她；她跑去找畢牙二格格，畢牙疼愛妹妹，但又害怕阿瑪的神威，只好催她快逃。白雲格格眼含熱淚，穿好雪白的銀光衫，圍上紅霞披肩，勒緊黃雲綵帶，拴上粉云荷包，一狠心飄呀飄，飄到大地上。

天上的阿不凱恩都里，因心愛的女兒私逃而震怒，讓雷神媽媽打著炸雷，風神媽媽刮著颶風，雹神媽媽拋著冰塊，雨神媽媽淋著洪水，一齊追攆白雲格格。白雲格格逃到哪兒，雷、風、雹、雨就跟到哪兒。正巧，地上開出一片鈴鐺花，白雲格格靈機一動，摘了一朵插在頭上躲到花叢裡。眾神找了一大陣子，只見花草，不見格格。她們只好回去啦。

阿不凱恩都里一聽，沒抓到白雲格格，更憤怒了，就派雪神降雪，想凍死花草，使白雲格格沒法藏身。大雪遮天蓋地，樹多高，雪有多深，百花凋零了。阿不凱恩都里很得意，以為這回女兒準得回天請罪了。誰料，冒煙的大雪日日夜夜地呼嘯，白雲格格也沒有回來。阿不凱恩都里心疼小女兒，實在忍耐不住了，就對著雪地哀求說：「依蘭甘居，依蘭甘居，認個錯就回天上吧，阿瑪饒你了！不然，我要一年下半年雪，世代不變！」

剛強、正義、善良的白雲格格，一心想到搭救地上的生靈。她寧可嘗盡苦寒，也不認錯。大雪越下越猛，白雲格格在冰雪甕子裡凍著，她把自己的銀光衫裹了一層又一層，繞了一圈又一圈，凍呀，凍呀，最後變成一棵身穿白紗，本質潔白的樹，永世長存在大地，後人都管它叫白樺樹。至今，興安嶺年年風雪不斷。你若是在暴風雪中，側耳細聽，從白樺樹林裡還傳出「不回去！不回去！」的回音哩。

順大格格非常懊悔自己對小妹妹的冷酷，她年年月月用陽光融照大地上的雪；畢牙二格格怕小妹妹黑夜寂寞，送下來一片明亮的月光。自白雲格格變成白樺樹，心還向著世上人。人們用它的軀體，做爬犁轅，蓋漂亮的哈什和苞米樓；用她身上一層層的銀衫，編筐織簍；夏天，過路人口渴，在樹上劃個小口，捅根細棍，喝它胸膛裡的水汁，清甜潤口。北方人都喜愛白樺樹，都讚美這個變成白樺樹的白雲格格。

孫玉清（講述）

王惠立（蒐集整理）

姑布利開石門

傳說很久以前，有座不咸山，它是由十六座山峰圍合而成的，中間是一潭藍瑩瑩的池水。冬天，不咸山蒙上一層絨氈似的厚雪。白茫茫的，陽光一照，銀光閃閃，十分耀眼；夏天，滿山滿嶺的楊樹呀，樺樹呀，松樹呀，青枝綠葉的，狼蟲虎豹各種野獸在這裡出來進去。那藍瑩瑩的池水平得像面鏡子，更招人愛。這十六座山峰像十六把尖刀一樣插在那裡，把四周圈得像鐵桶般嚴實。在十六座山峰中有座叫姑布利山峰的，這座山峰中間有一扇石門。門高十丈，厚三丈，有上萬斤重，是一整塊大青石板。掌管這扇石門的是位叫阿不凱恩都里的大力士仙人。別看門這麼重，只要他輕輕一提，石門就像抽屜似的被提到上面。出山進山如果不從這石門通過，就是你有天大本領也沒用。

這位阿不凱恩都里大力士仙人有三個女兒，都長得很美，特別是小女兒，名叫三妹，她不但長得出眾，心靈手也巧。也許當父母的都疼愛最小的孩子吧，三妹被慣養得常常在兩個姐姐面前撒嬌、拔尖兒。兩個姐姐也都十分喜愛這個機靈的小妹妹，遇便宜事都讓給她，從來不和她爭。

姊妹三人常從石門進不咸山裡採仙草、仙蘑和仙果。有一天，二姐在一棵大樹上採到一個圓溜溜的鮮紅鮮紅的果子。姐仨誰也沒見過這樣招人稀罕的果子，都想嘗一口，可是，一向拔尖兒的三妹一把就搶在自己的手裡，她怕被兩個姐姐再搶去，三口兩口就吃進肚子裡了。

這是炎熱的夏天，姐仨在深草叢裡躺了半天，渾身沾滿了灰土，她們就跳進池水裡洗澡，洗著洗著，三妹覺得自己身子發沉，四肢無力，就急忙往岸上游，兩個姐姐把她拉上岸，才看見她肚子鼓溜溜的。可能是吃了仙果懷了孕，姐仨都有些害怕，急忙往家走。三妹身子沉重，走在最後。

這位阿不凱恩都里大力士仙人能掐會算，他知道了三女兒懷了孕，怕在眾仙面前不好說話，就等大姐、二姐過了石門，一下子就把石門落了下來。可憐的三妹被關在山裡再也出不來了。

三妹被關在山裡，渴了喝池裡的水，餓了採仙果吃，一過就是十幾個月。有一天，她覺得肚子疼得厲害，不一會兒就生了一個大胖小子，孩子那圓圓的臉蛋紅得像她吃進肚子裡的仙果。這孩子生下來就能叫納納，能和納納嘮嗑。三妹取金為姓，指山為名，叫他愛新覺羅・姑布利。三妹還經常給孩子講山外人間的一些事，小姑布利聽得特別入神。

一晃就是十多年，姑布利長得膀大腰圓，站在納納面前像一座小山一樣。他力大無窮，拔松樹，搬石頭，採山果，打獵……能幫助納納幹不少活。自從姑布利聽了納納講山外還有更大的天地以來，他就無心在山裡待下去了，但四周是十六座山峰像牆一樣圍著，插翅都飛不出去，把小姑布利急得團團轉。納納看到孩子一身力氣，白白圈在這裡不能出去走走，見見世面，也為他著急。一天，她指給小姑布利說：「你看，就是那座山中間有一扇石門，除非把石門掀起才能走出去，別處沒有路。可是，孩子，石門有上萬斤重啊，你……」她說到這兒，臉上露出又為難又絕望的神色。小姑布利聽納納說從石門能出去以後，他每天日頭沒出來就離開家，日頭落山才回家。納納發現這些天孩子的飯量特別大，一頓飯一隻麅子還吃得舔嘴巴舌的，每天晚上躺在炕上睡夢中總說累呀乏呀的，她就犯起嘀咕來。她不知道孩子一天到晚竟忙些什麼，她有些放不下心。這天，她悄悄地跟在小姑布利的身後，看他往哪裡去。跟著跟著，她看到兒子朝石門走去了。再說，小姑布利這些天天不亮就離開家，沿著納納指點的方向朝石門尋去。他砍斷了拉拉藤子，拔掉了蒿草，越過了山洞，爬上了懸崖陡壁，終於找到了這扇石門。這扇石門很高，他仰著臉才能看到石門上方。整個石門緊緊地貼在大山石壁上，嚴絲合縫，連點亮都不透。小姑布利用力推了推石門，石門紋絲不動，好像和大山長在一起似的。小姑布利沒灰心，也沒被嚇倒，他在石門下邊鑿出兩個深洞，他拔起一棵大松樹，擼去枝葉，他抱住大松木桿子的一頭把另一頭往洞裡送，又搬來一塊大石頭，墊在大松木中間的底下，然後用力一撬，啊，石門活動了！小姑布利樂得沒法，他撬啊撬，石門太重了，剛撬開點縫，就又落下來了。一連撬了幾十次，還是沒有撬起來。天漸漸黑了，深山野林子裡鳥雀都落了巢，野獸都歸了窩，山谷裡升起一股股寒氣。他肚子餓得咕咕直叫，渾身無力，他只好回家。一連十幾天，他不住手地撬呀撬，大松樹桿被撬折了，他就再換一根，大石頭被壓碎了，他再換一塊。他腳不停閒兒地忙活，把石門下的山崖都踩出一道深溝。

這天，他搬來一塊最大的石塊，放在大松木桿子下邊，又搬來一塊石頭，放在一邊。小姑布利抱住大松木桿子猛力往下壓，石門掀起一條縫，他不敢放手，也不敢鬆一點勁。他用腳往石門縫裡踢放在一邊的石塊，石門被墊住了，墊起有一拃高。小姑布利貓下腰，把手伸進門縫裡，想試一試石門的重量。他一弓腰，猛一用勁，就聽到咔嚓一聲，石門被他抬起半身高。小姑布利兩腿一叉，站得四平八穩的，閉起眼睛，憋足了一口氣，使出全身的力量，猛勁往上一舉，只聽轟隆一聲巨響，像山崩地裂一般，山頂上的碎石沙土，往下嘩嘩直滾。小姑布利不顧一切，把石門高高地舉過了頭頂。石門開了，石門又是這樣的重，小姑布利雙手架住石門怎麼也邁不開步，他放也放不下，出又出不去，只好向上伸直雙臂高高地擎著。擎著，擎著，他覺得石門越來越重，越來越往下沉，他兩臂發酸發麻，兩腿發軟發顫，兩眼發藍直冒金星，汗水從他身上像下雨似的往下流，眼看要支撐不住了。正在這時，三妹趕來了。她看見兒子雙手把石門高高舉起，從石門往外看去，山外的景物都看得真真切切，她心裡有說不出的高興。她三步並作兩步跑到兒子身邊，見兒子被石門壓得動不了，眼看就要被壓癱了。她急忙把身子往裡一伸，頭往裡一探，大聲喊道：「姑布利，快往外跑！」小姑布利聽到納納的喊聲，立時感到雙臂重量減輕了。他趁勢往外一跑，跑出好幾十步遠才站住腳。等他回過頭一看，只見納納頭頂住石門，已經變成石頭人了。

崔織芳（講述）

齊博英（蒐集整理）

織布格格

早年，滿族人不會織布。穿什麼呢？夏天，用鹿皮把毛去掉，做成薄薄的坎肩，做成叫窩楞裝的上褂，就穿這個。頂好的人家，就在皮子邊上鑲點布邊兒，也有鑲點緞子邊的，這就覺著挺好挺好了。

要問滿族的織布手藝是怎麼來的，據老人說是織布格格留下的。

傳說，在長白山北邊，離長白山約莫一百多里的地方有一個小部落，小部落裡有一個老太太。人家老太太都養活雞兒、鴨子的，可這個老太太不養活這些，她專門愛養活喜鵲。在她的院子裡，常常落些喜鵲。喜鵲見了老太太，不驚也不飛，給吃的就吃，給喝的就喝，就好像是老太太家的孩子一樣。

日子長了，老太太給這些喜鵲起了些名兒，這只叫這個名兒，那隻叫那個名兒。有兩隻喜鵲，是老太太最喜愛的：一隻大的叫賽音伊爾哈，就是好看的花兒，另一隻小的叫都龍哈，就是精明伶俐的意思。

這小喜鵲都龍哈一天除了吃食，就是玩。那大喜鵲卻不這樣，它吃夠了食，就到房前房後走一走，到屋裡屋外看一看。老太太常對人說：「賽音伊爾哈是我的大姑娘，都龍哈是我的二姑娘。」

老太太出門的時候，就告訴兩隻喜鵲：「我要走了，你們倆看家吧！」

這兩隻喜鵲就給老太太看家。老太太家裡要是來了人，兩隻喜鵲就飛出去在空中招呼老太太。老太太看見賽音伊爾哈和都龍哈來招呼她，打心眼兒裡高興，就對人說：「你看看，我的姑娘來招呼我了，我得回去了！」就這樣，大喜鵲賽音伊爾哈和小喜鵲都龍哈和老太太一起過日子，過得可好了。

這一年冬天，這兩隻喜鵲飛走了。飛走了好長時間也沒回來，老太太天天叨咕：「賽音伊爾哈呀，都龍哈呀，你們怎麼不回來了呢？」一晃到第二年秋天了，老太太身子骨不太硬實，行動也不方便了，心裡想：「我這孤身一人，沒兒沒女的老婆子，可怎麼過呀？」

冬天了，老太太一勁兒咳嗽氣喘，起不了炕，出不了屋。就在這個時候，從外頭進來兩個姑娘，一個高個姑娘，一個矮個姑娘。滿族的姑娘沒有繫圍脖的。可這兩個姑娘，一人繫一條白圍脖。兩個姑娘到老太太跟前深深地請了個安，說：「老額娘，你好啊！」老太太一看，說：「我不認識你們哪！」兩個姑娘說：「我們是從遠道來的。我們的額娘說，讓我們來認您老當乾媽，我們找了半天，才找著你老。」說完，這兩個姑娘趴在地下就磕頭，認這老太太做乾媽。老太太很高興。

這兩個姑娘真像到了自個兒家似的。說也怪，這大姑娘，對老太太家的事兒可熟悉了。家裡用的東西，吃的東西擱在哪兒，她都知道，不用老太太操心。這小姑娘呢，也像在自個兒家長大似的，整天樂呵呵的，又跳又蹦。

大姑娘、二姑娘對院子裡這些喜鵲特別喜愛，比老太太管得還好。過去，喜鵲滿部落亂飛，滿街拉些喜鵲糞。自從兩個姑娘一來，喜鵲們不到處亂飛了，也不到街上拉喜鵲糞。喜鵲全聽兩個姑娘的話。早晨，該到什麼地方落腳。晚上，該到什麼地方睡覺，白天怎麼玩，怎麼吃食，都有一定的地方，一定的規矩。

第二年春天到了，兩個姑娘把老太太的病侍候好了。就對老太太說：「額娘啊，咱們的日子，這麼過也過不好哇！」老太太忙問：「怎麼過能好？」兩個姑娘說：「我們倆會織布，織出來的布，除了咱們穿的，還可以到街上去賣。」老太太說：「我聽說人家漢人都穿布，我們不會織布，就知道穿皮。」老太太就給兩個姑娘單收拾了一個屋，讓她們織布。姑娘跟老太太說：「額娘，我們倆就要織布了，可有一樣，我們倆織布的時候，你老可別看。我們好好織，織完了，你就拿去換錢去。」老太太說：「好，我不看。」姑娘們把門一關，在屋裡大聲說：「明個巳時，你老就去賣布吧。」

第二天巳時時分，兩個姑娘出來了，姑娘們累得一點勁兒也沒有了。織好的兩匹布紋縷又均勻，又好看。姑娘們說：「你老拿出去賣一匹，咱們留一匹自己穿。」老太太高高興興地賣布去了。

老太太賣布的事，叫這地方的貝勒知道了。貝勒一看：「喲！這布織的好哇，比那漢人織的布強多了！你要多少錢一匹？」老太太說：「要十兩銀子。」貝勒說：「行。」就買下了。貝勒又問：「還有嗎？」老太太說：「明個兒還有。」就這樣，兩個姑娘連著織了三天，三匹布，掙了三十兩銀子。

這天，兩個姑娘告訴老額娘：「你去賣布，無論誰問，你可別說是我倆織的，你就說是你織的。」頭一天，老太太照這麼說，第二天，老太太也照這麼說了。第三天，貝勒又來了，老太太架不住貝勒誇呀，她就對貝勒說：「實不相瞞，我有兩個格格。這布是我那大格格、二格格織的。」

貝勒聽了，說：「好，好，我去看看去！」貝勒到那兒一看，這兩個姑娘長得可真好看！貝勒就說：「明個兒把她倆送進貝勒府，到那兒給我織布去！把你老也領進去，到府裡吃香的喝辣的！」

貝勒走了，兩個姑娘埋怨老太太：「額娘啊，不是不讓你說嗎，你怎麼就說了呢？」老太太也後悔了。

那時候，貝勒說一句話，誰敢不聽！就這樣，貝勒把娘仨個逼到貝勒府去了，死逼著兩個姑娘給織布，並說：「你們要給我織出三十匹布，我就把你們娘仨放回去。要是織不出來，我就不放你們！」沒辦法，兩個姑娘你瞅瞅我，我瞅瞅你，對貝勒說：「好吧，我們給你織。」就這樣，兩個姑娘被留在貝勒府，天天給貝勒織布。

這天晚上，貝勒來到織布屋子的窗戶底下。他用舌頭舔開窗戶紙，往裡一看，哎呀！燈光下面，兩個姑娘，赤條淨光啊，一點衣裳也沒穿。只見她倆，你咬我的身上，我咬你的身上，就這麼來回咬哇，咬出的根根細紗就往織布機上織。咬哇，咬哇，咬得兩個姑娘直掉眼淚。

貝勒一看，這兩個赤身裸體的俊姑娘，就產生了邪念想兒：我把她倆當我的老婆，有多好哇！貝勒越看越出神，不知不覺大聲喊道：「不用織了！你倆都給我當福晉吧！」這一句話，嚇得兩個赤身裸體的姑娘，「叭」的一聲，就把織布梭子撂下了！兩個姑娘撂下了梭子，再想穿衣服，穿不上了，當時就暈倒了。

貝勒趕緊喊：「來人哪，把她倆給我拖出來！」兩姑娘被拖出來後，還是昏迷不醒，衣裳也沒穿上，渾身都是血印。貝勒一看，跟管事的說：「趕緊把她們給我養好！管事的把兩個姑娘擱到另一個屋子裡了。

姑娘養了三天，到三天頭上，她們的老額娘來看她們來了。額娘一見兩個姑娘這樣，哭著說：「是我害了你倆了！」姑娘說，「老額娘啊，你不用哭了，我們倆不能老待在這兒，我們就要走了。我們沒什麼給你，請你到織布那屋去，那兒有三撮羽毛，你把那三撮羽毛拿回家。把這三撮羽毛都綁在織布機的繩子上，再用我倆織的布，把三撮羽毛蓋上，管保每三天給你出一匹布。老額娘啊，你別管我倆了，我倆是不行了！」老太太拽著兩個姑娘哭得淚人似的，說不出一句話來。姑娘們又說：「實不相瞞哪，我們兩個就是你的大姑娘賽音伊爾哈和你的二姑娘都龍哈。那三撮羽毛就是我們的衣裳，讓混蛋貝勒這麼一驚，穿不上了。我倆只好回家讓阿瑪、額娘再給我們穿新衣裳了。」姑娘們剛說完，貝勒進來了，這時只見兩個姑娘，一挓挲手出來一股煙兒，立時把老貝勒的眼睛嗆瞎了，人也昏過去了。兩個姑娘就從窗戶上飛走了。老太太這才知道兩個喜鵲是報她的恩來的。

從此，這個老額娘就留下了這個織布的手藝。在這一帶連還流傳著一支歌頌織布格格的歌兒：

都龍哈那麼喲咿兒喲，
伊爾哈那麼喲咿兒喲，
飛呀，飛呀，淨身飛呀，
織出布來喲，光又滑呀！

傅英仁（講述）
王士媛（蒐集整理）

水仙格格

松花江東邊，有塊地方叫尼什哈。早年，這裡古樹遮天，荒蒿遍地。附近有一片碧波蕩漾的蓮花泡子。秋天，荷池紅綠，水鳥翩飛，像人間仙境，風景美麗極了！

這地方在沒有人煙的時候，有個愛唱歌的小夥子，是窮困低賤的烏津，名叫恩哥，曾背著白髮蒼蒼的額娘，跋山涉水，逃到這片荒草甸裡尋活命。恩哥年輕忠厚，非常孝敬老娘，母子倆在這裡苦度歲月，相依為命。

恩哥天天到泡子裡採菱角，在泡子沿剜柳蒿芽，在泡子邊山坡採山芹菜、桔梗養活老娘。偶爾，他也套幾隻鵪鶉、野雞，拿回地窨子給娘熬湯喝。恩哥能演奏一手動聽的口絃琴。白天，額娘愁了，就給娘演奏，討娘高興。在泡子裡漚麻，在泡子沿砍柴，活幹累了他也演奏口絃琴，夜晚，侍候娘睡了，就獨坐在蓮泡岩石上，對著寧靜的密林，柔情的明月，把口絃琴放在嘴邊，右手指撥弄著琴絃鏗鏘地演奏起來。恩哥的喜怒哀樂，都從小小的琴音中傾訴出來，這琴聲忽高忽低，忽緩忽急，優美動聽，激揚感人，在大山林裡迴蕩……

恩哥演奏累了，不管白天黑天，一有閒空就侍弄蓮花泡子，掄著扇刀割盡了泡子沿四周圍的荒草，讓地上長起一片片的黃花、芍菜。他用小斧子砍斷一根根者豆秧、亂麻藤，使池邊榆柳長得又綠又直。恩哥打死了上百條禍害水鳥、小魚的水蛇，堵死了石砬子上的蛇洞。日子一長，蓮花泡水鳥成群、鮮花遍野，游魚蹦出水面，浪花湧著蓮蓬輕輕舞動，都感激恩哥的一片熱心。恩哥望望心愛的蓮花泡，忘掉了生活的憂傷，也忘掉了疲勞，他那動聽的口絃琴撥弄得更響亮了！

災難像山溝子裡的風總是不斷線兒。突然，一天額娘病了，病得挺厲害，渾身像個熱火盆，飯不吃，水不喝，昏迷不醒。急得恩哥眼泡子都哭腫啦，傷心地給娘預備料子。到三天頭上，額娘眼睛勉強睜個縫，拉住恩哥手，說：

「孩子……額娘，想、想喝口魚湯。」

恩哥的心像連陰天裡望見了太陽，敞亮不少，樂得拿起了漁網，跑到蓮花泡。他把網下到水裡，等一個時辰又一個時辰，一連下了三次，拉上的網裡淨些亂草和菱角秧，連一條小魚都沒有！

急得他滿臉是汗，眼瞅著清汪汪池水，魚群游上游下，就是不進網。恩哥換了個地方，抓把蘇子面弄到網裡，放進水裡，等啊等，還是沒有魚。他蹚著沒腰的水，把「烏庫」下到魚群最多的回水窩子裡，等一陣兒剛要起網，但見漁網露了一露，又叫水沖沒影啦！

恩哥急得乾跺腳，心裡牽掛額娘，眼淚汪汪地回到地窨子。魚，沒打回一條，漁網也丟啦，咋安慰額娘啊！他心情沉重，一步一步往回挪，忽然，飄來一股一股清香的鮮魚湯味，聞聞，是打自己住的土房裡飄出來的，他拉開門，額娘在炕頭上端端正正坐著呢，臉紅撲撲的，一臉褶子全笑開了，她對兒子說：「你上哪兒去啦？還麻煩鄰居大妞把鰲花送來，烹的鮮魚湯真順口，比著咽口龍肝啦！」

恩哥一聽覺得很稀奇，明明是連魚鱗都沒撈到一片，哪兒來的鰲花啊？何況，大荒片子除了他們娘倆，就是山疊山，樹盤樹，哪兒來的妞兒啊？

恩哥不信。額娘說：「誇你琴彈得好呢！她說這兒以前是風雹閃電狼嚎虎嘯的調調，如今有生氣啦。妞長得挺秀氣，像一朵蓮花！」

恩哥見娘病好啦，就是大吉大利，也沒多說，心裡還惦著讓水衝跑的漁網，勸了勸娘，來到蓮花泡。正愁又大又深的泡子，漁網咋撈呵！一抬頭，愣住了，一個美麗的姑娘站在池邊，摘著掛在漁網上的菱角秧。在月光下，她穿著繡荷花戲水的玉色絲裙，圍著絳紅細紗的披肩，頭上朵朵珍珠花直晃眼睛，瞧見恩哥呆呆地望著她，這姑娘笑了，拿著漁網走過來，綵帶上的香荷包像兩隻蝴蝶隨身飛舞，輕輕打個千說：「阿哥，漁網找到啦。額娘病好了，千喜萬喜！」

恩哥接過漁網，驚奇地問：「走遍荒山岔岔，不知格格是哪家的？」

「遠說兩層天，近瞅肩靠肩，鄰居唄。」姑娘又笑了。

恩哥左思右想，不對，又一追問，姑娘閃著大眼睛，嘿嘿笑個不停，半天才說：「傻阿哥，實不相瞞，我是蓮花泡的水仙，你的琴絃打動了我的心，我天天坐在蓮花上聽歌，更敬佩你的勤苦耐勞，殺死水蛇，蓮花宮才有歡樂和太平日子。」說到這裡，姑娘低下頭，紅著臉說，「阿哥，別見怪，水仙愛受人間苦，情願幫你治理泡子，縫補洗涮，侍候額娘！」

美麗的水仙格格，熱情、爽快的一番話使恩哥很受感動，他猶豫了半天，說道：「這事，我得問問額娘。」

姑娘嘴一撇，嘿嘿樂著不見啦。恩哥沒理會，扛上魚簍子，大步流星回家了。一拉門，姑娘盤著雲子髻，換了一身麻布衫，圍灶坑燒火吶！見他進來，大大方方，抿嘴樂，不說活，扭身拿起斧子劈柈子，拎著柳罐打井水，活幹得精熟，麻利規整。恩哥都看呆啦。

這時，額娘醒了，問：「誰劈柴燒火吶？」

恩哥進屋，貼娘耳朵小聲一說，額娘樂了，忙把水仙姑娘讓進屋，說道：「你是仙家格格，窮家媳婦難當啊！照老規矩，你得做三件事，滿意啦，就是我家的媳婦！」

第二天，水仙格格來啦。額娘說：「你做半碗米填飽肚。娘嘗嘗！」姑娘點頭笑笑，出去啦，老太太不放心，偷著瞅。姑娘圍裙一結，挎筐上山了，不大工夫，筐裡裝滿了小根蒜、黃花、香蘑、紅花根，老太太還琢磨做啥吃呢，門一開，熱騰騰、香噴噴的飯菜端上一桌子：百合面餑餑，蓮蓬粥，蔥拌蘑菇，外上兩碟黃花，哈什螞醬。飯菜安排得巧！半碗米還剩了三酒盅，沒難住。

額娘說：「明兒個給娘做床手指肚大的褥子吧！」姑娘想，手指肚大的褥子咋鋪啊？嗯，有了。夜裡，她把額娘攢的破補丁找出一笸籮，在月亮地上洗呵剪呵縫呵，天亮給額娘送一床喜鵲登枝的新花褥，額娘細瞅，暗暗佩服，褥裡褥面一色用手指肚大的布塊，搭配七色，拼成的喜鵲，像真的一般。

額娘想難難她，就說：「娘別的不想，就想蓋床水晶被子帶響兒的！」姑娘點點頭，出去啦。正是晌午頭，挑了十桶水，熱上啦。回屋裡把全家的大小舊被裡面全拆啦，棒槌敲啊，木盆洗，髒水投了一盆又一盆，熱水攪好土豆面，不大工夫漿出的被裡像一面面水晶牆，雪白又匀稱，疊得棱是棱，角是角，抖一抖嘩嘩響，額娘非常高興，得了巧媳婦，乾淨利索，啥活都拿得起來放得下。恩哥兩口子，在池子沿砍樹開荒，養豬種田，一有空兒，恩哥彈起口絃琴，水仙伴著弦聲，模仿花姿、月影、鳥飛、魚躍跳著舞。

據傳，滿族的「蟒式」就是她留下傳開的。日子一長，尼什哈搬來的屯戶多啦，嘎珊的男女老少，誰都得意這對勤勞、歡樂、開山斬草的小兩口。姑娘們跟水仙學縫補漿洗的技術，後來代代流傳下去了，恩哥和水仙的歌聲和舞姿越傳越優美。

一天，恩哥彈著琴，「咔嚓」一聲沉雷，弦斷了。恩哥一驚，瞧見水仙慌慌張張跑回家背額娘抱孩子。這時，蓮花泡裡哞哞叫，接著翻江倒海似的鼓起三丈高的大浪，水一下子漾出泡子沿，地毀了，樹倒了，嘎珊全淹沒了，人都往山上跑、樹上爬，哭喊著爭活命。水仙含著淚，跟額娘和恩哥說：「你我過去殺死不少害人的水蛇，現在，蛇王來了，霸占了我的蓮花宮。看樣子，咱們緣分到頭啦！恩哥啊，你好好侍候額娘，領孩子過日子吧！我回去戰敗蛇王，不然，沿岸父老要遭百年難哪。」

恩哥娘倆抱住心愛的水仙，傷心痛哭，誰捨得叫水仙離開啊！水仙說：「我不走不行，哪能只顧咱一家團圓，讓水族受害，萬民遭殃哪。恩哥，你給我彈琴助戰，明天，如果我打敗蛇王，正晌午洪水就消啦！你瞧見水皮上泛起黑血，是我殺死了水蛇精，你把黑血埋到深坑裡，別髒了蓮花泡，要是你瞧見了紅血，是我戰死啦，你們開個渠，把我的血引進咱們開的地裡去！」

恩哥悲傷得不知說什麼，剛要伸手去拽住水仙，就聽說：「記住啊，我走啦。」天上一個沉雷，一道閃電，水仙不見了……恩哥掏出口絃琴，嘩啷啷，嘩啷啷，拚命彈起來，琴聲隨著雷鳴，震得天搖地動。恩哥拚命地彈啊，彈，彈了一夜。第二天正晌午，水不知什麼時候全消啦！連溝溝汊汊、坑壕窪地，都是乾乾的。恩哥和嘎珊的人，不顧房子倒、莊稼淹啦，歡天喜地喊著水仙格格的名字朝泡子沿跑，都盼找到勇敢的水仙格格。恩哥掏出口絃琴，演奏了起來，琴聲裡，瞧見蓮花泡白水翻翻，忽然，冒出一股股像黑泥漿似的污血，岸上的人高興了，恩哥的琴演奏得更激昂歡快啦，大家樂著，樂著，水裡一下子湧起一溜鮮紅鮮紅的血，像水浪裡攪起百丈紅紗，鮮紅耀眼，沿岸的人痛哭了。恩哥和嘎珊的人，把黑血引進挖出的深坑埋上啦，又把紅血引進一片片被水淹的田地裡。誰知，紅血一到田地裡，放起光芒，忽然地上鑽出幾棵長得又粗又壯的黏谷和金苞米，籽粒格外沉實。恩哥把黏谷和金苞米籽，一粒一粒地分給全嘎珊的人，拿回去種上，奇怪，很快就出苗長起來了。從這以後，蓮花泡四周，開出越來越多的莊田，水仙留給後人的黏谷、苞米，越種越多，越種越壯，成了家家戶戶喜愛的口糧。

百花公主

在滿漢兩族聚居的烏拉街公社，流傳著這樣一句民謠：

百花點將一十七，巴裡鐵頭死得屈。

很久以前，永吉縣烏拉街一帶，烽火連天。烏拉國十七歲的百花公主帶領巴裡鐵頭和姜海瑞兩員大將以及數千兵士，一路上殺退了敵人的追擊，來到了烏拉街。他們日夜挖土運石，築起方圓幾十里地的三道土牆，中央堆起幾丈高的土台，這就是傳流至今的百花點將台。百花公主白天親自指揮練兵，夜裡獨自巡營查哨，將士們都很佩服這位年輕的女首領！

百花公主帳前的巴裡鐵頭已年過半百，曾跟隨百花公主的父親南征北戰。百花公主的父親死後，這位老將又忠心耿耿地保著百花公主，四路奔殺，打擊敵人，巴裡鐵頭作戰勇敢，有勇有謀。

一次，百花公主帶領人馬殺退了敵人便窮追猛趕起來。老將巴裡鐵頭怕其中有詐，打馬追趕百花公主，邊追邊喊：「窮寇不可追！公主，窮寇不可追！」一語未了，飛來一隻響箭，直射公主前心。就在這千鈞一髮的時候，巴裡鐵頭趕到了，一把抓住了箭翎，救了百花公主。誰知這時從四周起了隊兵，殺聲連天，包圍了百花公主。巴裡鐵頭東擋西殺，保著百花公主突圍出去。從此百花公主更覺得這員老將忠心耿耿，功高如山，就封巴裡鐵頭為馬前先行官。將士們一致擁護，都說百花公主有眼力，唯獨姜海瑞悶悶不樂。

姜海瑞也是百花公主帳前的一員大將，作戰比較勇猛，但為人奸詐，蠻橫驕傲，對百花公主都想欺三分，對巴裡鐵頭就更不在話下了。所以，他看公主封巴裡鐵頭為先行官，心裡很不服氣！他想，論武藝，自己不比巴裡鐵頭差；講才幹，更是比巴裡鐵頭強；論相貌，巴裡鐵頭根本不能和我比。可為什麼百花公主不提我當先行官，偏偏提個老頭子當她的馬前先行呢？姜海瑞百思不解，總覺得巴裡鐵頭像一塊石頭壓在他的心上。從此，姜海瑞就想方設法要害死巴裡鐵頭，一心想把先行官的大印奪到手。但是，他表面上更加接近巴裡鐵頭，阿諛奉承，巴裡鐵頭萬萬沒想到姜海瑞竟會笑裡藏刀。

這一天，百花公主操練完畢，大家各自回到牛皮帳篷。姜海瑞一把拉住巴裡鐵頭，說：「巴裡先行，請到我的帳裡坐坐吧。」巴裡鐵頭說：「天已不早，該回去吃飯了。晚上還得查哨呢。」姜海瑞見巴裡鐵頭不想去，就拿話激他：「怎麼，當了先行連小弟的帳篷都不能進了？連這點臉都不賞給小弟嗎？」巴裡鐵頭被說得沒法，只好跟著姜海瑞進了帳篷。

一進帳篷，姜海瑞立即吩咐手下人煎炒烹炸，不一會兒，雞魚肉蛋擺滿了桌子。姜海瑞斟上人參酒，甜言蜜語地對巴裡鐵頭說：「來，今天小弟設宴為哥哥慶功，先行要多喝兩盅啊！哈哈哈……」巴裡鐵頭性情直爽，不加思索，端起酒盅說：「來，姜將軍的盛情我領了，為咱們同心殺敵，百戰百勝乾一杯！」「好，乾一懷！」兩個人一飲而盡。接著，他們推杯換盞，猜拳行令，越喝越盛。巴裡鐵頭實心實意，大口喝酒，大塊吃肉。姜海瑞自己卻把一盅盅烈酒倒入手心，順袖口流入戰袍。一個喝酒，一個倒酒，不一會兒，巴裡鐵頭被姜海瑞灌醉了。姜海瑞一看巴裡鐵頭醉得不省人事了，便趁百花公主巡營查哨的空當，派手下貼己人把巴裡鐵頭背著送進了百花公主的牛皮大帳，放在公主的床上。姜海瑞心想：巴裡呀，巴裡，這回看你的頭還是不是鐵的了！

這天百花公主率領將校兵卒練武已經很累了。晚上，她和往常一樣，到各哨所去巡查。她回到營帳時已經三更天了，當她往自己的床上一瞅，驚呆了，一個男人正睡在上面。這年，百花公主才是一個十七歲的姑娘，心靈像雪花一樣潔白。以往，將校兵卒在她床上坐一下都不行，今天竟有人深更半夜睡在她的床上。這還了得！她火冒三丈，立刻上去抓住了這個男人，一看，是自己的先行官巴裡。她突然想起，姜海瑞曾對她說，巴裡鐵頭晚上常常以查哨為由，偷出城門，有通敵的嫌疑，如不消除隱患豈不要壞大事！她想萬一巴裡鐵頭睡在我床上的事傳出去，定會亂了軍規，那還得了！不斬巴裡鐵頭就無法領兵打仗了。於是，百花公主叫來武士，捆起了還沒醒酒的巴裡鐵頭，儘管很多士兵為巴裡鐵頭求情寬恕，但是百花公主還是下令把巴裡鐵頭殺掉了。

巴裡鐵頭死了，士兵們都偷偷掉淚，百花也很痛心！她仔細一想，這事情有點蹊蹺。她想巴裡平素為人剛正，怎麼會做出這種事來？她默默地走到士兵當中，明查暗訪，終於把事情打聽明白了，知道自己錯斬了巴裡鐵頭，造成一個天大的冤案，後悔也來不及了。於是，她下令賜給巴裡一副最好的棺槨，舉行了最隆重的葬禮，在烏拉國城北選了一塊最好的土地，給巴裡鐵頭做墳地。

也真怪，這個地方自從埋葬巴裡鐵頭以後，墳墓一天天下沉，越沉越深，越陷越大，方圓一里多地都沉下去了，成了一個大深坑。日久天長，雨水流灌，這個大坑存水越來越多，連巴裡鐵頭的墳都淹沒了，變成今天的大水泡子。不知過了多久，一年春天，水泡子裡竟生長出了蓮花。綠油油的葉子，白裡透紅的蓮花，幾里地外，都能看見。哪怕是霧天，香氣也能傳出老遠。人們都說這蓮花就是巴裡鐵頭的化身，告訴後人，他是潔白無瑕的。

紅羅女

已經說不清是哪一代渤海郡王了，他登基以後就想選一個天下最美的妃子，於是他讓手下的文武臣僚都來做這件事，派出不少人四處去選美女。可是，選了好長時間也沒選到使郡王滿意的，為這件事，他殺了不少人，鬧得人心惶惶。

後來有個雲游老道來到上京龍泉府，對渤海郡王說，只要給他選來一百個能工巧匠，造出一面美人寶鏡，他就能選到天下最美的妃子。郡王知道這面美人寶鏡如何使，高興地答應並選來了一百個能工巧匠，很快就造出了一面美人寶鏡。

於是，老道領著一群隨從，便出了上京龍泉府，走村串鎮，給渤海郡王選最美的妃子去了。

老道是四海為家的，飄忽不定，所以他帶領著隨從走遍村村鎮鎮，也沒有選中一個美人。是這些地方沒有美女嗎？不是。原因就是這美人寶鏡求美太嚴，姑娘在它面前，胖一點不行，瘦一點也不行，高一分不行，矮一點也不行。總之，哪兒差一點也不能入鏡。就這樣選了好些日子，也沒選到，老道也有點著急了，因為日子太多若是選不到，渤海郡王一怒就會殺他的頭。

這一天，老道帶著隨從走到鏡泊湖一帶，突然一條小江擋住了去路。來到江邊一看，這江水湛清湛清的，往江邊一站，一眼就能望到江底。老道想，水土這樣好，這裡一定會出美女，於是他帶著隨從逆流而上，一心想要在這裡選到美女。

一行人正往前走著，忽然聽到一陣陣隆隆的雷聲。老道抬頭往天上一看，天上萬里無云。怪！響晴天氣聞悶雷，隆隆雷聲來何處？老道想尋個究竟，帶著隨從又往前走，越走，這雷聲越響，越走，這雷聲越大，眾隨從嚇得戰戰兢兢，老道心裡也有點害怕，他們剛剛轉過山崖，抬頭一看，原來是一片飛流而下的瀑布，這隆隆的雷聲正是瀑布的流水聲。

眾人攀樹登岩，爬上陡崖，放眼望去，這飛瀑上面原來是一片大湖！這湖水藍如青天，平似明鏡，山山四圍環抱，風吹滿湖清幽！老道不由得讚道：

人道蓬萊是仙家，
奇花異草迎朝霞，
此處更比蓬萊好，
湖似珍珠閃光華！

老道想，俗話說得好，人傑地靈。這裡湖山景色如此秀麗，一定能有美女！於是他便命隨從伐木作筏，順湖南下。往前劃著劃著，好像到了湖的盡頭，轉出山嘴又是一片大湖，真是山窮水盡疑湖盡，轉過山頭又一湖！

眾人劃動木筏向前走，貪看著湖光山色，轉過湖中一個小小的青山，忽然聽到一陣悠揚的笛聲。這笛聲時高時低，時緩時急，如怨如泣，似清風像流水，從湖面上飄了過來。一老道順著笛聲舉目細看，原來在湖邊上泊著一隻小小的漁船。船上坐著個少女，這姑娘穿著紅衣紅裙，頭上戴著一朵紅花，在這青山綠水之中，就像一朵盛開的芙蓉。她正坐在船中，吹奏著竹笛。

姑娘的美麗把眾人都驚呆了！隨從們都走了魂，老道呆愣愣地望了一會兒，忽然想起拿出美人寶鏡，他對著這姑娘輕輕一照，就聽「唰」的一聲，姑娘的影子便清清楚楚地印在寶鏡中了。

老道一見這情景，可樂壞了，高聲叫道：「姑娘，不要吹笛子了，我恭賀您！」

悠揚的笛聲中斷了，就聽姑娘脆聲脆氣地問道：「老道，您恭賀我什麼？」

老道說：「我恭賀您被選為渤海郡王的妃子了！」

就好像是十隻銀鈴一齊搖動，一陣清脆的笑聲從湖面上滾了過來。

老道見姑娘這樣高興，便問：「姑娘，您聽了這喜訊是應該歡笑。請告訴我，你叫什麼名字？」

姑娘答道：「我叫——紅羅女！」

老道忙說：「紅羅女！快到我們木筏上來，隨我們回上京龍泉府，到宮中去享榮華富貴吧！」

這時就聽姑娘答道：「老道，你別說瘋話了。我爹早就把我許配給打魚的青年支布了，我正等他呢，跟你上什麼龍泉府？」

說著把小船一劃，便鑽進蘆葦叢中去了，過了一會兒，就聽那蘆葦叢中又傳來悠揚的笛聲，那笛聲時高時低，時緩時急，像清風如流水，從蘆葦叢中飄了過來。

老道見此情景不敢久留，急忙帶著隨從跑回上京龍泉府，把見到紅羅女之事細細回稟一番，然後雙手呈上美人寶鏡，讓渤海郡王過目。渤海郡王接過寶鏡一看，他一下子就走了魂，連聲高叫：「美人！美人！真是天下絕代美人！」

他雙手捧著美人寶鏡細細地看了一回，重重地賞了老道和隨從，便派人去找紅羅女。

幾天以後，派去的人回來稟報，找遍大湖，也沒找到紅羅女，只是把打魚的青年支布帶來了。郡王一聽，便叫快帶支布。支布被帶到了渤海郡王的跟前，郡王問道：「支布，紅羅女是許配給你了嗎？」

支布答：「是許配給我了，我們六月十五就成親。」

郡王忙說；「你先別成親了。我要選紅羅女做妃子！支布，你要是把紅羅女讓給我，你要金銀我給你金銀，你要做官我給你高官厚祿，只要你把紅羅女給我，你要什麼，我給你什麼。」

支布說：「我不要金，不要銀，高官厚祿也改不了我的心，我支布就要紅羅女，六月十五要成親！」渤海郡王一聽又急又氣，大聲說：「支布，我後宮美人成百上千，我和你換吧，用十個換你一個，你要一百個也行，只要你把紅羅女給我，我後宮美人任你挑選！」

支布說：「郡王，你就死了這條心吧！你後宮美人成百上千，我的紅羅女也不能和你對換！」

渤海郡王一聽這話，可氣壞了，大聲高喊：「支布，你不知好歹！給金銀你不要，和你換你還不換，現在我什麼也不給你，你馬上就要把紅羅女給我找出來！」

支布聽他這樣喊叫，索性連話也不說了，渤海郡王氣得不行，他下令把支布給殺了。

支布被殺的消息傳到了鏡泊湖，紅羅女聽了以後很悲傷，她是個穿梭織布的巧手，用了三天三夜的時間，織了一塊淡淡的黑紗，罩上了她美麗的容顏。

渤海郡王殺死了支布以後，帶著臣僚、老道來到了鏡泊湖，乘上龍舟在湖中尋找紅羅女。說也真巧，在珍珠門下，真找到了紅羅女，就見她坐在小小的漁船上，憂傷地吹著竹笛，那笛聲悲悲切切，有無限的哀怨。

老道一眼認出了紅羅女，便大聲向渤海郡王稟告，渤海郡王急忙跑到船頭，一看這正是映在寶鏡中的姑娘，喜出望外。

老道高叫道：「紅羅女，快揭去面紗，郡王來看您來了！」

笛聲中斷了，就聽紅羅女說：「我美麗的容顏，只許一人看，不許二人瞧！你叫我揭什麼面紗？」

郡王一聽哈哈大笑，說：「紅羅女，你說得對，說得好！我是郡國的至尊，你的美麗容顏是應該只准我一人看，再不許二人瞧！臣下聽著，都轉過臉去，閉上眼睛。」

臣下和老道都是聽話的，郡王話音剛落，滿船的人便都轉過臉去，閉上了眼睛。

渤海郡王對紅羅女說：「美麗的紅羅女，快揭去面紗，讓我看看你美麗的容顏吧！」

就聽紅羅女說：「暴君！我的容顏只許支布一人看，你讓我揭什麼面紗？」

渤海郡王聽了這話不由大怒，他大叫一聲，命令武士去抓紅羅女。

這時就見紅羅女輕輕劃動小漁船。大龍船在後面緊緊追趕。說也怪，儘管渤海郡王大叫：「快劃，給我抓住她！抓住她！」可是，大龍船就是追不上紅羅女的小漁船。兩隻船離開珍珠門，穿過城牆圍子，劃過大始山，轉過白石砬子，來到北湖頭，這時就見紅羅女的小漁船直奔吊水樓子而去，渤海郡王大喊大叫，大龍船越追越近，三追兩追，就見紅羅女的小漁船順著吊水樓子「唰」地一下就順著瀑布滑了下去。

渤海郡王乘坐的大龍船這時想停也停不住了，「唰」地一下也一頭紮進了瀑布下面的深龍潭，龍船上的渤海郡王、文武臣僚、老道、衛士，都葬身於魚腹！

據老輩人說，紅羅女可沒有死。因為在六月十五那天的正晌午時，從沒說過謊的心地誠實的人，站在深龍潭對面的玄武岩上，你就會聽到一種鳥叫：「支布！支布！支布！支布！」

這是支布鳥來了，它是支布被殺後變成的，每年六月十五這天，支布都要來看望紅羅女，支布鳥一叫，那鏡泊飛瀑就會像帷幕一樣輕輕地拉開了，紅羅女身穿紅衣紅裙，頭上戴著紅花，她像一朵盛開的芙蓉，正坐在瀑布後面飛梭織布呢。她聽到支布鳥叫，便停下來。伸手操起竹笛，輕輕橫在唇邊，悠揚的笛聲便飄起來了，這笛聲如怨如泣，時高時低……

鏡泊飛瀑就在這笛聲中輕輕地又合在一起了。

宋德胤（蒐集整理）

採珍珠

清朝的時候，烏拉街不歸吉林將軍管，歸清政府總理衙門管。為了給皇帝搜刮貢品派了一個侯爺，在烏拉街蓋了侯府，專門在這一帶向滿族人民派官差，搜刮人參、貂皮、珍珠、鰉魚、松子、野味等等。每年進臘月門，侯府就把刮來的貢品，用黃綾子包好，裝滿一輛輛小車子。趕車的老闆，頭三天就不讓回家，洗了澡，從頭到腳換上新穿戴。小車子上馬具也都換上新的，棗木轅子上插著一面三角杏黃旗，旗上繡著一個「貢」字。車排成一隊，人走成一行，要走一個月才能到北京。貢車走到哪裡，不論地方官多大，就是吉林將軍見了也得下馬站在一旁，彎腰低頭迎接。有一年，侯府向烏拉街漁民派下來收珍珠的官差。每家每戶什麼時間採完、採多少、採多大的珠子都有規定。到期交不上，交的不夠數，不夠大，都要抓起來，輕者坐牢，重者殺頭。

在打魚樓附近住著一個單身的滿族小夥子。靠一條破船打魚過活。侯府限他七天之內採一顆酒盅大的夜明珠。小夥愁了，珠子好打，大的難求啊！但交不上又有殺頭的危險，便乘著破船在松花江上尋找。一連幾天幾夜，他一會兒下水，一會兒上岸，採來的珠子就是沒有大的，更不用說放光的了。小夥子愁得眼睛瞘瞜了，臉也瘦了。到了第六天，在水裡忙到天黑，還是不見夜明珠。他又困又乏，迷迷糊糊倒在江邊的打魚樓裡睡著了。等一覺醒來，三星已經偏西了。他急了，明天交不上珠子就要殺頭啊！於是，趕緊往江邊跑，準備乘船下江再碰碰運氣。可是，他跑到江邊一看，壞了，小船不見了，他左找右找也沒個影，最後抬頭一看，小船正在江心漂動，船上點著兩盞紅亮的燈籠，上邊還坐著個大姑娘。小夥想，這人可真怪，人家都急死了，她還有心在這兒玩水！又一想，夜已深了，誰家的姑娘還能到江邊來呢？大概也是被逼來採珠子的吧？於是，小夥子一頭紮進水裡奔江心小船游去。

姑娘一看小夥子奔她游來，並不躲閃，立刻把船停住了，表示讓小夥子上船。小夥上了船，姑娘說話了：「大哥，你要幹什麼？」小夥說：「大姐，這條船是我的。你要過江嗎？我把你擺過去，我得趕緊回來，有急事啊！」姑娘問：「你有啥事這麼急？」小夥子說：「侯府限我七天採一酒盅那麼大的珠子，做貢品獻給皇上。七天交不出來，就殺我的頭！」小夥子說著就流出了眼淚。姑娘很同情，就說：「好心的大哥，你不用愁，我把珠子給你一個，明天你交給侯府就沒事了。明天晚上還是這個時辰，還在這個地方，我等著你。」小夥子一聽心裡挺高興。兩個人把船劃到江邊，小夥子攏上船，姑娘從頭上拔下一根簪子給小夥子，就分手了，小夥子走了幾步，心想，也沒向人家道個謝，太不對了！等回頭一看，姑娘早就不見了。

小夥子把簪子放在漁房子的炕沿上，照得滿屋通亮。他忙活一天了，躺下睡著了。第二天一醒，哪有什麼簪子啊，炕沿上放著一顆比酒盅還大的珠子。小夥子樂呵呵地到侯府獻上了這顆珠子。晚上，按姑娘指定的時間，又到江邊去了。有些打魚的老遠看到小夥子和姑娘坐在船上，有說有笑地奔松花江上游划去。

再說侯府侯爺一看真的弄到一顆大夜明珠，就用景泰藍大花盤襯上黃綾子，把珠子放在上邊，供到正廳香案上。這顆珠子把屋裡院外照得錚明瓦亮，可把侯爺給樂壞了，心想，這回得自己親自進京向皇上進貢，少說也得封個京官噹噹！於是吩咐下邊，招來能工巧匠，用最好的玉石刻個二龍戲珠的玉石盤子，裡面鋪上黃緞子，外邊又用黃綾子包好，派了貼心的人陪他一同看守，等著赴京進貢。好歹盼到了臘月門兒，他捧著玉石盒子，坐在小車子上進京了。到北京後，內務府一通報，侯爺就跪著把夜明珠獻給了皇上。皇上一看挺高興，告訴他過三天上殿聽封。侯爺趕緊磕頭謝恩，退了出來。

說也真怪，這顆珠子，到了皇上手裡，怎麼也不發光了，一連三天連個星也沒閃。這可把皇上氣壞了。正好侯爺進殿來領賞，皇上問他一個欺君之罪，當時推出午朝門外斬了，還禍滅九族。傳說，烏拉街那個大肉丘墳就是埋著他家的。

塔娜格格

清初，烏拉街打牲衙門衛有一個西丹（孩子）叫阿斯哈，十幾歲了，沒見過阿瑪一面。阿瑪是披甲「隨龍」入關了。阿斯哈跟額娘兩人相依為命，日子過得很苦。天天盼，月月盼，額娘兩眼都快盼瞎啦，阿瑪還是沒有盼回來。

一天，一個哈番帶兩個護衛到家裡來了，抱出一個小罈子。額娘一見罈子暈了過去。阿瑪戰死在準噶爾。罈子裡裝著一條辮子和幾塊骨灰。另外，還捎回一封遺書，求旗下開恩，給阿斯哈補個缺，母子倆好靠糧餉度日。打牲丁裡最苦最缺的名額是採珠奴。小西丹阿斯哈分到珠軒衛做了幫丁，幹好啦日後再轉為正丁。

阿斯哈勤快伶俐，很快被珠軒達看中了，當了跟隨。珠軒達是專管採珠的四品官，心眼兒挺好。他心疼阿斯哈孤兒寡母，經常賞賜點飯菜。阿斯哈都端回家孝敬病重的額娘。珠軒的人，沒有不誇阿斯哈的。

這一年，春雪剛消。珠軒達挑選了精壯的採珠奴，要出發啦。阿斯哈纏住珠軒達死死要去。珠軒達死不讓去。阿斯哈眼淚啪嗒啪嗒掉下來，哀告說：「老瑪發，珠差再險讓我去吧！母病家貧沒銀子抓藥啊！」珠把式叫珠軒達別應允。可是，珠軒達聽了阿斯哈的話，既為難又傷心，嘆口氣說，「唉，可憐你孝母誠心，去吧！」

清初時，輝發河是聞名的採珠場。阿斯哈跟著採珠奴們，套著纖繩，拉著珠軒達的轎船，朝輝發河奔去，後面跟著一大串採珠威呼，裝著糧肉、採珠器具，遇到河口、高山、古樹，都要鳴鑼、擊鼓、擺上香供，鞭炮齊鳴。因為是給皇帝採珠的，一路上是見官大一品，好個顯赫威風！採珠船到了地方，先紮營盤，選好水場。船隊停靠在河邊，搭鍋支灶。燒香磕頭，祭奠河神。採珠那天，更是熱鬧。江邊點起大火堆。採珠奴全上採珠船，不管天多冷，赤身露體，外披毛氈，半蹲跪在船上，盯著珠把式。珠把式站立船頭，船順水直下，他仔細看水流和浪紋，就能知道水下藏什麼蚌和蛤。突然他把長竿子往河底一插，船馬上停住，採珠奴們胯下兜一塊軟皮，憋足一口氣，按順序一頭紮進水裡，到插竿地方摸撈河蚌，得了蚌蛤後躍出砭骨的河水，烤火喝酒，取取暖再下河。抓得的河蚌，全由珠把式手持尖刀，在船上當著珠軒達面開蚌取珠。採珠奴是不准水下開蚌取珠的。

珠把式在輝發河上轉了三天三宿，抓上來的全是小蚌和小蛤蜊，堆了滿船，連個懷珠的大蚌影兒也沒見到。珠把式覺得怪，在大膘月亮底下，光望見河上飄層浮云。憑老經驗，河水浮著白雲彩，水下準有呼其塔蚌。傳說呼其塔蚌是千年寶，一蚌有三顆珍珠，素稱「懷捧三星」。「呼其塔」，滿語。「呼涂里」的轉音，是「鬼」的意思，能變人形，有它的地方總有大霧和白雲護衛。

珠把式不死心啊，飯忘了吃，覺忘了睡，在河上瞪大眼睛找啊找，誰知，找遍了輝發河，連一隻帶珠的蚌也沒捉到；眼瞅一個多月過去了，再不得寶珠，京師怪罪下來，不用說得不了賞賜，還得罰俸、坐籠、挨鞭子。珠把式真愁蔫巴啦，眾人也垂頭洩氣，都怨恨不該帶死爹的喪氣鬼阿斯哈來，說是阿斯哈沖了江神，打他，餓他，不准他進帳篷，攆到船上睡。那時，採珠都要看水打更，觀察水漲水落，水鳥種類。可誰都沒心思打更，珠軒達到河邊跟阿斯哈說：「晚上，你看水吧！」阿斯哈含著眼淚，哪懂啥看水呀，劃著船，在河裡漫遊。夜很靜，正是舊曆十五，月亮又大又圓，照得林中水白亮亮的，像條銀河。阿斯哈划船繞過臥牛石，打老遠望見月光下，有位身穿白紗的格格，坐在青石上，手舉棒槌，「梆梆、梆梆」正在河邊洗衣裳吶！沙灘上嫩柳隨風搖晃，白衣格格很美麗。他心裡也挺好奇，誰說荒山老林沒人家呀！阿斯哈觸景生情，想著受的苦，想著額娘的病，眼含熱淚。格格洗衣望著他，他也沒理會。

第二天、第三天月夜，河水還是亮汪汪的。阿斯哈劃著船，順流漂下。在臥牛石旁又瞧見那位穿白紗的格格，手拿棒槌，「梆梆、梆梆」，洗著衣裳。阿斯哈更覺納悶，心裡很欽佩格格勤快，深更半夜還手不閒地忙活兒。他望瞭望，不覺嘿嘿笑了兩聲，划起槳往下漂去，船離洗衣裳的格格相距挺遠，真奇巧，捶衣裳的水珠濺到阿斯哈臉上啦！小船也怪，不知怎麼靠到姑娘跟前了。呵，格格長得美極啦，梳著插滿牡丹花的兩把頭，兩鬢垂著百珠穗，耳朵上各戴四個銀光閃閃大耳環，身披白雲流光細紗，兩隻水汪汪大眼睛望著阿斯哈說：「你這麼小咋拋家舍業來深山採珠啊？」阿斯哈傷心地說：「好心的姐姐，我阿瑪死了，額娘病了，為掙點銀子抓藥啊！」格格聽了一聲沒吭，洗著衣裳。阿斯哈愛幹活，一見格格堆了一河灘要洗的衣裳，累得滿頭汗，就舀盆水幫著格格洗起來。

一來二去，阿斯哈晚上常來幫格格洗衣、嘮嗑，乏啦，就在船上睡覺。忽然，他被人抓起來，揉揉眼睛一看，是巡夜兵丁。因為這幾天珠把式急得滿嘴大泡，正沒處撒氣，聽說阿斯哈竟敢在看水時睡大覺，氣壞了，叫人把他吊在沙灘小樹上，打得兩條大腿像血葫蘆，疼昏過去。阿斯哈被囚進破草房。傷越疼越想額娘，不由傷心地哭了起來，哭著，哭著，覺得有人在輕輕給他敷治傷口。阿斯哈藉著月光，看得很清楚，正是河邊洗衣裳的格格。阿斯哈驚喜地忙要坐起來，格格用手輕輕按住他，說：「別動，還疼嗎？」阿斯哈摸摸傷口，咦，不疼啦！格格笑著拿出一件黑緞小坎肩，說：「我送你這件寶衣，下水穿上它，到輝發河十三道江岔，數過九十九塊臥牛石，能找到寶珠！」阿斯哈剛要詢問，破屋裡漆黑清冷，誰也沒有呵！他想，這是做夢吧，伸手摸了摸棍傷全好啦，枕頭旁果真放著一件黑緞小坎肩，緞面閃著金光。

阿斯哈可樂了，爬起來狠勁地敲門，吵著找珠軒達。看守的兵卒被纏得沒法，只好放他出來。阿斯哈三步並成兩步，到了轎船，看到珠軒達一個人在艙裡喝悶酒呢。瞧見阿斯哈進來，珠軒達不耐煩地說：「去，去，養你的傷吧！」

阿斯哈說：「達爺，我的傷好了。」

「哦？」珠軒達有些吃驚。

阿斯哈說：「瑪發，不用愁啦，我能找到寶珠。」

珠軒達瞪大眼睛，看了半天阿斯哈，搖著腦袋說：「一派胡言！連老珠把式都沒咒念啦，就憑你這奶毛沒褪的愣頭青。去！去！」

「真的！我知道寶珠在哪條河溝！」阿斯哈蹺著腳尖，歪歪個小細脖兒說著。

達爺高興地一把摟過阿斯哈，問：「在哪裡？快說！」

這時，珠把式走進來了，他皺皺著山核桃一樣的臉，一邊走著一邊唉聲嘆氣。阿斯哈走上去，恭恭敬敬打個千，說：「師父，讓我去帶路，我管保能找到珠子！」

珠把式打個唉聲，說：「阿斯哈，這不是耍笑事，繳不上珠差，不單你我受罰，還得連累父母妻小遭殃啊！」

阿斯哈說：「找不到珠子，情願替父老們受刑。要是找到了呢？」

珠軒達抬頭說：「那就，按例嘉賞！」那時有個規矩，誰給皇家採到最珍貴的東珠，甚至御賜黃馬褂，披紅掛綵，榮耀得很吶！

阿斯哈能找到寶珠，珠把式一百個不信，礙著珠軒達面子，又因找不到珠子，實在無奈，只好硬著頭皮同意讓阿斯哈引路求珠。

第二天一大早，採珠船一行行，一溜溜，跟著阿斯哈劃啊劃，一直劃過十二道河岔，數過九十八個臥牛石，阿斯哈讓船停下。大夥一看愁啦，這哪像有珠子的地方？河水打著漩，浪像百面開山鼓，轟轟震天响。珠把式往河裡插了插探桿，讓旋滾的急流拋了出來。他哆哆嗦嗦倒吸口涼氣，心想，水流這麼急，哪會有蚌生存？阿斯哈這不唬人嗎！但船隊已經開來，這個老龍口誰敢下河探寶呵？阿斯哈說：「不用怕！我下！」珠把式和採珠奴們驚奇得直伸舌頭，忙說：「你？水流這麼急，你不識水性，不想活了？」阿斯哈說：「不，瑪發，人是我領來的，就是火龍河我也該下！」阿斯哈早穿好小黑坎肩，大夥提心吊膽地看著河水，阿斯哈跳進黑乎乎的大浪裡。因為穿著小黑坎肩啊，水底的石頭、水草，小嘎牙子魚、老鱉都望得清清楚楚。咦？就是沒有珠蚌。他東翻一下河石，西揪一把河草，大魚啃他，老鱉追他，阿斯哈全不顧啦，找啊，摸啊，望啊，因為他穿著避水衣，在水裡時間長也不在乎。突然，「當！當！」岸上的銅鑼聲傳到水裡。阿斯哈知道這是達爺見他不出水急哩！阿斯哈在水下也是心焦如焚，沒捉到蚌珠，咋出水交差啊？急得眼睛都紅啦！忽然，看到很深的河底，有塊美麗的松花石，閃閃放光。再細看，石上站著一個小人，身上罩著銀子一樣的白紗，向阿斯哈招手。阿斯哈細一瞅。原來是那個仙格格。她用手向石下指指，就不見啦！阿斯哈走到跟前，翻開那塊松花石，下邊還是河卵石，什麼也沒有，急得他又到別處去找。

船上的珠軒達和珠把式可等不及了。往常，採珠奴到水裡最長的時間，也不過半袋煙工夫。可阿斯哈在水裡兩個多時辰了，不見影兒，船上採珠人，嚇毛啦，眼含淚珠，急得直跺腳，都尋思阿斯哈淹死了，叫水流衝跑啦！

這時，報馬傳書，打牲衙門接到皇上聖旨，限子時前交一等珠三顆。珠軒達一聽，嚇得咧著嘴，聲音都變啞啦。阿斯哈一去不返，連個屍首也沒見著，誤了皇家限期，只有坐牢啊！愁得他蹲在船頭發呆。就在這時，河水咕嘟咕嘟冒泡，「嘩啦」一聲，阿斯哈鑽出水來，懷裡還抱塊大石頭，咕咚扔到船上。船上的人又驚又喜。原來，阿斯哈在深水裡轉悠一大陣子，什麼也沒摸著，急得冒汗要哭啦，人小又頭次下水，不識珠蚌哇！他又游到白衣格格站過的巨石旁，反正不能空手出水呀，心一橫就把松花石拖上來啦。石頭一滾砸在珠軒達的朝靴上，迸了珠把式一身水。珠軒達和珠把式忘了腳疼，顧不上衣裳濕啦，貓著腰趴下找珍寶，越看越傷心，左端詳右端詳，不是蛤蜊，是塊黑石頭。兩人腿一軟，癱在船上。哭都不是聲啦！

珠把式這個氣啊，恨啊，要綁阿斯哈。老達爺說：「綁有何用！都怨我老糊塗，輕信小兔崽子花言巧語。我有罪，雞飛蛋打，連累眾人心不安。」採珠的人一個個都很懊喪，只有挺著受罰，又覺得跟頭栽在小孩子手裡太冤枉！阿斯哈渾身像水鴨子，跪在船上，說：「我情願領罪受死，只求眾位父老照看一下我的額娘！」珠軒達說：「我為珠軒達，罪實難脫，把我綁上吧！」珠把式也把自己綁上了。阿斯哈抱著石頭走在前邊，後邊是珠軒達、珠把式，低頭喪氣地趕回了打牲衙門。

打牲衙門正鼓樂喧天接迎吶！老遠一瞅，愣住了。珠軒達和珠把式反綁著，頂戴也摘了，再一看，走在前面的阿斯哈。手捧一塊黑石，走過來撲通跪下說：「奴才有罪，殺小奴才一個人吧！」珠軒達、珠把式和採珠奴們都跪下，痛哭流涕，懇求從輕發落。

單說皇宮內務府中有個珠寶庫。珠寶庫中有個哈番專門鑑賞天下珠寶。他奉旨趕到烏拉選珠，瞧見阿斯哈拖回來一塊黑石頭。他什麼寶都能認出來，唯獨這塊石頭可是頭一遭見到。他讓珠軒達等人先回去聽候吩咐，讓衙役把石頭拿進內堂。這石頭很怪，總是濕漉漉的，擺在晴處直放光，用手摸摸，像手爐一般暖烘烘的。他琢磨，這不是一般石頭！正仔細看著，忽然，石紋裂開，露出了一隻呼其塔神蚌。蚌殼閃著白光，照得滿屋明亮。原來，這千年老蚌，怕露了身形，在河裡用一層松花石包住外殼。蚌裡有三顆明珠：一顆夜黑發光；一顆冬暖夏涼；一顆清水長流，都是無價珍寶！

內務府哈番得了寶珠，連夜護送到京師。皇上賞賜阿斯哈一件黃馬褂和金銀布帛。所有採珠的人加俸兩年。阿斯哈奏明皇帝，歷代最苦的差役是採珠奴。情願不要賞賜，只求不要再稱「採珠奴」，這個要求得到皇帝恩准。所以，清初以後布特哈打牲丁中，凡採珠人都稱「珠戶師傅」。阿斯哈把賞銀分給了窮苦的採珠奴，餘下的碎銀留給額娘治病。

阿斯哈得了寶珠，很快名聲遠颺。珠把式自願讓位給阿斯哈，自己告老還鄉。從此，阿斯哈當了最年輕的珠把式。阿斯哈心腸好啊，得了賞銀總是偷偷分給旗下的窮人。

宮裡貪得無厭，催命似的天天要珠子。一天，京裡快馬來報，皇上和嬪妃們在珠寶宮賞寶，三顆寶珠突然失手，掉進養魚的金盆裡不見了。傳旨阿斯哈再進寶珠。小珠把式只好又穿上黑坎肩，帶著「珠戶師傅」們，到了輝發河。他下水找呵，找呼其塔蚌。一連好多天都沒找到。他上岸，來到蘆葦灘，正巧是舊曆八月十五晚上，山水格外清秀。阿斯哈坐在臥牛石上，想念仙格格，想著，想著，忽然，臥牛石下咕咚咚咕咚咚冒著水泡，接著，浮起一隻大蚌，正是呼其塔神蚌。蚌殼微微張開，射出無數道白光。啊！白光裡站著披白紗的仙格格。兩把頭上插著牡丹花，還是那麼美麗動人，只是兩眼哭腫了，長長的眼毛上掛著淚花，傷心地說：「阿斯哈阿哥，我就是塔娜格格。我喜歡你忠厚、熱情，為治母病來到荒山，同情你的遭遇，我藏在松花石裡讓你捉到送進了宮廷。我想念同族，更不願鎖在宮樓，所以逃了出來。可嘆我們同族被採珠人捉住，大蚌小蚌全部被殺害，攆得我們無處躲、無處藏，子孫快斷絕了！你不見我夜夜洗衣裳嗎？那不是衣裳，是我們姊妹被刀砍敲的外殼啊！」說著，熱淚就像輝發河的水滔滔不絕地滾下來。塔娜格格又說：「阿哥啊，你掙的銀子夠給額娘治病啦，伴君如伴虎，何必當水鬼呢？河裡風寒浪險，貴人鋪珠睡玉，珠奴的亡魂沒個存身地兒！現在，皇上又讓你來抓我，你把我再送進宮去吧！」說著更痛哭起來。

阿斯哈心酸淚落，半晌才說出話來：「不！仙格格，阿斯哈不羨慕富貴榮華，我再不採珠了，咱們到果勒敏珊延阿林（長白山）去吧！」說著，他脫掉仙格格給他的小黑坎肩，交給塔娜格格。塔娜格格高興地用手指一點，阿斯哈愣住了，小黑坎肩原來是一個蛤蜊殼，越變越長，越變越大，變成一隻能日行千里的威呼。阿斯哈和塔娜格格，背著額娘，坐上小船走啦。從此，長白山的大小河岔都盛產東珠，還出現許多部落，都說是阿斯哈的後代哩！

傅吉祥（講述）

富有光（蒐集整理）

繡花女

清初，有個老王爺，鎮守岫岩城。老王爺聽說順治帝在北京要廣選天下美女，也學著皇帝的樣子，找來手下的歪嘴密師，命令他一百天內為他選一個天下最美的福晉。

歪嘴密師得到老王爺寵信分外用心，親自帶著百十名隨從走村串戶，四處選美女。可是時間過去了九十天也沒選到一個中意的。為這事他飯吃不下，覺睡不好，因為十天之內再選不著，他就要受罰了。

一天，他聽說有個繡花村，山清水秀，姑娘媳婦長得格外水靈，便帶著一隊人馬出發了。

他們翻過十八座山，爬過十八條嶺，累得人困馬乏，正要歇息，忽聽得遠處傳來一陣歌聲：

冰凌花開乾巴拉瞎，
毛菇花開毛嘟拉嚓。
韃子花開有紅有白，
綠葉就像披戴羅紗。
百花裡面數它最美，
美不過繡花女繡花。

歪嘴密師循歌聲望去，在青石壁下，有一條彎彎曲曲的小路，小路盡頭是一處百十戶人家的小村落。時值春花吐豔季節，那粉花、紅花、白花、黃花，把這個小村落點綴得五彩繽紛，特別美麗。

歪嘴密師大喜，一邊走一邊踅摸，自言自語地說：「深山藏俊鳥，這裡一定有美女！」他見剛才唱歌的那個小孩，一手拿著一根放羊鞭子，一手拿著一束韃子花，迎面走過來，便停下腳步問道：「喂，小羊倌，你唱得真好，快告訴我，這就是繡花村嗎？」

小羊倌瞅了瞅歪嘴密師，答道：「是繡花村，你有什麼事，大人？」

歪嘴密師儘力要把話說得明白些，他邊比畫邊說：「我找你們村裡手最巧、花繡得最好、模樣長得最美的繡花女。」

小羊倌一聽明白了，說：「你去找我們穆昆達兒子窪爾達阿哥吧……」

歪嘴密師忙問：「什麼，穆昆達兒子窪爾達阿哥？」

小羊倌說：「我還沒說完呢，她是窪爾達阿哥的情妹。」

「啊，是窪爾達的情妹，好，太好了，她在哪兒？」

小羊倌指著山腳下的幾間茅草房，說：「你看，那不是嗎？」

歪嘴密師順著小羊倌的鞭梢一看，雪白的梨花樹下，一位身穿紅衣紅裙，頭插紅花的姑娘，手裡綰著五綵線，正坐在木墩上繡花。那容貌真比掛露的牡丹還要美上千百倍。遇到這樣天上難找、地上難尋的美女，歪嘴密師的嘴樂得快咧到耳根子了。他心想，這美人別說老王爺見到要神魂顛倒，就是順治帝見到也會邁不動腳步。他將手一攏，招來隨從，準備上前去搶。又一想，不對。小羊倌口口聲聲說她是穆昆達兒子窪爾達的情妹，俗話說強龍壓不住地頭蛇，一旦弄不好鬧出事來，豈不難以收拾。他眼珠轉了幾轉，決定先到村裡找個引線人。

繡花村有兩個愛財心壞的老太婆，一個外號叫黑花蛇，一個外號叫白花蛇。歪嘴密師悄悄找到她倆說明來意後，又說：「這是多麼美的差事，只要你倆幫我辦成此事，要金給金，要銀給銀，要怕將來不好在這兒為人，就隨我一塊進城，我保你倆終身享受榮華富貴，吃穿不缺。」

黑白二蛇一聽，鼓著螃蟹眼睛，拎著長煙袋，來到了繡花女家。

黑花蛇見著繡花女奉承著說：「喲，繡花女，真是巧哇，心巧手巧兩把剪子一起鉸，鉸了旗袍鉸花襖，那織女也比不上你手巧哇。」

白花蛇也向繡花女討好地說：「喲，繡花女真能繡喲，心繡手繡十個指頭一起繡，繡得高山藏羞水倒流，龍女不敢摸線頭哇。」

繡花女聽到黑白二蛇的話，笑著說：「二位納納嘴真巧，把野蒿說成靈芝草，小燕說成鳳凰鳥，小貓上牆變成豹，花蛇長出兩隻腳，東家西家串著跑。」

黑白二蛇本想賣弄巧嘴，反被繡花女弄得張口結舌。等黑白二蛇再開口，繡花女明白來意後，就鄭重其事地說：「二位納納，我早已許給了窪爾達阿哥，你們是知道的，別個主意就別打了。」說完就低頭接著繡手上的羅紗，不理黑白二蛇。

黑白二蛇碰一鼻子灰，回來向歪嘴密師做了稟報，歪嘴密師一聽，這還了得，乾脆搶吧。於是他備好車輛，帶著隨從，一窩蜂似的把繡花女的院子圍住了。

繡花女見了這種形勢，並不慌張，她大大方方迎出門外，對歪嘴密師說：「我雖然還沒有成親，卻是有了丈夫。大人今日既然來求親，就是看得上我家了。我家還有六個和我長得一模一樣的妹妹，何不請進屋裡一個一個過目，待你選中哪個，哪個便隨你一塊兒回去，你看好不？」

歪嘴密師一聽她還有六個和她一樣美貌的妹妹，頓時心花怒放，嘴裡說：「好，我都看看！」說著，他抬腿就要往屋裡闖。繡花女說：「等一下，我家姊妹個個怕羞，平日從不出來見客，請大人先把黑白二蛇請來幫我勸說勸說，再派兩輛大車在院內等候。」

「對，對！」歪嘴密師隨聲附和，叫人找來黑白二蛇，備好大車。

繡花女見諸事準備妥當，她把歪嘴密師請到西屋坐好，再把黑白二蛇找到東屋說：「二位，今天的事，都是你倆引起的，如今我被他們搶走是小事，窪爾達阿哥打獵回來，可不能饒過你倆性命。你倆想活，聽我的，你倆想死，那我可就不管了。」

黑白二蛇一聽，嚇得一齊抱住繡花女說：「姑娘，聽你的，聽你的，只要能活命，什麼都聽你的！」

「好吧，你倆就留在這兒，一會兒我叫你倆幹什麼，你倆就幹什麼！」繡花女說。

「是啦，姑娘，你叫咱倆幹什麼，咱倆就幹什麼。」黑白二蛇一齊回答。

繡花女下到廚房，炒好菜，燙好酒，端到歪嘴密師面前，說了聲：「大人，請！」

院外有圍兵，屋裡有絕世佳人把盞敬酒，菜香酒美，歪嘴密師肚裡有底，心中高興，不緊不慢地喝起來了。

繡花女看看日落西山，月影照地了，便對歪嘴密師說：「大人，我為你請二妹來吧！」

說來就來，只聽繡花女回到東屋說：「哎，我的好妹妹，你就別害羞了，快去為大人敬酒去吧！」話音剛落，只見門簾一挑，一位穿白衣白裙，頭插一朵白花，右手端銀盤的姑娘，像天上的梨花仙女一般，輕輕飄飄地走進屋來。

歪嘴密師用眼睛一看，險些叫出聲來：「啊，美人兒，美人兒，天下竟有這般的美人兒。」這美人兒滿滿地為歪嘴密師斟一碗酒，又像春風飄梨花一樣輕輕退出門去。

歪嘴密師剛才轉過神來，只聽東屋繡花女又輕聲催促道：「三妹妹，二妹敬酒已經回來，輪到你了，快去吧。」

「大姐不要催我，二姐敬的酒大人還沒喝呢！」又是一個嬌滴滴的聲音。

「好，我喝！」歪嘴密師一樂，一口將美酒倒進嘴裡。剛才放下酒碗，門簾一挑，一位黃衣黃裙，頭插一朵黃花，右手端著金盤的姑娘，像天上的桂花仙女一般羞羞答答地走進屋來，斟完酒，又像香風飄桂花一般，輕輕退出門去。

接著，四妹身穿綠衣綠裙頭插綠花、五妹身穿粉衣粉裙頭插粉花、六妹身穿藍衣藍裙頭插馬蘭花、七妹身穿黑衣黑裙頭插黑菊花，一個個接替進來敬酒，一個個輕輕飄飄地退出門去。這時間歪嘴密師喝得昏昏沉沉，看得眼花繚亂，也分不清哪個比哪個醜，哪個比哪個俊。這時繡花女笑著走進來說：「我家姊妹冷不丁看，一個賽過一個，一個比一個俊。穿白衣白裙的二妹和穿黑衣黑裙的七妹最漂亮，而且能說會道，討人喜歡。不過可有一項，我家姐妹都有一個怪癖，最痛恨那些仗勢欺人的貪官污吏，他們要是知道了真情，別說老王爺想娶，就是順治帝想娶她為正宮娘娘，也休想。要是逼急了，魚死網破你也不好收場。」

歪嘴密師一聽咧咧歪嘴，急得說不出一句話來，只好拱手作揖說：「事已至此，還請大姐幫忙到底。」

繡花女稍停片刻，說：「我看這樣吧，我就哄著她們說，老王爺女兒閒著孤悶，特派大人請二位姐妹前去陪她繡花下棋，住上幾日就回來。你快到外面備馬，我這就和她們去說，說好了啟程快走，免得眾姐妹七嘴八舌事後有變。」

「對，對。」歪嘴密師見繡花女說得頭頭是道，句句在理，連聲稱讚，急忙出門喝命隨從備車。這工夫，只見繡花女從屋中扶出穿白衣白裙，頭上披著白紗的二妹，坐在頭輛車裡，又回身扶出穿黑衣黑裙，頭上披黑紗的七妹，坐在第二輛車裡，然後對歪嘴密師小聲說：「快些啟程吧。」

歪嘴密師雖有八分醉意，心裡卻不糊塗，他眼睜睜看著繡花女將兩個妹妹扶進車裡，就馬不停蹄頂星踏月向岫岩城奔去。

歪嘴密師一氣跑了二百多里，忽然迎面來了一隊人馬，抬眼細瞧，不是別人，正是老王爺。

原來歪嘴密師發現繡花女的時候，已悄悄命隨身同來的畫師，畫好美人圖像，又派人前往岫岩城裡給老王爺報了信。老王爺展開畫像一看，一下子被迷住了，就立刻騎上高頭大馬，帶著隨兵，向繡花村趕來。

歪嘴密師遇到老王爺，將事情經過做了稟報，老王爺又驚又喜，非要看一眼車裡的新娘子不可。歪嘴密師正不知怎樣侍候王爺為好，聽說王爺要看，他上前不緊不慢地挑起車簾。老王爺急不可耐地伸手揭去車里美女的面紗。嗚呀呀，頓時目瞪口呆：這哪裡是什麼美貌女子，明明是貓臉猴腮滿臉褶子的黑花蛇，氣得老王爺嗷嗷叫著抬手一刀，結果了黑花蛇的性命。

歪嘴密師一看嚇得三魂出竅，七魄顛倒，忙挑開後一輛車簾，一看，不是別人，正是那一身雞骨頭兔子肉的白花蛇。

老王爺眼珠差點沒氣冒，伸手一刀捅死了白花蛇，又回手一刀砍死了歪嘴密師，接著一聲吆喝，向繡花村飛奔而去。

繡花女孤身一人，哪來的六個妹妹呢？原來她拿出六套顏色不同的衣服，自己換著穿，她要哪套就讓黑白二蛇在東屋裡幫著她換哪套。她手腳麻利，邊換衣服邊裝作與要出去給歪嘴密師敬酒的妹妹說話，然後又自己答話。等六套衣服她都換著穿過了，她假裝成的六個妹妹都出來敬過了酒，她便命黑白二蛇穿戴齊全，頭罩面紗，由她扶進車裡。送他們走後，她料到歪嘴密師受了騙，不會放過她，她就脫下了紅衣紅裙，換上了青衣布襖，到深山裡找窪爾達阿哥去了。

老王爺來到繡花村，四處尋找，可是茫茫林海，無邊無際，哪裡去找啊！這時小羊倌的那首歌又唱起來了：冰凌花開乾巴拉瞎，

毛菇花開毛嘟拉嚓。
韃子花開有紅有白，
綠葉就像披戴羅紗。
百花裡面數它最美，
美不過繡花女繡花。

聽得老王爺半痴半呆，氣得他跺腳搔腮，無可奈何，只好收兵回城去了。

吳豔秋　李生林（講述）
張其卓　董　明（蒐集整理）

「老實人」的故事

老罕王和明朝軍隊打仗的時候，一個自稱老實人的滿族人，到明朝軍營裡去投軍。

領兵的李將軍問他：「你叫什麼名字呀？」

老實人回答說：「人們都叫我老實人！」

李將軍又問：「你真是個老實人嗎？」

「稟告將軍，我確確實實是一個世上最老實的人！」

「拿什麼可以證明，你是最老實的人呢？」

「我會忠實地執行將軍的一切命令！」

「那好，從今天開始，我就要考驗你了！」

就這樣，李將軍把老實人留在自己的身邊當跟隨。他也確實需要一個使他能夠完全相信的人，因為有好幾個不老實的人給他當過跟隨，都曾欺騙過他。

一天，李將軍把老實人叫到跟前，問道：「你會餵馬嗎？」

「會！我原來就是放馬的人！」老實人回答，「草膘料力水精神，全仗餵馬人的一個勤快勁兒！」

李將軍滿意地點了點頭，覺得他說得很有道理：「老實人！這可是我的戰馬呀，若是餵掉了膘，我上陣就要吃敗仗。那時候，我就要狠狠地處罰你！」

「是！我一定聽將軍的命令，把馬餵好！」老實人回答完，便退了出去。

十天以後，李將軍看了看他的戰馬，那戰馬瘦得是皮包骨了，李將軍十分惱火。他把老實人叫來，申斥道：「好啊，你竟敢糊弄我！你看那戰馬，瘦得快像條龍了！」

老實人不慌不忙，深深地行了個禮，說道：「報告將軍，你說的完全對，我就是讓你的坐騎變成一匹龍馬。俗話不是說嘛，『龍虛騰萬里，虎瘦嘯千峰』。龍和虎只有瘦才顯得精壯有力，才能顯出威風來。我看將軍的馬太肥了，圓頭團腚，蠢笨極了，將軍騎上去連半點威風都顯不出來！那怎麼成呢！」

老實人的一番話，把李將軍的一肚子氣給洩了出去。雖然他不希望把戰馬餵得太瘦，但他認為老實人的心腸是好的，所以便沒有責怪他。只是又換了個餵馬的人。

實際呢，那老實人根本就沒有很好地給李將軍餵馬。每天只給倒上一槽子草料、半桶水，夠不夠根本不管，那馬怎能不一天天地瘦下去呢。

李將軍撤了老實人的職，又吩咐道：「你給我報更吧。晚上每到一更，就要在我的帳前敲三下梆子，聽明白了嗎？」

老實人點著頭答道：「嗯！聽明白了！」

李將軍又說：「你可一定不能偷懶睡覺，不然，我就要重重地處罰你！」

老實人回答得挺乾脆，說：「一定照辦！你就放心吧！」

夜裡，老實人只是在二更天的時候，才在將軍帳前「咣咣咣」地敲了三聲梆子，然後便若無其事地回到自己的帳幕裡，呼呼地睡大覺去了。

第二天早上，李將軍怒氣衝衝地把老實人叫了來，大聲地喝道：「你竟敢欺騙我，昨天晚上，你只報了個二更，以後就沒有聽見你報更的梆子聲！」

「稟報將軍，你說的完全對，我確實是那樣做的！」老實人笑著答道，「三更的時候，我從帳幕的縫隙裡望瞭望你，看你已經入睡了。你說，我怎能忍心用梆子聲把你震醒呢！因為你整天操練兵馬，實在是太累太困了啊！」

李將軍瞪著眼睛，回駁道：「撒謊！三更天的時候，我正在那看兵節戰策呢！」

老實人一本正經地爭辯說：「我沒有敲梆子報更，將軍怎能知道已經到了三更天呢！你睡的時候，可能還不到三更吧？」

李將軍又被老實人給說迷糊了。確實，李將軍自己也叫不准，他是在什麼時候睡的。

老實人又勝利了，他退出了將軍的帳幕。

老實人的忠實可靠，使李將軍更進一步地相信他了，便又給他重新安排了個好差事。

一天，李將軍對老實人說：「我確實相信你是個老實人，從今後，你就專門給我送三頓飯吧。你要監視廚子，不許偷嘴吃，連你自己也不許動我一口酒菜！怎樣，能辦得到嗎？」

老實人連連地點頭應諾道：「能！一定能辦到！」

到吃午飯的時候了，老實人端來了一方盤的酒、菜、飯，走進李將軍的帳幕，一樣樣地擺在了桌子上。

將軍仔細地瞅了一下，問道：「廚子沒偷飯菜吃嗎？」

「報告將軍，他們都很守規矩，連一口飯菜都沒有動！」

李將軍又問：「那麼，你呢？」

老實人晃著頭說：「我更沒有動啦！」說完，他指了指盤子中央的那塊肉，接著說道：「這塊肉本來是掉在地上了，我都沒敢扔掉，又拾了起來，用水洗了洗，又重新放在盤子裡。」

李將軍緊皺了一下眉，說：「掉了的肉，怎麼能拾起來呢？」

老實人忙說：「不拾起來，就會少了一塊，盤子裡的肉就不夠數了！」

李將軍聽了又好氣又好笑，覺得這個老實人可真老實得像個木頭人，腦袋連一點縫都沒有。他瞅著那盤肉，有些噁心，便說：「這盤肉賞給你吃了吧！讓廚子再給我重炒一盤子來！」

老實人笑著說：「謝謝將軍！」說完，便端起那盤炒肉，大口地嚼了起來。

李將軍再一次受騙了，卻反而又增加了對老實人的幾分信任。

夏天了，十分悶熱，李將軍決定到河裡痛痛快快地洗個冷水澡，並且讓老實人也去，好給他搓一搓身子。

在毒辣辣的太陽底下，兩個人在涼水裡泡著，確實很涼快，也挺舒服，士兵們見到都很羨慕。因為將軍有令，戰事很緊，誰也不許擅自下河洗澡。

他們洗了好大一陣子，一個隨從前來報告，說總領兵的大元帥來了，讓李將軍親自去迎接。將軍一聽，連忙上了岸，穿戴完畢，就匆匆地去了。

李將軍一走，老實人更是無拘無束，便在河裡自由自在地游來游去，玩得十分痛快。士兵們更羨慕得不得了，都說老實人熬了個千金難買的美差事。

老實人一直在河裡玩到了太陽落山，才來了個人，把他叫了回去。李將軍怒斥道：「你為什麼洗到這麼晚才回來，我不是早就上岸了嗎？」

老實人躬身答道：「沒有將軍的命令，我怎敢上岸呢？俗話說，『軍令如山倒』。如果剛才你不是派人去叫我，我還要在河裡泡下去！因為我還認為將軍等一會兒還能回到河裡來洗澡呢！」

李將軍瞅著老實人那副憨樣子，「撲哧」一聲笑了，覺得他說得還蠻有道理。

明軍和清軍又開仗了。李將軍奉命出征，可是讓誰來守營呢？那營盤裡儘是軍械、糧草、帳幕，一旦被敵人奪走，豈不端了老窩，一切就都完了。留誰守營，李將軍一直犯考慮，他忽然又想起了老實人。

李將軍把老實人找了來，說：「喂，老實人，我完全相信你的忠實可靠。你從來都沒有欺騙過我，你會永遠忠實執行我的命令！」

老實人憨厚地說：「是的，將軍。為了你，我什麼都可以豁得上！」他說完又指了指腦袋和心口窩，表示了他的忠心。

將軍又說：「那太好了。我留給你五百名士兵守營。如果敵人來偷營，你必須豁上命抵擋住！」

老實人說：「堅決遵從將軍的命令！」

「還有！」將軍說，「我把大鐵門的鑰匙也交給你，丟了腦袋，也不能讓它落到敵人的手裡！這庫房裡的一切能讓敵人縱火燒掉，也不能讓敵人搶去，聽懂了嗎？」

老實人恭敬虔誠地接過鑰匙，說：「將軍，我完全聽懂了！你就放心去吧！」

李將軍帶兵走了。當天晚上，老實人就擺上了酒肉，把五百守營兵都叫了來，讓他們喝得酩酊大醉，一個個都東倒西歪地睡了。到了半夜，清軍果然來偷營了，老實人拿出了鑰匙，打開了庫房，讓清軍把所有的軍械、糧草，帳幕都搶走了。李將軍外無救兵，後無糧草，被打得大敗。當他回營看時，傻眼了！老實人沒有了，倉庫也被搶空了，營帳全都被燒光了。這時，他才恍然大悟，那個自稱老實的人實際是個最不老實的人。

這個老實人是誰呢？據說，他就是滿族的智人哈拉素。

哈拉素貌不出眾，卻聰明過人，留下了很多機智動人的故事。這是他假裝「老實人」投進明軍做奸細，使明軍吃了大敗仗的故事。

康老木匠（講述）

臂層　佟疇（蒐集整理）

射柳

大金國的女真人，最重視祭天。每逢祭天的日子，全部落就像過節一樣熱鬧。等祭完了天，就要舉行射柳的比賽活動。射柳，就是把半人來高、削去一塊皮的柳枝插在地上，參加比賽的人騎著馬，用平頭箭射削去皮的白點處，然後在柳枝剛斷的剎那，以飛馬拾起者為勝。這個風俗，相傳是完顏阿骨打留下的。

有一年秋天，阿骨打出城打獵剛回來，他父親就派他到松阿里烏拉一帶，去和那裡的女真部落聯繫起兵反遼的事。他帶領幾個人，裝作打獵的樣子，順河往下去了。

一天，他們來到松阿里烏拉南面的一條小河旁，老遠就看見一小夥人，在一片空地上，呼號著拍手、喊叫。走過去一看，原來這個部落剛祭完神，正在比武。有的在摔跤，有的在射箭，因為女真人都會射箭，所以圍在射箭比賽那塊兒的人很多。

阿骨打看那裡挺熱鬧，也湊上前去往裡看，只見河邊的一棵老樹上密密麻麻地插滿了箭，像個刺蝟似的。那些比箭的人，正你一言，我一語，爭論誰輸誰贏呢。有的說，我三箭都射在樹當間兒啦；有的說，我三箭射的不高不低，老嘎珊達也在那裡撓頭，判斷不了誰是第一。

阿骨打看了一會兒，不覺笑出聲來。這時，老嘎珊達發現來了客人，就上前互相見了禮。那些年輕的小夥子，一聽有人笑，也轉過頭來，細一打量，見阿骨打也是獵人打扮，就圍過來打招呼。老嘎珊達趁機說：「正好，我們請客人來給評斷一下，看誰輸誰贏吧。」阿骨打說：「我看大家的箭法都不錯。要是一定讓我評斷高低，我就出個招，大家再射一次，怎麼樣？」

大夥一聽要重射，也都不在乎，就問：「重射怎麼射？啥樣算贏？」阿骨打翻身上馬，幾步跑到河邊，河邊長了清一色的柳樹，長長的柳枝隨風擺動。

阿骨打上前，把三條柳枝都從當腰削下去一塊皮，然後又飛馬回到人群中，說：「大家就射我剛才削皮的那三條柳枝吧！每個人騎上馬，從東往西跑，在五十步外，看誰能射斷，就算誰贏。」部落的小夥子一聽這招挺新鮮，都想試一試。

一個一個都試了一遍，柳枝倒射斷了不少，可就是誰也沒射中那削皮的柳枝。有的人唉聲嘆氣，說這招太難，有人埋怨怪風颳得不穩當，有人說太遠了瞅不準。

原來部落的人，平時練箭，都往大靶子上射，就是射殺鳥獸，也都比柳枝目標大，從來沒有想到射柳枝的。這樣，大家射了一陣，都洩了氣，沒人再試了。

老嘎珊達反倒挺高興，心想：要能練出這樣一身本領，那就什麼都不怕了。可又一想，到底能不能練出這樣的好箭法呢？他看了看這位英俊的客人，尋思人家能提出這招兒，必是了不起的好漢，想到這兒，就恭恭敬敬地給阿骨打行個禮，說：「這位好漢，請您射幾箭，讓我們見識見識！」那些小夥子，聽嘎珊達這麼一說，也都跟著說：「是呀，讓我們開開眼界吧！」

阿骨打知道推辭是不行啦，就說：「讓我試試吧。」說完，翻身上馬，連打三鞭，那馬一聲長嘶，撒開四蹄，飛跑起來。一陣風似的向東邊跑去。他邊跑邊把弓拉滿，接著掉轉馬頭往回跑，約莫離柳樹有一百步時，嗖！嗖！嗖！三支箭接連飛出去，不偏不差，正好把那三枝柳枝，從刮皮的地方射斷了。全部落的人都驚呆了，接著一陣喝采，個個伸出大拇指，嘴裡喊著：「巴圖魯（勇士）！巴圖魯！」阿骨打一跳下馬，大夥兒就一擁而上，把他抬起來了。

阿骨打一看日頭偏西了，給大家施了一禮，就說自己有事要趕路，可是全部落的人說什麼也不讓他走。特別是老嘎珊達，拉著阿骨打的手不放，說：「今天是我們部落的大喜日，尊貴的客人，一定要和我們一起喝幾杯。」他們硬把阿骨打留住了。

傍黑的時候，部落的人點起了火堆，男女老少，隨著鼓聲，圍著火堆跳起了蟒式舞。老嘎珊達不斷給阿骨打敬酒，還專門給他端來一大盤烤得噴香的小奶豬。阿骨打看他們這樣熱情好客，也放開懷，一連喝了好幾碗酒。

喝過幾巡酒，老嘎珊達忽然打個唉聲，說：「我們部落要有你這樣的巴圖魯就好了，就不會再受禍害了。」阿骨打一聽，這一定是有什麼為難處，就試探著問：「老瑪發，誰在禍害你們？」嘎珊達說：「我們部落旁有一個老砬子山，不知從哪裡來了一隻惡虎，又猛又奸，上山採果、採藥的人，被傷了好幾個。我們派人去圍捕幾次，它一見人多，就跑得無影無蹤；要是人去少了，又要吃它的虧，你設下陷阱，它就躲著走。真沒法治它！」說到這裡，老嘎珊達又打個唉聲，接著說：「這畜生近些日子膽子越來越大，常常竄到部落裡來，吃豬，咬牲口，前幾天還拖走一個孩子。」說著，老嘎珊達傷心地流下了眼淚。

阿骨打聽完，足有一袋煙工夫沒吱聲，心裡一直在琢磨這件事。他想轉轉身子，不小心把酒碗碰翻了，這才發覺自己有點醉了。忽然靈機一動，「有啦！」就對老嘎珊達說：「你給我一條狗吧，我有法子除掉這只惡虎了！」老人忙問：「你有什麼招？快說！」阿骨打指指碗裡的酒說：「酒能醉人，就不能醉虎嗎？我們想法把狗弄醉了，放到山道上……」沒等阿骨打說完，老人一拍阿骨打的肩說：「好！我明白你的意思了，這是一個好招。」

第二天一早，老嘎珊達拿用酒泡的餑餑狠勁地喂狗，把狗醉倒了，又往狗肚裡灌，然後把它放在老虎出沒的道上。

一連兩天兩宿，老虎從那裡過，就是不吃。部落的人很著急，阿骨打還是不動聲色。第三天早上，正當狗要醒過來的時候，忽聽那醉狗悽慘地叫了幾聲，就沒動靜了。阿骨打領著埋伏在遠處的獵手，趕緊向狗叫的方向跑去。

剛轉過一個山坡，就見一隻斑斕猛虎正搖搖晃晃地朝山裡走去，嘴裡還叼著一隻狗大腿。大夥正要追殺過去，那老虎一聽後邊有動靜，回過頭來大吼一聲，山搖地動，張牙舞爪，朝攆它的人撲來。這可把大夥嚇壞了，他們剛要往樹林裡躲，只見那老虎重重地摔了一跤。老虎一尋思，不好！掉頭就想往回跑。這時，大家才明白，它醉了。有人又要去追趕，阿骨打說：「你們散開！」他一個人跳出去，大喝一聲，那虎一回頭，嗖的一箭，正中腦門。只聽得驚天動地的一陣吼叫，惡虎打了一個滾，再也不動彈了。幾個獵手衝上前去，把虎捆綁起來，抬回了部落。

全部落又像節日一樣，為打虎英雄擺了盛宴。席間，老嘎珊達叫人把制好的虎皮抬進來，放到地上，然後向阿骨打說：「這位好漢，到現在我們還不知道你是誰，你為我們除了一大害，這張虎皮，就請你收下吧。」

阿骨打站起身來，向大家行了一個禮，說：「感謝大家的美意。我是完顏部的阿骨打，為民除害是我的志向。我這次出來，就是要把女真各部都聯合起來，準備反抗比惡虎還要厲害的大遼兵。」

大夥兒一聽，這話正說到他們的心坎上。老嘎珊達激動地拉著阿骨打的手說：「阿骨打，我們女真人的巴圖魯，願老天爺保佑你，百事吉利。我們等你的信，只要你下令，我們就出兵發馬。」

阿骨打朝天拜了幾拜說：「願阿不凱恩都里保佑這個部落事事如意，人馬平安。」他為大家祈禱完，順著松阿里烏拉往下走了。

傳說，他這次去了不少部落，每到一處，他都教那裡的人練習射柳，讓他們提高箭法，學好本領，為反抗大遼準備力量。

從此，不少部落在舉行祭天儀式之後，就進行射柳的比賽活動。

以後，阿骨打起兵，打敗了大遼王，在上京會寧府做了大金國的皇帝。他下了一道聖旨，不管是朝廷，還是民間，祭天之後，都要進行射柳比賽，作為全民的習武活動。時間長了，就變成祭天的一個儀式了。

冰滑子

阿骨打聯合女真各部起兵反遼，一舉打下寧江州之後，大遼王就像懷裡抱著二十五隻老鼠——百爪撓心，連忙派重兵到了松阿里烏拉和一禿河（伊通河）的合流處——賓州，想擋住女真兵南下。

阿骨打那時只有三千兵馬，知道賓州的大遼兵多，硬打肯定要吃虧，就派了探馬到賓州去打探軍情。

不久，探馬來報說賓州的大遼兵日夜巡城，把守得很嚴，阿骨打只好把女真兵帶到松阿里烏拉邊安營紮寨，一邊繼續派探馬去賓州探聽虛實，一邊琢磨破敵的良策。

轉眼到了冬天，大雪飄飄，寒風刺骨，江河都封嚴了。這時，探馬來報，說賓州的大遼兵不巡城了。原來，帶兵的大遼元帥以為天這麼冷，雪這麼厚，江上也不能行船，女真兵來不了，就是真來了，大隊人馬翻山越嶺，冒雪而來，累也累屁了。到時候，大遼兵一出擊，管叫他夜叫鬼門關——送死。這樣，大遼兵就放鬆了警惕，待在城裡，天天吃喝玩樂。

阿骨打一聽，喜上眉梢，覺得如能出其不意，攻其不備，就可以以少勝多。可是又一想，這沒膝的大雪，冰封的江面，人馬走上去，不是陷下去就是滑倒。要是硬挺著往前走，得遭不少罪，到那裡咋能打仗呢？阿骨打左思右想，還是挺犯愁，再說，阿骨打帶的糧草不多，不早日進兵就得退回去，可是放棄了這個奇襲賓州的機會，到了來年開春，大遼王從南面再調來兵馬就更難辦了，真是進退兩難。

一天晚上，月亮已經掛在樹梢上。阿骨打在軍帳外來回走動，苦思苦想這件事。忽然，他聽到江上有動靜，還沒等看清是什麼東西發出響聲，「哧——哧——哧」，隨著這響聲，十幾個女真小阿哥跑到跟前，每個人背著一個麅皮口袋。

阿骨打挺奇怪，上前和他們見禮，問他們從哪裡來的。一個小頭領說：「我們是鐵驪部的，嘎珊達讓我們把打好的鐵箭頭給阿骨打送來。」

阿骨打又問：「你們才剛兒怎麼走得這麼快啊？」

那小頭領笑了笑，抬起腳讓阿骨打看。阿骨打一看，麅皮靴子上用鹿皮筋綁了一塊小木塊，木塊上有一條東西在月光下閃閃發光。再一細瞅，是被冰磨得雪亮的小鐵棍。

阿骨打問：「你們從鐵驪部到這裡用了幾天？」

那些人樂呵呵地說：「今天早上我們還在家吃飯呢！」

「這可真神啦！」阿骨打一邊滿口讚歎著，一邊親熱地把這夥人請進自己的大帳，用好酒好肉招待他們。飯後，阿骨打自個兒拿了這冰滑子看了又看，還到江面上試一試，真挺好使。

第二天一清早，阿骨打送這撥鐵驪部的小阿哥到江面上，讓他們趕緊回鐵驪部，儘快做出三千副這樣的冰滑子給大營送來。為了行走穩當，阿骨打讓他們再做些安兩根鐵棍的冰滑子。這撥人接受了命令，飛也似的滑走了。

過了不幾天，鐵驪部就派人送來了三千副冰滑子。阿骨打命令全軍飽餐一頓，然後每個人都穿上冰滑子，連夜襲擊賓州。阿骨打冒著風雪，滑在最前面。女真兵個個如虎添翼，飛馳在松阿里烏拉冰面上。他們每人披了一個白斗篷，三千人一個挨著一個，就像一條飛騰的白龍，直撲賓州。

冬天，日頭出的晚。女真兵到達賓州城時，天才濛濛亮。阿骨打換下冰滑子，第一個登上了賓州城。城裡的大遼兵做夢也沒想到女真兵能從江面滑冰而來，以為是天兵天將從天而降，自己就亂了營了，互相踩死不少，剩下的跑的跑，降的降，賓州城被女真兵拿下來啦！

阿骨打帶人打進了賓州城的元帥府，大遼元帥還在炕上趴被窩呢，乖乖地當了阿骨打的俘虜。一看到阿骨打還哆哆嗦嗦地問：「你們是怎麼來的啊？」

阿骨打笑了笑，拿了一副冰滑子給他，他翻來覆去看了半天也沒明白是怎麼回事。

賓州城一破，大遼國就像黑瞎子掉井——一熊到底了。女真兵很快滅了大遼國，冰滑子也從軍隊傳到了諸申中，成了女真人喜愛的一種活動。

後來的滿族人更喜愛這種活動，清朝皇帝還常常下聖旨，讓八旗兵到北京城的北海進行打冰滑子的比賽表演呢！

蠶姑姑

一盤盤蘇葉餑餑冒氣啦，
一碗碗五花腱肉熥熱啦，
一縷縷年期香蔟升上啦，
蠶姑姑騎著神驢進門啦。

滿族人家不忘蠶姑姑。她傳給後人養柞蠶、織錦緞的技藝。聽我家太奶奶常講，很早很早以前，住在松花江沿岸的諸申們，不懂穿綢緞，祖祖輩輩稀罕使用皮貨。那時，講究用熱好的皮板繡製各式衣樣。手工巧的，連魚皮、鳥皮、蛇皮都能用來製出各種圖案的服飾。不知又過了多少年，才有了麻布。那麼，啥時候有了柞蠶絲呢？

相傳，是一位終生勤苦的蠶姑姑最先留下來的。

蠶姑姑，姓甚名誰，誰也不知道。她娘家是哪兒的人，更不清楚。據說，在松阿里烏拉中游的西岸，有個靠山林蓋了片土房的嘎珊（屯）。屯裡住戶不多，主要以打獵、養豬、種米穀過日子。有一家老太太是個昂阿西（寡婦），她的兒子出兵死在遼水，留下個年輕、賢惠的媳婦，跟婆母度日。婆婆很刁，偏心狠毒。兒子一死，一肚子怒火，成天對一聲不響的兒媳發洩，痛罵媳婦是「喪門星」「妨夫鬼」。一天天不給飽飯吃，不給皮衣裳穿，攆進東廂房，蹬一尾雞鴨，呸在一個炕上。兒子的骨屍罐子埋在後院裡，小媳婦得一天三叩首，三爐香。婆婆若說心不誠，情不真，就得在星星底下跪上一宿。家裡小姑、小叔一大幫，數她活兒最多、最髒、最累，侍奉了婆母，還得侍奉小姑、小叔們。有半點不遂心，婆婆就用火盆裡燒紅的鐵筷子，亂扎亂杵，把兒媳婦渾身燙得淌血冒膿。

一天，媳婦想到傷心處，偷偷地擦眼淚。這可惹下塌天禍啦！婆婆罵道：

「妨夫鬼，妨夫鬼，你還要壞心哭死誰？」逼她跪在地中央，把一盆新從灶坑扒來的紅火炭，抽冷子揚到她身上了，長長的烏髮、白臉，都燒焦啦，周身是火，疼得她滿地打滾，昏了過去。小姑和小叔們，扯著腿給她扔到後院豬圈旁了。她一天多了才醒過來，爬呀爬，爬進老母豬窩裡。母豬帶一窩豬羔子，很怪，見了她不叫也不咬，一勁給她往身上拱著穀草。日子一天天熬著，婆婆不來瞧她，也不召喚她。她只好睡在豬圈裡，餓啦，渴啦，爬過去咽幾口豬食，吞幾口泔水。她兩腳燙壞，走路顫巍巍的。小叔、小姑們看見了，喊她「豬妞」。婆婆見她能動了，說：「去！去！打今兒個起你不准再進我門檻，騎著瘸驢上山捋豬菜去，烀豬食，餵豬！」

打這以後，豬妞整天牽著小瘸驢前溝後坡剜豬萊。她到山裡心敞亮了，把花草蟲鳥當成親姐妹。聽到百鳥的鳴唱，豬妞的臉上才有了笑容。她把冤愁苦淚跟花草傾訴。花草見她點頭，蝴蝶圍著她飛舞，山風颳倒了小樹，她扶起培好土，害蟲嗑了樹皮，她用嫩草給包裹好，江水沖刷了岸邊花草，她堆起土堤擋住洪水。一天，忽然熱風驟起，一陣紅騰騰的山火，從山上滾來，濃煙遮天，兩人多高的火頭嗚嗚怪叫。眼看大火要燒到甫山的一片玻璃棵子樹（柞樹），鳥驚飛，兔奔逃。豬妞不顧大火，跑了過去，用剜野菜的鐵鏟開出一條寬寬的防火道。山火熄滅了。枝葉葱蘢的玻璃棵子樹躲過了災難。

隔了兩夜，她正切豬食，一抬頭瞧見屋角站著一位青衣姑娘，頭梳橫髻、插著銀簪和鮮花，兩耳銀環閃閃放光，清秀美麗，她走過來慢聲說：「苦命的姐姐，我是金錢蛾變的，感激你在大火中救了我們的家，我們也心疼你日夜受罪，沒啥報答的，你呀到南山採點金蛋子，做身繡龍紗，別老披豬皮啦！」

青衣姑娘的話，豬妞聽了不敢相信。自古吃肉穿皮，沒聽過有啥繡龍紗呀！青衣姑娘囑咐幾句，走啦。豬妞累得兩眼冒金花，也沒在意，半信半疑，尋思反正明個天亮得上山去，順便找找金蛋子吧。豬妞在草裡睡到大毛楞星剛落。天擦黑擦黑的吶，就牽著瘸驢奔南山去啦。到山裡挖呀，採呀，在黃玻璃棵子樹林裡，在榛柴蒿草裡，尋摸一陣子，光彩了些豬草，也沒瞧見啥金蛋子。她東捋一把草，西捋一把蒿，塞滿菜筐，馱在驢背上，回來全倒在豬食缸裡。缸漸漸滿了，就舀進鍋裡烀上啦。烀呀烀，豬妞聞到豬食鍋裡清香撲鼻，跟往常不一樣，覺得挺怪，就拿勺往外舀，沉甸甸舀不動，只好揀了根木棒攪，嘿，鍋裡竟是亮晶晶的細絲。豬妞覺得挺新奇，就一連用了幾根木棒，攪出不少漂亮的絲來。

豬妞瞅著絲正發愣，只見那個青衣姑娘站在她跟前，幫她理木棍上的細絲吶，理好後，又給她晾曬。從此，青衣姑娘總來豬棚，教她熬繭繅絲，織紗緞。豬妞手巧，很快織出了又長又美的繡龍紗。

單說，嘎珊裡突然鬧起秋瘟，人病倒啦，牲畜死啦。穆昆達（氏族首領）領全屯老少，在神樹下殺豬宰羊，祭鬼神，薩滿擊打神鼓、揮著神叉，驅趕著惡魔，祈禱著平安吉利。豬妞餵完豬，聽到鼓聲，偷偷跑到門口觀看。婆婆不讓動啊，所以她打院牆障子空隙朝外瞅，看得正入神。不巧，婆婆從後院小門走過來，瞧見一個穿著亮衫的人。她從沒見過這個打扮呀，嚇得一哆嗦，仔細一瞧是豬妞，跑過去薅著她的頭髮扯進豬棚，再瞧豬棚裡地上、炕上、牆上、棚上，掛著一串串繭絲，氣得直跺腳，瘋子一般大吵大喊：「哎喲喲，天哪！山神瑪法佛珠，你膽敢毀壞糟蹋。嘎珊鬧瘟疫，是你這孽障惹下的禍端呀！穆昆達知道打死你沒人掉淚，還要連累我們孤兒寡母啊！嗯都里呀，懲罰她一個人吧！」

婆母不敢隱瞞，連打帶踹地把豬妞拉到屯外人堆裡。婆母跪在地上哭訴。嘎珊的人們，被瘟疫折磨得膽顫心驚，瞧見豬妞的一身打扮，明白了，像翻江水一齊湧向豬妞，踢呀，打呀，他們的憂傷悲怒都像是豬妞帶來的。穆昆達怒目橫眉地叫人把她捆上，吊在神樹前，七天七夜不准給水給飯，讓威嚴的日神曬死她，讓呼叫的風神吹乾癟她，讓天上的鴉群啄光她……穆昆達領著嘎珊的人們，虔誠地跪了滿地，豬妞可憐地緊閉著眼睛人事不知了。穆昆達敬了酒，上了香，說：「阿不凱恩都里呀，主宰山河的眾神呀，寬恕苦難的嘎珊吧，我們把惹下罪孽的昂阿西吊上啦，用她的生命換來人畜安寧吧……」說完，嘎珊的人，人人喝一口神壇裡的豬血酒，剩下的潑了豬妞一身一臉，意思讓神把罪人領走，然後，人們才各自回家。

可是，很怪，第二天嘎珊的人到神樹前一看，豬妞和吊她的桿子全沒啦，地上連土坑也找不到。嘎珊的人樂了，都紛紛傳告：神仙把罪人領去啦……

其實，夜裡豬妞叫血酒味和冷風吹醒，心想，咋能等死吶？拚命掙啊，晃啊，從桿子上摔下來，忍著疼往遠處爬，爬了爬又想，嘎珊的人會來抓的。於是，她把吊桿推倒，坑填好，拖著桿子爬進了她喜愛的南山。天快亮啦，她才到了南山玻璃棵子樹林裡，吃草吃野果舔露水珠兒，就悄悄在林子裡生活起來。青衣姑娘教過她熬繭做絲緞呀，豬妞沒穿的，就穿絲製衣裳。一天，小瘸驢上南山吃草，見了她，跑過來。豬妞騎著瘸驢離開了南山，到處走啊走。諸申開始不敢收留她，不敢學著熬蠶繭，日子長啦，見豬妞心腸好，挺熱心，穿絲緞比皮子好，美觀輕便，越來越喜歡豬妞啦。老人唱了起來：

天上最美的噢咿嘞——白雲，參！參！
胯下最貴的噢咿嘞——金鞍，參！參！
炕邊最親的噢咿嘞——火盆，參！參！
身上最闊的噢咿嘞——絲裙，參！參！

豬妞的柞蠶技藝很快傳開啦。這時，她已經頭髮斑白，都稱她蠶姑姑。

一年，大遼王下了文告，選黃羅繡女。皇上有重賞。可是，文告傳遍許多嘎珊，也沒選著黃羅繡女。遼王很暴虐，諸申家裡的女子都不敢進宮，怕被糟蹋害死。遼王大怒，傳旨再選不出來，逢女殺女，逢寨燒寨。諸申們一個個憂愁啼哭。這天，遼王正在宮中等著傳報，忽然，打南邊來一個騎小瘸驢的老婆子，要見遼王。遼王很奇怪，忙叫刀斧手站好，把老太婆叫進來。老太婆一點沒有懼色，對遼王說，「皇上要選黃羅繡女，只有我老婆子能做。但有一條，讓我織多少都成，得先放出牢裡關押的所有諸申！」

遼王要選年輕的美女織錦緞，一見是個滿臉皺紋的老婆子，滿心不痛快，想轟出去。可又等著用錦緞給母后慶壽，時間很近啦，只好問：「給我織三百三十匹黃羅紗，三天為限，敢承擔嗎？」

蠶姑姑說：「皇上放人吧，織不出來，任殺任剮好啦！」

遼王把關押的滿人全放啦。三天三夜，蠶姑姑果然織出了三百三十匹黃羅紗。每匹一個圖案，有蝙蝠、鳳凰、喜鵲、牡丹、芍藥……活像百獸奇花藏在薄紗裡，跟真的一般，光彩奪目！

遼王大吃一驚，松阿里烏拉竟有這樣的巧手！忙下旨，把蠶姑姑留在宮裡，專為皇家織錦。蠶姑姑笑了笑，騎上小瘸驢就走。遼王大怒了，心想，漂亮的錦緞只能帝王穿，卑賤的滿人哪能配穿用吶！忙把身邊侍臣叫過來，說：「殺了老妖婆，不能允許她把技藝傳出去！」侍衛們像群惡狼撲過來，蒙上蠶姑姑兩隻眼睛，堵住了嘴，綁在驢背上，在驢尾上，拴著大草把，用火點著，往驢屁股上猛砍三斧。瘸驢又驚又痛，順著山道往南山裡跑去，越跑，尾巴上的火把越燒，疼得驢不敢站下來，拚命跳呀，躍進了立陡懸崖下的松阿里烏拉中……

從此，蠶姑姑再不見啦。遼王死後，都說變成一隻圓球子鳥，黑毛挺短，一到初冬凍得直打戰，轉著圈地哀叫：「姑姑我有罪！姑姑我有罪！」它好吃柞蠶，人們下套子，放箭殺它，燎它的毛，吃它的肉。人們也都說，蠶姑姑沒有死，成了一位騎著驢、巡山護蠶的蠶神，幫助各家蠶業興旺。養蠶人家，都感激蠶姑姑，留下養山蠶的技藝，心疼她受了一輩子苦，每當放完秋蠶，家家都備好酒菜，點著安息香接蠶姑姑回家吃喜，寄託著無限的哀思。

郭素霞（講述）

富育光（蒐集整理）

沙家人

乾隆皇帝下江南，帶著皇后烏拉那拉氏，那麼多的宮娥綵女，還有一大幫隨行護駕的，官員、侍從、衛兵。乾隆登上龍舟，沿著大運河順流而下，簫管鼓樂，吹打得好不歡樂。皇上有時還離舟登輿，大隊人馬，前不見頭後不見尾，把腳下的大道都踩寬了。

這一天，他們來到一個名叫沙嶺的大村莊，天色已經晚了，就決定在這裡過夜。乾隆剛要傳令備餐，就見一個大臣來報：「這裡有個姓沙的人家，感謝皇上為他們開闢了太平盛世，再三要求臣下代他們向皇上請命，要為咱備餐。」乾隆聽了這段讚美的話，不覺大悅，他點了點頭。還不到半個時辰，一頓豐盛的晚餐就備好了，端上來的有酒有菜，還有熱氣騰騰的白麵餃子。那餃子咬一口滴著油，飄著香，美透了！

乾隆吃過餃子，有些口乾，就叫人送來一些梨和柿子，正吃著，那拉氏皇后忽然湊過來說：「這個沙家有多少人？一會兒就包出這麼多的餃子，我們吃了一頓還有餘！我在想：劉、關、張桃園結義，只哥仨，一使勁就打出一個蜀國來，他們這個沙家如果摽上勁兒和朝廷作對，可就難對付了！我看，不如找個因由，殺了他全家，免生後患！」

乾隆聽了這話，琢磨了一會兒，覺得皇后說得不是沒有道理。於是他就指使手下的大臣，去把沙家的當家人傳來。那拉氏皇后見皇上聽了自己的話，得意起來了，忙藏到幕後，竟學起武則天，要垂簾聽政了。

不一會兒，那位大臣就帶來一個人。乾隆打眼一瞧，竟是一個半大小子！腰間紮著紅腰帶，腰帶上掛了一圈鑰匙，紅撲撲的臉蛋兒還有幾分孩子氣呢，但卻大大方方，沒有一點拘束的樣子。

「你是當家的？」

「正是。」

「你家有多少人？」

「一千八百口，十里方圓住的全是。」

「這麼大的家口能團結到一起，不易啊！」

「晉代張大公九世不分家，我們沙家人才不到八世，還差著吶！」

「你怕還不過十四五歲啊？」

「皇上明鑒。」

「為什麼讓你一個孩子當家？」

「稟皇上，我們沙家人經過七世多，有了個經驗：凡成了親的，多半愛聽老婆的話，硬鼓動分心、分家，就不能做一家之長了。」

乾隆一聽，心裡一震動，說道：「聽了你的話，朕很高興。」又把面前的一堆梨和柿子指給他：「賞給你了，吃吧！」

小當家的毫不客氣，謝過皇上，抓起梨，「咔嚓咔嚓」很快就吃光了，又捧起柿子，卻一個一個地分給了在場的大臣和侍衛。

乾隆問：「朕賞給你的，你為什麼單單把梨吃了，把柿子分給大家？」

小當家的回答道：「君、臣、民不能分離（梨），有了事（柿），應該大家共同分擔。」

乾隆一聽，更為震動，傳令內侍拿出許多金銀，親手獎給那個小當家的，鼓勵他帶好沙家人，多為國家分憂，一家人永遠團結和樂地生活下去。

乾隆又把藏在幕後的皇后叫出來，訓斥道：「唐太宗說過，自古以來，君為舟，民為水。朕若聽了你的話，一千八百個忠孝良民豈不做了刀下冤魂？」烏拉那拉氏羞愧滿面地謝罪退下。據說，因為這次江南一行，還有其他一些什麼原因，烏拉那拉氏一回到京都，就被廢除了皇后的正位。

姜傳希　孫振磐（講述）

李志文（蒐集整理）

黑娘娘的傳說

在吉林省吉林市烏拉街以北，松花江沿兒上，有個小小的村落，叫打魚樓。這名兒不是隨便起的，那地方真有一座樓，是清朝時候建造的。樓裡不供奉什麼神仙，也沒藏什麼寶物，就只有一掛漁網。這網足有十丈長，一丈寬。秋天，漁民用它捕撈鰉魚給皇家進貢，用過後，就把它晾在那座樓上，供奉起來。平時，不論是誰都不準到漁樓跟前兒去。

為啥在這塊兒修了這座樓呢，在當地流傳著這樣一個故事，傳說那打魚樓是黑娘娘留下的。

清兵進了關，建立了大清國。當時朝廷定下了規矩，要給皇帝選娘娘，得從皇親國戚、王公大臣和貴族的格格們中間挑選。可偏偏碰上了一位篤信天神的皇上，他決心要按天意選一位娘娘。於是他沐浴更衣，戒齋三天，虔誠地祭奠了天地、先祖，祈求能選到一位賢德、美麗的妃子。他降旨給欽天監，讓他們觀天、推算，看看要選的娘娘星辰落到了哪一方。

過了三天，欽天監來報：「萬歲爺，娘娘星落到了咱們的先祖發祥地了。」皇帝聽了滿心歡喜，就降下御旨，派一位欽差大臣去關外選娘娘。

欽差大臣領了旨，回到府裡，特地請來薩滿燒香祭祀，懇求各位家神，保佑他一路吉祥，選回來娘娘。

動身那天，欽差大臣頭戴圍帽，帽頂上是珊瑚制的亮紅頂子，身上穿著天藍色的箭衣，外面罩著絳紫色的馬褂，腰間繫著兩根忠孝帶。什麼叫忠孝帶呢？那是兩條白色的絲帶，一條繡著忠字，一條繡著孝字。原來，大臣離開朝廷，都要繫這種帶子，表明他的心永遠向著朝廷和皇上。

欽差大臣坐著八抬大轎，前頂馬，後跟隨，帶著百十號人馬，鳴鑼開道，吹吹打打，浩浩蕩蕩地出了北京城。一路上，欽差大臣觀賞沿途的風光，心裡不住地思忖：偌大的關外，北至黑龍江，東至朝鮮，西至山海關，南至渤海，地域遼闊，可上哪兒去找娘娘呢？好在臨行前，欽天監密囑過他，要找的這個娘娘，手托方印、身騎黃龍，不同於一般凡女，這樣他心裡多少算是有了點底兒。

他們出了山海關，過了盛京，又過了興京，走哇走哇，是累得人困馬乏，也沒見到一個手托方印、身騎黃龍的姑娘。把欽差大臣急得心急火燎，要是選不來娘娘，不但要丟了亮紅頂子，就是腦袋也難保啊。想到這裡，越想越發愁，最後連飯也不吃了。

有個年老的親兵，看他愁得這樣，整天耷拉腦袋不吃不喝，就說：「大人，關外地廣人稀，要尋一個人，不是像大海撈針一樣嗎？俗話說，有了梧桐樹，能引鳳凰來呀，依我看，咱們雇上一夥玩雜耍的走到哪兒就耍到哪兒，不愁引不來人兒。」

欽差一聽就樂了，誇獎還是老頭子有道道。於是就吩咐下邊的人，趕快去找賣藝的。下邊人答應：「喳！」不一會兒，就抓來一幫賣藝的人。他們有的是耍猴的，有的是變戲法兒的，還有的是耍大刀片兒的。從此這些人走到哪裡就耍到哪裡。

這一天，大隊人馬來到了寧古塔。欽差下令停下轎，吩咐趕緊打場兒。鑼鼓家什一敲，遠近的百姓聽說從京城來了欽差大人，都紛紛攜兒帶女、扶老攜幼，前來看熱鬧。這時，驚動了一個旗人家的小姑娘，這姑娘十四五歲，瓜子兒臉上，一對水靈靈的大眼睛，由於長年在江上打魚，臉兒曬得紅黑。她長得俊是俊，可就是長了一頭黃水瘡。小姑娘的額娘早已去世，只有她和阿瑪相依為命，父女倆靠打魚為生，過著窮苦的日子。

這天，老爺子覺得有些不自在，全身骨頭節痠疼。就對姑娘說：「孩子，今兒個，咱爺倆不能去打魚啦，我心裡熱得慌，給我去揀塊豆腐吧。」姑娘是個孝順孩子，一聽阿瑪要吃豆腐，就急忙走了。等小姑娘手托著豆腐往家走的時候，她也被那些京城來的人吸引住了。她想上前去瞧一瞧，可她個兒矮小，手裡托著豆腐，又擠不到跟前兒去，就一抬腿跨上了一道黃土牆，騎著牆，看起熱鬧來了。

正在小姑娘騎在黃土牆頭上看得出神的時候，偏巧給那欽差大臣看見了。他心裡一亮，哎呀！這不就是手托方印、身騎黃龍的娘娘嗎！他三步並作兩步，來到小姑娘跟前，摘下頭上的圍帽，撩起朝服大襟跪到地上，連呼：「娘娘千歲！」這一喊，可把小姑娘嚇壞了。她跳下了黃土牆就要往家跑。欽差大臣哪裡肯放，上前一把拽住她的胳臂，這時又上來了幾個親兵，也不管小姑娘怎樣哭喊，硬給塞進轎裡，一聲令下，抬起就走。

欽差大臣就地派出報馬，直奔京城報信兒去了。

老阿瑪在家中聽說自己的姑娘讓官家搶走，就踉踉蹌蹌地跑出來。這時，大隊人馬擁著兩乘大轎早已走得沒有了蹤影。老阿瑪哭得死去活來，知道今生今世再也見不到女兒了。

再說那欽差大臣護送著娘娘直走了一個多月才回到了京城。這時宮衛早已經得知了這個消息。皇城大道上鋪好了黃沙，前門外早有一頂橘黃色鸞輿等在那裡。

皇上聽說新選的妃子來到了，就急著要見她。可宮裡的規矩森嚴，就是皇上也不能隨心所欲，非得到選定的日子方可見到妃子。

小姑娘一路上哭哭啼啼，到了皇宮她還不願見那些前來侍候她的女官和宮女們。她在宮裡整天蒙著頭哭，她想念家鄉，惦念老阿瑪，也不知他的病好了沒有，今後誰去侍候他，誰幫他去打魚？

過了三天，女官前來宣召：要小姑娘梳妝打扮，等著見駕。這御旨一下，可把服侍她的宮女們嚇壞了。這姑娘自從進得宮來就不吃不喝，總蒙著頭不是哭就是睡，如何能見駕呢，就是她不哭不鬧，帶著那一頭禿瘡又怎樣見皇上呢？滿族最講究頭髮的美。姑娘長得好不好俊不俊，得先看她的頭髮黑不黑、密不密、鬢角齊不齊。這些女官和宮女們一窩蜂地來到小姑娘住處，見到她還蒙著大被躺在那裡，都著急了，有個福晉奔過去掀開被子，竟把她嚇了一跳。原來，娘娘頭上脫下一個金頭盔。頭盔一掉，露出了雲蟠四鬢一頭黑黑的秀髮。於是那些女官、福晉和宮女們端來金盆、銀盆，給娘娘沐浴，拿出衣裳、首飾，給小姑娘梳洗打扮。還一邊教她宮裡的規矩：怎樣走路，說話兒，怎樣給皇上請安。

晉見那天，小姑娘油黑的頭髮梳成旗頭，她沒戴什麼珍珠、翡翠的頭飾，只在頭髮上戴一朵新鮮鮮的牡丹花。身上穿著珍珠鑲邊的旗裝，腳上穿著一雙綴著小珍珠的高底鳳鞋。走起路來「咯噔咯噔」響，兩隻胳膊前後一擺動，真是好看。

那皇上久居深宮看膩了那些貴人、嬪妃、福晉和格格們，她們都是些珠寶鑲著的「媽媽人兒」。這回看到了這位從民間選來的俊俏姑娘，格外覺得新鮮。他馬上親自提筆，草就一道冊立她為妃的手詔。因為這姑娘臉兒長得黑，皇上就叫她黑妃，宮裡的人就叫她黑娘娘。

黑娘娘自從進宮，就鬱鬱不樂。她想念年老的阿瑪，想念和阿瑪在江上打魚的生活，想念自己的女伴。她不喜歡這裡陰森的宮殿，不稀罕那些珍珠翡翠、綾羅綢緞。最使她厭煩的是宮裡的那些規矩、禮法。一天天數不盡的請安哪、磕頭啊。接皇上駕要磕頭，接太后、皇后也要磕頭。侍候他們時，總得像泥塑木雕一樣地站著，還得瞅著他們的眼色行事。若是召去陪皇太后進餐，太后坐著吃，妃子得站著吃，還不能吃飽，更可怕的是，那些特意安排在身邊的太監和宮女，他們瞪著眼睛盯著你，說什麼話啦，做什麼事兒啦，他們都要報告給上邊。在皇上面前，也不能多說話，說錯了，輕則挨棍子，重了要殺頭，不輕不重的是貶入冷宮，永世不得出宮。黑娘娘在家的時候，和阿瑪朝夕在一塊，現在相隔數千里，回不了家鄉。

黑娘娘想念自己的阿瑪，過不慣宮廷生活。

皇上見她總是愁眉不展，閒來沒事兒，就逗著她說話兒。打聽她在家當姑娘時候吃什麼、穿什麼，在哪條江上打魚，都有些什麼魚，還有什麼珍奇的東西。黑娘娘一聽到這些就高興了。她就把和阿瑪去捕鰉魚，鰉魚如何好吃，對皇上講了。皇上聽說後就降旨給內務府，要他們年年從關外給他進貢鰉魚。

內務大臣領旨後，就在離松花江不遠的烏拉街設立了一個總管衙門，專門給皇帝蒐羅貢品。為了給皇家打鰉魚，又請了各地的能工巧匠，在松花江邊上蓋了一座打魚樓。

那時候，每年一進臘月門，總管衙門就派人用三十輛彩車，拉著早已凍好的鰉魚，送往京城。

有一天，鰉魚送到宮裡來，皇上為了使黑娘娘高興高興，就讓太監先把魚抬到黑娘娘住處。黑娘娘流著淚，走到跟前，摸摸這兒，摸摸那兒，像是見到自己親人一樣。

皇帝最初也聽她的話，黑娘娘勸他體恤百姓，給百姓些好處。但是時間一長，看黑娘娘總是鬱鬱不樂，就漸漸地對她冷淡下來，後來，黑娘娘的一舉一動，他都看著不順眼了。

一次，他來到了黑娘娘宮裡，按宮中規矩，就是最得寵的妃子，接駕、叩頭後也得讓皇上先走，妃子跟在後頭。這次黑娘娘竟破了這個例，叩完頭，她掀起衣襟，就一個人往前走了。一進門檻，宮裡的門檻兒足有二尺高，她不小心，把腿抬高了，露出了腳，讓皇上看見了。因為宮中的妃子不能隨便把腿抬得那麼高，又把腳露出來的。皇上立時大怒，走上前去，狠狠地踢了她一腳，這一腳就把黑娘娘踢死了。

聽說後來黑娘娘的棺材運回家鄉安葬了。現在，講起打魚樓，人們就想起了那位善良、美麗的黑娘娘。

關世英　羅治中（講述）
佟　丹（蒐集整理）

炮手和鬍子

過去在山裡，打圍的炮手和土匪的關係很微妙，炮手就像土匪的老師，當然是指在野外生存技巧和槍法上。土匪講究不勞而獲，能搶就搶，能殺則殺，再不然就綁票勒索贖金，完全沒有道理可言。而炮手則是靠山生活，靠打圍、放山、種地、幹山利落為生，有時還要給官府打圍、納貢。

由於炮手常年在山裡，手裡一般都有一定數量的存貨，什麼大煙、虎骨、熊膽、豹皮啥的，而土匪也常惦記著炮手的東西，總想找機會行搶。炮手也不含糊，值錢的東西既不隨身攜帶也不放在戧子裡，而是放在山上隱秘處藏著，處處防著土匪。炮手住的戧子周圍，放著卡子和左箕等機關，人一旦絆上，就會引發用石頭或木頭做成的能擊發火藥爆炸的機關，給戧子裡的炮手報警。在大戧子的四周還有一些小戧子，散住著一些打點兒的炮手，這樣做就是為了防止被土匪包圍一下子全部被抓住。如果炮手被土匪一網打盡的話，那土匪就是炮手的大爺了，所以為了防止這些事情的發生，炮手們想出了這麼個主意。

這一年小山於海的趟子幫遭劫了。這樣的事情一般都發生在冬季，冬天雪大封山，大江也早早地封了凍，土匪搶了東西后便於用爬犁運輸，如果在別的季節，搶了東西也沒法運。這一年雪特別大，兩場雪過後有的地方的雪就有腰深了，無論是人還是動物行動都非常不便，於海趟子幫就放鬆了警惕。另外還有一個原因，就是趟子幫裡出了內奸，這個給土匪報信的人是個拉背的，掙的是份子錢，他嫌錢少就向土匪告了密，在土匪來之前他就偷偷把左箕的連線給摘了下來，所以土匪沒遇上任何麻煩就上了山。在上山之前土匪已經把這裡的情況掌握得一清二楚，有幾個炮手，叫什麼，姓什麼他們都知道。這幫土匪三十來人呼呼啦啦就進了屋。在土匪進屋之前，有個炮手警惕性挺高，他聽外面的圍狗叫了一聲就沒動靜了，感覺不對，操起槍就順後窗跳了出去。

土匪進屋後把槍和火藥一股腦兒都扔進了水缸裡，問把頭咋少了一個炮手？土匪心裡沒底，就怕炮手不齊吃暗虧，因為這些常年在山裡打圍的炮手槍法非常準。把頭說他這幾天不自在，到濛江看病去了。土匪再問別人，大家都這麼說，這下土匪放心了，張口管把頭要鹿茸、鹿鞭、虎骨、虎皮、山參、熊膽、山羊血、大煙土。把頭說哪有這東西了，都給官府納貢了。這幫土匪哪信，開始翻箱倒櫃地找，屋地也挖了三尺，耗子洞也扒開看看，恨不得連炮手拉屎的地方也拿鎬刨刨，折騰了半天也沒找著什麼值錢的東西，這時太陽就快落山了。

再說那個從後窗跳出去的炮手，順著後山的山幫一溜煙跑得沒了影。這附近什麼地形、路在哪兒，其他小戧子在哪兒炮手心裡一清二楚，所以不用費勁就把其他戧子裡的炮手召集起來，把情況跟大夥一說，炮手們說這幫人跑這裡來裝大爺不好使，收拾他們還不像玩似的。炮手們趕在天亮前就把土匪住的戧子圍了起來，就等天亮後收拾他們。

天麻麻亮時，在外面放哨的土匪的身形能看清了，出去報信的那個炮手抬手就是一槍，那個土匪哼都沒來得及哼一聲就倒下了。槍聲驚醒了還在睡覺的土匪，土匪知道這是炮手領人來了，麻煩大了。這時就聽外面有人喊：懂事的把東西放下，拿上你的傢伙從這裡滾回去，不然外面這人就是你們的下場。有幾個土二愣天不怕地不怕的土匪，操起槍來到窗下，用槍頂開窗子就要摟火，手指剛摸到扳機槍就響了，土匪腦袋一歪，咕咚一聲倒在地上。這槍法太準了，子彈從眉心正中穿過，嚇得這幫人包括想拿槍試試的那幾個愣頭青一下子全都趴在地上。那邊又說了，有不服的儘管來，別說你們幾個毛匪，就是豹子、鹿，天上飛的野雞，哪個跑得不比你們快？大爺照樣想打眼絕不打嘴，不服就試試。這幫土匪都是烏合之眾，看到這陣勢全都嚇傻了，鬍子頭嘴還硬，別聽他瞎咋呼，操傢伙打他個狗日的。可說是說沒有一個動的，鬍子頭也在地上趴著不敢動。這時天已大亮了，外面又說還不趕緊滾出來，還得老子去請？話音剛落「嘭嘭」兩聲槍響，戧子上的兩個馬窗被打掉在地上。這幫土匪全蒙了，大喊：「別打了，別打了，我們這就走。」炮手又說：「把勾死鬼留屋裡，其餘的人都出來！」這幫土匪拖著槍一個個彎著腰從戧子裡出來，順來路抱頭鼠竄。

從此，這伙土匪知道了炮手的厲害，不敢再打炮手的主意了。

韓德宏（蒐集整理）

鹽豆就飯

春耕開犁前後，家家都喜歡吃一兩頓鹽豆就飯。這是為什麼呢？

早先年有個財主，盤剝長工的手段都讓他用絕了，最後把主意竟打到鹹鹽上了，所以人們給起個外號叫鹽小摳兒。

有一年，春耕時蔬菜貴，他就將窯裡的菜全賣了大價錢，他家卻給民工們吃鹹鹽豆，他把黃豆用鹽水泡了一遍又一遍。兒子看見了問他：「豆子都掛鹽霜了，還泡它幹嗎？」他見兒子不明白，就解釋道：「鹽掛的多，長工吃的就少，那不就省下了嗎？你應當記住，這叫一層鹽霜，一層銀子呀！」他跟長工卻說：「豐盛的酒宴，不如鹽豆就飯哪。」長工們聽了氣憤地罵：「酒宴不如鹽豆？真是放屁！」鹽小摳兒聽了不但沒發火，還覥著臉故意打岔道：「吃鹽豆放屁？放屁熱鬧哇；一個豆，一個屁，十個豆，一台戲嘛。」

由於鹽豆就飯，吃飯的時間就拖長了。鹽小摳兒一看耽誤了工夫，這還了得。他眼睛一翻就想出招兒來了。天還黑咕隆咚的呢，他就叫長工們起來吃早飯。春頭子也本來就短，長工們在地裡困得東倒西歪。扶犁的把壟蹚得曲裡拐彎兒的，點柈的把籽種撒得壟溝台都是，打頭的發話了：「咱們在地裡睡覺吧，東家來了我自有話說。」

長工們一覺睡到晌午，鹽小摳兒來送飯，一看就火了，扯脖子嚷道：「一頭晌種這麼點地，你們幹什麼了？」

打頭的不慌不忙地說：「今天上午可熱鬧啦，唱戲來。」

這個回答把鹽小摳兒鬧蒙了，他忘了自己說過的「十個豆，一台戲」的話頭了，就疑惑不解地問了一句：「唱什麼戲？」

打頭的慢條斯理地說：「頭出戲唱的是《兵困壟頭》，二出戲唱的是《馬走龍灣》，三出戲唱的是《撒豆成兵》。」鹽小摳兒往地裡一看，可不是，地耕得彎彎拐拐，豆籽揚了滿地，當時就氣了個半死。他想，這些長工沒有個人監視著是不行，第二天他就到地裡看著長工們種地。打頭的跟長工們策謀了一陣子。一見東家，大家都嚷著吃鹽豆太渴，就停下犁杖去喝水。喝完水回來不一會兒，犁杖又停了一地。這副犁沒了扶犁的，那副犁缺了點籽的，另一副犁又走了趕套的。鹽小摳兒質問打頭的：「這是怎麼回事？」打頭的說：「吃鹽豆喝涼水，還有個不拉稀的？」

就這樣鬧騰了半個多月，眼看要過芒種了，地還沒種上多點兒。鹽小摳兒一看，實在不行了，向長工們低頭說：「明天不吃鹽豆了，給你們做大豆腐。」

第二天早晨，長工們高高興興地飽餐了一頓大豆腐。老天也真作美，剛吃完早飯就下起大雨來，這雨一下起來，就半個月沒住點兒。地沒種上，鹽小摳兒一股急火病倒了。病一天比一天重，他知道自己不行了，就把兒子叫到跟前囑咐道：「你千萬記住哇——家財萬貫，不可鹽豆就飯哪！」

他說完就嚥氣了。長工們可樂壞了。此後，每到春耕時節，人們都吃一兩頓鹽豆就飯，藉以回想這件令人開心的事兒。年復一年，漸漸就成了這一方風俗。

孫淑玲（講述）
劉風雲（蒐集整理）

姑媽媽

在我們滿族姓關的家裡，傳說著一位「姑媽媽」的故事。

據說我們家的祖先，是滿族八旗中的一位王爺。他有三個兒子，一個女兒，女兒還未滿週歲的時候就許配給宗貝勒的小兒子了。等姑娘長到十六歲那年，不幸宗家的小兒子跑馬摔死了。從這時起，這姑娘便不能再穿平日最喜愛的紅色帶菊花的衣服了，也不能再唱歌和吹她那隻心愛的竹簫了。雖然她從出生以來一次也沒看見過宗貝勒的小兒子，可是卻給人家穿了三年孝服，這還不算，在家裡又被稱為「半命人」。

當她服孝期滿的時候，父親就命她到廟上出家去當尼姑，可是因為母親多病，她要在家侍奉母親，等老太太「百年」之後，她再落髮為尼，所以才留在家裡。每天只有母親暗自可憐她，照顧她，其餘的人都不願意和她接近，因為她是「半命人」，怕帶來喪氣。於是一位天真活潑的姑娘被人看作是「喪門神」了。

平時不許她看見外人，家裡的人又不接近她，像個犯罪的囚徒一樣活在家裡。每到過年過節，家中人都祝福祭神，怕被她這「半命人」沖了喜氣，就將她安置在灶房的東北角下，見不著人的地方住上幾天，等人們歡歡樂樂地度過年節之後，才能叫她出來。

這樣的日子，她在家一直過到二十歲。後來因為母親多病，她不顧一切地照看母親，有時在醫生診病時也出來侍奉母親。她一方面苦於母親的病不能快好，一方面常與老醫生接觸，使她對於醫道發生了興趣，立志要精通百草，熟讀醫書，於是扔掉手頭的經卷，向老醫生借了幾部醫書，一面侍候母親的病，一面專心地讀起來。

父親聽說女兒不讀經卷讀起醫書來很生氣。有一天把她叫去，當著家中幾十口人的面大罵起來，說她不遵父命，願為下賤之才。她對父親說：「經卷已經全讀完，再無什麼可讀的了。」

父親聽了後，便提出要她當著全家人的面背誦四部經卷，姑娘就當著家人的面，一口氣背完了四部經卷，而且背得連一個字也沒差。父親感到沒難住女兒，有些失掉自己的面子，便將他過去在朝廷考試時所做的幾篇文章拿出來，讓女兒拿去念熟，不要再讀醫書了。不想姑娘接到手後，把文章看了幾遍就放到父親面前，說已經念熟了。父親責罵女兒太狂妄，而她當著眾人又將幾篇文章一字不差地背誦下來，弄得父親無話可說，全家人無一個不佩服她的聰明，從此對她念醫書的事就很少有人干涉了。

一年多以後，她已經會診脈和開藥方，還治好了一些老年人的病，尤其給小孩治病，真是藥到病除，許多婦女和兒童都很感激她，都稱她為「姑媽媽」。

姑媽媽雖然醫術很高明，但畢竟還是個姑娘，世面上又根本沒有女人當醫生，族中的家規又非常嚴，不許她拋頭露面給外人治病，只限於給族中人治。她為了給外人治病，曾咬破手指，寫了血書，交給族中長輩，誓死要做個治病救人的醫生。開始當然不會被答應，後來經過多次的請求和族中一些老人說情，在四十歲這年，她終於邁出了關家大門，成了滿族的第一個女醫生。

她給村中人去治病，從不分窮富，有錢無錢她都給治。可是還有人譏笑她，說她不守「婦道」。後來那些譏笑她不守「婦道」的人得病了，只好自己堵起自己的嘴，去請姑媽媽來給醫治。但姑媽媽不管誰請，都是風雨無阻地來給看病，想盡辦法給病人解除痛苦。

後來姑媽媽的母親死去了，她不顧父親的責罵，拒絕了去廟裡當尼姑，還是到處給人治病。一直當了十多年的醫生，不但沒賺錢，還把自己在十六歲前所積蓄的財物都為窮人買藥花光了。人們感激地又稱她為「活菩薩」。

真是「日月如梭催人老」啊！傳說姑媽媽在五十歲那年，有一天坐在村中一棵大榆樹底下，微笑著與世長辭了。

姑媽媽死後，人們為了紀念她，每逢年節，人們就在她死去的那棵大樹下，給她燒一些紙糊的帶有菊花的衣服，還吹著她幼時愛吹的竹簫，來同姑媽媽一起過節。在我們姓關的家裡，家家在灶房東北角上都設個香爐，奉為姑媽媽之位。逢年過節都要給她燒灶香，請姑媽媽回家過節。在年節吃第一頓飯時，桌上還要給她留個席位，擺上碗筷，請姑媽媽和大家一塊吃「團圓飯」呢！

關英洲（蒐集整理）

頂水的來歷

朝鮮族婦女取水時，總是把水罐放在頭上頂著。這種習慣是怎麼來的呢？

據傳說，很久以前，有個財主不僅占了大片土地，就連村外的小河都成他家的了。村裡人種稻用水，他就要錢。他說：「用我家的河水，向我交用水錢，這是天經地義的事情。不然我就掐斷水源叫你種不了水稻。」

用水錢又年年上漲，家家都為這水犯愁。一年秋天，稻穗剛見黃，發了一場大水。小河出槽把各家的稻田都沖毀了。村裡的人們就去找老財主算賬，說：「你家的河水沖毀了我們的稻子，得包賠收成，這也是天經地義的事情。」

老財主一想，這好幾十戶人家，上百垧的收成，若包賠，可需要老些銀子了。於是他就不承認這河是他家的了。人們質問道：「不是你家的河，你憑什麼收我們用水租金呢？」

老財主說：「今後不再收了。」

「以前收去的怎麼辦？」

老財主翻了半天眼睛，還是把以往收去的租金全退了回來。大夥都很高興，可是老財主卻記下了這筆賬，他發狠地說：「這幫窮種，不用你們美，等有機會再說。」

等機會，機會就來了。國王要三年內修成一座宮殿，窮苦人家十三歲以上的男丁都被派去做民工，村中只剩些婦女了，正是報復的好機會。老財主樂得一夜沒睡著覺。真沒想到樂極生悲，天亮了，他得了個急病死了。村中婦女正在高興，他家的女僕來透信兒說：「老財主臨死告訴兒子，趁男人不在村，要對你們進行報復。還囑咐說，吃瓜都挑面的捏，對窮人得挑脖子軟的欺負。」

婦女們聽了都在琢磨，怎麼才能表示脖子不軟呢？人多，到底想出了個辦法。由於各家去河邊取水，都得從財主門前過，取水時把水罐放在頭上頂著，這樣在財主面前就顯示了我們是硬脖頸。於是全村婦女都頂起水來。

財主家的少爺遵照他阿巴吉（父親）的遺囑，尋找脖子軟可欺的人。可是他見婦女們都挺著脖子，頂著水罐，顯然都是些硬脖頸，不敢輕易欺侮。他看到河沿洗衣服的婦女都低著頭，就奔那裡去了。沒承想，婦女們身邊都準備了一個很有分量的應手木棒。見財主家少爺一來，大夥一齊舉起木棒，嚇得他掉頭就往回跑。但他並沒有放棄報復的念頭，天天留心觀察著婦女，婦女們始終不變樣地挺著脖子頂水。就這樣度過了三年，他也沒找到一個脖軟可欺的人。

民工回村那天，婦女們都穿著幹乾淨淨的短襖長裙，把一大碗米酒和幾碟小菜兒裝進罐子裡，用頭頂著，手捧著那根洗衣木棒，來到村頭迎接親人。男人們見了都很驚奇，當聽到她們靠頂水和木棒跟財主鬥爭取得勝利時，所有的男人都拍手唱歌兒，來讚揚她們機智勇敢，有骨氣。於是她們就隨著歌聲，在村頭跳起舞來。回村後，為了紀念這段光榮的鬥爭史，男人們都給家中婦女做了個很像樣的「巴賴綁氣」（洗衣棒槌）。婦女們也就總頂著水罐取水了。

從此以後，頂水和「巴賴綁氣」就成為家中主婦機智、勇敢、忠貞不屈的象徵了。因而，各地婦女都頂起水來。久而久之，就形成了習慣，一直流傳到今天。

金龍哲（講述）
果　鉤（蒐集整理）

打畫墨兒

住在吉林東部地區的滿族人，每到元宵節，民間流行一種往親族臉上抹黑的風俗，稱之為「打畫墨兒」。滿族的規矩最多，做媳婦的不但在公婆等長輩面前得規規矩矩的，就是對大伯子也得畢恭畢敬。可是每到農曆正月十五、十六這兩天，就打破了常規。兄弟媳婦與大伯子就可以互相打畫墨兒，叔嫂之間那就更沒啥忌諱了。甚至可以不拘輩分去和叔公打畫墨兒。互相往臉上抹黑，說這是為了祝願平安、吉祥。

抹黑這一做法，最起先是滿族對犯錯者的一種懲罰，一個人若是違背了族規，或做了對不起人的事情，就把他臉面用鍋底灰抹黑了，叫他站到大街去示眾，這表示他已沒臉見人了。可是為什麼到後來打畫墨兒就成為平安、吉祥的象徵了呢？事有來源。

傳說早先年，住在大林子裡的巴拉人（即不在旗的滿族人），有一年他們得罪了阿波卡（天），山林裡就一冬天沒落一個雪花。恩都裡（神）就在正月十五的前三天晚上，乘黑夜，把林子點著了。大林子一著火就燒得鳥飛獸跳。班達瑪發（獵神）一看這還了得，趕緊打發林中最美麗的鳥嘎哈（烏鴉），去喊人來救火。人們白天上山打獵勞累了一天，這時睡得正香。嘎哈挨門挨戶地叫了一大陣，才叫來一半兒人。這大火燒得嚇人，離老遠就聽見噼啪山響。樹木著得像一根根火蠟，照紅了半個天。人們來到火場，都不敢靠前。可是一看連美麗的嘎哈都用翅膀打火，深受感動。於是就掄起掃帚、樹條拚命打了三天三夜，總算撲滅了這場大火。人們都筋疲力盡地回家了。可是山上的樹木已燒去了一半兒。班達瑪發心疼得不得了。再一看嘎哈那身上五光十色的毛已被熏得烏黑，成了烏鴉，就氣憤地說：「住在山林的人靠山林活著，還不來救火，連禽獸都不如！於是他就決定給那些不來救火的人降災。可是，怎麼分辨來救火的和沒來救火的人呢？班達瑪發派烏鴉去給救過火的人戴上額里賀（念珠），這就容易區別了。當時部落裡有個賽刊赫赫（俊媳婦），她不光長得漂亮，還特別愛乾淨。當她看見丈夫和大伯子、叔公們救火把臉熏得黑一塊紫一塊，像花臉虎似的，她就用銅盆溫了洗臉水。可是見她擎著手巾、胰子，規規矩矩地站在門口說：「今天是正月十五，請你們幹乾淨淨地過個元宵節。」叔公和大伯子們只好把臉洗乾淨了才去睡覺。他們剛剛睡著，一隻烏鴉嘴裡叼著一串珠子，落在障子上。賽刊赫赫覺得稀奇，就上前去問道：「嘎哈，你叼著一串草珠子做什麼？」

烏鴉說：「班達瑪發叫我們給那些救火的人送。」

「那玩意兒有什麼用處呢？」

「戴這額里賀表示救火有功，免受災患。」

「我家的人去救火啦，給我家留下吧。」

「還不到時辰，不能給。放心吧，忘不了，凡是去救火的人，都能得到。」

「這麼多人你怎麼能知道誰去誰沒去呢？」

「班達瑪發告訴我們了，凡是去救火的，臉都被煙燻黑了。」

一聽這話，賽刊赫赫忙說：「哎呀，我家去救火的人已把臉洗乾淨了。」

「這我不管，我只能按著班達瑪發告訴的那樣去做。」烏鴉說完拍拍翅膀飛了起來。

「嘎哈，別走，聽我說呀！」

「我可沒工夫跟你磨牙，眼看到時辰了。」

見烏鴉飛走了賽刊赫赫急忙跑進屋。屋裡鼾聲如雷，她叫了半天，一個也沒叫醒。她急了，抱起丈夫的頭，一邊搖晃一邊喊：「愛根（丈夫），愛根！」任她怎麼喊，她丈夫就是不醒。她真後悔，早知道這樣，何必叫他們洗臉呢。想到這兒，她急中生智，趕忙來到灶前，摸一把鍋底黑灰，就走到家人跟前，依照他們回來時的模樣，往他們臉上抹黑兒。

第二天是正月十六，早晨叔公們醒來，發現臉被抹了黑，脖子上還掛了一串珠子，覺得很奇怪。賽刊赫赫就原原本本地把經過告訴了他們。大伯子和叔公們從心底感謝她。他們都說也應當給她免災禍。這時正好一隻烏鴉送完珠串往回飛，被大伯子和叔公喊住，給賽刊赫赫討求珠串。烏鴉說：「額里賀已經沒了。既然她臉上有救火痕跡，班達瑪發就會免除她的災患。」

大伯子、叔公們一聽，就趕忙去往賽刊赫赫臉上抹黑。真的在這一年裡，賽刊赫赫一家沒攤上任何災禍，諸事遂心如意。從此，每逢正月十五、十六這兩天，人們就不分輩分相互打畫墨兒，來祝願這一年平安如意。這種做法不久就被打魚的傳遍了松花江、牡丹江、黑龍江，打獵的把它傳進張廣才嶺、老爺嶺，很快就傳遍了長白山下的滿族人家，天長日久就成了這一方的風俗了。串珠由於標誌著救火之功，它不僅是可以免災的吉祥之物，而且還成為有資格、有身分的象徵了，所以滿族老翁都愛把它戴在脖子上。

摘自《吉林民間文學集成·敦化卷》

神農來長白山

神農，就是傳說中農業的發明者，嘗遍了百種草藥的神農氏。神農來長白山，知道的人可就不多了。

這話說起來可是多少千年前的事兒了。人類知道了吃五穀可以生存，可是，吃五穀也會帶來疾病。看到有人病了，神農想，一物降一物，既然能生病，就得有能治病的藥。於是他嘗遍百草，知道了什麼樣的草藥治什麼樣的病。但是，有些病還是沒找到有效的草藥根治，江南河北都走遍了。於是神農一勁兒往東走，不知走了多少日子，來到長白山。他到這兒一看，奇花野草、珍禽異獸有的是，和南方大不一樣。神農又高興，又激動，加上連日的勞累，就昏倒在地上。

神農迷迷糊糊地聽見有人來到他跟前，忙睜眼一看，是一位年長的老伯。這時老伯問道：「你是誰呀？」神農仍舊躺在地上回答：「我叫神農。」老伯說：「你就是神農？可你來長白山幹什麼呀？這裡沒有人煙。」神農說：「我來找能治大病的草藥。」老伯說：「你現在病得不輕啊，怎麼能去找草藥？我這兒有塊樹皮，也能治病，給你吧。」神農接過樹皮仔細看，南方沒有這樣的樹，他嚼了幾口嚥下去，立時覺得好受多了。他坐起身，想感謝那老伯，可哪有他的影子！神農非常後悔，連人家姓名還沒來得及問呢！他看著手中的樹皮，鮮黃鮮黃的，自語道：「就把這樹皮叫黃伯吧，看到它就可以想起那老伯了。」

神農站了起來，又去尋找南方沒有的草藥去了。不多日子，就發現了能治腿疼的藥、拉肚子的藥、去火的藥。這一天，他突然頭痛起來，痛得站不住了，只得趴在草地上。這時，他忽然聞到一陣清香味兒，非常好聞。他就細心地找，看看是哪種草。可是找了一二十種草拿到鼻子跟前一聞，都沒有這種味兒。他很納悶兒，又把草根摳出來，一樣一樣地聞。結果，有一棵獨葉草的根，有這種味道。神農高興極了，把這種草吃進肚裡，不到半個時辰，就覺得不疼了，神農給它起了個名字叫「細心」，意思是細心才能找到。這就是現在的「細辛」。

這時候，來了一隻梅花鹿，眼睛一眨不眨地瞅著神農。神農問：「你是誰？要幹什麼？」梅花鹿說：「我是神鹿。你是神農吧？」神農更感奇怪，來到長白山碰見兩樁奇事：一是那「黃伯」老人，一是這「神鹿」。梅花鹿好像猜到了神農的心思，說：「那老伯不姓黃，姓黿，叫黿伯。是天上的老黿，特意下界來送藥救你的。」神農半信半疑，正不知如何答話，梅花鹿又說：「我是來給你送茸角的，你拿去吃了補補身子吧！」神農接過茸角，僅吃了一小口，就覺渾身輕爽有力，連忙向梅花鹿道謝。梅花鹿臨走時說：「還有一種百草之王，頭頂紅冠，根似人形，找到它以後，就可以離開長白山了。因為再也沒有比這種草藥更珍貴的了。」

神農聽了梅花鹿的話，頓時來了精神，他發現了上百種頂著紅籽的草，都把它們挖了出來，只有一種草根很像人形，有頭有脖，有胳膊有腿，就像個胖娃娃。他嘗了一口，覺得又苦又甜，吃下以後，身子就像年輕時一樣。神農給它起個名叫「人身」，傳到現在，寫成了「人參」。

神農把在長白山發現的草藥全帶回了南方。有的在黃河、長江一帶種植也長得很好，但人參在南方栽不活，不知是咋回事。

王德富（蒐集整理）

關東三大怪

傳說在古代女真社會中，人是不能活過一輪的，也就是漢族人所說的一個甲子，六十歲。如果人要是活到這個年齡還沒死，族裡就要將其處死，然後火葬。這是因為當時人們謀生很艱難，人老了就不能幹活了，社會上便會多一個「白吃飽」。但隨著社會的發展，人們都不忍心將自己的老人活活處死，他們等到老人活到六十歲時，便想辦法把他們藏起來，有錢人家在屋裡做個紙房子，讓老人住在裡面。沒錢人家便在屋外挖個地窨子來藏老人。女真人把這樣的老人叫布車哈（滿語為死的意思）。被藏起來的老人不能隨便出來走動，如果被穆昆達（族長）發現，不但老人要被處死，兒女也要受到處罰。

覺爾察城附近住著一戶女真人家，男主人叫色勒，妻子叫孟古，色勒的額娘到一輪後，夫妻倆也在房外挖了個地窨子，把額娘藏在裡面。色勒還有個女兒叫額玉格格，長到十七八歲時，突然得了一種怪病，渾身刺癢不算，還起了很多的紅色小疙瘩，連臉上都是。原本漂亮的姑娘，這一病後變成了個醜八怪，連個婆家都找不到。

這一天晚上，額玉的額娘去山裡幹活回來得晚了。額玉擔心奶奶會餓壞了，便自己去給奶奶送飯。到了地窨子裡，奶奶藉著從外面透進來的光，看到了額玉的臉，心痛地說：「額玉，你的臉怎麼了，快來讓奶奶看看。」額玉過去告訴奶奶自己得的病。奶奶說：「別怕，你身上的疙瘩是一種很厲害的小咬（蚊子）咬的，這種小咬很毒的，不過沒事，奶奶現在偷偷地出去，給你採點草藥。」然後，她和額玉到了山上，左撥拉右找，終於找到了一種草。她摘了一大把後，回到地窨子。奶奶告訴額玉這種草叫「煙」，奶奶又拿出一個銅嘴、銅鍋的大煙袋交給額玉，並教給額玉把煙曬乾後放到煙鍋裡抽。

一兩天后，煙曬乾了，額玉將煙搓成細末，放到煙鍋裡，點著後抽了一口，這一口下去把額玉嗆得直掉眼淚，可過了一會兒就好了。這樣額玉堅持抽了幾天，果然病漸漸地好轉了。

轉眼工夫，秋天到了。一日，色勒外出歸來帶回幾張高麗紙，讓額玉把窗戶糊上。額玉從來沒糊過窗戶，她從屋子裡開始糊，可外面風很大，紙一糊上就被吹下來了，糊了老半天也沒糊上一扇，還弄壞了兩張紙。當時高麗紙是很貴的東西，額玉急得哭了起來。哭了一會兒，她想起了奶奶，就又去找奶奶幫忙。奶奶告訴額玉說：「傻丫頭，你從外面糊呀！從裡面糊就是糊上了過幾天還是會掉下來的。」額玉按奶奶說的方法從窗外面糊，果然一下就糊住了。

由於額玉的病好了，人又變得漂亮了，很快就有個叫渥赫的小夥子來色勒家求婚，色勒和孟古見渥赫是個很好的小夥，也就答應把額玉嫁給了他。古代女真人有個習俗，就是男女結婚後，男方要在女方家幹兩年的活後才能帶妻兒回男方家住。額玉與渥赫結婚一年後生了個白胖胖的哈哈子（兒子）。有一天全家人都外出幹活，只留小孩躺在炕上睡覺。不知什麼時候一隻狼闖進了屋裡，它發現了這個孩子，正要吃他時，小孩忽然大哭起來。這時，正趕上額玉回家給孩子餵奶，她聽到哭聲，急忙進了屋，看見有隻狼在屋裡，她連忙拿起棒子把狼趕跑了。等她給奶奶送飯時又跟奶奶提起了這事，奶奶說：「你讓渥赫用樺木板做個像小船一樣的搖車，然後把搖車用繩子吊在房樑上，就是再有狼來也不會吃到孩子了。」額玉回來後，讓渥赫按奶奶說的樣子做了個搖車，把兒子放在裡面，還真行，兒子睡在搖車裡後，不再像以前那麼愛哭愛鬧了。他們又按奶奶告訴的方法在搖車上掛了一頭刺蝟皮和一個熊爪子，用來保護小孩。

色勒家的這三個方法慢慢地傳了出去，人們都開始效仿著做。後來這方法也傳到了穆昆達那裡，穆昆達找來色勒問明了原因，才知道色勒家藏著個老太太，穆昆達召開了全族寨的大會來處理這件事。會上，大家一致認為：色勒家老人懂的事很多，幫了大家好多忙，不應該殺。穆昆達也表示同意，然後決定：從今往後女真人活到一輪後，不再處死。從此，改變了女真人這個落後的舊俗。

從那以後便開始流傳關東三大怪：窗戶紙糊在外，養活孩子吊起來，十七八歲的大姑娘叼著大煙袋。

趙世偉（蒐集整理）

紙人媳婦

老爺嶺上有一個石砬子，樣子十分特殊，一頭往前罩著，上面開滿達子香花，從遠處看紅彤彤的，特別引人注目，當地人叫它棺材砬子。為什麼叫棺材砬子呢？這還有一段動人的悲情故事咧。

好些年前，在喇叭河邊，住著兩個要好的朋友，一家姓白，家有良田百畝，很富有；另一家姓吳，豐衣足食，過得也不錯，老哥倆挺投緣，關係密切。

吳家妻子懷孕不久，白夫人的肚子也漸漸大了起來。有一天，老吳請白員外到他家喝酒，酒過半酣，老白指著吳夫人的大肚子說：

「令嫂肯定比我們那口子得先生，假如咱倆家生了一男一女，咱們就結親家；如果都生小子，他們就是兄弟；要都是丫頭，她們就是姐妹，咱們世世代代都要好，你看怎麼樣？」老吳也高興得直點頭：「行，行！就這麼定了。」從此兩家走得更近了。

打完場，吳家生了個大胖小子，取名秋生；剛落雪，白家生了個千金，名曰白雪。兩個孩子從小在一塊，像親兄妹一樣。到七八歲都進了學堂。倆孩子都很聰明，白雪喜歡彈琴，秋生愛好畫畫，白雪常常到秋生書房欣賞他的書畫；秋生又常常約白雪彈上幾首動聽的樂曲，二人青梅竹馬，形影不離。

待他們長到十五六時，吳家的日子一年不如一年，老吳先病逝，吳夫人憂慮度日，不久也離開人世。只落下秋生孤苦伶仃一個人，沒著沒落的，想考取功名吧，路途遙遠，還沒有盤纏，每天愁眉不展，抑鬱成疾。

白家的日子越過越有，家大業大，成了地方的首富。小姐也出落得像朵牡丹花，人見人愛。自從吳家敗落，白員外便漸漸和吳家疏遠了，吳家的老人去世後，乾脆就斷絕了來往，更不准小姐和秋生接觸。從此，員外就不讓小姐出門了，白雪天天哭天抹淚，茶不思飯不想。白吳兩家相隔不遠，秋生聽見白雪掩面啼哭，心如刀絞，但又不能相見，便偷偷將白雪的面容畫在紙上。白雪常常彈秋生喜歡的曲子，表達思念之情，二人苦苦相思，度日如年。

員外恨不能把女兒趕快嫁出去。他想到大連襟有個兒子，叫胖兒，比白雪大三歲，雖然不大務正，但家裡有錢，大連襟在縣衙當師爺，有勢力。想到這兒，他和夫人商量。夫人當時就惱了，說：「那小子是個浪蕩公子，長得像頭豬，要哪樣沒哪樣，不能嫁給他！」

「你個老娘們兒懂個啥，他家有權有勢又有錢，姑娘嫁到他家享福不算，咱們也榮耀哇！」

「他爹當再大的官我也不同意，我不能讓姑娘去遭罪。」

「老娘們兒頭髮長見識短，我說了算，就這麼定了！」

沒過幾天，員外以辦壽為名，把大連襟和外甥請來了。爹命女兒梳洗打扮一番，來拜見大姨夫，雖然白雪病體難支，面容憔悴，經一打扮，仍然楚楚動人，大表哥胖兒見了，兩眼直勾勾地站起來，伸手要扶小姐，被他爹瞪了一眼，才縮了回來。白雪一見胖兒那樣，差點嘔了，小矮個，中間粗，長了兩隻綠豆眼，大嘴巴一張，一直咧到耳根，活像個癩蛤蟆。白雪拜見過姨夫，就回到閨房。

酒桌上，白員外向大連襟透露出小女嫁人之事。沒等爹說話，兒子先搭了腔：「姨夫，小妹才貌雙全，怎麼不到城裡找個好人家？」

「住嘴，大人說話，哪有小孩插嘴的份兒，還不給我退下！」胖兒爹申斥道。胖兒只得悻悻退下。

胖兒爹說：「妹夫，胖兒從小讓他媽慣壞了，你得多擔待。」

「哪裡話，我看這孩子挺有禮貌。」白員外緊接著問，「胖兒今年二十了吧？」

「是。」

「多咱生日？」

「五月二十八。」

「好，好，男的二五八，女的三六九，小胖二五八占全了，將來錯不了，還沒定親吧？」

「沒有。」

「胖兒比雪兒年長三歲，倒是挺般配的。」

說心裡話，胖兒爹從心裡往外喜歡這個外甥女，可一想到自己這個不爭氣的兒子，又怕委屈人家，說道：「只是胖兒配不上雪兒。」

「不對，我們莊戶人家的孩子，能嫁到你這個有權有勢的人家那是高攀了。」

「妹夫，你說得不對，我能跟他們一輩子嗎？得他們自己能頂立門戶才行。」

「你給他們創下這麼大的家業，他們一輩子也吃不完、用不盡，還怕啥？」大連襟當然樂意，兒子有個好媳婦管著，能省多少心哪，他高興地答道：「既然妹夫不嫌棄，這門親事我就應了。」二人商定，三天後提親，下月辦喜事。

送走客人，白員外和夫人講了給女兒定親的事，夫人堅決不同意，白員外道：「生死有命，富貴在天，定下來就不能改了！不過，你現在還不能告訴雪兒，等生米做成熟飯，她不應也得應。」

姑娘回到屋裡，總覺得有點不大對頭，爺爺辦壽大姨夫都沒來，爹辦壽他怎麼來了呢？還領來個那麼噁心的傢伙，像個什麼東西！

到了第三天，媒婆來提親，雪兒誓死不同意嫁給那個癩蛤蟆。爹爹一氣之下，把她鎖在閨房裡。媽媽心疼女兒，過來勸道：「孩子，認命吧，你大姨會對你好的，你姨夫在縣衙當官，嫁過去就是少奶奶，有福享。」

「娘，你怎麼也這麼說，你看胖子長得像個癩蛤蟆，我怎麼能嫁給那樣一個人不人鬼不鬼的東西。娘，你要不疼我，就沒人疼我了。」說著，白雪就大哭起來。

「娘不是不疼你，是你爹辦的缺德事，我拗不過他呀。」

「娘，你告訴我爹，讓他死了這份心吧，除了秋生我誰也不嫁。」

白雪娘既可憐女兒，又怕出事，和白員外商量，這事能不能往後拖拖。白員外一聽就火了：「拖什麼拖，夜長夢多，等花轎到了家門，看她能怎麼的，你告訴她，同意也得嫁，不同意也得嫁！想嫁給那個窮小子，沒門！」夫人流著淚說：「雪兒的犟脾氣你也不是不知道，要真有個三長兩短的可怎麼辦？」

「行了，行了，你不願跟她說，我去和她說，看誰能犟過誰？」說完，他就來到下屋，推門就進了屋。雪兒正在捣著臉哭呢，見爹爹來了，咕咚一聲就給爹跪下，說：「爹，你就這一個女兒，可憐可憐我吧。」爹摸了摸女兒的頭，又聽女兒說：「我和秋生是指腹為婚，現在就剩他一個人了，我能丟下他不管嗎？」

她爹一把推開女兒厲聲道：「你胡說什麼？到現在你還惦記著他，不行！一提他我的氣就不打一處來！嫁給誰也不能嫁給他，你就別做夢了！」姑娘氣得騰一下站起來，她爹不但不讓步，反而又說：「我說怎麼辦就怎麼辦，嫁雞隨雞，嫁狗隨狗，不能任著你的性子！」

雪兒一聽，一點活口都沒有，一咬牙，一頭撞在牆上，當時就絕氣身亡。

白員外真沒料到，女兒犟到這個地步，驚得他半天沒說出話來。夫人在門外看見女兒倒在血泊中，撲過去大喊一聲「雪兒！」也昏過去。白員外這才如夢方醒，但後悔已經來不及了。

再說秋生，自從見不到白雪，就像丟了魂似的，想去看看白雪，又怕她爹看見。好在他已經將雪兒的畫像畫好，拿畫像當作雪兒，天天對著畫像和雪兒說話，說一陣，哭一陣。當秋生知道雪兒為了他自盡時，腦袋轟一聲就栽倒在地，不知過多久才甦醒過來，慢慢睜開眼，看著牆上畫的雪兒，眼淚汪汪地看著他，爬起來撫摸著畫上的雪兒，哭著說：「白雪，要死，咱一塊死，你怎麼狠心把我一個人扔下不管了！」

說著，秋生又背過氣去，等醒過來，把眼淚一擦，牙咬得咯咯直響，像瘋子一樣，拿了根繩子，倏地一下就拋到房樑上，搬來個凳子，上去把繩子繫了個扣，脖子往上一搭，就把凳子蹬開了。沒想到，咕咚一聲，秋生掉在地上。他抬起頭看看，心想可能是太著急沒掛好。

秋生第二次把凳子搬過來，上去把繩子勒到下頦腮幫後，然後一腳把凳子蹬翻，身子隨著又滑下來，把他氣得眼珠瞪得溜圓，原來是繫的扣開了，急得大喊：「死，還這麼難哪！」

秋生第三次把繩子繫了一扣又一扣，使勁用力扽了扽，看你還能怎樣！然後，他又套在脖子上，大喊：「雪兒，我來了！」

「秋生哥，秋生哥。」他好像聽到雪兒喊他，又聽到：「你別犯傻了，得好好活著。趕快搬一個遠一點的地方，到那你給我紮個替身，天天燒香，連喊三聲：『妹妹，跟我來家！』過七七四十九天，咱就能成親了。」秋生剛要和她說話，雪兒就不見了。睜開眼，他發現自己躺在地上還沒死，雪兒也沒在跟前，雪兒的畫像還掛在牆上，雪兒的眼裡閃著期盼的目光。秋生感到好生蹊蹺，剛才不是到陰間了嗎？明明和雪兒在一起，這會兒怎麼又活了？他抬起頭看看房梁，上吊的繩子沒了，不知怎麼掉在地上了，撿起來一看，繩子斷了。秋生回想起雪兒囑咐的話，又看看雪兒的畫像，看見雪兒的表情好像很著急的樣子，不管成不成，試試看吧。

第二天，秋生在老爺嶺山根找了座房子搬過去。按照雪兒的身材、穿戴，紮了一個紙人，畫的和雪兒一模一樣，放在小屋裡，不讓別人看見，按雪兒說的，每天早晚燒香，喊三聲：「妹妹，跟我來家！妹妹，跟我來家！妹妹，跟我來家！」有一天晚上，秋生躺在炕上，隱隱約約地聽見有人和他說話：「秋生哥，咱成親的日子要到了，得有個證婚人哪，把你舅舅找來，只有他才能把我叫醒，不然的話，咱們還是成不了親。」秋生一愣，只覺得這聲音是從房頂上傳下來的，的確是雪兒的聲音，他想，雪兒說得對，是應該把舅舅找來。第二天，天沒亮，秋生上完香，就上江西岸找舅舅。舅舅是個好心人，聽說外甥說媳婦，打心眼裡高興，定好日子，舅舅說，那天頭晌保證趕到。

第四十八天的夜裡，秋生樂得一夜沒睡，天剛要放亮，打了個盹，又聽雪兒說話：「今天是正日子，等舅舅來了，你把他領到我屋門口，讓舅舅敲三下門，喊三聲：『姑娘，拜堂了！』聽見我答應三聲，你們就到前屋等著我。」秋生醒了，看看天已經亮了。他起來點上香，看雪兒的替身瞅著他抿嘴笑呢。秋生把屋裡屋外收拾得乾乾淨淨，將事先剪好的喜字貼上，放上一張桌子，等著舅舅來主婚。

剛到午時，舅舅準時趕到，秋生穿得利利索索，出來迎接，舅舅樂得鬍子撅得老高，問：「新人在哪兒呢？」

「在後屋呢。」秋生趴在舅舅耳邊，把雪兒教給的話告訴給他，舅舅樂呵呵地說：「就這麼辦，不能嚇著外甥媳婦。」

秋生領著舅舅來到後屋，舅舅輕輕敲了三下門，喊：「姑娘，拜堂了！」

「哎！」

「姑娘，拜堂了！」

「哎！」

「姑娘，拜堂了！」

「哎——！」

他倆高興地來到堂屋，秋生請舅舅坐在正位上，給舅舅磕了個響頭，把舅舅鬧了個莫名其妙。剛爬起來，聽到後屋門「吱嘎」一聲開了，一個穿紅衣服的姑娘頂著紅蓋頭翩翩走來，秋生急忙上前把新人扶到堂前並雙雙跪在舅舅面前。舅舅捋著鬍子說：「我這個舅舅，既是主婚人，又是證婚人。好，開始拜堂：一拜天地！二拜高堂！夫妻對拜！現在你們就是夫妻了，外甥快揭開頭蓋，讓舅舅看看。」秋生揭開頭蓋，雪兒羞羞答答低著頭，說了一聲：「謝謝舅舅幫助！」秋生上眼一看，雪兒比以前更水靈了。舅舅笑著說：「外甥有福，說了一個好媳婦，好好過日子，早點讓舅舅抱個大孫子。」之後，舅舅給秋生留下些銀子就走了，小兩口怎麼留也沒留住。

舅舅走了，秋生迫不及待地拉著雪兒的手來到後屋，一開門，只見屋裡已經佈置好漂亮的洞房，被縟幔帳都是嶄新的，秋生大吃一驚，問：「妹妹，這是誰給預備的嫁妝？」

「娘家唄！」

「你娘家誰來了？」

「誰也沒來，光我來就行唄！」

秋生仍然感到奇怪，還想問什麼，雪兒道：「秋生哥，咱們這不是結婚了嗎？只要你對我好就行了。」

「你為我連命都豁出去了，我報答還報答不及呢。」

「如果有一天我再離開你怎麼辦？」

「你別嚇唬我了，你走到哪兒我就跟到哪，咱們永遠不分開。」

秋生總想解開雪兒復活之謎，一提到這個話題，雪兒總是搖搖頭說：「天機不可洩露。」

結婚後，小兩口恩恩愛愛，過著甜甜美美的日子。說來也奇怪，像雪兒這樣的大家閨秀居然也能到地裡幹活，而且比秋生還會幹，白天幹地裡活，晚上紡線做針線活，活幹得又好又利落。二人勤勞節儉，日子一天天好起來。

七月初六晚上，雪兒對秋生說：「秋生哥，明天你哪兒也不能去，咱倆都不能出屋。」秋生驚奇地問：「為什麼？」

「你就聽我的吧。」

「行，聽你的，明天我哪兒也不去。」

七月七，太陽還沒出來，雪兒就把門窗堵得嚴嚴的，二人老老實實地守在屋裡。太陽落了山，雪兒的神情就緊張起來，秋生拉著她的手問：「雪兒，你病了？」雪兒嘴唇哆嗦著說：「沒事，沒事。」秋生緊握雪兒的手，越來越涼，全身發抖，感覺似乎要有什麼事發生，追問：「妹妹，你怎麼了？」雪兒面色蒼白，渾身顫抖得越來越厲害，怯生生地說：「只要你不離開我，不會有什麼事的。」秋生將雪兒緊緊摟在懷裡，聽見一連串的悶雷聲漸漸遠去，雪兒才鬆了口氣，鎮定了一些。

過了一會兒，雷聲又轉了回來，在房子上空轉了一圈又一圈，聲音越來越大，好像屋子都跟著旋轉，把秋生震得不省人事。雪兒知道大事不好，怕傷害秋生，掙脫秋生握著的手，推門出去，跪在門外，大聲喊：「娘娘，總得讓我和郎君說幾句話再跟你們走吧。」說完，雷聲就停止了。

雪兒進屋，拉起昏迷不醒的秋生，輕輕地喊：「秋生哥，秋生哥，快醒醒，快醒醒啊！」秋生微微睜開眼，看雪兒蓬鬆的頭髮和惶恐的面孔，緊緊拉著雪兒的手，說：「雪兒妹妹，不要怕，咱們永遠不分開。」雪兒看秋生被折騰得死去活來的樣子，心就像要揪出來似的。

事已至此，不能讓秋生再糊塗下去了，雪兒抱起秋生的頭含著淚說：「秋生哥，咱們的緣分到頭了，我不能陪你白頭到老了。」秋生頓時瞪大了眼睛，大喊：「不行！不行！絕對不行！」

「秋生哥，你聽我說，千萬不要害怕，實話告訴你吧，我不是你心中的白雪，我是個妖怪呀！」

「不可能！不可能！你就是雪兒！別人不能對我這麼好。」

「我說的是真話，秋生哥，你把我忘了吧，以後你再找個好姑娘，將來會更好的。」

「就是妖精我也願意，因為你對我是真心的，我不能讓你離開我！」

「只因你是有情有義的男子，我才真心喜歡你，雪兒死了以後，怕你有個好歹，我一直守在你身邊，你才沒死成。你對雪兒的一片赤誠，深深打動了我，寧可不成仙，也願意和你這樣的人在一起，哪怕生活一百天我也知足了，誰知今天才九十九天哪！」

「我不管你是誰，你是我的恩人，是你給了我幸福，你是我最愛的人，有了你這樣真心對我好的人，就是死也心甘情願。」

「事到如今，我必須告訴你，我是長白山上的金狐，沒想到在老爺嶺和你結下這段姻緣，這一世不能長久，轉世我願意永遠陪伴在你身邊。」倆人緊緊地擁抱在一起，寧死不分開。

天上一道閃電過去，緊接著「咔嚓」一聲霹靂，一股大旋風把房子刮到天上，把雪兒吹了出來，秋生死死抱著雪兒不放，旋風把二人捲到空中，因為秋生不撒手，就把他們扔了下來。雪兒看見前邊有一所石頭房子，拽著秋生就跑到近前，兩扇大石門呼啦打開了，二人一頭就鑽進屋中，石門「咣」地一聲合上了。

從此以後，再也沒人見著秋生和白雪。他們進去的那座大石頭房子，變成一個大石棺、上面開滿達子香花，就是老爺嶺上的棺材砬子。

嶺上三仙

古代，老爺嶺是個動物樂園，山上一群群小動物自由自在地追逐玩耍；美麗的梅花鹿成群結隊地奔跑跳躍；威武的東北虎站在高高的崇山峻嶺之上，一聲長嘯，群山震顫，更加突出了老爺嶺的雄偉壯觀。老爺嶺還是一個百花園，生長著世間稀有的奇花異草，微風吹來，散發著撲鼻的芬芳，引來無數隻蜜蜂、粉蝶漫天飛舞。林間不時傳來百鳥委婉動聽的歌聲，劃破了山林的寧靜。在這個美好、和諧的樂園中，所有的動植物都能自由地生長，有些生長幾百年，有的生長幾千年，有的頑石在此都有數萬年。它們常年接受上蒼的恩賜，大地的孕育，日久天長便產生了靈性，有的轉化成精靈。

老爺嶺曾經流傳過一個美好的故事。在風和日麗的日子裡，經常出現一個皮膚黝黑的老頭，牽著一匹白馬，馬上馱著個紮著紅兜兜的小胖娃娃。他們輕輕地踏著草地，穿越樹林，爬過山崗，來到一個大花園。胖娃娃飛身下馬，在地上摺幾個把式；小白馬撒歡地圍著花園尥蹶子狂奔；牽馬的老頭在草地上拉開架式，練幾趟拳腳。之後，他們仨便席地而坐，靜心修練，一心向佛。出定後，他們就順著崗梁往下走，走到一個山崖前消失了。

山崖前，長著一棵千年的大紅松，雖然身上爛出一個深深的大洞，但軀幹仍然挺拔、結實，枝繁葉茂，像一把大傘，把山崖遮蓋了一大半；山崖右邊，離松樹五尺遠有個不大不小的山洞，懸崖下凹進一個窪兜，生長著一圈小樹，都往外挓挲著，中間長出一棵一人來高的仙草，頂著拳頭大的紅鎯頭，這是一苗千年的老棒槌；右邊的山洞裡趴著一條大白蛇，鱗片明光鋥亮，兩眼閃閃發光，是一條修練千年的蟒蛇。

這三個精靈中，應屬白蛇最具有靈性，每天早上從洞裡爬到松樹上，採納陽氣，吸取朝露，依附在樹上，如同孩子趴在父親的肩膀上。然後來到崖下圍著棒槌棵子繞上幾圈，就如兄長愛撫小弟一樣，用臉貼貼參花，聞聞香味，清除四周的雜草，過後回到洞中，或是爬上崖頭。冬天，它就毫不客氣地鑽進松樹洞裡，像是投進母親的懷抱那麼溫暖。松樹就像老大哥一樣，呵護兩個弟弟，將樹枝搭在山洞前，任白蛇爬上爬下，又特意把樹頭伸向懸崖下，為人參遮陽擋風。遇到旱年，白蛇到下邊河裡吸水，澆灌人參，噴灑到樹頭上為松樹解暑。這樣，日復一日，年復一年，漸漸使得它們三個互通靈性，結下了不解之緣。

上山去玩耍的時候，它們就變化身形，是松樹變成牽馬的老頭，白蛇變成白馬，那棵老棒槌變成扎紅兜兜的小胖孩。誰也說不清他們仨誰先在這兒落的戶，也不知他們到這兒多少年了，反正都成了氣候。他們之所以能修行到這步田地，得感謝老天爺的恩賜，是蒼天為他們製造了這個孕育神靈的搖籃。這個崖頭既向陽又背風，崖上常年銀瀑飄落，空氣清新，崖下土質正適合人參生長。山洞在崖下半山腰處，外界不易發現，且難以攀登，白蛇在裡邊不受干擾。這才使他們三個在這塊寶地上長期棲息生存，博采日月之精華，廣集大地之靈氣，漸漸得道。

正如佛家所說，萬物皆善，眾生皆有因緣，隨緣而動的緣故吧。這一草、一木、一蛇能結緣，若能修成正果，也真沒枉修千年，應該說是天地間一大幸事。

又過了幾百年，他們一個個終於成仙了，千年工夫沒白修，各有各的本事，各有各的神通。互相稱兄道弟，松樹為兄，白蛇次之，人參稱為小弟，他們和睦相處，親如手足，平時，哥仨一同上山修練，遇事時，一塊去消災解難。

隨著修練時間的增長，他們的功夫也年年加深，逐漸修成一顆菩提心。那時老爺嶺上常常鬧火災，都是他們把火撲滅。白蛇吸來松花江水，噴到著火的樹林中，再大的火都能澆滅；樹仙脫下衣服一抖，就將千萬顆樹種撒在燒過的土地上；參娃手搖參葉扇，播下百草良種，春風一吹，滿山遍野綠油油的百草樹木重新生長起來。

若干年以後，這座荒無人煙的老爺嶺山前山後，漸漸遷來不少人家，開了不少荒地，種了不少莊稼。

一年，山上來了個惡魔，不讓人們消停，專門製造災害坑害百姓。春天，小苗剛出土就斷了雨水，旱的小苗半死不活。哥仨著了急，趕緊想辦法抗旱，小白蛇吸來松花江裡的水澆到莊稼地裡，小苗就旺旺興興地長起來。惡魔看小苗長得又嫩又胖，心生毒計，生出害蟲，把嫩苗吃掉，老樹仙脫下衣服，在地裡輕輕抖一抖，地裡的害蟲就消失了。惡魔又帶來了瘟疫，害得人們叫苦連天。參娃就把人參花粉散到人間，驅除了瘟疫。由於得到他們的保護，這裡年年大豐收。

這三個仁慈弟兄只知為眾生造福，並不追究是誰造的孽，也沒把這些壞蛋放在心上。萬萬沒有想到，他們為人間做了這麼多好事，卻得罪了惡龍、蟲王、瘟神、火神。一開始，這些凶神惡煞作惡受阻，還以為是上天派來的神仙給平息的呢，他們都沒敢言語。後來多次作祟都不能得逞，才發現原來是這三個大膽的傢伙在和它們作對，把它們恨得哇哇亂叫，發誓要除掉這幾個死對頭。

為了把三兄弟引出來，火神在老爺嶺山尖放起大火，濃煙滾滾籠罩山頂。三兄弟發現後，不敢耽誤，急忙衝到山上。白蛇剛噴出一口水，對面就飛來一條惡龍把他擋住，一龍一蛇就絞在一起，在天空中鬥了幾十個回合，白蛇漸漸不支，被惡龍打得遍體鱗傷。參娃上去助陣，伸手打出一枚紅鎯頭，正好擊中惡龍左眼，它疼痛難忍，只得放棄白蛇，敗下陣去。白蛇落到地上，已經奄奄一息，閉著雙眼，口中連連呼喚：「觀音菩薩快來救我，觀音菩薩快來救我。」

樹仙脫下衣服打火，火神發來一股三昧真火，把衣服燒光，樹仙身上頓時燃起大火，變成灰燼。等火神跳出火堆時，參娃照準火神又甩出一枚紅鎯頭，擊中了它的右眼，火神捣著眼睛也逃跑了。蟲王、瘟神見白蛇受傷，樹仙被焚，便一齊向參娃衝來，參娃面無懼色，力敵二將。他連連發出幾顆鎯頭，都被躲過，只見蟲王兩掌一擊，頃刻間，數萬隻蝗蟲向參娃撲來，參娃一跺腳躥到半空，將腰中的藥袋一甩，蝗蟲紛紛落地。那瘟神從懷中掏出一個包袱，對著參娃猛然一抖，參娃見勢不妙，伸手拔出插在背後的參葉扇，迎面猛扇，把瘟毒打散，但還是被毒暈，跌倒在地，四孽障一齊向參娃撲來。

這時，忽聽有人大喊：「住手！休得無禮。」四孽障急忙抬頭，原來是觀音菩薩到了，他們趕緊下拜。菩薩道：「他們苦苦修行千年，修得一顆菩提之心，實在不易，爾等不得傷害他們，日後要多行善事，萬萬勿做有害眾生之事，速速回天等候發落。」四孽障悻悻離去。

觀音菩薩用柳枝輕輕點了點白蛇和參娃，白蛇身上的傷便痊癒，參娃從昏迷中清醒。觀音菩薩又從玉淨瓶中蘸了一滴水，撣在被燒成灰燼的灰堆上，松樹仙立刻又恢復成一棵根深葉茂的老松樹。三仙拜過觀音菩薩，菩薩道：「汝等在此山沒白白修練千年，能以慈悲為懷護佑眾生，沒辜負佛祖教誨，願爾等成就功行，速證菩提。」哥仨磕頭謝恩。

這時，菩薩在天空中將玉淨瓶的聖水灑在山頂熊熊的烈火周邊，隔絕了火焰的蔓延，中間的草木已無可挽救，只得任其燃盡。

直至今日，老爺嶺頂上被火燒過的那片土地仍然是光禿禿的，不長樹木，就是現在那片苔原。

大火過後，人們發現救苦救難的三個神仙不見了，善良的人們永遠不會忘記他們的功德，常常到三仙修練的地方祈禱求仙。把白蛇修練的那個山洞叫作「神仙洞」。有人說，這三位神仙現在還在老爺嶺上修練，晴天站在瀑布下，有時彩虹中就能照出三位神仙的影子。

天門陣的陣圖出自九鼎鐵叉山

古代，現在的拉法山叫九鼎鐵叉山，穿心洞叫八寶雲光洞。

北宋時期，在九鼎鐵叉山上有個很有本事的老道，名金壁峰，他在這山上隱居多年，從來沒出過山，也不和外界聯繫，人們都覺得這是一位神祕莫測的人物。外面都說他是位神通廣大的道人，還說他道行很深，能破千軍萬馬。要說他精通兵書戰策倒是真事，他自幼熟讀兵書，對三韜六略、攻殺戰守研究得滾瓜爛熟，還懂得萬陣圖，對歷史上有名的大陣，如何擺、如何破都瞭如指掌。他自己還設計了不少新陣，使用多次，還沒有人能破。九鼎鐵叉山上的八寶云光洞，有三個大洞口，裡邊能容納兩千多人。金壁峰看中這座奇峰險峻的仙山，選中了這個寬敞明亮的大山洞，把這個大山洞修成演武大廳。他廣收弟子，經常傳授兵法，輔導他們習武練功，培養出一些能征善戰的軍事人才。

一日，金壁峰正在演武廳給他的弟子們講學，忽然，一名守門的弟子前來通報說：「大遼國左丞相蕭天祐前來求見師父。」金壁峰說：「讓他在前廳稍候。」不多時，金壁峰從演武廳出來，蕭天祐忙上前施禮：「師父一向可好？弟子下山多年未曾再見師面，很是想念，太后讓我代她向您問候。」金壁峰說：「你不在幽州嘛，千里迢迢來這裡，想必不是專門來向我問好的吧？」金壁峰已猜出蕭天祐的來意。原來蕭天祐曾拜金壁峰為師，在九鼎鐵叉山八寶雲光洞學藝多年，下山回到遼國當了左丞相。蕭天祐聽了師父的問話，先把太后給金壁峰帶來的厚禮獻上，然後說明了來意。

蕭天祐說，這次是奉遼國皇帝和肖太后的旨意來的，因為遼國元帥韓昌率領二十萬大軍進犯中原，在遂州被宋國元帥楊延昭擺下的牤牛陣殺敗，僅剩二萬殘兵退回幽州，雖然這樣，肖太后還不死心，命令韓昌重整旗鼓，伺機再犯中原。可是韓延壽不是楊六郎的對手，一提起楊六郎就嚇得渾身打戰，太后要他再和大宋國交戰，把他愁得飯也吃不下、覺也睡不實。蕭天祐給他出了個主意，讓太后下旨意來請師父金壁峰下山，幫助遼國奪取大宋江山。金壁峰聽蕭天祐說明了來意，說道：「你回去告訴肖太后，讓她死了這份心吧，現在攻打宋國還不是時候，據我觀天象，宋朝的江山有楊家將保著，一時還不會衰敗，就算有那麼一天，也落不到遼國名下，勸勸太后沒必要作出那麼大的犧牲。」蕭天祐說：「師父，太后的決心已下，誰也動搖不了。她派我來請您，如果您不去，我回去沒法交旨，況且我已在太后面前誇下了海口，師父，您可一定要幫這個忙啊。」金壁峰嘆了口氣說：「就是我去了，也不一定能打敗大宋國，楊家將可不是好惹的。」蕭天祐說：「師父研究了那麼多陣勢，就沒有一個能擋住楊家將的嗎？」「陣法倒不少，就怕宋營有能人，你可知人外有人，天外有天哪，如果我親自出馬佈陣，萬一被人識破了，我這老臉往哪兒擱呀。」蕭天祐懇求說：「師父，無論如何您也得想個辦法，給大遼國壯壯軍威，哪怕打勝一仗也行啊。」金壁峰見實在推託不了，又不想得罪肖太后，想了想說：「你回去替我向太后道個歉，過兩天東方各教主聚會，我脫不了身，讓你大師兄顏容代我去吧。」金壁峰把顏容叫來，吩咐道：「你代我出山幫助你師弟。」並隨手將天門陣陣圖交給顏容說：「這次去用天門陣攻擊宋營，我已看好地形，在九龍山飛虎峪擺陣最適宜，要認真按圖佈陣，不能有絲毫改動。無論勝敗如何，必須把圖帶回山來，這圖可是我費了幾十年的心血才研究出來的呀！」顏容領命，接過陣圖說：「師父放心，徒弟謹遵師命。」然後，跟隨蕭天祐帶領師父交給他的一百個小老道下了九鼎鐵叉山。

左丞相蕭天祐陪同大師兄顏容一路上前呼後擁，數日後方到幽州。天祐向太后交旨，雖然沒把師父金壁峰請來，能派大徒弟顏容把天門陣的陣圖帶來也就知足了。太后在銀安殿召見顏容，當時就封他為護國軍師，御賜由金絲編織的八卦仙衣一件。顏容本來就覺得師父設計的天門陣陣圖舉世無雙，無人能破，今又受到皇上恩寵，他就更加盛氣凌人，好像自己是個常勝將軍似的。

按佈陣需要，顏容又請來幾位得道高僧和自己的掌門弟子，來到九龍山飛虎峪這塊兵家必爭之地。利用了三年時間，費了九牛二虎之力，才擺好了天門陣。顏容以為穩操勝券，韓延壽精神倍增，就連蕭太后也把希望完全寄託在天門陣上。

他們萬萬沒想到，大宋國又出了個巾幗英雄穆桂英，不但武藝高強，而且足智多謀，竟識破了天門陣擺設的玄機。她從公爹楊延昭手中接過帥印，調集了各路英雄，將金壁峰精心策劃幾十年的天門大陣破得個落花流水，把蕭太后趕回老家，牛鼻子老道顏容也難逃一死。在歷史上留下了穆桂英大破天門陣，楊家將再立新功的一段佳話。

姜太公借定風珠

武王伐紂，消滅了荒淫無道的殷紂王，建立了大周朝，和咱這九鼎鐵叉山還有關係呢。

商朝末年，紂王無道，殘害忠良，逼得各路諸侯紛紛造反。周武王起兵伐紂。因眾多忠良慘遭紂王毒害，其餘大批忠臣戰將都投靠了周武王。紂王身邊無人，只得派太師聞仲親自帶兵討伐西岐，可單靠太師出征是抵擋不住武王的洶湧之勢的。

聞太師請來十天君布下「十絕陣」，使得武王損兵折將，屢遭失敗，幸虧太上老君派燃燈道人帶領十二個弟子前來破陣。在連破「天絕陣」和「地絕陣」之後，湯營中的董天君董全又布下「風吼陣」。這「風吼陣」仍然是一個妖陣，利用了天、地、火之風，稍動妖術，陣中就會陰風四起，萬刃齊發，縱有千軍萬馬也得全被剁成肉醬。

燃燈道人看過陣勢後，說：「必須有定風珠把陰風治住，才能破陣。」眾人議論紛紛，靈寶大師說：「我有一個要好的道友度厄真人，現在東海敖來國九鼎鐵叉山八寶雲光洞修練，他有一顆定風珠，只要我寫一封書信，派人送去就能借來。」西周元帥姜子牙聽後大喜，急忙派大夫散宜生和武將晁田帶著靈寶大師的親筆書信，火速奔九鼎鐵叉山八寶雲光洞去借定風珠。

散、晁二人領命，騎快馬出西岐，朝北方疾馳。日夜兼程，不到一個月，就到九鼎鐵叉山腳下。二人抬頭觀望，只見奇峰林立在裊裊的雲霧之中，一棵棵綠油油的古松斜插在懸崖峭壁之上，潺潺的溪水流淌在山澗密林之間，陣陣清脆的鳥語在靜靜的山谷中宛轉蕩漾，隱隱看見山腰上一個大山洞中不斷吐出團團彩雲。二人從沒見過如此秀麗的奇山，宜生讚歎：「好一座仙山，難怪度厄真人在此能煉出寶珠來。」晁田道：「此山不但景緻奇特，而且山勢險要，非一般人所能攀登的。」二人把馬拴在山下，望著陡坡上的小道正在猶豫時，只見一個道童蹦蹦跳跳地走下山來。宜生上前問道：「八寶雲光洞在何處？」答：「就在上邊。」問：「度厄真人可在？」「知你們前來，老師特派我來迎接二位，請隨我來。」散、晁二人跟著道童，沿著陡坡上的羊腸小道，翻山越嶺，爬上峭壁石階，便看到被密林遮掩的一個高寬各兩丈的大洞口，來到洞口前，但見東、北兩側還有兩個大洞口，洞中寬敞，數百人練武都能施展得開，二人又是驚詫不已。道童說了聲：「請二位稍候，待我到洞中向師父通稟一聲。」不多時，童子出來說：「老師有請。」二人進洞，見一道人慈眉善目，端坐蒲團之上，二人上前施禮，把書信遞上。真人命童子為客人看座，看了書信後，說：「紂王無道，湯殷氣數將盡，雖然擺了一些妖陣，也無法挽回敗局，現在群仙助周乃是天意。姜元帥派二位千里迢迢來借定風珠，我怎能不借，何況還有靈寶師兄的親筆書信，更無話可說。不過，你們帶寶珠回去，路上一定要多加小心，不可有分毫閃失。」

說完，讓道童把定風珠取來，交給散宜生，宜生接過寶珠，千恩萬謝，細心收藏起來，道別了真人，與晁田匆匆下山，快馬加鞭疾速趕回西歧。一路上二人歷經千難萬險門到周營，將定風珠交給姜太師，子牙大喜，同燃燈道人研究破風吼陣大計。

第二天，燃燈帶十二弟子出營，敲響金鐘玉磬，擺開陣勢，成湯大營炮火連天，聞太師騎墨麒麟在轅門下觀陣。湯營妖道董全站在風吼陣前高聲叫喊，笑罵姜子牙無能不敢出陣，意在把周營人馬引入他所布下的風吼陣中全部消滅。燃燈道人把定風珠交給慈航道人，慈航接過寶珠來到陣前，董天君不容分說，舉劍就砍，慈航這邊以劍相迎，董全假裝招架不住，節節後退，將慈航引至大陣前，慈航故意顯出膽怯，站在陣前猶豫了一下，董全看慈航停下，怕他不敢進陣，故意大喊：「慈航，你沒有膽量趕快回去吧！」慈航裝作被激怒，徑直追入風吼陣中。董天君以為慈航中計，急忙扯出黑幡，用力左右搖動，霎時間，天昏地暗，黑風漫卷。可是，不管董全用多大力氣揮舞黑幡，黑風颳得有多麼凶，那鋼刀千把萬把像雨點似的射個不停，慈航道人卻站在那兒紋絲不動，惡風颳不到跟前，鋼刀沒等到身邊就嘩嘩落了地。董全一時手足無措，一看，慈航頭上定風珠閃閃發光，知道天機被破，轉頭想跑，說時遲那時快，慈航把手中的清淨琉璃瓶往空中一拋，瓶口對準董全，只聽「轟」的一聲巨響，噴出一股黑氣，董全雙腳離地，飄飄悠悠地被吸入瓶中，慈航隨手把瓶口封好，頓時風平浪靜，陽光燦爛。

聞太師見慈航道人從風吼陣中從容走出，不見董天君，就感到大事不好。慈航道人舉著清淨琉璃瓶對聞太師說：「不要等董全了，他已經被我裝進瓶裡了。」說著，把瓶口打開，噴出一股臭氣，接著，倒出一攤膿血來。慈航對聞仲說：「這就是董全的屍水，你的風吼陣已經蕩然無存了。」太師聽了，如五雷轟頂，險些從墨麒麟上掉下來。

從這以後，姜元帥統領西周大軍以排山倒海之勢，殺得聞太師大敗而歸，直至攻取朝歌，建立周朝八百年天下。

聚寶盆的故事

很多年以前，在拉法山後，住著一戶姓能（nai）的哥倆，哥哥的名字叫能遇財，弟弟叫能遇寶。父母先後離開人世，十歲的弟弟跟著哥哥嫂嫂勉強度日。哥哥能遇財是個見錢眼開的傢伙，只要為了錢，什麼事都能幹出來，娶了個媳婦胡氏，更是視財如命，是個心毒手狠的黑心婆。

兩個老人去世後，弟弟遇寶就成了他們的眼中釘，總嫌他吃得多，常常挨打不算，還逼著不到十歲的孩子上山放牛、砍柴。那時山上野獸特別多，小遇寶每天提心吊膽地趕著牛上山，看山上陰森森的，聽見野獸鬼哭狼嚎的叫聲，嚇得渾身直起雞皮疙瘩，要不去就得挨打，只得硬著頭皮去。

有一天，不知從哪兒來了一隻小花狗，站在遇寶面前直晃尾巴，還衝著他不住地點頭，小遇寶樂了，摸摸小花狗的腦袋，小花狗順勢趴到他的懷裡，成了遇寶的好夥伴，天天幫著遇寶趕牛，小遇寶給它起了個名字叫花花。黑心婆看小遇寶領回來一條小花狗，氣兒就不打一處來，大罵：「我不但白養活你這個沒用的東西，你又領回一個白吃食的，趕快給我打出去！」遇寶不幹，她自己拿著棍子攆半天也沒打著，回頭拿小遇寶出氣，舉起棍子照著遇寶劈頭蓋臉地一頓打，打得遇寶渾身上下青一塊紫一塊，沒個好地方，非逼著小遇寶淨身出戶不可。哥哥遇財有心阻攔又怕老婆，央告說：「他這麼小也不會種地，讓他出去吃啥呀？」「你還管他一輩子呀？行，給他一升高粱、一雙筷子、一個碗也就行了，讓他馬上給我滾！」小遇寶也受夠了窩囊氣，心想，走就走！跟他哥哥說：「不用講情了，餓不死我，再給我一把鎬頭，能開地就行。」小遇寶扛著鎬頭，撅著破行李捲，拎著東西往東去了。走到山根，在一棵大樹下坐下來，小遇寶傷心地嗚嗚大哭起來，小小的年紀走投無路，如果爹娘活著也不能有今天，越哭越難過。花花好像懂得小主人的心思，爬到他懷裡，一勁兒和他貼臉，好像在安慰他似的。遇寶哭了一陣，擦乾了眼淚，心裡合計，我有一雙手，怎麼也餓不死，先找個地方住下再說。拉法山的山洞多，附近就有一個小山洞，放牛時遇上颳風下雨都到那個山洞去躲著，沒想到這竟成了他的家。他領著花花來到洞裡，簡單打掃一下，把東西放在小山洞裡，就算安了家。

遇寶天天起早貪黑在門前開荒，餓了就挖野菜充飢，把那一升高粱省下來作種子。

他一連刨了半個多月，開了一大片地，把那一升高粱都種上了。接著，就下了一場透雨，幾天工夫，小苗齊刷刷地長了起來，小遇寶別提多高興了，天天精心侍弄著，只想著秋後能多打糧食。

有一天，遇寶在地裡鏟地，花花在地裡來回跑，在這邊聞聞，到那邊聞聞，小遇寶也沒搭理它，因為自從他們出來後，花花天天這樣，好像找什麼東西。今天就不一樣了，花花跑來跑去，停在一棵大榆樹底下，用兩隻前爪使勁扒起土來，扒出一個坑，就跑到遇寶跟前，不住拱他的腿，遇寶明白他的意思，就跟它過去，只見扒開的土坑裡露出一塊石頭，也沒在乎，又回去鏟他的地去了。花花跳進坑裡往外扒土，扒了一陣，又跑到遇寶跟前拱他的腿，見遇寶沒動，使勁咬他的褲腳，沒辦法，遇寶只得隨它再次來到大榆樹下，看見坑裡有一塊大石板，他好奇地用鎬頭敲了敲，發出空空的響聲，他把四周的土清了清，用鎬頭把石板撬開，看見石板下邊有一個瓦盆，看那樣不知埋了多少年了。遇寶小心端出來，輕輕敲敲，還挺囫圇，遇寶樂了，正好沒有盆使，拿到水泉邊刷了刷，帶到家裡當飯盆用了。

小遇寶得了這個瓦盆，雖說要當飯盆用，可沒有什麼飯做，天天淨吃野菜。一開始，他還沒注意，漸漸就發現他家出了蹊蹺事。

有一天，他挖了些白芨根和山胡蘿蔔，燒熟了和花花吃了一頓，剩了一點，就放在盆裡，幹完活回來又挖了一些打算中午吃。到了中午，回家打開盆一看，把他愣住了，早上剩那點東西根本不夠吃一頓的，盆裡怎麼還多了呢？是記錯了嗎？不能啊。不管咋的，先吃飽肚子再說，他就和花花大口大口吃起來，這頓飯吃得比平常哪頓都香。吃完飯，把吃剩下的東西數了數，仍舊放在盆裡，蓋好了，就上地幹活去了。晚上一回家，小遇寶首先掀開飯盆，看見裡面又是半盆，心裡尋思，是誰給送來的呢？跟前也沒有人住，哥哥嫂嫂哪有這樣的好心腸，只有一個遠方的舅舅還住在砬子前秧屯，自己被嫂子攆出來後，只來看過他一次，舅舅是不會來的。打那以後，天天都是盆裡裝什麼就出什麼，小遇寶和花花吃的不愁了，而且身體越來越結實，幹活也越幹越來勁了。

轉眼秋天就到了，遇寶種的紅高粱，穗子像狐狸尾巴，又粗又長。一升高粱種子下地，打了有兩石高粱，小遇寶看著自己親手得來的勞動果實，樂得嘴都合不上了。留下他和花花吃的，把餘下的糧食賣了，買點農具和生活用的家什。支了個鍋灶，把新買來大鍋安上，把舊盆倒出來，將花剩下的那點錢放在盆裡，找個地方藏了起來。天漸漸冷了，遇寶沒有棉衣服，從盆裡拿出幾吊錢到拉法站去扯了幾尺布，找舅媽給做一套棉衣服。回來後，準備把剩下的錢再放到盆裡。當他把盆打開時又是一愣，早上拿走的那幾吊錢怎麼又回來了呢？他順手把盆裡的錢拎出來，回頭一看，盆裡又出來錢了，又拎出來，一比，和原來的一樣多，他趕著拿，趕著有，這會兒，小遇寶想起小時候媽媽講的拉法山有聚寶盆的故事來，這回讓自己得著了，可真是天上掉下來的寶貝呀！有了錢，小遇寶就蓋了新房，過上了好日子。

再說，能遇財這兩口子沒安好心腸，滿以為弟弟被攆出去，不餓死，也得讓野獸吃掉，沒想到不但沒死，還蓋上了新房。黑心婆對貪心的丈夫說：「你那個弟弟沒餓死，肯定有人幫他，要不就是有什麼說道，你去給我問問。」「他要不說呢？」「想辦法唄，你是他親哥哥，就你這麼個近人，他還不和你說實話？」能遇財聽了老婆的話，去找弟弟遇寶，見了面，一把鼻涕一把眼淚地說：「你那狠心的嫂子把你攆出來以後，我白天黑夜地惦念你，一提起你她就罵我，為了你，俺倆不知打了多少架。」遇寶聽說哥哥為他挨罵，心裡也不是滋味，說：「哥哥，你看我現在不是挺好的嗎，有吃有穿的，還蓋了新房子，你就放心好啦。」老大看了看弟弟那身新衣裳和新房子說：「今天我是背著你嫂子來的，看你過上好日子，哥哥就放心了。你告訴我，你是怎麼過好的？」

遇寶人雖小，心眼可不少，聽他哥一問，就明白了他的來意，心想，我挨餓的時候咋不來問問呢？想摸我的底呀，沒那麼容易。便說：「就靠你給我那一升高粱沒捨得吃，都當種子種上了，這不打了兩石來高粱，賣了錢，才蓋了房子，還得感謝哥哥嫂子呢。」老大一聽，眼珠了轉了半天才說：「賣那點錢能夠蓋房用的嗎？」「我這麼小年紀能幹啥，偷不會偷，搶不敢搶，我還能有什麼來項。」老大聽遇寶不說實話，假惺惺地說：「爹娘就生咱哥倆，你就我這一個親人，你有事可不能瞞著你親哥哥，我聽說你得了一件寶貝，要是真的，你告訴我，我不要你的，一旦被人偷去，哥哥好幫你去找。俗話說，出門哥兄弟，上陣父子兵，到掯（ken）勁兒上還得親哥們。」他斜眼瞅了瞅弟弟，看遇寶沒吱聲，又說：「不告訴我拉倒，你可得把寶貝看好，千萬別讓別人知道。」他邊說邊看遇寶的表情，小遇寶聽了低下頭沒說話，老大又補充了一句：「你聽著沒有？」「我聽見了。」老大看出老二的心思，也再沒往下問。他回家就把老二的表情和老婆學了，黑心婆說：「看你兄弟那樣，肯定是得了什麼寶貝了，咱們得想辦法給弄過來！」

有一天，黑心婆來到遇寶家，正好遇寶不在家，她想進屋找寶貝，剛要開門，小花狗「嗷」的一聲就躥了出來，照黑心婆屁股就是一口，當時血就順著褲腿淌下來，疼得她捂著屁股抹頭就跑，一瘸一拐地回家了。見了老大就沒好氣地罵道：「你弟弟養的那個花狗比你弟弟還壞，要不是我跑得快這條腿就沒了。要想把寶貝弄來，你必須先把小狗給整死。」老大說：「不就是一條狗嗎，我去把它打死不就完了嗎，偷寶貝可就看你的了。」

老大扛著鎬頭來到老二家，在門外叫了兩聲，沒有動靜，就在房前屋後轉了半天，沒看見小狗在哪，心想，趁他們都不在，正好進屋偷寶貝。他伸手把門一開，冷不防小花狗「汪」地一聲就從後邊撲上來，照老大的右肩膀就是一口，嚇得他一個高兒蹦出老遠，看狗站在那兒沒動，忍著痛掄起鎬頭就照小花狗砸去，花花來得更快，還沒等鎬頭落下來就又衝上來，咬住他左手脖子，鎬頭「哐啷」一聲掉在地上了。這回可好，老大的右膀子不敢抬，左膀子也不好使了，疼得直打轉轉，咧著大嘴滾回去了。

兩個壞東西雖然都讓狗咬傷了，還是賊心不死，黑心婆又想了一個更壞的主意，她蒸了一鍋白花花的饅頭，裡邊插了兩包鋼針，和老大說，只要狗吃到肚子裡就得把腸子扎漏，嚥不下去也得把它扎得滿嘴流血，閉都閉不上，看它還咬不咬。約莫老二已經上地了，黑心婆拎著饅頭筐，她男人扛著鎬頭來到老二家。花花正趴在門口，見他們來了，抬起頭瞪著眼看著他們，黑心婆拿出饅頭叫花花，小狗一動也沒動，她把饅頭扔過去，花花連理都不理。老大著急了，掄起鎬頭就要打，老婆忙喊：「別打！別打！小心別讓它咬著。」又扔了一個，狗還是不吃，他們等了半天，花花連看都不看一眼，想打還不敢打，無可奈何地回家了。

吃午飯時，胡氏把鍋裡留下的饅頭，端出來讓老大吃，老大憋了一肚子氣說：「淨出餿主意，白折騰半天，要吃你吃罷！」「你不吃，我吃！」她沒好氣地拿起饅頭「吭哧」就是一口，只聽「嗷！」的一聲，黑心婆嘴張得老大，衝著能遇財，用手往嘴裡直比畫，老大往她嘴裡細看，滿嘴是血，他把手指伸進嘴裡摸摸，疼得老婆直踩腳，把嘴裡的饅頭掏出來一看，上邊有好幾根鋼針，牙膛上還紮著七八根，黑心婆忍痛讓他一根一根地拔下來。老大罵她，你是自作自受！

眼看著老二漸漸長大了，日子越過越有。那黑心的兩口子整天淨想歪門邪道，日子一天不如一天。黑心婆對老大說：「老二要說上媳婦那寶貝就別想弄出來了。」「那你說怎麼辦！」黑心婆咬牙切齒地說：「沒有別的辦法，只有把他整死。」老大遲疑了一下說：「要寶貝就說要寶貝的，非要人家命幹啥？」「你這個笨蛋，不殺他，管他要他能給嗎？」「你說怎麼整法？」「燒他的房子，連人帶狗都燒死，咱得不著寶貝也不能讓他得好！」

找了個月黑天，兩個惡人悄悄來到老二家，黑心婆先把門用大棍子頂上了，抱過來一捆乾柴，黑心婆把火點著扔到房上，苫房草就著了。只聽房上「汪」的一聲大叫，從房上跳下一個東西，原來，是花花在房上蹲著，看著這兩個壞蛋幹完壞事要跑就追下來，花狗帶著火龍圍著二人轉，大火就把二人圈在當中了。合該老二不死，那天正是老二相親的日子，姑娘的娘家住在長白山大溝裡，得五六天才能回來。等他回來後，看房子、糧食都化成灰了，幸虧老牛放在山上，才免得一死。花花也不知哪兒去了，把他心痛的大哭一場，一邊找花花，一邊收拾東西。這時他聞著有一股難聞的焦糊味，找到房西頭，發現了一堆被燒得糊巴巴的東西，用棍子一扒拉，原來是被燒焦了的兩具屍體，是誰呢？從灰堆裡找出來一副銀鐲子，撿起來擦了擦，遇寶認出來是娘留給嫂子的那副，明白了是這兩個黑心腸壞了良心，不管怎樣，畢竟是親骨肉，遇寶痛心地落了一氣淚，把他倆發送了。

遇寶找遍拉法山也沒找到花花，拿著鐵鍬來到老榆樹下，找到埋聚寶盆的那個地方。原來，自打哥哥來找他以後，他就防備兩個壞種來偷寶貝，把聚寶盆又放回原處埋起來。今天，他把土扒開，卻看見滿滿一坑五穀雜糧，順顆籽粒飽滿，他用袋子裝起來，越裝越多，除了留下做種子的，剩下的一年也吃不了。可是，聚寶盆卻不見啦，還不像有人來挖過。遇寶想：「我就有這麼大的財分，不管怎樣，比剛出來時強多了，他又把小山洞收拾收拾住在裡面，在附近又開了一片荒地，把那些糧食，留出點吃的，全當種子種上了。

秋天，糧食大豐收，遇寶賣了好多錢，蓋上了又寬敞又明亮的新房，選了個好日子，把媳婦娶到家。小兩口和和美美，二人每天起早貪黑勞動，日子越過越好。他們在這兒生兒育女，傳宗接代，成了當地有名的大戶人家。遇寶這小兩口心腸特別好，不少人都搬到這兒來住，慢慢地建成一個屯子，後來起名寶山屯。

李道士遇仙記

拉法山的李道士，人稱李魔怔。實際他的神志比誰都清醒，他的智商比一般人都高，修練的功夫比哪個道士都深。他讀經文過目不忘，理解層次也高人一等。李魔怔之所以能得道，創造出常人難以想像的奇蹟，是因為他得到過神仙的點撥。

一百多年以前，李道士已經到拉法山修練多年，悟道很深了，上仙看他修道專一，有意對他點化。有一天，太陽剛落山，他從朝陽洞去八寶雲光洞，走到一個山豁子上的平台時，發現兩位老人坐在石頭上下棋，旁邊還有兩位老人坐在那兒觀棋。李道士走到四位老人身邊，想上前施禮，見四位老人誰也沒理睬他，怕驚動長者，便想從他們身邊悄悄過去，偷眼掃視了一遍四位老者，個個相貌非凡，氣宇軒昂，看上去都有百歲年紀，人人皆鶴髮童顏，精神抖擻。四人談笑風生，聽不出說什麼，還不時指指點點談論著什麼。李道士不敢停步，輕輕從他們身邊走了過去，忽覺腦後一陣風吹來，頓時頭腦清爽，走起路來體如輕風，一步能邁出七八尺遠，雙腳稍一用力，身體就能離地，他很納悶，哪兒來的這股勁呢？

李道士一邊往前走，一邊琢磨這幾位老人，在拉法山上從來沒見過，況且他們下棋這個地方，年輕人都爬不上來，百歲老人怎麼上來的呢？這四個人似乎又挺面熟，左想右想，就是想不起在哪兒見過。是不是遇到神仙了？仔細辨認一下，其中一位長眉毛的，可能就是傳說中九鼎鐵叉山的山主長眉李大仙，其他幾位是誰呢？肯定是和李大仙有關聯的，他閉目沉思，細細過目，在修練入境時都出現過，其中一位最老的，可能就是來九鼎鐵叉山最早的東方老祖，其他兩位便是老祖的道友南極仙翁和鬼谷仙師了。長眉李大仙是東方老祖的徒弟，是老祖離開九鼎鐵叉山時，把長眉大仙留下來的。當他把四位大仙辨認出之後，是又驚又喜，急忙回身想去參拜，可是來不及了，四位仙人已無蹤影。

他來到仙人們圍坐的平台前，認真確認各位神仙所坐的位置，然後跪倒在台前，叩了三個響頭，口中念道「請四位仙長見諒，晚輩有眼不識泰山。望各位仙長多多教誨。」他在那跪了多時也不見動靜，心想四位仙長肯定是沒走，為表達求仙的真心，他一直跪了三天三夜，他一遍一遍背誦各篇經文，字字都印在腦子裡，對經文的含義都有了更深層次的理解，覺得奧妙無窮。他雖然跪了三天三夜，可腿卻一點也不覺得疼痛，身上也不覺得累，而是精神倍增，比年輕人精力還旺盛。雖然仙人沒再現身影，李道士覺得好像仙人們給他一種特殊的活力，似乎已經脫胎換骨，心裡豁然開朗，覺得周圍一切都變了。

從那以後李道士更加苦心修練，層次大增，對經文的理解別有見地，使他徒弟們的學識都與眾不同，培養出不少高徒。他穿山越嶺的功夫就是這時練就的，徒弟們都想學這真功夫，可他誰也沒傳。他只是教徒弟如何行善，如何修練，如何修成正果。

後來，人們把李道士遇到神仙的那個平台取名聚仙台。

紀小唐的身世

在九鼎鐵叉山上有個通天洞，洞內有座仙人紀小唐的塑像。當地民間流傳著許多關於紀小唐為民除害的故事。關於紀仙的身世說法不一，不管怎麼說他是歷盡千難萬苦才修練成仙的。

唐朝中期，有一個姓紀的員外，為人忠厚，妻子唐氏，十分賢惠，唐氏年過四十還未孕育，夫妻二人很是憂愁，年年到廟上祈禱。

這年四月二十八廟會，紀家兩口子又去給觀音菩薩上香求子。經過三清殿時，看見殿前有一個童子泥像，笑眯眯的很討人喜歡，唐氏上前摸了摸童子的頭和夫君說：「你看這孩子長得多俊，正衝著你笑呢。」紀員外看著這童子說：「咱若有孩子長得像他就行了。」他倆一邊走，一邊回頭看，那孩子也好像戀戀不捨地看著他們。

那天晚上，唐氏做了個夢，夢見一個小胖孩，和廟上見的那個長得一模一樣，摟著她的大腿讓她抱，她剛要伸手去抱，孩子就不見了，把她急醒了，一連三天都夢見這個孩子。她就把夢裡的事和丈夫學了，員外高興地說：「這回可能沒白求，備不住真求來孩子了。」過了一個多月，妻子果然有了妊娠反應，漸漸就顯懷了，把紀員外樂得嘴都合不上。過了年不久，妻子果然生了一個大胖小子，濃眉大眼，白白淨淨的，長得很像他媽媽，因此就取名小唐。員外五十得子，後繼有人了，那高興勁就不用提了。

小唐雖然從小嬌生慣養，可就是命不好，三歲死了娘，五歲死了爹。有幾個遠房親戚，看孩子小，把家產給瓜分了，孩子淪落得東家一天，西家一天，沒人當人看，差點給折騰死。後來就沒人管了，小小的孩子流落四方，到處討飯，餓急了，常常偷吃人家的豬狗食，被狗咬得遍體鱗傷，遭盡了人間的淒苦。

有一個姓單的木匠心眼特別好，看這孩子太可憐，就把小唐收養了。小唐雖然從小沒爹沒媽，卻特別懂事。單木匠是個光棍漢，沒兒沒女，心眼好，把小唐當作自己的親生兒子，孩子也把他當作親爹。轉眼小唐長到十二三歲，爹爹看他心靈手巧，教他學木匠活，小唐聰穎過人，活自然學得快。到十五六歲時，一般的活都能自己幹了，連畫畫雕刻都學得很不錯了。眼看父親年齡一年比一年大，身體一年不如一年好，他就不讓爹爹出去幹活了，重活都自己幹。小唐能幹是有名的，每年種地打的糧都吃不了，砍的柴像小山一樣，農閒時就出去幹木匠活掙點零花錢，年吃年用的生活也算不錯。老單剛到要享福的時候，突然得了癱巴病，炕上吃炕上拉的，小唐端屎端尿地一直伺候了九年。有一天，老單把孩子叫到跟前說：「爹眼看就不行了，我死後就得靠你自己了，好好練手藝，爹沒給你留下什麼財產，就留下一套木匠家什和幹活用的板凳。千萬要記住，這條板凳無論到啥時都不能扔，那是咱家門前那棵三百多年的老槐樹，讓雷劈下來的樹杈子做的；你可要在意點用，千萬別毀了它，它能保佑你一輩子。」過了不久，爹就去世了。

小唐發送了爹爹，就剩自己孤單單的一個人，一心無掛了。他背起家什箱，扛著板凳到外面去找活幹。小唐心腸好，看到誰家房子壞了沒錢修，就主動去幫忙，看哪座橋木頭爛了走人有危險，就動手砍木頭給修理好，大家都把他當自己家人看待。

有一天，他走到一個山清水秀的好地方，看到這裡正在修建一座像宮殿一樣的大院子，他想這麼大的活肯定能用木匠，就湊到跟前，找到工頭說：「我是木匠，想找點活幹。」這個工頭外號叫閻扒皮，專靠喝民工的血活著。他從上到下打量了小唐一番，撇著嘴說：「這是給皇上蓋的行宮，就你那兩下子能幹個啥？」小唐說：「先乾乾試試，幹不好，我不要工錢還不行。」工頭說：「行，咱醜話說到前頭，活幹不好可白幹。」工頭心想：正好有四根龍柱找不著人雕，不如就難為難為他，便說：「雕龍柱的活你能幹不？不會幹就趁早走人，別說我嚇唬你，要是雕不好，不但不給工錢，還要犯欺君之罪！」小唐大膽地說：「幹幹看！」就把活應下來。雖然平時木雕活也幹了不少，可雕龍柱這麼大的活還是頭一次幹，心裡也有點打怵。他找來張紙，想先畫個樣子，當他把紙往板凳上一鋪，一條活生生的龍就出現在紙上，他感到莫名其妙，偷偷地把畫捲了起來。他把畫往柱子上一貼，腦子裡就浮現一條龍，用筆往柱子上一比量，龍就貼在柱子上了。接著就動手刻，每刀下去都特別順手，幾天的工夫，把四個柱子全刻完了，大家都伸出大拇指，誇小唐的手藝好。工頭心想，這小子還真有兩下子，那也得找個碴兒把他趕走，不能便宜了這小子。於是，他找來朝廷派來監工的小官帶著一幫兵卒過來了，工頭圍著龍柱左看右看，打起壞主意來。他斜瞪個眼睛對小唐說：「你這雕的叫什麼龍柱？」小唐問：「怎麼了？」工頭說：「你雕的龍怎麼只有一隻耳朵？這不是詛咒皇上嗎？」小唐當時就氣不打一處來說：「龍側著身子，那邊的耳朵讓龍發遮住了，誰能看見？」那當官的惡狠狠地說：「你犯了欺君之罪，還敢犟嘴，給我拿下！」跟著就上來三四個人要抓小唐，小唐氣得「啊」了一聲，「咣」一下倒在地上，口吐白沫就不省人事了。上來幾個人叫喚了半天，小唐才醒過來，他騰地一下站起來，兩眼發直，接著就嗚嗚地大哭起來，大喊：「龍！龍！」邊喊邊拎著斧子亂砍起來，當官的命人把斧子搶下來，他又拿起鋸，拿起刻刀、鑿子亂劃拉，一件一件的都被奪了下來，最後，只剩下一床鉋子，不露利刃傷不著人，也就沒人管他了。他耍了一陣子，騎在做活的凳子上滿院子跑，邊騎邊喊：「駕、駕，騎龍上天了，騎龍上天了！」騎夠了，拿起鉋子在板凳上胡亂推來推去。那當官的和工頭一看他瘋了，都嚇溜了，也不治他罪了。從那以後，紀小唐沒黑沒白地騎著板凳可哪兒跑，騎一陣，用鉋子推一陣，冬天凍得他手腳流血，夏天曬得他渾身暴皮，瘋瘋癲癲整整跑了九年，吃盡了常人無法承受的苦頭。第九年的一個早晨，小唐拿鉋子在板凳上狠勁地推了一陣子，然後又騎著板凳大喊：「騎龍上天了，騎龍上天了！」喊著喊著，忽然一股黑旋風颳來，把大樹連根都拔出來了，捲著沙石草木形成一個大黑柱衝天而去。大風過後，人們發現那個騎凳子的瘋子不見了。

小唐被大風捲起，忽忽悠悠迷迷糊糊地像睡覺一樣，不知什麼時候，身子呼地一下就墜了下來，把他當時就嚇醒了，睜眼一看落到一個大山上。一會兒，他隱隱約約聽到有人叫他的名字，抬頭一看，有個白鬍子老頭，好像特別面熟。老人一手握著拂塵，一手捋著鬍鬚對他說：「讓你到人間吃苦，是為除去你身上的污濁，現今你已功成圓滿得到正果。」小唐這時完全清醒過來，這不是太上老君嗎，我不是在老君爐前煉丹時，因貪玩被罰到三清殿守門嗎？怎麼跑到這兒來了呢？想到這兒，趕緊跪下向老君請罪，老君哈哈一笑說：「起來吧，這不怪你，你沒辜負我那一片苦心，今兒讓你到九鼎鐵叉山繼續修練，要保護這座仙山，保護這方百姓。」說完，用拂塵在山頂上輕輕一點，「呼隆」一聲，從山尖上，捅出一個立眼，在半山腰透出了一個大洞，紀小唐從此就坐在這個山洞中打坐繼續修練了。

紀小唐來到九鼎鐵叉山後，清除了附近的不少妖怪，剷除黑魚精的故事流傳至今。他修練打坐的這個山洞，因為那個立眼直接從下面能看見天，人們把它叫作通天洞，也叫紀仙洞，他騎著那個板凳，變成了石凳至今還橫在山尖上呢。

草人借箭

諸葛亮草船借箭，大敗曹操大軍的故事，流傳很廣，老少皆知。可是老罕王草人借箭的事卻很少有人知道。你要想知道這個事的來龍去脈，那就得從頭說起了。

明朝萬曆年間，老罕王拉起隊伍，舉旗造反，要推翻腐敗無能的明朝皇帝。他起兵不久，一連打了好幾個勝仗，奪取明軍好幾個縣城。這個事轟動很大，萬曆皇帝知道了，日夜坐臥不安，派遼東總兵李成梁率軍鎮壓。可是李總兵和老罕王曾經打過交道，知道老罕王武藝高強，深謀遠慮，指揮打仗很厲害，不敢輕舉妄動，怕吃敗仗遭到皇帝的懲罰。於是，李總兵帶領大隊人馬來到渾河北岸時，命令部隊停止前進，就地安營紮寨，憑藉天險河谷，扼守山城，待摸清對方情況後再合計怎麼打。

老罕王的隊伍浩浩蕩蕩，一路上所向無敵。可是他率領大軍打到渾河南岸時，箭頭用光了，又遭到李成梁部隊的猛烈還擊，一時箭如穿梭，大隊人馬寸步難行。這時候，有的將領主張使用大刀硬拚，老罕王堅決不同意，從容不迫地對將士們說：「敵強我弱，硬拚不行，要施巧計，向明軍借箭，破城才能成功啊！」

老罕王挖空心思地想了半天，也沒有想出什麼妙計來。他獨自坐在帳篷裡，愁眉苦臉，吃不下去飯，夜裡睡不好覺，心裡總是在盤算著怎麼樣才能打敗明軍。老罕王想著，想著，冷不丁站起來，左手拍著腦袋，自言自語地說：「唉，有辦法了，就這麼幹！」

第二天，老罕王帶領五百名兵士，披星戴月，到深山老林子裡去割草，回營房裡連夜扎草人。每個兵士扎兩個草人總共一千個草人，每個兵士拿一個，都在雞叫頭遍時送到渾河岸邊，順著河沿兒並排放著。雞叫頭遍時，老罕王一聲令下，金鼓齊鳴，殺聲震天。李總兵聽到對岸的吶喊聲，以為老罕王的大隊人馬要過河攻城，連忙命令弓箭手，萬箭齊發，射向對岸。天快亮時，老罕王命令手拿草人的軍士立即返回營寨，然後把新鮮的豬血灑到河岸上和渾河水裡。早晨，李總兵蹬上城牆遠看河岸，見到河岸血流成河，把渾河清亮亮的水都染紅了，以為老罕王的隊伍遭到慘敗，高興得手舞足蹈，當天就殺豬宰羊，犒勞了全軍，特別是弓箭手的待遇就更優厚了，每人獎賞一兩銀子、二兩大煙土。

老罕王一夜的工夫從明軍手裡弄來七八萬支雉尾箭，高興得唱起東北小調來。他怕李總兵識破佯攻的計謀，第二天晚上就改變了招法。他命令兵士邊擊鼓吶喊邊射箭，讓明軍看不出破綻來，以為這回真是要渡江攻城了。就這樣真真假假地佯攻了三天，使明軍喪失了三十多萬支箭矢。當第三天一大早收起草人，將箭頭取下之後，老罕王對將士們說：「佯攻已經結束了，大家回到帳篷裡歇息吧。」

老罕王手下一個有名的將領對他的決定想不通，氣哼哼地說：「佯攻今天不能結束，明軍的箭頭還沒射光呢⋯⋯」

「嘿嘿，你真是個笨貨！」老罕王用手拍著這個將領的肩膀解釋說，「你把明軍射來的雉尾箭仔細看看就明白了。今天射來的雉尾箭和頭兩天的不一樣，雉尾已變色，細聞有點霉味，這就證明了明軍已經翻庫倒箱，箭頭用差不多了。今天晚上我們再挑逗他射一陣箭以後，便可悄悄地過河，連夜攻城。

這天晚上。老罕王集中兩千人馬，等明軍停止射箭後，將搭好的浮橋橫在河面上，輕而易舉地渡過渾河。等老罕王的大隊人馬來到城下，明軍已經無箭矢可射了，就拋石頭瓦塊抵抗，那頂什麼用？老罕王命令幾百名軍士搭上雲梯，很快將四個城門攻破，大隊人馬迅速湧入城內，追擊明軍。明軍被密集的箭頭射死很多，受傷的不計其數。李總兵帶領殘兵敗將棄城逃跑了。

關大爺（講述）

文　欣（蒐集整理）

活人腦子與草帽頂子

提起關公刮骨療毒和曹操劈顱換腦的故事，都要講到神醫華佗。要知道華佗是怎樣成為神醫的，請看他拜師學醫的一段故事。

據說，華佗學醫三年，回到家裡，立足未穩，就來了一位患者求醫。診斷後，華佗沉思良久，患者看著華佗為難的神色，問：「華大夫，我的病怎麼樣了？」

華佗打了個唉聲，說：「治好你的病，需要一百個活人腦子！」

患者聽了不寒而慄。別說一百個活人腦子，一個活人腦子也弄不到啊。可就等死了！患者傷心地搖搖頭走了。

患者走後，華佗感到非常苦悶。幾天後，他又見到這位患者，不但沒死，而且滿面紅光，沒有一點兒病態，華佗十分吃驚。經詢問得知，是位鈴醫大夫用一百個人戴過的草帽頂子熬水喝治好的。華佗反覆琢磨，一百個活人腦子，怎麼變作了一百個草帽頂子？覺得這位鈴醫高明得很，我十個華佗也不如他。就決定尋找這位鈴醫，拜他為師，再度學醫。華佗費了千辛萬苦，可算找到了他家。見這位老大夫鶴髮童顏，面貌非凡。華佗便雙膝跪下，懇求學醫。老大夫連理也不理。華佗只管跪著苦苦哀求。不管華佗如何哀求，他彷彿沒聽見似的。一聲不吭，聚精會神地看著藥書。華佗再三哀求道：「師父，收下我做您的徒弟吧！」

「你嘮叨個啥，走吧！我這麼大年紀不收徒弟了。」

「師父不收我做徒弟，我就跪死在你眼前。」

「少廢話，快走吧！」

華佗沒灰心還是那麼挺著，直到黑天。他那鐵般的拜師學醫的決心終於感動了這位老大夫。他走到華佗跟前，雙手把他攙扶起來。華佗磕了三個頭，拜了師。

華佗被師父留下後，他就如飢似渴地學習。師兄們對師父收名小徒弟很不滿意，都瞧不起華佗，欺負他年少。

光陰似箭，轉眼又是三年。一天，師父往診未歸。這時來了位患者，師兄們見師父沒在家，想要戲小師弟一番，把患者報給了華佗。華佗診斷後，順手開了個處方。抓完藥，交給患者，說明服法。

患者走後，師兄們暗自議論開了：「等師父問來，看他如何交代吧！」

原來，這位患者得的是卡脖喉症。用細辛不過一錢。華佗給這位患者竟用了三錢。

單說患者在回去的路上，正遇著老大夫往診歸來，便停了下來，說明病情。老大夫診斷後，看了處方，問：「病是誰看的？處方是誰開的？」患者說是他的小徒弟華佗。老大夫滿意地點了點頭。心中暗想，華佗的醫術學成了。當他回到家裡，徒弟們正在紛紛議論華佗濫開處方之事。老大夫沒吱聲，只是微微一笑。見了華佗說：「華佗，你下山吧！」

「師父，我不能下山，我的醫術還沒學成呢！」

「下山吧，你的藝已經學成了。」

「我還沒學到用什麼能代替一百個活人腦子的驗方呢？」

「華佗，你想想，世上哪有為了治療好一個病人，弄死一百個活人的混蛋大夫呢！」

「可是，藥書上是這樣記載的呀！」

「對！華佗，這就要你動腦筋了，遇到這樣的事，要辨證施治，多動腦筋。大夫的腦子要當作一百個人的腦子使用。」

華佗聽了才恍然大悟，說：「師父我明白了！」華佗一眨眼，師父、師兄和房屋全不見了。華佗大吃一驚！「啊！原來是神仙在點化我。」

於是，華佗就更廢寢忘食地鑽研醫術了。老天不負有心人，幾年工夫，他就辨證如神，手到病除。人們都稱他神醫華佗。

楊志才（講述）

王　雍（蒐集整理）

一語千金

乾隆皇帝年輕時，有一次微服出訪路過黃莊。黃莊有個財主，他有三個姑爺。兩個大姑爺都是有錢人家的子弟，只有三姑爺是個貧苦的莊稼人。雖然他十分聰明，可是老丈人嫌貧愛富，總偏向那兩個姑爺。他們摽成幫欺負三姑爺。

這年秋天莊稼成熟了，大姑爺和二姑爺拎著酒來到丈人家。喝完酒，老丈人就把三姑爺找來了，吩咐他去給大姑爺、二姑爺割地，卻讓這兩個大姑爺在家陪他飲酒。

大姑爺明知道三姑爺斗大字不認一升，在他臨去割地時，卻故意說：「妹夫有什麼事兒，請寫封信來，信上寫明要求，我們一定照辦。」

二姑爺在一旁也湊趣說：「寫清楚了，賞你幾錢銀子，也叫你開開眼，認識認識銀子什麼樣！」三姑爺憋了一肚子氣，想拒絕，但一想，岳父吩咐了，不去，不好，他就去了。他一邊割地一邊尋思：我憑什麼白給他們幹活呢，他們既然說給銀子，我就去管他們要銀子。可是不會寫字呀。他回地窩鋪吃飯時，看見一張紙盤上有個蟑螂，他來主意了。他就用飯米湯擢了一碟子鍋底黑灰。把蟑螂扔進碟子裡，再讓它在那紙棋盤上爬，爬完就當作信，託人送到老丈人家。

信到老丈人家，打開一看，誰也不認得這是什麼字。更不知道信裡寫的是什麼事兒。老丈人和兩位大姑爺都像被裝進悶葫蘆裡，也沒心思喝酒了。

單說三姑娘，一算計丈夫給兩姐夫割地該回來了，就掐了點新糜子，碾些黃米，準備給丈夫吃。她正在抱著碾桿推米，一抬頭見丈夫回來，她非常高興。湊巧，趕上乾隆領著隨從來到碾房前。看到這推碾子的小媳婦長得太漂亮了。尤其是見到了丈夫時，她那喜上眉梢的神情，越發動人。這位年輕的皇帝，詩興大發，順口吟哦道：

登古道，過黃莊，

見一女子碾黃粱。

玉腕桿頭抱，

金蓮足下忙。

汗流滿面花含露，

糠掛娥眉柳帶霜。

緊打掃，慢簸揚，

可惜佳人配農郎。

三姑爺在近處聽得清楚，一看這幫人，雖然未穿官服，但斷定他們一定是衙門裡當官的，他就走上前去問了一句：「配農郎有什麼不好？沒有農郎種地，飯從哪兒來？」

經他這麼一問，乾隆也覺得這話被人家丈夫聽到了，有失體統，就忙賠禮似的附和道：「那是，那是。民以食為天嘛。」

三姑爺又反問道：「民以食為天？當官的不吃飯行嗎？就是當皇上的，不吃飯也得餓死。誰看不起農民也不應該。」

乾隆從心裡佩服這農郎有見識，並感謝農郎用這句話提醒了他。若不是微服出訪，他一定封賞這位農郎。

這時，那兩個大姑爺和老丈人見這裡有一幫秀才打扮的人，就來求人念那封信。由於他們光往秀才身上盯了，沒注意到三姑爺在這裡。於是他們就把信遞上來了。這些隨從本來是當朝文武大臣，都是進士出身，誰把念封信當回事兒呀。可是他們接過來一看，傻眼了，你傳給我，我傳給他，誰也不認識。最後傳給乾隆。乾隆一看，這棋盤的楚河汗界兩邊，儘是些彎彎曲曲的黑道道。他也蒙了，嘴裡念叨：「這叫什麼文哪？」

三姑爺在一旁胸有成竹地說：「這叫蟑螂文。」

乾隆一看這農郎插嘴了，想必他認識，就問他：「聽說有蝌蚪文，沒聽說有蟑螂文哪。這寫的是什麼意思？」

三姑爺接過信來，手指順著那些彎彎曲曲的黑道道比畫著，念道：

彎彎曲曲一把鏈，
割完道北割道南。
只是沒給工夫錢。

唸到這兒，他往有三個黑疙瘩和一串黑點處一指，又念道：

要付銀子三百兩，
或給銅錢五百貫。

大姑爺、二姑爺一聽是三姑爺念的，吃驚地叫道：「哎呀，割那麼點地，就要那麼多錢哪？」

乾隆見農郎一本正經，又唸得合轍押韻就有幾分相信，又聽這兩人一說，真有割地、要錢的事兒，他可真就以為這農郎懂蟑螂文了。他一高興，忘了自己是在微服出訪，就喊了一聲：「眾愛卿，這位農郎，又一語明君，又懂得蟑螂文，賞他紋銀三百兩。」

這些隨從大臣，一看皇帝自己露相了，就拿出三百兩銀子。三姑爺上前領了賞。乾隆說：「我參加過科考，名列三百同年之中，也沒聽說過蟑螂文。足見民間學問之深，深不可測呀。今後寡人一定多到民間來走走。」

因此在皇帝中，乾隆微服出訪的次數最多。據說和這次受教育大有關係。

乾隆賞了三姑爺，一回頭見到大姑爺、二姑爺都是少爺打扮，就說：「寡人的賞金都給了，你們的工錢，怎麼還不給呢？」

一看皇上過問，兩個姑爺嚇得屁滾尿流，趕忙跪下說：「遵旨，遵旨。」

他倆每人給三姑爺三百兩銀子。乾隆一看還有個老頭穿著長袍，套著馬褂，就問：「你是農郎什麼人哪？」

老丈人忙上前跪下說：「是他的阿木哈（岳父）。」

「你有這麼一個好姑爺，還不賞他百兩銀子？」

老丈人一邊磕頭一邊說：「老奴遵旨，老奴遵旨。」

他起身也趕忙拿出一百兩銀子交給了三姑爺。事後，鄉親們議論說，三姑爺只說了一句「誰瞧不起農民，也不應該」，就得了一千兩銀子，真是一語值千金哪。

戴永勝　楊樹義（講述）

朝鮮族吃冷麵的習俗

朝鮮族自古有在農曆正月初四中午吃冷麵的習俗。說是這一天吃上長長的冷麵，就會長命百歲，故冷麵又被稱作「長壽麵」。

相傳玉皇大帝的七位仙女，厭倦了天上冷清的生活，便瞞著玉皇大帝偷偷飄降在長白山天池。她們戲水為樂，日子過得逍遙快活。正月初四這天，最小的仙女在沐浴時突然發現一個白衣秀士走來，急忙上岸拿衣裳躲避。就在這時，一隻大鳥突然從天而降，銜走了仙女的衣裳，仙女羞得欲躲回水中。說時遲那時快，只見白衣秀士搭箭就射，大鳥大吃一驚，拋下衣裳展翅就逃，而衣裳卻不偏不倚地飄落在仙女身上。於是，白衣秀士成了七位仙女的座上賓，她們精心調製了冷麵請秀士品嚐。秀士從沒吃過如此美味的麵條，便向仙女們討教做麵的方法，下山以後仿照製作，並傳授給了自己的子孫。秀士活到很大年齡，並且子孫滿堂，他所傳授下來的冷麵便被稱作「長壽麵」。於是，每年農曆正月初四吃「長壽麵」就成了朝鮮族的傳統習俗。

人 參

老把頭的傳說（之一）

相傳很早很早以前，山東十年九災，老百姓的日子可苦了。這一年剛種完地，又遇上了大旱，一個半月滴雨沒下，地裡的莊稼苗兒點火就著。

萊陽地界有一戶姓孫的，當家人叫孫良，四十多歲，正是滿身是勁的時候，他一看又鬧了災荒，滿地莊稼是指望不上了，到秋天收不下來糧食，拿什麼養活老婆孩兒！正愁得沒法，聽說關外長白山老林子裡有人參，關東人叫棒槌，這是一種寶物，要是能挖到幾棵，那一家老小的日子就有著落了。

孫良和老婆一商量，只得闖關東。於是他收拾收拾，帶上吃的和用的，含淚告別了老婆孩子，從煙台上了木帆船，在海上也不知漂泊了多少天，才到營口靠了岸。他挖參心切，路上顧不得歇腳，連宿搭夜地往山裡奔，蹚過一河又一河，翻過一山又一山，整整走了七七四十九天，進了長白山的老林子。那時候，長白山里根本沒有人煙，樹高林密，草深沒腰，野牲口到處都是。孫良雖說身強力壯，是在莊稼地裡滾大的，但是見到這樣大的山林子還是頭一回，又沒有做伴的，自己只好壯著膽子往裡闖。他手裡拎著根木頭棍子，撥拉著周圍的草棵，看有沒有人參；還不時地敲敲大樹幹，震得野牲口早早避開。就這樣，孫良白天漫山遍嶺地找棒槌，晚上找個避風地方睡覺，一天又一天。不知過了多少天，糧食吃光了，衣裳刮碎了，鞋底磨穿了，在山裡轉悠得也分不出東西南北了，仍舊沒有挖到一苗棒槌，可他還是不灰心，餓著肚子也要往前闖。

這一天，他餓極了，拄著棍子來到了蝲蛄河，趴在河邊喝了一肚子水，還是不頂餓，只覺得渾身痠軟沒勁，眼睛裡直冒金花。一不小心，一腳蹬翻了水中一塊石板，突然一個大蝲蛄躥了出來。他急忙伸手抓住，把蝲蛄蓋揭去，不管三七二十一，放到嘴裡就大嚼起來。再想抓幾個吃，連翻幾塊石頭就把他累趴下了，腿打戰，說什麼也站不起來。他無奈只好沿著河邊往前爬，爬著爬著，爬到一塊大臥牛石旁，他知道自己快不行了，好不容易挺起了身子，咬破了右

手食指，在大臥牛石上寫下了六句話：家住萊陽本姓孫，翻山過海來挖參，

三天吃了個蝲蝲蛄，你說傷心不傷心！

要是有人來找我，順著蛄河往下尋。

他寫完了，依著臥牛石歇了一會兒，又繼續往河的上游爬。爬了好久，爬到了一棵一抱粗的古柳樹下，實在爬不動了，便仰面朝天地躺在樹底下，慢慢地合上了眼睛。這時候，天也漸漸黑了下來。說也奇怪，這一夜刮旋風，把林子刮得嗚嗚直響，就像人們在哭泣一樣。第二天，就見古柳下面孫良躺的那個地上，隆起了一個墳包，原來，孫良的屍首被旋風給土葬了。

打那以後，孫良的故事在關裡關外傳了起來，凡到長白山放山的人，誰走到這裡，誰都跪到墳前，向孫良叩頭禱告，求他保佑進山「快當」，挖到大山貨。因為孫良是頭一個進山挖參的，後來人都稱他「老把頭」。

說話間不知又過了多少年，小罕子，也就是後來的老罕王努爾哈赤，當時被明朝的遼陽總兵趕進了長白山，結果迷了路，眼看也餓得不行了，正在迷迷糊糊的時候，突然眼前一亮，來了一個白鬍子老頭，對他說：「小夥子，前面的山包下邊，住著八戶人家，你到那裡和他們一起過日子去吧。離那八戶人家的右邊百步開外，還有一大片棒槌，你們挖出來賣了，置辦你們所需要的東西，將來你會得好的。」說完，又從懷裡掏出一個窩窩頭給他，他便大口大口地吃了起來。吃完了身上添了力氣，按照白鬍子老頭的指點，果真在前面山包下找到了八戶人家，又在右邊百步開外找到了那片頂紅鎯頭的大山參。於是，小罕子就和那八戶人家把參挖了出來。這一片大山貨，真就賣了很多銀錢了。他們有了錢，就在這一帶招兵買馬，囤糧聚草，一步步地打出了江山。

罕王登基坐殿之後，依照他憶想的樣子，畫了一張「老把頭」的圖像，還在山裡蓋上了廟，塑了泥像。罕王說孫良指路有功，保佑窮苦人有功，便封他為山神，掌管著長白山。後來，康熙皇帝領著兵馬到長白山遊獵巡邊，聽說老把頭的事，為了不忘老把頭對他先祖的恩情，還在老把頭的塑像身上披了一件黃馬褂。

王恩龍（蒐集整理）

老把頭的傳說（之二）

這個傳說，講的是孫良之子孫成尋父的故事。

孫良自從闖關東挖人參以後，一連幾年沒有一點音信。孫良的妻子領著兒子孫成，摳草根、扒樹皮、挖野菜，好歹度過了荒年，保住了活命。妻子天天盼，夜夜盼，哭乾了淚水，哭瞎了眼睛，也沒盼回孫良。兒子孫成，不知向娘哀了多少回，要到關東山去尋父，娘就是壓口不答應。孫成年紀漸漸大了，想爹的心情一天重於一天，尋爹的念頭一天重於一天。白天侍奉娘和下地幹活日子還好過些，一到晚上，想爹的滋味簡直使他難熬透了。一宿到亮都是迷迷瞪瞪的，從沒睡過一個踏實覺。這一天下晚，聽到房門吱嘎一聲開了，走進一位白頭髮、白眉毛、白鬍子老人，仔細一瞅，是自己的爹！孫成抱住爹爹就大哭起來。過了一會兒，只聽見爹說：「我只能回來這一趟了，永遠也回不來了，想要見面，只能到關東山去找我。我在那裡哪兒都好，就是沒有房子住，皇上爺許給我的房子也沒給造，只有孩子你給我修個房子了。」說完，推門就走了。孫成追到門口，被門檻絆倒了，醒了原來是夢！一連三夢，夢夢都是爹回來叫他去給建房子。天亮了，孫成把夢中的事對娘講了，娘也同樣做了三夢。孫成娘說：「兒啊！你爹叫你去，你就去吧！關東山天冷，狼蟲虎豹小咬多，沒個安身的窩兒怎麼能行啊！給你爹造個結實一些的房子。」孫成說：「我打小時候爹就上了關東山，他不認識我，我也不認識他，夢中相見也看不清楚。娘啊！兒怎麼能和爹相認呢？和爹相認呢？」娘說：「兒呀，別犯愁，娘這有個荷包，憑這個你們爺倆就能相認。」孫成接過荷包，收拾好幹糧，給娘磕了三個響頭，就上路尋父去了。

一路上說不盡的風風雨雨，艱難險阻，孫成終於來到關東山，半路上，結識了一位名叫張三的放山人，二位結拜為兄弟。張三年長為兄，孫成年幼為弟，二人起誓，共患難同貧富。孫成想要先尋父後放山，張三非要先放山後尋父，孫成一想自己是小弟，應該聽兄長的話，也就尊了張三的意見。二人相伴放山，這一天來到了佟佳江邊。

秋天的佟佳江，風光特別美麗。江水金波蕩漾，清澈碧透，魚兒戲游；懸崖峭壁倒映江水之中，朦朦朧朧；鳥兒追逐嬉鬧於江面之上。孫成坐在江邊，望著江水出神，心中始終想著如何找到爹爹。張三望著江水懸崖的倒影，心裡始終想的是如何能挖到大棒槌發財。正當孫成思父傷心落淚的時侯，張三突然發現江面懸崖的倒影中有一片紅光，瞪圓了眼睛仔細一看，原來是一片棒槌的紅朵朵，樂得他一高蹿起來，差不丁點栽進江裡。張三是個不地道的人，他想獨占那些棒槌發大財，對孫成撒了個謊，說是過江採點野果回來充飢。孫成是個實心眼的人，信以為真，並囑咐張三路上小心，早去早回。張三急得連衣裳也顧不上脫，跳進大江就游了過去。

張三挑好走的路徑，繞了個大彎，來到懸崖上面。他在上面仍然清清楚楚地看到江中倒影裡的棒槌紅朵朵。張三扯著樹藤，比照江水倒影中棒槌紅朵朵的位置順了下去。當他來到此處，江水中紅朵朵的倒影突然消失了，懸崖上並沒有什麼棒槌。張三不死心，在懸崖上尋來尋去，眼睛瞪酸了，脖梗抻長了，胳膊提溜腫了，連個棒槌葉也沒尋到。他只好上了懸崖，從原路回到江邊。

說來也怪，張三站在江邊，向江中一看，倒影中懸崖上的那片棒槌朵朵，紅豔如霞，光彩奪目。張三對孫成撒了三次謊，獨自上了三次懸崖，結果撲了三次空，每次回到江邊，那倒影中的棒槌朵朵仍然紅光閃耀。張三想，這可能不是我的福分，罷了，到別處發福生財去吧。他看到獨坐江邊傷神的孫成，眼睛卡巴了卡巴，想出了道道，決定藉助孫成的福分讓自己發個大財。於是，張三把江中棒槌倒影指給孫成看，把過江挖參的打算說了出來。孫成跟著張三過江去挖參。

說來也更怪，孫成扯著籐條順下懸崖不遠，就看到了那片棒槌。一條大蛇從崖縫伸出頭，正舔著棒槌葉上的露水珠兒，看見孫成，朝他點點頭，回到崖縫裡。孫成喊道：「棒槌！」張三喊：「什麼貨？」孫成答：「六品葉！」張三急不可耐地喊：「快挖！快挖！」孫成用紅線繩把銅錢拴在最大的一苗棒槌上，細心地挖了起來。孫成用了兩個時辰，挖出了那片棒槌，揭了幾片青苔包好，外面又用紅布包上，扯著籐條向懸崖上攀登。張三見孫成露了頭，忙喊：「快把棒槌包遞上來，我好拉你上來。」孫成把棒槌包遞上來後，張三掂量掂量，好重！他麻利揣進懷裡，得意地冷笑道：「你上不來了！大江就是你的墳！」說完，他狠狠向孫成的頭上踹去，看到孫成落下懸崖，轉身向山外跑去。

就在孫成墜身懸崖的當口，一位白鬍子老人飄然踏雲而下，落在懸崖上。只見他用枴杖一指，崖縫裡的那條幾丈長的大蛇「嗖」地飛出，用蛇尾捲住就要葬身大江的孫成，救上了崖頂。白鬍子老人拿出一粒藥，給孫成服下，不一會兒孫成就醒過來了。孫成急忙拜謝白鬍子老人的救命之恩。並把闖關東尋父，路遇張三，懸崖挖參的事講了一遍。白鬍子老人聽了說：「你是個講義氣，心地忠厚、善良的人，我的孩子也像你這樣！」孫成說：「老人家！你也有孩子，他現在在哪裡？」白鬍子老人說：「他已經來到關東山了，我在找他呢！」孫成問：「老人家你和兒子還沒見面？」白鬍子老人哈哈大笑：「我已經見到他了，他還沒找到我呢！」孫成嘆口氣說：「從家到關東山，我還沒找到爹爹呢！」孫成突然覺得眼前這位白鬍子老人的面相、聲音很熟，想了一會兒，冷不丁想起來了，這不是夢中見面的爹爹嗎？他跪倒在地，抱著白鬍子老人的腿，聲淚俱下，大喊一聲：「爹！爹爹，孩兒可找到你了！」白鬍子老人說：「說我是你的爹爹，你是我的兒子，憑什麼物件父子相認？」孫成拿出了娘給的荷包。白鬍子老人見物思親人，不禁也落了淚。這位白鬍子老人正是孫成的父親，山神爺老把頭孫良。

心懷歹意的張三把孫成踹下懸崖，揣著棒槌包就跑，滿以為能發個大財，享一輩子榮華富貴，哪想到跑來跑去又轉回懸崖上。抬頭看見孫成沒有死，嚇得兩腿直打哆嗦，想跑邁不動腿，只好跪下像搗蒜似的磕頭，乞求孫成和白鬍子老頭饒他一條小命。老把頭孫良說：「善有善報，惡有惡報，現在時辰已到，正好相報。」說完，用枴杖一指，張三在地上一滾，變成了一條惡狼；又用枴杖一指，閃出一道光亮，那條惡狼夾著尾巴，逃到深山密林裡了。

打那以後，關東山的人管狼還叫張三，狼也是打那時候起什麼也不怕，就惱火亮，因為火亮是老把頭的神火，有時候狼夾著尾巴，說是張三悔過，要夾著尾巴做人，由於他心太黑了，始終沒變回人樣，急得他經常哭，所以狼的叫聲又像小孩的哭聲。

孫成父子相認之後，就回到了江邊。孫成問爹爹在什麼地方造屋，造個什麼樣的，孫良也不放聲，一直把兒子領到大臥牛石旁。孫成看了臥牛石上的詩和大石旁的墳，心裡感到很驚奇，回頭一瞅，爹爹不見了。這時孫成心裡明白了，這座老把頭墳是爹爹的墳，那首詩也是爹爹寫下的，他現在已經成了神。孫成用了好幾個日夜，在墳的東邊為爹爹造了一座屋，那就是以後的老把頭廟。

拜祭完爹爹，孫成拿著棒槌，到營口山貨莊賣了老鼻子錢了。回到家後，把銀子分給了眾鄉親。娘吃了他留下的一苗棒槌，瞎了的雙眼也復明了。孫成娶了一位俊美、賢惠的媳婦，生了一雙兒女，過上了好日子。

後來，孫成在關東山挖到棒槌的事傳遍四方。許許多多貧苦的人，闖關東去挖棒槌。放山前，都在老把頭廟和老把頭墳前拜祭老把頭。放山後，挖到了大貨，都到這裡謝山，殺豬宰羊，感謝老把頭的保佑。這個風俗，一直流傳到現在。

李清興（講述）

孫樹發（蒐集整理）

老把頭的傳說（之三）

家住萊陽本姓孫，翻山過海來挖參。

三天吃了個蝲蝲蛄，你說傷心不傷心！

要是有人來找我，順著蛄河往上尋。

這首詩是當年老把頭臨死時，刻在長白山裡古河岸邊的一塊巨石上的，流傳數百年，山裡人大部分都知道這個故事。

傳說，在很早以前，山東萊陽有個姓孫的，因家境貧寒，度日如年，生活無法維持，便離家進長白山挖參餬口。

長白山山高林密，野獸很多，別說是外鄉人，就是山裡人也不能輕易進山。這個姓孫的是山東人，進林子不久就麻達山（迷路）了。一連十幾日，帶的乾糧吃了啦，衣裳刮破了，腿也走酸了，勁兒也沒啦。這一天，他爬到古河邊，餓得實在不行了，趴在河邊想找點吃的。找什麼呢？他正在發愁，猛見從水裡爬上岸一個蝲蝲蛄。姓孫的急忙抓在手裡，「嘎吱嘎吱」地嚼起來，可這一隻蝲蝲蛄怎麼能填飽肚子呢？後來，漸漸不能動了，他知道自己回不去山東了，便在身旁的大石頭上，留下詩句，望後人對他有個瞭解。後來，挖參人知道了這件事，便稱他為放山人的老把頭。

就在老把頭死的第九個年頭上，從山東來了一個姓石的小夥子，叫石哥。這年二十歲。這人也是萊陽的。臨行，聽說萊陽有個姓孫的來長白山已經八九年了，音信皆無，估計拿著了大貨，就想找這個老鄉拉他一把。

石哥走了一山又一山，穿過一林又一林，這一天，他來到古河邊，想坐下來喝水吃乾糧，一看石頭上有字，才知道姓孫的死了。他想：都是山東萊陽的老鄉，就決定順著古河往上尋一尋屍體。於是，石哥沿古河走了有半里地，發現有一堆白骨，有的露在外邊，有的被落葉埋了。他斷定這骨頭準是那個姓孫的。他急忙用手扒了些土，手扒出了血，好不容易把骨頭埋了起來。然後，又插上三根草棍，磕了三個頭，叫老把頭保佑他平安無事。這就是後來傳說的把頭墳。

石哥離開把頭墳，又走了一天多，還是一苗棒槌沒看見，乾糧也剩不多了。他坐在一棵老樺樹下歇息，忽聽身旁有呻吟聲。細一找，在草棵裡躺著一個人。這人二十五六歲，大長臉，瘦得眼睛都瞘了，嘴唇直動彈，就是說不出話來。

石哥明白，這人是麻達山餓的。他立刻給這人灌點水，又往嘴裡送點乾糧。漸漸，這人眼睛能動了，嘴唇哆嗦著，慢慢說清了他的身世。

原來，這人姓丁，叫丁七高。多巧也是山東萊陽的。因為進山二十多天沒挖著人參，乾糧吃完了，又麻達了山，餓倒在這深山老林裡。丁七高十分感謝石哥救了他，又都是萊陽人，兩人一商量，就在這深山老林裡插草為香，結為弟兄，不願同生，但願同死！丁七高比石哥大五歲，丁七高是哥哥，石哥是弟弟。哥兩個有了伴，都很高興，又繼續去找棒槌。

誰知，他們運氣不好，一連幾天，不但沒找到棒槌，而且遇上了連雨天，雨下起來沒個完。下的大林子裡雨霧不清。對面不見人，上哪兒去找路啊？越是這樣，他們就越著急，越急就越出不了大林子，麻達山了。一個人的乾糧，兩個人吃，也剩不多點了。

這一天，突然晴了。石哥和丁七高來到一個火石柱子跟前，實在走不動了。他倆依靠著一棵大椴樹幹上，喘息著。望著這座大石砬子出神。

這座石砬子可真高。高得不見山尖，雪白的雲彩在山半腰游動，湛綠的松針被山風吹得擺來擺去，像在跳舞。砬子的下半坡開著各種顏色、各種樣式的山花。蝴蝶上下翻飛，人參雀不住鳴叫，一勁兒在喊：「王敢哥——李五！王敢哥——李五！」砬子根雜草叢生，鮮嫩油綠，幾隻松鼠竄著樹枝，瞪著一雙雙小黑眼睛，盯著石哥和丁七高。

凡是放山人都知道，像這樣山高水清、草綠花紅的地方，準有老山參，說不定還有棒槌精呢！按理說，兩個人應在這放幾棍，拿點值錢的大貨回家。可餓到現在的程度，連道都走不動了，哪還有本事爬砬子找山參？

這時，丁七高問：「石哥兄弟，你帶的乾糧還有多少？」

石哥摸了摸腰裡的口袋，說：「還有兩三塊，眼看要沒了。」

丁七高說：「我看，乾脆都吃了，肚子飽了，在這兒放一棍，說不定能拿著寶參。」

石哥苦笑了一下說：「這兒是個好地方，肯定能有人參，可我們麻達山了，就是拿著大貨，出不去山，不是也白搭嗎？」

丁七高長嘆了一口氣：「唉，看來只好等著死在山裡了。那天你還不如不救我，不然我現在早見老把頭了，再餓也覺不著了。現在，還得遭二遍罪。唉……」

石哥看了看磕頭大哥，說：「丁大哥，既然咱是磕頭弟兄，這幾塊乾糧你吃了吧，在這兒放幾棍，挖著大貨想法出山回家。我死後，你把我埋了就行啦。回山東萊陽，人們問起你來，你就說我在東北挖了寶參，發了大財，娶妻生子，不回山東了。省得家鄉人跟著難過。」

丁七高一聽，急忙說：「這，你為了救我，我再拋下你不管，心裡怎麼忍呢！」

「現在是不能兩全其美啦。總不應該兩個人都餓死在深山老林裡吧。給！」石哥說著，從口袋裡掏出僅有的幾塊乾糧，遞給了丁七高。他漸漸倒在樹下不動了。

丁七高心裡很難過。把石哥順了順，找了一塊樺樹皮蓋上臉，便扒土埋了石哥。

別看山裡土暄，可要埋一個人，也得不少土，何況丁七高又沒有家什。他扒了幾下，費力不少，手指要磨破了，也沒收起多點土。他想：這要是扒土埋上了姓石的，我也就累昏了，乾糧、棒槌全沒用了，我也得死在這深山老林裡。再說，他已經死了，埋不埋還不一樣，乾脆，我吃飽喝足，挖著大山貨好想法兒回家。於是，丁七高不扒土了，把乾糧全吃了，又喝了些水，肚子有了底，身上來了勁兒，拎起「索撥棍」就往石砬子後轉去。

石哥赤條條地躺在地上不動了，這個善良的小夥子，什麼也不知道了。你說怪不，就在這時，見砬子上的白霧向四處游動，漸漸露出了石砬子尖。隱約可見，砬子上有一苗老山參，一哆嗦，變成一位白鬍子老人，手搭涼棚向四處望望，然後從砬子上飄然而下。老人家飄呀，飄呀，一直飄到了石哥身旁站住了。就見他從懷裡掏出個棒槌籽兒，輕輕放進石哥的嘴裡，不一會兒，石哥眨巴了兩下眼皮，臉色由白變紅，嘴唇微微啟動，長出了一口氣，他甦醒過來了。

這位老人見石哥甦醒了，臉上露出了笑容，他說：「小夥子，起來吧，你沒有死！」

石哥勉強地坐起，四外看了看，又瞅瞅這位白髮老人，漸漸明白了：一定是這位老人救了自己，於是，他急忙跪下給老人磕頭：「謝謝老人家救了我！」

老人說：「你是萊陽人吧？咱們是同鄉。」

石哥一愣，心想：你怎麼知道我是萊陽的呢？

老人又接著說：「你姓石，叫石哥。」

石哥點點頭，更愣了。

這個老人又把石哥的家境、人口、出關的時間、進山的遭遇都說了，最後說：「你在古河岸邊埋過一堆白骨，這個人很感謝你。這些年，一直受著風吹雨淋，日曬霜打，九年啦，一直盼著有個好心人能掩埋一下，可始終沒碰上，多虧你，把他埋在了土下，還以草棍為香，叩頭在地，所以他很感動，特意叫我替他謝謝你！」

石哥急忙說：「老人家，俺們都是闖關東的，拋家捨業，千山萬水，可真難啊！長白山裡埋葬了多少放山的窮苦人呀！遇事互相關照一下也是應該的。」

老人又說：「好吧，你從這兒往東走，一百步，那兒有幾苗參，別看不起眼，可是大貨，挖著回家吧。」

石哥說：「老人家，就是有參，我沒吃的，又麻達山了，恐怕很難出山啊！」

老人說：「不怕，我給你幾粒參籽兒，餓了你就放嘴一粒，一定能走出林子，挖完參，有只人參雀給你引路，跟著它走，就沒錯。」

石哥問：「我還有個磕頭弟兄，叫丁七高，是我大哥，也不知死活？」

老人說：「他心眼不好，你把乾糧給他吃了，他卻丟下你不管，只想發財還家。他爬砬子時摔到山澗裡去了。」

石哥又問：「老人家，你怎麼知道的？」

老人說：「是那個老把頭告訴我的。」老人說著，一股白霧纏身，飄飄升起，漸漸不見了。

石哥明白了：這一定是好心的老把頭打發人參老人來救我的。他立刻跪下磕頭，感謝人參老人，更感謝好心的老把頭。石哥起來，肚子一點也不覺餓了，身上也有了勁兒。他把人參籽揣在懷裡，拎著索撥棍一直往東走。走一步數一下，走到第一百步上，果真看見幾苗小棒槌，頂著不幾個紅參籽兒。他小心地挖出來，用青苔和樹皮包好。這時，真的飛來一隻人參雀，還一個勁兒叫呢！

石哥跟著人參雀下山了。他賣了不少錢，回山東萊陽就講起了老把頭的故事，漸漸人們都知道了，凡是進山挖參的人，都敬老把頭，還給他修了一座把頭廟。

梁　之（蒐集整理）

老把頭的傳說（之四）

相傳，人參的老祖宗是參王，放山人的鼻祖是老把頭，老把頭是山裡人尊崇的山神。參王和老把頭皆為神仙，卻是一對天生的冤家。兩位神仙已經在長白山深山老林裡玩了數千年的捉迷藏。

隨著放山人越來越多，山參的數量越來越少。參王為了保護自己的兒孫世代繁衍不絕，就去找老把頭求情。起初，老把頭不答應。說：「人參養生治病，理應被人所用；靠山吃山，你不讓挖參，放山人怎麼生活？」參王無奈，只好委曲求全，就對老把頭說：「你若答應我三件事，從今以後我可矮你三分。」老把頭笑道：「說來看看。」參王講：「第一件，老的別挖，人參天生嬌貴，生長百年不易，數量極少，理應助其成仙；第二件，小的別挖，別幹絕戶事；第三件，每次挖參不能超過三苗，不能貪婪。」老把頭覺得參王說得在理，便和參王言和，並依參王所說立下規矩。於是，參王就比老把頭矮了三分。

從此，放山人皆遵守老把頭立下的規矩，直到今天。

摘自《撫松人參故事》

老把頭的傳說（之五）

家住萊陽本姓孫，翻山過海來挖參。
三天吃了個蝲蝲蛄，你說傷心不傷心！
要是有人來找我，順著蛄河往下尋。

提起這首歌，長白山裡的人都知道。這是說的放山老把頭孫良。孫良為啥就成了放山的把頭了呢？這裡邊有個故事。

早先年，關裡人日子不好過了，就來闖關東。關東家真是富庶，「棒打麅子瓢舀魚，野雞直往鍋裡飛」。有的是貂皮鹿茸角，可闖關東也不容易啊。惡狼、大蛇、野豬、黑瞎子滿山遍野都是，禍害了不少人。窮哥們可真盼望出來位神仙，來管管這些野牲口。長白山裡的棒槌精，本來也願意給人們治病滋補身子，願意幫助窮哥們過好日子，可大蟲專吃棒槌精，禍害放山的人。為這個，棒槌精也打心眼裡氣憤，就盼著出來位神仙，來管管這大蟲。

這事，叫天上的月萊仙知道了，就來到長白山查訪，一看真是這樣。心想，是得有位管山牲口的神仙。這樣她飛到蝲蛄河上空時，看見地上有棵萬年老樹，樹杈上有苗千年棒槌精，她就叫棒槌雀，叼著棒槌的籽到山東去送胎。且說，山東烏寧府齊河縣有一老孫家，當家的叫孫恩，到東北放山麻達山了，把一堆骨頭渣子扔到東大山裡了。孫恩無兒無女，光撇了個屋裡的，寡婦失業的，沒依沒靠，日子可真難啊！沒法子，她就挎著筐，拄著棍子到處要飯。

有一天，她跑了一整天，也沒要著點東西，肚子又餓得咕咕叫，那滋味可真難受啊。她走到一棵大槐樹下，渾身發酥，兩腿打顫，就一屁股坐在樹下。也好，她正想歇歇氣，再跑幾個大門。這時，打空中飛來只灰白色的小鳥，叼著一粒大參籽，到她頭上，把這粒大參籽扔到她的懷裡，就「王乾哥、王乾哥」地叫著飛走了。她撿起一看，通紅通紅的，有雞蛋大小，活像個豬腰子。

她不知道這是啥呀，加上肚子正餓，就放進嘴裡了。一嚼，甜絲絲的，就咽進肚子去了。正好這工夫打槐樹上掉下顆大露水珠子，「啪」一聲落在她的頭上。她打了個冷顫，趕忙站起來。也怪，肚子不餓了，身子也有勁了。她就又拄著棍子拐著筐挨門討要去了。

自打吃了這粒大參籽，她就有了身孕。這一下，村裡人可就議論開了。一家當戶說，這不給孫家丟人現眼嗎。幾個老輩人合計合計，要活活燒死她。好心的鄰居把這事告訴了她，叫她快逃走，得個活命。

真是寡婦門前是非多啊，可有啥法子，沒有男人給做主心骨，娘家人又老實，也不能給她爭氣，她只好拾掇個小包裝在要飯筐裡，連宿搭夜地逃走了。

走啊，跑啊。走了一個多月，就來到登州府萊陽縣，到了萊陽縣，她在一個莊戶院裡落下腳，給人家做飯洗衣掙碗飯吃。轉過年春天，她就添了個小小子，起名叫孫良。

這孩子，生下來就白白胖胖，壯壯實實，招人稀罕。長到六七歲，就能幫助媽媽幹營生了。長到十四五歲了，媽歲數也大了，幹不動活了。他就給人家放牛扛活賺錢養活媽媽。他都三十多歲了，還沒有說上人。

這一年，山東又鬧荒災，餓死了不老少人。孫良的老媽媽得了癆病，連粥都喝不上，哪有錢治病？聽說關東家有棒槌，能治癆病。他就把老媽安頓在鄰居家，自個兒來闖關東了。

到了關東，走到蝲蛄河，糧就吃光了。糧食吃光了，他就抓蝲蛄吃。有一天，正抓蝲蛄，只見河裡映著通紅的棒槌朵子，他就繞山爬嶺地找起來。一天又一天，一月又一月，他也沒找到苗棒槌。末了，餓得不能動彈了，他就咬破手指，用血在一個石砬子上寫了幾行大字。字寫完了，他也死了。

月萊仙有一天走到這兒，遇到個死倒兒。細細一打量，看是棒槌精的後代，是她叫棒槌雀叼那粒人參籽生下的。月萊仙心想：「你爹在老古樹上，你上那兒找去！」她往前又走了幾里路，正好遇上了魯班爺，就在那個石砬子上照著孫良的字跡刻上一首詩。月萊仙又給他下了葬，修上廟，就封他為老把頭神了。

孫良活著是窮人，死了就成了窮人的神了，專保護放山的。山上的野牲口都得聽他管。放山的麻達山了，一禱告，他就現兆給你指路了。窮人都感激他。每年三月十六，就是老把頭節，放山人都立老爺府，殺豬擺席，燒紙來供奉祭奠他。

王俊山（講述）

於濟源（蒐集整理）

長白山人參的傳說（之一）

長白山原來沒有人參，更沒有參姑娘、參娃娃和人參鳥。什麼時候才有的呢？話說來就長了。

據說很早很早以前，太行山有個尤寡婦，替財主管著四十多畝地。尤寡婦心狠如豺狼，手毒如蛇蠍，她和管家明來暗去不知坑害了多少窮人。

這年，尤寡婦雇了個老實巴交的長工，名叫何老大。他老婆去世後，撇下兩個孩子。女兒八歲，叫小姑娘，兒子六歲，叫娃子。何老大天天在山上打柴、種地。早晨頂著月亮走，晚上披著星星回。小姑娘和娃子推磨、拉碾、抬水、抱柴，稍一怠慢，就遭毒打。姐弟倆身上的舊傷不癒新傷又來。

這天早晨，尤寡婦指著一口袋苞米對小姑娘吩咐道：「天黑前要推完，不然，柞樹條和你說話。」吩咐完，她下山和管家玩樂去了。

小姑娘和娃子的年齡加一塊兒才十四歲，怎麼能推完一大口袋苞米？姐弟倆推了沒有多會兒，娃子就暈倒在磨道上。小姑娘眼前一黑也倒在磨道上，磕破了臉，磕掉兩顆門牙。疼得「爹呀，爹呀」地喊叫。喊聲驚醒了娃子，他見姐姐滿臉是血，撲到姐姐懷裡大哭起來。姐弟倆悽慘的哭喊聲驚動了屋後大柞樹下的兩棵人參，它們擺動了幾下枝葉，變成年齡與小姑娘和娃子相仿的一男一女，男孩白胖胖，水靈靈，戴著紅兜肚，紮著鑽天髻；女孩穿著紅襖綠褲，紮著一對抓髻，也是眉清目秀。男孩說：「是誰在哭？」女孩聽了聽，說：「又是那兩個苦命的孩子。」「我們去看看吧。」「要小心，別讓壞女人看見。」他們來到磨坊，男孩扶起娃子，女孩扶起小姑娘，他倆在他們身上摸摸這兒，吹吹那兒，沒多會兒，小姑娘的嘴不流血了，娃子也精神了。男孩子領著小姑娘和娃子在炕上玩，女孩自己抱著磨棍推起磨來。她推得風快，沒用半個時辰就把糧食全推完了。他們玩到太陽落山，兩個孩子才走了。

尤寡婦回來見苞米全推完了，心裡好生奇怪。她明知道就是兩個大人也推不完的。於是她抓起掛在門後專打小姑娘和娃子的柞樹條子，瞪著凶狠狠的眼睛，逼問兩個孩子。兩個孩子哪敢撒謊？小姑娘便把一男一女幫助推磨的事照實說了。尤寡婦心裡犯了嘀咕：這山上沒別的人家，哪兒來的孩子？說不定是會降福的寶貝呢！第二天，尤寡婦照樣吩咐小姑娘和娃子推磨，裝的苞米更多了。吩咐完，她躲在門前柴垛後面盯著。近中午，那一男一女從房後蹦蹦跳跳地進了磨坊。接著就聽嗡嗡嗡的推磨聲。尤寡婦正想撲進屋，磨聲停了，屋裡傳出四個孩子的笑聲。尤寡婦急得直抓撓，恨不得一把抓住這兩個寶貝，但她又想，既然是寶貝，那是不易抓的，還是看準來龍去脈再下手好。她正打著主意，就聽女孩道：「快走吧，那壞女人要回來了。」說話間，門開了，兩個孩子出了院門，向房後走去。尤寡婦貼著牆根盯上了。到了老柞樹下她再也忍不住了，像餓狼似的撲向兩個孩子，孩子卻一晃不見了。尤寡婦啃了一嘴泥。低頭看時，兩棵人參被她壓在身下。她不認識人參，下手去拔，卻拔不出來。她明白這兩棵「草」不同一般，於是拿來鎬，把參刨了出來。刨出來一看，兩棵參的根子像是兩個白胖胖的娃娃。她心想：「這一定是寶氣，先煮一煮，別讓它跑了。」她把人參洗淨，放進鍋裡，燒著了火。她又想，這麼稀奇的寶貝該叫管家來看看，要是好吃，也得讓他嘗嘗。但她又怕走後讓小姑娘和娃子偷去，於是搬了扇磨壓在鍋蓋上。

尤寡婦走了。過了沒多會兒鍋開了，冒出的熱氣醉人香。小姑娘和娃子本來就餓。他們伏在鍋台角，饞得直流口水。小姑娘對娃子說：「看看是什麼東西。」兩個費了很大勁兒把磨搬掉。掀開鍋蓋看時，兩棵人參在鍋裡放著金光。小姑娘扯了根鬚子放在嘴裡嚼了嚼，又面又香。小姐弟倆你一點我一點把兩棵人參吃光了。尤寡婦領著管家回來時，見人參全沒了，簡直氣瘋了，操起柞樹條子照著姐弟倆打。小姑娘嚇得領著弟弟就跑，跑著跑著，他們覺得腳下生了風，接著飄飄悠悠地升到了天上，向著東北方向飛去。

尤寡婦見姐弟倆成仙升了天，氣急敗壞地把煮參的水潑在院裡，一群小雞看見了，撲上去喝得乾乾淨淨。尤寡婦又去打雞。雞也升上天去，照樣飛向東北方向。尤寡婦簡直氣紅了眼，對著遠去的雞，跺著腳說：「早知道，我喝了這些水也好。」一句話提醒了管家，他舀了兩瓢水，刷了刷鍋，然後二人分著把刷鍋水喝了。他們正坐在院子裡等升天，何老大回來了。他聽說孩子被打跑了，舉起斧頭向尤寡婦和管家劈去，尤寡婦和管家抱頭便跑，跑了沒多遠，真的起了空。他倆那高興啊，就甭提了。誰知他們剛升到半空，就聽「啪嚓」一聲掉在了地上，摔成了兩攤肉醬。原來刷鍋水的藥力太小，一會兒就過勁兒了。

尤寡婦和管家摔死以後，何老大和其他幾個長工得了家產，過上了好日子。

再說小姑娘和娃子向東北方向飛呀，飛呀，一面飛，一面變，最後變成了兩棵鬚子很長的人參。後來鬚子觸到了長白山，便在長白山上安家落戶。多少年來，他們在長白山上一直懲惡濟善，為百姓做好事。那群喝了參水的小雞，也變成了參鳥，跟著小姑娘和娃子落戶到了長白山。從此，長白山上便有了人參、參姑娘、參娃娃和人參鳥。因為那年是閏年，所以後來有人看到人參鳥每逢閏年就回太行山一次，據說是給何老大傳信的。

王恩龍（蒐集整理）

長白山人參的傳說（之二）

大家都知道，人參生長在中國東北的長白山地區，是東北特產藥材之一，然而據民間傳說，山東才是人參最早的故鄉。

在很久很久以前，山東有座雲夢山，山上有一座雲夢寺，寺裡有兩個和尚，一師一徒。老和尚無心在寺中燒香唸佛，整天往山下跑，還對小徒弟百般刁難，小徒弟被老和尚折磨得面黃肌瘦。有一天，老和尚下山去了，留下小和尚在寺裡幹活。這時，不知從何處跑來一個穿紅肚兜的小孩，幫著小和尚幹活。從此以後，只要老和尚外出，穿紅肚兜的小孩就來幫小和尚的忙，老和尚一回來，小孩就不見了。

日子久了，老和尚見小和尚臉色紅潤，再多的活也能幹完，感到很奇怪。他把小和尚叫來，威逼盤問，出於無奈，小和尚只好說出實情。老和尚心想，深山僻嶺，哪來的紅肚兜小孩子呢？莫非是神草棒槌（人參）？於是，他從箱子裡取出一根長長的紅線，穿上針，遞給小和尚說：「等那孩子再來時，你悄悄地把這根針別在小孩的紅肚兜上。」

第二天，老和尚又下山了。小和尚本想把實情告訴穿紅肚兜的小孩，但又怕老和尚打罵，只好趁小孩急著回家的時候，把針別在了小孩的肚兜上。第三天清晨，老和尚把徒弟鎖在寺裡，自己拿著鎬頭，順著紅線，找到一株老紅松旁，看到那根針插在一棵棒槌苗子上。他高興極了，舉鎬就刨，挖出了一個「參童」來。

老和尚把「參童」拿回寺裡，放進鍋，加入水，蓋上蓋，又壓上石頭，叫小徒弟生火燒煮。不巧，此時老和尚有一位朋友來訪，說有急事請老和尚下山去，老和尚推辭不掉，只好隨其下山。臨走時，老和尚對小徒弟反覆叮囑：「我不回來，不准揭鍋！」

老和尚走後，鍋裡不斷噴出奇異的香氣，小徒弟出於好奇，搬開石頭，揭開鍋蓋。原來鍋裡煮著一隻大棒槌，香氣撲鼻。小和尚忍不住舀下一塊放進嘴裡品嚐，味道又香又甜。小和尚在美味的誘惑下不管三七二十一把它吃完了，連湯也喝個精光。當老和尚趕回寺中尋找棒槌時，小和尚一急，不知所措，在寺裡奔跑躲藏，跑著跑著，頓覺兩腿輕飄，悠然騰空起飛而去。老和尚一見這般情景，知道「參童」被小徒弟偷吃了，懊悔不已。

原來，紅肚兜小孩就是那棵人參變的。老紅松下長著一對人參，自從那棵「參童」被老和尚挖走以後，剩下的這棵人參在老松樹下哭得很傷心。老紅松說：「好孩子，別哭了，我帶你到關東去吧，那裡人煙稀少，我可以永遠保護你。」人參不哭了，跟著老紅松逃到了關東深山老林，在長白山裡「安家落戶」了。從此，關內人參日漸消失，而長白人參卻越長越多了。

王恩龍（蒐集整理）

長白山人參的傳說（之三）

傳說很久以前，天上的參靈仙子偷跑出天宮，到長白山天池沐浴，結果被玉帝發現，貶入凡間，與忠厚勤勞的青年福生成婚。那時，塵世間災疫橫行，饑荒遍地。為了拯救處在瘟疫中的人們，參靈仙子把用自己心血凝聚成的人參籽，一遍又一遍撒向深山老林之中。從此，人間便有了包治百病的人參仙草。後來，此事被天庭得知，玉帝大怒，令天兵天將帶回了參靈仙子，打入參靈洞中，福生也因思念成疾而死。當地的老百姓為了表示對參靈仙子和福生的懷念，每到人參收穫的季節，參農家家戶戶剪紙貼窗花，村村莊莊供仙草，後來人們就稱這種民間習俗為「人參節」了。到了十八世紀末期，人參之鄉的參農們，在每年的金秋九月收參吉日，殺豬蒸饃，載歌載舞，慶豐收，迎客商。這個時期的「人參節」，以商品交換的簡單活動方式廣泛地存在於民間。一九八七年，撫松縣人大常委會決定每年的九月一日至五日為「中國撫松長白山人參節」。這一天撫松全縣城鄉裝點門面，舉辦慶祝活動，接洽人參生意，其盛況不亞於春節。

王恩龍（蒐集整理）

長白山人參的傳說（之四）

很早很早以前，長白山的人參多數都有毒，聽說有一個毒參王，是他撒的毒粉給弄的，就是不讓老百姓吃人參。人吃了毒參以後，口鼻流血，頭大，手指頭短，走道像鴨子似的，所以，老百姓都不敢吃人參了。

有這麼一家，男的叫閻良，女的叫玉珍，上山挖藥材麻達山了，三天沒吃東西，又渴又餓，眼瞅著不行了，玉珍忽然看見一顆人參籽，她沒管那一套，摘下來就吃。不一會兒，玉珍覺得不渴了不餓了，有了精神，就告訴了丈夫。閻良一看是人參籽，嚇壞了，忙說：「你不知人參有毒嗎？這不是找死嗎？」玉珍說：「我吃了幾個粒，覺得挺好受，不信你嘗嘗。」閻良半信半疑用舌頭舔了舔參籽，立刻感覺非常爽快，渾身有勁兒，於是把幾粒參籽全填嘴裡吃了，真就不渴不餓了。閻良高興地說：「這棵人參看來沒有毒，咱們挖出來回家去栽著吧。」玉珍說：「行是行，就怕咱出不去這老林子啊！」閻良聽了媳婦的話，心涼了半截。可不是嗎，在林子裡轉了三天了，也沒找著個道。轉念又一想，管他呢！把人參挖出來再說。閻良沒吱聲，蹲下身子去挖參。這時，一隻小鳥飛來了，在樹上「喳喳」地叫著。玉珍說：「你看，燕子！」閻良抬頭一瞅，是一隻藍色的小鳥，像燕子，可不是燕子。他心裡忽然一亮：聽老輩人說長白山有一種引路鳥，長得像燕子，能不能是這種鳥呢？他幾下子把參挖出來，用樹皮包了包，說：「咱就跟在這隻鳥後邊，它往哪兒飛，咱往哪兒走。」玉珍不知怎麼回事兒，也不敢多問，就和丈夫一起跟在鳥後邊。小鳥飛飛停停，約莫有兩個時辰，樹林子透亮了，閻良高興地說：「好了！我們就要走出老林子了！」果然，不一會兒工夫，他們出了老林子，找著了回家的小路。這時，閻良才告訴玉珍，那小鳥是引路鳥。玉珍高興地給鳥磕了個頭，引路鳥叫了幾聲飛回老林子去了。

閻良和玉珍回到家以後，把挖回的人參栽在園子裡，精心侍弄，第二年結了籽，他又把籽種在園子裡。三年工夫，長出了幾百棵無毒的人參。鄉親們一傳十，十傳百，都知道閻良有無毒的人參，能治病，都來要幾棵回家栽。

一天晚上，忽然烏雲密佈，狂風作響，眼看要下一場大暴雨。閻良怕把參澆壞，忙和玉珍拿著蓑衣出去蓋人參，剛蓋好進屋子，藉著打閃的光亮，看見一個黑影在參地一晃就不見了，閻良心裡直納悶兒。第二天，閻良察看人參，只有一棵沒蓋嚴實，被雨澆壞了，他就把這棵人參挖了出來。正巧這時來了一個鄉親要苗人參治病，閻良就把這棵參給他了。可誰知他吃了這棵參竟口鼻流血，昏死過去。閻良吃了一驚，心想，昨晚那個黑影是不是傳說的毒參王呢？這棵沒蓋嚴實，被弄上了毒粉？

過了些日子，家家栽的人參葉子都長了黃斑，只有閻良家蓋得嚴實的幾十苗人參沒長斑。大家都知道這是毒參王幹的，怎麼辦？閻良說：「我們給人參搭個棚子試試。」於是，大家用板子和草給人參搭起了棚子。過了些日子，天又下起了大雨，毒參王又趁下雨撒毒粉，人參葉子沾上點兒就爛。閻良每到下雨就蹲在參地裡看著。一天，閻良迷迷糊糊地做了個夢，夢見毒參王又來了，被他用白線拴著銀錢給拴住了。閻良醒了，心裡琢磨：人都說夢是反夢，毒參王再來時我用紅線拴銅錢試試。

一天晚上，毒參王又來了，閻良拿著紅線跑了出來，毒參王一見紅線，立刻沒影了。閻良一看這樣很難抓住毒參王，想啊、想啊，想出了一個辦法。

又過了些日子，趁天下雨的晚上，毒參王又來到閻良的參園子，一看沒人，就鑽進參棚裡撒毒粉，手剛一抓人參，突然啊了一聲，手被紮上了刺。原來，這是閻良上山弄的刺官棒，插在參地裡。毒參王正想往外拔刺，閻良一步躥過來，把繫著銅線的紅線拴在了他的脖子上。毒參王立時癱倒在地，顯出原形，閻良把他砍得稀碎，埋在了地裡。轉過年來，埋毒參的地方又長出一種草，根是圓的，像蒜頭似的，非常有毒，人們叫它天南星，這是後話了。

自從毒參王被除掉以後，長白山的人參再也沒有毒了。現在參農搭棚子，也是從閻良那時候傳下來的。

王德富（蒐集整理）

長白山人參的傳說（之五）

很早以前，在長白山腳下有個叫龍崗的小村子，住著十幾戶人家，在村東頭住著老兩口，快五十的人了，還沒有孩子，把老兩口愁得夠嗆，一到放山的時候，就剩老伴一個人在家孤孤單單的，顯得很淒涼。

這一年，又要到放山的季節了，老頭見又讓老伴一個人在家，心裡挺不是滋味，晚上就和老伴閒嘮嗑，很晚才睡，卻做了個奇怪的夢，夢見一個白鬍子老頭抱著個大胖小子對他們說：「你們不是想要個孩子嗎？把這個胖小子送你們吧。」老頭一高興，醒了，睜眼一看，哪有白鬍子老頭和胖小子，就老伴在邊上睡覺，好像做了美夢似的還在笑呢，老頭一把推醒老伴，問：「做啥好夢呢，還笑。」老伴就把夢見的和老伴說了，老頭也說：「我也做了這麼個夢。」老兩口高興勁就別提了，認為這是個好兆頭，今年放山一定能發市。

這天，老頭走到一片大林子裡，走著走著就犯困了，躺在一棵大樹下睡著了。剛睡著，就見那個白鬍子老頭又來到跟前說：「你不是想要個兒子嗎，就帶這胖小子回家吧。」老頭一樂，醒了，睜眼一看，哪有胖小子，就他一個人，點著油燈四下一看，就見不遠處有一棵二甲子參。挖出來一看還真像個胖小子。老頭也沒心思挖參了，把二甲子參包巴包巴下山了。

老伴見他這麼快就回來了，問道：「咋這麼快就回來了？」老頭神祕兮兮地掏出二甲子參說：「你看這是什麼，這可是老把頭送的。」老伴見二甲子參有點像個胖娃娃，就歡喜地說：「要麼我總覺得這兩天有啥事呢，原來是老把頭在指道。」說著，兩人就把二甲子參種到了園子裡。

眼瞅著二甲子參越長越大，老伴也懷上了孩子。第二年，二甲子參結籽的時候，他老伴也生了個大胖小子，老兩口樂得合不上嘴，就把二甲子參結的參籽種上，長出了不少棒槌。

後來，別人也學老兩口的樣，把山參種到園子裡，越種越多，越繁殖規模越大，人們就把這些參叫作園參了。

長白山人參的傳說（之六）

關於長白山中人參的來歷，可有個優美的傳說。

從前，牡丹江上游有個財主姓何。當初跑馬占荒時，何家不光占了不少平地，還占了幾百里的荒山老林子。據說這老林子裡有棵寶參，所以何家放山從來不要外姓人。可是他家年年放山也沒挖出寶參來。

一年秋天，在棒槌剛紅鎯頭的時候，從南方來了個自稱為雲游四方的道士。聽說他道行很深，對陰陽八卦、奇門遁甲以及各種旁門左道無所不通，還會看風水，專靠剜墳盜寶致富。又能為人占卜吉凶禍福。何家大院當家的老何祥，在院子裡擺上了香案，請這位道士給看一看，這林子裡是否真有寶參，誰能領寶參下山。道士就在香案前放一盆水，從腰中取出一塊稱作「托力」的銅鏡。用托力往水裡一照，水盆裡立刻出現了一隻大公雞，拍打著翅膀轉圈跑，好像在追趕著什麼。老何祥看了覺得奇怪。道士端詳了一陣，對何祥說：「寶參是有，只是還不到下山的年月呀。」

他說完收起托力，又問了一句這院裡的人誰屬雞。老何祥把他家的人從老到小挨個數了一遍，沒有屬雞的。又把夥計估算了一下，也沒找出誰屬雞。道士搖了搖頭，說：「不對，這院裡肯定有屬雞的。」

老何祥把打頭的黃剛找來詳細一問，才知道小馬倌齊武屬雞。道士點了點頭，什麼也沒說就走了。

他走後，老何祥可犯了尋思嘍，一夜沒闔眼。他想，道士問屬雞的，想必是寶參跟院裡屬雞的人有緣分。於是天一亮就把小馬倌找來了。他說：「齊武呀，從今天起，你就不放馬啦，跟少東家一塊放山去吧。」

齊武雖然老實厚道，可是心裡有數。他一想，我跟這些少爺們一起進山，沒有好瓜打，人家都是東家，他們面前，我得整天垂手侍立。他們叫我幹啥，我就得去幹啥，跟他們分辯不得。於是他就跟老何祥說：「老東家，我不認得棒槌，我也不懂得放山的規矩，我不去。我放慣了馬，還留我在家裡放馬吧。」

老何祥看透了齊武的心思，就說：「你去吧，齊武，虧待不了你。我跟少爺們說一聲，這次進山，誰也不准欺負你。你若嫌咱旗人規矩大，跟少爺們在一塊拘束的慌，我可以派一個夥計跟你一塊去。看你跟誰對撇子，就叫誰去。」

齊武一看不去是不行了，找誰搭伴呢？他跟黃剛最知心，就對老何祥說：「老東家，實在叫我去，那就叫黃剛跟我一起陪著少爺們去吧。」

黃剛是打頭的，打頭的一走是要耽誤夥計的。老何祥從心裡不願意叫他去。可又一琢磨，要得了寶參就發大財了。於是他就滿口應承道：「那好，就叫黃剛跟你們一起上山。」

找到了黃剛，老何祥裝出挺關心的樣子說：「你們倆都是旗人，因家境衰敗，才落到我這裡，我不能總拿你們當奴才用啊。你們幫我把寶參挖出來，一定賞給你們一些銀子。到那時，你們可以到衙門裡通融通融，也去圈塊地，建一座莊院，把日子過得像個旗人樣子。不過，這次進山，你們不論拿到大貨小貨，都不准藏匿，要知道，這片山林是我家的。」

黃剛說：「這我們知道。我們只不過是陪著少爺們上山罷了。」

第二天，小馬倌齊武和打頭的黃剛，跟著少東家們一起進了山。一上午，鑽了六七十里的老林子，來到一個石頭山上，還沒等支鍋做飯，少東家從山頂蹬下來一塊石頭，把黃剛的腿碰壞了。血像箭兒似的往外冒。齊武撕條腰帶給他把腿紮緊，好夕算止住了血。黃剛疼得直發抖，一步也不能走了。少爺們叫他慢慢往家爬。齊武說：「那可不行。你們若不管，我背也得把他背回家去。」

「那你就自己背吧。」

少東家說完都走了。齊武背著黃剛從老林子裡往回走。三走兩走，走麻達山了。越著急，越走不出去。連餓帶累，齊武走不動了，天也黑了。這時黃剛說：「齊武呀，你扔下我吧，扔下我你自己還興許能找回去，若這樣，咱倆就都得死在這林子裡。你自己要能出去，將來還能給我燒張紙兒，咱哥倆也沒白交往一回。」

齊武說：「黃剛哥，你放心吧，是死是活，咱哥倆都在一起。只要我齊武有口氣兒，我一定把你背回去。咱們在這兒歇一宿，天亮了再走。」

齊武把黃剛放下，找來點乾樹籠著了火。齊武一回身，藉著火光，看見了一苗棒槌精精神神地站在那裡。他忙用煙口袋嘴兒上的紅線繩，把它繫上，喊了一聲「棒槌」，就見那棒搥打個冷戰。黃剛也看見了，是苗好大的六品葉。齊武仔細端詳著這苗棒槌。瞅著瞅著，不由得打了個咳聲。

黃剛問他：「兄弟，你在想什麼？」

齊武說：「剛才還是一苗精精神神的棒槌，被我拴上紅線繩，它就把頭低下了。我想它也一定像人似的，知道活不長了，現在一定很難過。我這個人心軟，若不是你腿壞了，挖它賣幾個錢給你治腿的話，我就放了它。它的樣子太叫人可憐了。」

黃剛接過來說：「你儘想美事兒，咱們挖了它，老何祥能讓你賣錢給我治腿嗎？臨來時他不再三說拿到貨不准藏匿嗎。別說咱拿到一苗，就是拿了一百苗，也沒咱們的份兒。」

齊武說：「那我就放了它。」

說著他就上前去解紅繩。棒槌好像對他點了點頭。小馬倌齊武高興地來到黃剛的身邊，趴下就睡著了。

天一亮，他也轉過向來了，背著黃剛回到了何家大院。老何祥一見他倆回來了，忙問：「怎麼回來了呢？」

小馬倌齊武告訴他，黃剛的腿受傷了。老何祥把臉一沉，對齊武說：「放下黃剛，你趕快回山去！」

齊武說：「我不能回山，我得在家侍候黃剛。」

老何祥翻愣翻愣眼睛說道：「你侍不侍候黃剛，我不管，你若不回山，從今天起，你就得白天上山放馬，起早餵馬。你若耽誤了套車，我就扣你的勞金。」

齊武氣憤地說：「隨你便吧，反正我得侍候黃剛。」

從此齊武就白天出去放馬，晚上回來給黃剛煎湯熬藥。雞叫前還得把馬餵好。偏偏在這個時候又添了個佯死不活的小白馬駒子，它什麼也不吃，還得一口一口地喂水。齊武整宿不得睡覺。一天夜裡，他太乏困了，躺在草棚子裡就睡著了。雞一叫，把他從夢中驚醒。心想，糟了！雞都叫了馬還沒餵呢，老何祥一定得扣我的工錢。他趕忙來到馬槽前，一看馬已餵飽了。一連半個月，天天如此。這馬是誰餵的呢？齊武很納悶兒。一天晚上，他就蹲在草棚子的角落裡，想看個究竟。剛到半夜，來了一位姑娘，戴著一串紅花，長得十分漂亮，提著馬燈，端著筷子，給馬添了草；又提料桶給馬拌上了料，料叉子敲得梆梆響。小馬倌一看這姑娘的活計幹得利落，從心裡喜歡。他走上前去問：「你是誰家的姑娘，這麼會幹活？」

姑娘說：「我叫敖赫達，你以後有什麼為難事兒，就到東山窪去找我。」

說完，她對齊武一笑就走了。齊武正要追上前去感謝她，一聲雞叫，把他驚醒了。他不知道這是做夢呢，還是真事兒。說是做夢吧，馬真喂上了；若說是真事兒吧，他還是從夢中醒來的。

天亮了，正好是八月十四。黃剛的腿好了，齊武高興地說：「藉著明天這個中秋節，為你喝杯喜酒吧，我還有件新奇的事兒要對你說。」

放山的少爺們也趕節前回來了。往年放山，雖然沒挖出寶參來，但是大、小山貨總還能拿一些，可是今年放了二十多天山，竟然沒開眼兒，十多個人白搭上小米，空著手回來了。回來的人說：「這都怪小馬倌跟著去的緣故。一進山就不順利兒，當天就碰傷了黃剛的腿。」當家的老何祥聽他們這麼一說，冷丁明白了，他自言自語地說：「那道士問屬雞的跟寶參有緣分呀，還很可能是因為這寶參怕屬雞的不敢下山呢。對呀，在水盆裡照出來的公雞，明明是在追趕什麼，可能追趕的就是那棵寶參。哎呀！我真糊塗，我哪能讓他上山呢。怪不得今年一棵棒槌沒拿到，原來是叫他給嚇跑了。我把他留在家，恐怕寶參總也不敢下山。他叨咕到這兒，就把小馬倌叫來了，說道：「齊武呀，找你沒別的事兒，我家用不了這麼多人啦。從今天起，不用你了，你走吧。」

齊武是個老實人，聽東家說了這話，他就說：「你家不用了，我也不能賴在你這兒，那就給我算算賬吧。」

老何祥翻開賬本，看了半天說：「你在我家放了五年馬，活沒少幹。不用細算了，你是放馬的，離不開馬，我給你一匹馬吧。咱們兩不找，就算了。」

齊武也真喜歡馬，他想，有馬騎著尋找個好地方也不錯，於是就說：「行啊。」

老何祥一聽他答應了，立刻遞過來寫好了的契約，說：「那你就畫個押吧。」

齊武上前去按了個手印兒。老何祥就把那個佯死不活眼看要斷氣的病馬駒子給了齊武。齊武剛想給摔在地上，一看這小白馬駒兒吧嗒吧嗒直掉眼淚，他又心軟了，摸了摸小馬駒兒，瞪了老何祥一眼，二話沒說，轉身走了。

齊武走出何家大院，往哪兒去呢？他沒親沒故，沒個安身落腳處，真難哪。俗話說，尋吉星，奔正東，那我就往東走吧。沒走多遠就進林子了。在林子裡走了一天一夜，也沒見天日。走來走去走轉向了。天還沒亮，南面來隻狼，北面來只熊，東面來隻虎，西面來只豹，都對他抱的這個小馬駒兒伸出了舌頭。齊武一看他們是為小馬駒兒而來，就想把小馬駒兒扔給它們，可是低頭一看，小馬駒兒嚇得渾身直抖，一勁往他懷裡鑽，真可憐人哪。齊武就對狼熊虎豹說：「你們要吃，就吃我吧，不要傷害小馬駒兒，它太可憐了。」

可是這些猛獸不聽，還照馬駒兒用勁，越來越往前靠。齊武想這可讓人為難了。當他一想到「為難」二字，冷丁想起了夢中幫他餵馬的那位姑娘的話，於是就念道：「敖赫達呀，我可到哪兒去找東山窪呀，你快來救救這個可憐的小馬駒兒吧。」

話音沒落，林中就起了大風。下風颼得嚇人，樹木、山谷都嗷嗷地叫了起來。齊武抱著小馬駒兒蹲在地上了。可也怪，他不知不覺睡著了。這時只聽有人喊道：「齊武，你往東南走，就到我家了。」

齊武趕忙睜眼一看，天大亮了。風也住了，狼熊虎豹也不知叫風颳哪兒去了。他抱著小白馬駒兒奔東南走去。不到一百步，就走出了林子，來到一個地方。這四周都是高山大嶺，古木參天，中間有方圓一箭地的山窪。鳥鳴山幽，景色宜人。綠草紅花環繞著一撮小馬架子房，房東頭是一眼山泉，清澈見底。欣賞著這山光水色，信步走進花草圍成的這小院裡。房門開了，走出一位姑娘。齊武一端詳，這不是替我餵馬的敖赫達嗎？真是她！便問道：「你怎麼在這裡？」

敖赫達笑著回答：「這就是我的家呀。」

她高興地接過小馬駒兒，把它放到山泉裡。小馬駒兒立刻打起精神，玩起水來了。她回頭把齊武讓到屋裡，端來飯菜給齊武吃。齊武又餓又困，吃著吃著睡著了。一覺醒來，已是月上東山。敖赫達問他打算上哪兒去？齊武說已被何家辭退了，正不知道往哪兒去呢。敖赫達對他說：「我也是單身一人，如果你不嫌棄我，我願意做你的妻子。」

齊武當然滿意了，於是他倆就對著中秋節這溜圓的大月亮行了婚禮，結成了夫婦。從此小馬倌就跟敖赫達在這美麗的山窪裡過起日子來。小夫妻倆日子過得那個甜蜜勁兒，就不用說了。

轉過年，剛一立秋，敖赫達就戴上了一串紅花，身子也不靈活了。齊武問她是不是有喜了？她笑著點點頭。可是一過八月節，她又和平常一樣了。一連三年都是這樣。在一個明月當空的晚上，齊武說：「敖赫達呀，我們應該有個孩子了。」

敖赫達說：「你放心吧，會有的。」

「可是三年了，你沒生下一個孩子呀。」

「你怎麼知道我沒生呢？」

「那麼孩子在哪兒呢？」

「你想看嗎？」

「那好吧。」

敖赫達把齊武領到當院，叫了一聲：「哈噶朱子，都出來見你們的阿瑪。」

話音剛一落，就從野雞膀子搭的涼棚裡跑出來十多個小胖小子。一個個都白胖白胖的，齊聲喊著「阿瑪」。齊武高興得不得了，抱抱這個，親親那個，不知道說什麼好了。他要把孩子領進屋，敖赫達用胳膊一橫說：「不行，他們還得在這裡住些日子。」

敖赫達一揮手，說：「孩子們，睡覺去吧。」

這些小胖孩兒又都跑回了涼棚裡。沒等齊武問，敖赫達就說了：「我就是你放走的那棵六品葉。老何祥尋找了我多年。那年趕上我有出土之災，沒想到碰上你這好心的人，竟放了我。為了報答你，我替你去餵馬。我看你對人真心實意，能捨己救人，是個難得的好人，就和你結成夫婦，一心和你白頭到老。」

齊武聽了十分感激，對敖赫達更加敬重了。

再說何家大院，從小馬倌走後，再也沒拿到一棵山參。一晃三年了，又到了棒槌紅鎯頭的季節。老何祥正拿不定主意今年去不去放山，恰好那道士又來了。一進院就找那個屬雞的小馬倌。老何祥說叫他攆走了。道士大吃一驚，忙問：「走多久了？」

「你怎麼把他放走了呢？」

老何祥說：「我家那棵寶參怕屬雞的，不敢下山，我就把他攆走了。」

道士一拍大腿：「哎，你真沒財命呀！今年正該那寶參出土離山。寶參跟那小馬倌有緣分，上次我沒明說，是怕他知道了把寶參領跑。現在沒有他就難引寶參下山了。」

老何祥擔心地問：「現在寶參讓他領跑了沒有？」

道士說：「領沒領跑，那得鋪羅盤擺香案才能知道。」

於是何家大院又擺上了香案，香案前還放一盆水。道士掏出托力放在羅盤上，扭動羅盤往四周轉。當托力照到正東時，水盆裡立刻出現了敖赫達和齊武那的幸福的小家庭。老何祥一看就渾身發抖，立刻給道士跪下了，哆裡哆嗦地說：「長老，幫我把寶參奪回來吧！」

道士問：「那麼你給我什麼好處呢？」

「奪回寶參，咱倆對半兒分。」

「好，一言為定。馬上準備三十三丈紅頭繩。」

老何祥按照道士的吩咐，找來紅頭繩，就和道士一同跳上了馬背。為了穩住齊武，老何祥叫黃剛也跟著去。黃剛正好想去搭救自己的朋友，他想何祥拿紅繩一定去綁齊武，到時候我得把紅頭繩鉸斷。於是他暗中揣了一把剪子，就上馬跟何祥去了。一出門，老何祥就打馬如飛，直奔正東。

正當午時來到東山窪，道士立刻把那個花草圍成的院用紅頭繩圈了三圈兒。敖赫達一看老何祥來了，知道不好，得趕快逃走。她朝房山頭一招手，小白馬就從山泉裡跳出來。敖赫達叫齊武上了馬，自己坐在齊武身後。小白馬撒腿就跑，跑得挺快，可就是跑不出這個院子去。道士看了哈哈大笑，指著敖赫達說：「你們跑不了啦！」

老何祥把索撥棍綁上紅頭繩當套桿，闖進院子來套敖赫達，齊武左擋右擋不讓他套。道士說：「先套馬，那馬也是棵寶參！」

眼看小白馬要被套住，可把黃剛急壞了。他想，這馬跑得這麼快，怎麼不往外跑呢？他這一犯疑惑，冷不丁想起了那根紅頭繩來。他趕忙從懷裡掏出剪子，悄悄把紅頭繩鉸斷，小白馬就從鉸斷的地方一個高躥出了院子，蹬開四蹄，「忽」地一聲起了空。道士一看傻眼了。老何祥正不知如何是好，忽聽敖赫達喊道：「哈噶朱子，快起床，跟著額娘、阿瑪去到那美麗神聖的地方！」

話音剛落，就從涼棚裡跑出一幫白胖白胖的小小子。道士一看喊道：「快抓這些寶參！」老何祥就跟道士一起撲上去。這些小胖孩笑嘻嘻地在前頭跑，老何祥跟道士就在後邊追，眼瞅著追上了，他們又一個個樂得咧著小嘴兒笑，都撲到齊武和敖赫達的懷裡了。小白馬馱著齊武這一家在空中不緊不慢地向長白山飛去。齊武就跟敖赫達和孩子們，在長白山的密林裡，過起了自由幸福的生活。從此，長白山裡也就有了挖不完的人參。

吳　峰（講述）

長白山人參的傳說（之七）

傳說人生一輩子，要遇著三次仙人，只是你有眼不識泰山，分辨不出罷了。很古的時候，在清水江邊上，有一個叫羅好施的醫師。他為人好施行善，醫德高尚，從不向人索取任何東西。他一生行醫，足跡踏遍了鄉寨，醫治了很多病人。他深知病人的疾苦，從來就是早喊早到，夜喊夜來。

有一年夏天，瘟疫流行，羅醫生更是忙得不可開交了。顧不上吃飯，顧得不到睡覺，日夜奔走為人看病。他的事蹟和品德感動了天上。玉皇大帝命呂洞賓下界幫助羅好施，除去人間瘟疾。一天，羅好施剛吃罷早飯，就有一個衣衫襤褸的老人來到他家。「羅大夫，我家病人病危，請你到我家幫忙治治吧。」這老頭邊作揖邊說。羅好施也不讓座，把剛扒了半碗飯的碗一放，提起藥籃道：「好，走吧，快。」「你吃完飯再走。」「不吃了，病人痛苦啊！」「那好，到我家再吃。」老人在前，好施在後，向那深山老林走去，三袋煙的工夫，看見密林深處有一茅舍。老者指著茅屋說：「到家了。」他讓羅好施坐下後，拿柴生火，架上頂罐招呼道：「羅醫師，你幫看看火，吃飯再治病。我出去要點柴火。」說完，他就出門去了。

羅好施等了三炷香時間，也不見老者回來，三腳架上頂罐裡的水，一直在開著，而且溢出很香的氣味。羅好施怕水燒乾炸裂頂罐，就用鐵夾打開頂罐蓋看看。不看則可，一看嚇壞了他。只見頂罐裡面煮一個透明的小孩，背朝上，面朝下地撲在頂罐裡。「我的媽呀！這老頭造孽啊。怎麼把小孩煮來吃呀，造孽，造孽！」說著，用手指（當時的醫師指甲很長）抓翻小孩子一看，是人，他嚇了個半死，扯腳就跑，到家天黑了。

羅好施嚇得飯也不吃，上床就睡，朦朧中，夢見一白鬍子老者對他說：「好施。因為你的醫德感動了天地，玉皇大帝派我來幫助你，頂罐裡煮的是五千年人參，你的指甲染上了參藥，以後拿藥治病，治一個就好一個，快去治病。」說完，把他一推。羅好施醒來，原是一夢，這時，他才知道是仙人幫助了他，從此，他治病治一個好一個。從那以後，人參的身價就昂貴了。羅好施的名聲也遠颺了。據說，他修陰積德，後來他活了一百二十歲。

長白山人參的傳說（之八）

在長白山下的一個小村裡住著一對年輕夫妻，男的叫趙生，女的叫秀花。小兩口恩恩愛愛，生活得很美滿。

秀花生得漂亮，心靈手巧，嬸子大娘沒有不誇獎的。本村的劉財主早就想討她做小，趙生和她成親後，他恨得直咬牙根。

這年秋天，秀花生了個大胖小子，小兩口樂壞了。

一天下午，趙生挑著穀子去給劉財主交租，快到劉家大門口時，眼見著狗腿子張三「咣噹」把大門關上了。

「東家，開門！我交租子。」

張三拉開一條門縫衝著趙生哼了一聲：「東家說，從現在起，晚交的罰一年租。你來晚了，等著罰吧！」

這時劉財主探出頭來，一看金黃的穀子，打心裡饞。說道：「交吧，這是今年的，還得罰一年。」

趙生心裡明白，這純粹是找彆扭，就說：「東家，你做事太不講情理啦！」

「你敢罵我？張三，給我打！給我往死裡打！」劉財主吼著。

「你們敢打人，憑什麼打人？」趙生質問道。

「憑什麼？嘿嘿，憑你的小娘子長得俊。」

三四個家丁一起上來，噼里啪啦，拳打腳踢一頓。趙生被打得皮開肉綻，推出大門。

趙生心裡窩著一股火，回家後一病不起，沒過三天就死了。

劉財主一看趙生死了，心裡暗暗高興，自言自語道：「秀花這回是我的了。」

一天夜裡，劉財主帶著幾個家丁來到秀花家，拽著秀花就往外走，把小孩嚇得哇哇直哭。秀花拚命地喊著：「孩子，我的孩子，我的孩子！」

劉財主一見小孩哭叫不停，就給一個家丁使了個眼色，那個家丁抱起孩子就往後山走去。

一晃幾年過去了，秀花已被糟蹋得不像人樣了，蠟黃的臉，瘦骨伶仃。她天天想孩子，天天哭，夜裡夢見孩子，醒來也哭。劉財主見秀花瘦得像個鬼似的，便把她攆出了劉家大門。秀花回到自己快塌架的破房子裡，一粒米也沒有，只好上山挖野菜充飢。

這天，她看到山岡上有個小土堆，小土堆上長滿了一種她從來沒看見過的草。幾個葉對著生。採完菜，她就坐著看一陣，才回家。

這天夜裡，她一連做了三次夢，夢見孩子長高了，會說話了，戴著紅兜兜，進門就喊媽媽，摟著媽媽的脖子說：「媽媽，看你瘦成這個樣子！你把小土堆上的草撥幾棵回來熬水喝就能胖。可別拔那棵最大的呀！」秀花醒來覺得奇怪。心想：莫不是那土堆下埋著我的孩子。

第二天黃昏，秀花挖野菜又來到土堆前，不由得想起了昨晚的夢，想挖棵回去試試。於是，她便拔了三棵，又掐了幾片葉子放在嘴裡嚼嚼，覺得苦苦的，還有點甜香氣。

她回到家用水一洗，才發現這根子白白的，足有半尺長。她細細一瞅，看這根子像人的身子，有胳膊、有腿，真像小胖娃娃一樣。她又掐了一根細鬚子嘗嘗，味道不一般，便燒開水煮起來。煮好了，一天三遍喝這草根湯。一連喝了三七二十一天，覺得一天比一天有力氣，一天比一天見胖，心想，這真的是孩子救我來了吧！

劉財主見秀花變了，變得像原來一樣俊了。不知咋個事，心裡想：一定是偷了他家裡的好吃的。就把家裡的僕人找來問了一陣，僕人都說：自從秀花離開老爺家，一次也沒來過。劉財主還是不死心，又領著家丁來到秀花家，硬說是秀花偷吃了他家的好東西，逼著秀花還得去給他家幹一年活。秀花死也不肯去那火坑，就把煮草根水喝的事照實說了。劉財主不信，秀花便把剩下的一棵拿給他看，劉財主一把搶了過去。

劉財主回家後，也煮上喝了幾天，也覺得身上有了力氣，心裡尋思，這東西多吃點更能好吧。便派人到土堆上把那棵大的和小的全都挖了回來，煮了小半鍋。還沒等煮好呢，他就撈出一個吃上了，一連吃了十幾棵，又喝了三大碗湯，就舒舒服服躺下了。過了一會兒，他只覺得頭腦昏迷，又過了一會兒，七竅流血，慘叫幾聲便死了。

相傳，這根像胖娃娃的草就是秀花的孩子，為爹爹報了仇，又救了媽媽的命後就回到山裡去了。

打這以後，秀花便把吃這草根能使身體健壯的事告訴了大家，大家就用它來強身。

後來，李時珍先生把它列入中草藥取名叫人參。

李鳳清（講述）

夏　語（蒐集整理）

人參姑娘的傳說（之一）

很久以前，長白山裡的一片山坡上，住著一個人參姑娘和她的一群弟弟。這裡山清水秀，草木繁茂，人參姑娘和弟弟們過著無憂無慮的生活。

這年春天，冰雪消融，有一夥挖參人來到這裡，搭起窩棚住下，準備在這片山坡上尋找人參。可是他們一連幹了幾天，連一片人參葉子都沒見到，大夥兒都有點洩氣。領頭的老漢外號「山裡通」，他對大夥兒說這裡山清水秀，草木放光，一定有大人參，讓大家別洩氣，大夥兒又安下心來在這片山坡上仔細搜尋。

這幾天，人參姑娘帶著弟弟們東躲西藏，擔驚受怕。這天夜裡，人參姑娘和弟弟們商量，讓弟弟們都搬到別的山坡去住，自己在這兒看家，等挖參人走了後再去接他們回家。弟弟們怕姐姐被挖參人抓住，便要求姐姐和大家一起走。人參姑嫁說自己一天能跑九個山頭，挖參人捉不住，讓弟弟們放心，他們正商量著，這時，有個名叫進寶的挖參人出來解溲。他聽到山坡上有人說話，心想半夜裡還有誰在山坡上呢？他悄悄走到附近，一看是個大姑娘和幾個小男孩在商量事情。他一不留神，腳下踩著的枯樹枝發出「嘩啦」一聲響，忽然，姑娘和小男孩都不見了。

進寶回到窩棚，把剛才看到的情景對山裡通說了。山裡通心裡明白這是遇到人參姑娘了。他仔細問明地點，第二天一早就讓進寶帶著大夥兒直奔那裡而去。

大家找了半天什麼都沒發現。這時，突然聽到山裡通大叫一聲「棒槌」，大夥兒到跟前一看，什麼都沒有。山裡通告訴大夥，剛才找到一棵人參，頂著兩個紅亮紅亮的參籽，一喊就不見了。這就是一天能跑九個山頭的人參姑娘。大家一聽來了勁兒，忙讓山裡通帶著去追人參姑娘。

山裡通帶著人一連追了八個山頭，每個山頭都有人看見過那個人參姑娘，但哪個山頭也是一喊就不見了。只有進寶沒有看見。日頭眼看要下山了，大夥兒有點洩勁了，只有進寶不服氣，讓大夥兒再追一個山頭。

人參姑娘一口氣跑了九個山頭，累得直喘氣。她找到一根被風颳倒的樹木，就躲到樹木底下，心想只要太陽下山，挖參人就找不到自己了。正在這時，只聽見亂草一陣響，人參姑娘還沒回過神來，就被進寶挖出來了。大夥兒十分高興，讓山裡通帶著人參姑娘下山賣個好價錢。

人參姑娘被挖走了，人參娃娃回來找不到姐姐，急得直哭。他們找到進寶，非要進寶把人參姑娘放回來。進寶說自己也是窮苦人，靠進山挖人參養家，再說山裡通已帶著人參姑娘下山了。於是人參娃娃就交給進寶一根骨子，讓進寶追上山裡通，用骨釬子在那棵人參頭上扎兩個小眼，人參姑娘就能跑回長白山。人參娃娃請他們放心，人參姑娘一定會等到賣給有錢的財主以後再回山，從而讓進寶、山裡通等窮苦人有飯吃。

山裡通知道後一想也對，反正那些買參的財主錢也不是正路來的，就打開人參包，在人參頭上扎了兩個小眼。說也怪，這棵人參真像睜開了眼睛瞅著他們笑似的。

山裡通到了城裡，找到一戶財主家。財主一見這棵人參就眼睛放光，原來，這個財主也是個內行，他知道這是人參姑娘，百年難逢。於是，他出大價錢把人參買下了。

財主把家裡人叫到一起，拿出那棵寶參來，用金扦子一敲銀盤子，叫人參姑娘倒兩碗茶。這時，就見這棵人參在銀盤子裡一轉，沒有了，但地下卻突然站著個十四五歲的姑娘，拿著兩碗茶水放在桌上。家人感到十分稀罕。財主又一敲銀盤子，要人參姑娘再找十棵人參來。只見人參姑娘漲紅了臉，在地上直轉，轉著轉著升起一股白煙，姑娘霎時間就沒蹤影了，再一看銀盤子裡的人參也不見了。

當天晚上，進寶在長白山裡又見到了人參姑娘。人參姑娘感謝進寶的好心，讓進寶留在山裡和她一起生活，照顧人參娃娃。從此，長白山裡的人參娃娃都長得白白胖胖，漫山遍野，好心人很容易見到，而壞蛋費盡心機也找不到，因為人參娃娃都學會了一天跑九個山頭的本領，壞蛋是追不上他們的。

人參姑娘的傳說（之二）

小罕子（努爾哈赤的小名）因為不堪忍受後母的虐待，十幾歲時就跟著族人上崗山採參。別看他年紀小，採參的規矩卻懂得很多：比如放山時不准隨便說話，以免驚動了山神爺；不准坐樹墩，據說那是山神爺的寶座；挖到人參要謝山；結伴進山的人一定是單數，不能是雙數，這叫去單回雙，就是能夠挖到人參的意思；還有放山人要選雙日子，或是農曆的三、六、九，說這些是吉日，進山順當，肯定能拿到大貨，以及要是麻達山了找不到路時的求救方式等等，他都能講得一套套的。小罕子的這些知識，都是他在古勒山寨住時，聽姥爺王呆給他傳授的。

這一次他跟著族人進山，已經好幾天了，可還是沒開眼，空山也喊了，夢也圓了，都沒有見到效果。小罕子有些著急了，他在心裡反覆叨唸著他姥爺教他的那些採參經驗，仔細用手棍撥拉著比他還高的草叢，恨不得立刻就能開眼，發現一棵大貨。就這麼在不知不覺間，他便走丟了。開始他還沉得住氣，因為他知道，如果一個人麻達山了，同夥人無論吃多少苦，挨多大累，也要想方設法找到他，這也是採參人的規矩。可是眼看著天快黑了，還不見一個人影，也沒看見哪個方向有煙火升起來，他便有些急了。要是找不到同夥人，不是餓死，就得餵了野牲口，崗山上的狼蟲虎豹多得是，碰上哪一個都是死路一條。於是，他急忙撅了四根蒿稈，分別插在四個方向，用火點燃，倒頭便拜，口裡禱告著山神爺給指條明路。結果，在他右側的那根蒿稈最先燒完，他便興沖沖地朝右邊的方向走去。可是，走著走著，在他的眼前卻突然出現一片高大的冷杉樹，這是他來時所未見到過的。而且樹林也越來越密，他不敢再往前走了，便又轉了回來。這時，天已黑盡了，樹林裡伸手不見五指。他好不容易摸到了一塊巨石，上面還有一個深深的凹印，他坐在裡面富富有餘。為了禦寒，也為了防止野獸襲擊，他點起了一堆火，然後便坐在那石印裡喘氣。一個只有十幾歲的孩子，折騰了這大半天，哪有不累之理，心想只是喘口氣，可是沒過多一會兒，他就睡著了。

天上是滿天星斗，樹林裡風聲在呼嘯。小罕子突然覺得眼前一亮，只見一位身披紅斗篷的少女笑盈盈地向他走來。他覺得非常奇怪，在這夜半之時的深山老林裡，怎麼會有這麼年輕美麗的姑娘出現？她是從哪兒來的，要到哪兒去？是不是跟他一樣，也走麻達山了？要是那樣倒也不錯，有個伴兒總比孤身一人要好。於是，他便跟那姑娘聊了起來。那姑娘說，她就住在這山裡邊，讓他不要害怕。她看天都這麼晚了，他一個人睡在這裡，恐怕有危險。只要他不嫌棄，她願把他領到家裡去安歇一宿，天明再送他回家。小罕子聽她這麼說，心裡樂得直打戰，便滿口答應下來。跟著那姑娘，不知走了多少路，終於到了她的家裡。不料，那姑娘的父親見女兒領回一個陌生男孩便火冒三丈，當著小罕子的面就要動手打他的女兒。小罕子哪裡容得，便挺身上前阻攔，三個人幾乎扭成了一團，從屋裡打到屋外，一時竟鬧得難分難解。想不到的是，那老人的力氣太大，小罕子年紀又小，哪裡是他的對手。就在小罕子被那老人打倒還沒有爬起來的時候，那老漢又把小女兒推下了陡峭的懸崖。小罕子氣急了，便一頭向那老漢撞去。老漢躲過了，小罕子卻衝到了懸崖的邊緣，未等他站穩，那老漢只輕輕地一點他便也跟著摔下了懸崖……

小罕子被驚醒了，原來是做了一個夢。小罕子睜眼四望，天已放亮。夢中的情景他還記得十分真切，不管是真是假，小罕子決定沿著夢中的路線找過去，看看到底有沒有人家。他也不知走了多少路，大概已經到了該有人家的地方，卻不見一座房屋，也沒有院子。他正納悶，又仔細看看，也許找錯了地方。可怎麼看怎麼像是這裡，不會有錯。他又四處轉，突然在他的眼前出現了一大片老山參，最小的也有六品葉。他禁不住大喊了一聲棒槌！便又忽一下站起來，用手搭涼棚，向遠方望去，他多想立刻找到他的同伴兒，讓他們同他一起分享這幸福的時刻。望著望著，他禁不住又是一陣心跳，在他的右前方真真切切地出現了一道濃濃的煙柱，那肯定是他的同夥為尋找他點起的信號。他便不顧一切地衝那煙柱跑去。他把發現人參的經過告訴了他的族人，他們這一次上山竟然滿載而歸。他的族人告訴他，那位年輕的姑娘肯定就是人們傳說的人參精，我們在祭拜山神爺的同時，也要好好地拜拜那位人參仙子，感謝她救了小罕子的性命，感謝她給了我們大家送來了這意想不到的收穫。

人參姑娘的傳說（之三）

這是早先年的事了，有多少年了，誰也說不清。那時候，撫松縣還叫「甸子街」呢！一到松花水下來的時候，水手們就把砍伐下來的木頭連成大木排，順著松花江向船廠放。半路上有個筆直的石砬子在江邊。要是晴天，水手一經過這裡，就在水裡看見了石砬的影兒，石砬子上有個俊俏的姑娘站著，身穿綠褲褂，頭上插朵海棠花，紅得耀眼，要是抬頭往砬子上看，除了樹林子什麼也沒有。水手都說這是山上的棒槌姑娘戀凡。

日久天長，這事叫東霸江知道了。東霸江是「甸子街」上的一個富豪，雇了不少水手，叫把頭刁七領著給放排。他一聽有這麼個好姑娘，饞得嘴裡嘀唾沫，心裡盤算歪道道。好容易盼到放排的時候，就跟把頭刁七和水手們出門了。到了砬子底下，東霸江在水裡看見了那個姑娘，模樣俊的就別提了！東霸江大嘴一咧，得意忘形地說：「讓我碰上，就別想跑了，也就是咱有福的人才配吧，窮小子們還干瞅著！」

東霸江轉身吆喝水手把木排靠岸。一靠岸，就叫水手上山。爬這麼陡的山，去幹這傷天害理的事兒誰也不願意幹。東霸江見水手們不動，沒法兒，就心疼地喊：「誰要抓住棒槌姑娘，賞銀子十兩！」喊了一陣子，沒有一個人吱聲，光聽江水嘩嘩啦啦地流著。東霸江又氣又急，臉都變了色，叫刁七挨個打著問：「去不去？去不去？」

有個水手，叫水生，是個熱腸子的硬漢，看著刁七打別人，比打自己還難受，心裡尋思，我去吧，告訴棒槌姑娘可別在這兒待下去了，要不，非得讓東霸江禍害了不可，自己死活沒有啥，別讓大夥遭罪。想到這兒，就沖東霸江喊：「住手！把人都放了，我去！」說完頭也不回地照砬子頂上爬去。砬子是立陡立陡的，像魚脊樑一樣，又光又滑，水生好容易爬了大半截，腳下一滑，就從山上滾了下來，滾到半山腰，讓一棵樹掛住了，不知過了多長時間，才甦醒過來，渾身上下流著血。水生又朝山上爬，嘴裡不住地叨唸著：「棒槌姑娘躲躲吧，棒槌姑娘躲躲吧。」

爬到了山頂，水生看見那棒槌了，剛說了一句「棒槌姑娘躲躲吧」就又昏了過去了。

等他再睜開眼，跟前棒槌沒了，有個姑娘坐在他的身邊。水生一端詳，和水裡見到的那個姑娘一模一樣，可比在水裡看見的更清楚了，圓臉盤，梳著一頭油黑的大辮子，總是閉著嘴，眼前的姑娘可開口說話了：「我知道了，你這個年輕人的心真好啊！你身上還疼嗎？」說著，就用手去摸水生的傷。水生覺得她的手像棉花團一樣又輕又軟，手一過去，傷就好了。姑娘見水生愣在那裡，就說：「我能把好人治活，也能把壞人治死。」說著朝山下看去。

東霸江在石砬子下邊等水生，左等也不來，右等也不來，水手們都走了，自己又不敢上，就叫刁七往上爬。刁七不敢不去，腿肚子哆嗦得像篩糠，剛爬到半山腰，身子一晃，就滾到江裡淹死了。

東霸江只會在河灘上乾喘粗氣，盯著石砬子發愣，冷不丁看見水生和姑娘在砬子上栽大棒槌，栽了山尖栽山坡，慢慢地栽到山根下。東霸江跳起來撲上去，伸手一抓，離姑娘和水生差數丈遠。東霸江又撲過去，嘴裡的涎水流出來一尺多長，叫風吹得直飄悠。看看能夠到了，一抓，還差數丈遠，東霸江恨不得把姑娘吞下去。追追，抓抓，追上大半截山，一看姑娘和水生沒有了。再一找，姑娘和水生在山頂上並排站在那兒說話！

東霸江朝上看，還有老高的石砬子，往下看，江水像根線似的，別的什麼也看不清楚。嚇得他渾身直冒冷汗，頭發暈，眼發花，身子軟，腿發麻。姑娘對水生說：「叫他下去吧。」她用手一指東霸江，東霸江站不住腳，身子一軟，滾到大江裡去了。

這以後，水手們放排一經過這兒，再看砬子的倒影可不是姑娘一個人了，是她和水生兩口人並排站在一塊兒。

以後，這左右棒槌挺多，大夥都說，這都是棒槌姑娘和水生拿出他們栽的棒槌救濟水手和窮人的。

人參姑娘的傳說（之四）

從前有個小孩，不大點的時候爹就死了。日子沒法過了，娘就到本村一個財主家當傭人。一干十來年，累得落了一身病，不但沒攢下啥，反倒欠下財主一筆還不清的賬。因此，小孩剛到十一二歲，就成天到深山老林裡去打柴，挑到市上賣了還財主的饑荒。

一天，他進山去打柴，走到半路上，見一根紅頭繩掛在路邊的草上。他順手拾了起來。正在這時，忽然看見一個小姑娘慌慌張張地朝他跑來。這小姑娘年歲還沒他大，長得挺好看的，來到面前，看著他著急地說：「小哥哥，這頭繩是我剛才掉在這兒的，你把它還給我吧！」小孩二話沒說，就把頭繩給了她。小姑娘接過來扎到頭上，和一身綠衣裳一搭配，更漂亮了。她笑嘻嘻地對小孩說：「小哥哥，謝謝你了！跟我到家玩會兒吧。」小孩一聽好納悶：我成天在這裡打柴，咋不知道這裡還有人家呢？真想跟她去看看，但一想要打柴賣錢還饑荒，便搖了搖頭。小姑娘見他不去，說了聲：「明兒見。」就朝山裡跑去，一眨眼的工夫不見了。

第二天，小孩又進山打柴，果然看見小姑娘在老地方等他。看見他，便急忙迎上來說：「小哥哥，叫你到家你不去，咱們在這兒玩會兒吧。」小孩難得有人跟他玩，看天還早，就跟小姑娘玩了起來。不知不覺過了老半天，忽然想起還得回家幫娘幹點活，也顧不得去打柴了。趕忙抄起斧頭就要回家。小姑娘說：「你放心砍柴去吧，家裡的事我替你去做。」

小孩見她真心實意的，就答應了。告訴她自己家住在哪裡，一切交代清楚，才鑽到林子裡打柴去了。

天快黑的時候，小孩挑著柴擔子回到家裡。小姑娘果然把什麼都幹得一停二當。娘打心眼裡喜歡上了這個小姑娘，一個勁地對小孩誇她怎樣伶俐勤快，末了嘆著氣說：「我要能有這麼個閨女該有多好！」小姑娘一聽，接過話頭說：「大娘，你就收我當乾閨女吧。」娘真打心裡樂，馬上答應了，讓小孩趕緊叫「妹妹」，又讓小孩盛飯給她吃。她一見，急忙搖頭說：「俺不吃米飯。天黑了，俺要回家，往後我會天天來的。」娘叫小孩去送她，她不讓，一出門連影也沒了。

以後好些日子裡，小姑娘每天都和小孩在山裡玩上老半天，然後叫他去打柴，她回家給娘做飯、打雜。說也奇怪，打這以後，他們的日子好過多了，缸裡的米、罐裡的鹽、燈裡的油，再吃再用照舊那麼多。小孩就用打柴賣來的錢，還財主的債。這下可引起了財主的疑心。一天，他悄悄來到小孩家裡，看到了小姑娘，認出這是個棒槌精變的，就想去抓。誰知還沒等他進門，小姑娘眨眼工夫就沒影了。財主怕小孩娘倆知道了，先得了這個寶貝，便不聲不響地退了出來。

第二天，小姑娘又在山上和小孩玩了半天。臨分手的時候，交給小孩一把綠色的小扇子，對他說：「小哥哥，往後我再不能上你家去了，也不能在這兒跟你玩了，得搬到老遠老遠的地方去住。你要是想我，只要閉上眼睛，用扇子朝外扇幾下，就會見到我的。」說完就走了。

從此，小姑娘真的不到他家來了。小孩照舊上山打柴，每逢想她的時候，就照她教的法兒，掏出扇子閉上眼睛連扇幾下，他就騰雲駕霧飛了起來，等腳一點地，睜眼就見小姑娘在一座大石砬子前面等他。兩人就玩一陣子。不想玩時，就閉上眼睛再扇，立即就回到了老地方。一天，他挑柴去賣，等賣了之後去找小姑娘玩，但遲遲不見有人來買。他焦急地坐在柴擔子上，掏出扇子來玩弄著，一會兒合上，一會兒打開，恨不得立即扇幾下，飛到小姑娘那兒去。正在這時，財主朝他走來了。原來這傢伙打那以後老是留神著，可是小姑娘再也不露面了。如今一見小孩手中的扇子，他認出這是一片棒槌葉子，喜得嘴岔子歪到了耳朵上，就急忙上來搶奪。小孩一見，柴也不要了，閉上眼睛扇起扇子，眨眼不見了。財主看出了門道，知道扇子也是個無價之寶，便挖空心思想辦法，要把這把扇子弄到手。

一次，財主見小孩打柴回來了，就攔住他，死皮賴臉地纏著要看看扇子。小孩高低不讓他看，可是架不住他軟磨硬泡，心想，就讓他看一眼吧。他把扇子掏了出來，但是不遞到財主手裡，只把扇子打了開來，讓他站在幾步遠的地方看，看後又馬上收了起來。這傢伙見扇子不能到手，要奪又怕他再飛跑了，就騙小孩說，願意掏大價錢買。可不管他給多少錢，小孩硬是不賣。財主沒招了。忽然他又把眼珠子一轉，想起一個鬼主意，對小孩說只借一宿，明天一早就還他，這樣欠他的債，便一筆勾銷。小孩一聽，有點動心了，心想，這筆賬，俺娘倆還了好些年，越還越多，要是真能一筆勾銷了，那該多好！但是他又拿不定主意，說要回家跟娘商量商量。到家一說，娘也有點動心了，覺得反正就借一晚上，不會出啥事，於是就答應了財主，還囑咐小孩要跟住財主，別讓他把扇子給毀了。

財主一接過扇子，急忙往家裡跑去。在當院架起一口大鍋，裡面放上油和糖，在鍋底架起劈柴燒了起來。小孩在一邊瞅著，也不知他要搞啥名堂。等鍋裡的油翻花的時候，就見財主把扇子拿在手裡，大睜兩眼，拚命朝鍋裡扇了起來。

這一扇不要緊，就見小姑娘從半空中落了下來。財主見小姑娘真被扇了下來，口水一拖老長，哈哈大笑著說：「有這把扇子，你天大的本事也跑不了啦！」說著就來抓她。小姑娘朝他冷笑一聲，也不說話，右手朝頭髮上一抹弄，手中就攥著一枚綠鮮鮮的棒槌葉。那棒槌葉像氣吹似的，眨眼間就長大了，變成一把綠扇子。小姑娘拿這把扇子朝老財主猛勁扇了起來。就見那老財主像根雞毛似的，輕飄飄的，忽上忽下，這兒飄那兒蕩的。老財主被扇在半空裡一個勁地折跟頭打把式，嚇得嗚哇亂叫，一個勁地哀告求饒。

小孩在一旁看得呆了，也禁不住拍手叫好起來：「小妹妹，使勁扇，這傢伙太壞了！」小姑娘對老財主說：「你架上油鍋要油炸我呀！我叫你下油鍋吧！」只見她把扇子朝老財主左扇三下，右扇三下，上下各三下，那老財主就嘰裡咕嚕滾到油鍋裡去了。油鍋裡的油燒得滾燙，老財主掉進去，還沒容他喊聲疼，只聽「嘩」一陣響，就被炸煳巴了。

小姑娘和小孩手拉著手又回到家裡。娘一聽老財主心這麼狠，手這麼辣，恨得直咬牙根地罵，再一聽這老傢伙被炸煳巴了，樂得眉開眼又笑。

從這以後，小姑娘又天天到家裡來幫著幹這幹那的。他們三個人在一起，過得很快樂，也很幸福。

人參姑娘的傳說（之五）

早年間，長白山老林子邊上有一個屯落離最近的鎮還有七八十里地。屯裡住的都是奔挖參、搞山利落養家活口的山裡人。稍稍富裕點的，沒有在這兒居住生活的。這個屯裡的人有了病，也沒有銀錢請先生，頭痛腦熱也就扛過去了，病大發了，只好拖著。

單說這個屯裡有戶人家，娘倆過日子。兒子叫肖信，長得眉清目秀，又精又靈，什麼事一看就懂，一學就會。肖信十四五歲就跟把頭上山挖參採藥，一來二去也懂了些藥性。肖信二十歲這年，娘病了。肖信進林子採了幾樣藥熬給娘喝，不見效。眼看著娘的病一天天地大發了，把肖信愁得吃不下睡不著。看看實在無法，就托鄰居大嫂照顧娘，自己劃拉家裡的山貨底子，連宿搭夜地跑到鎮上山貨莊處理了，就直奔唯一的一家藥鋪，把手中的一點銀子都拿出來，人家勉強給開個方。肖信拿著方，沒有錢買藥。猛一想這些藥山上就有，自己還採過呢。肖信汗流滿面地到了家，娘的病又重了，肖信顧不得疲勞，提上把小鎬朝老林子奔去。幾天來，肖信又累又乏，著急上火，沒有好生吃一頓飯，渾身直冒虛汗。好歹挪進林子，就覺得眼前一黑栽倒在地上。肖信醒來，發現身邊坐著個十八九歲的大姑娘，一雙水汪汪的大眼睛正看著他，粉嘟嚕的臉蛋，笑盈盈的。肖信支撐著坐起來。姑娘問：「肖信哥，你好啦？」肖信明白自己是這個姑娘救醒的，心裡挺感激。咂巴咂巴嘴，甜絲絲的還帶點苦味，像似剛才給灌了什麼汁水。肖信一下想起娘來，忙要立起。姑娘說：「肖信哥，你才醒來，坐一會吧，別急！」肖信說：「我娘病了，我得趕緊找藥去呢。」姑娘咯咯笑了，像變戲法一樣從身後拿出一紮草藥，「你看，我早給你準備好了！」肖信驚喜地睜大眼睛，問姑娘：「你怎麼知道的？」姑娘笑著說：「你不是有藥方嗎？我把方改了，只用了三味藥，你娘吃了管好。」肖信心裡話，這個藥方是鎮上有名的坐堂先生開的，她給改了，能好使嗎？心裡疑疑惑惑的。姑娘看出了肖信的懷疑，便說：「快拿回去吧，保你娘好得利利索索的！」說完閃動著亮晶晶的眼睛看著肖信，肖信不由得不信了，伸手接過了草藥。姑娘又說：「我就住在石砬子後的紅松林子裡，屯裡誰有個大小病，來找我就行！」肖信惦記娘的病，謝了姑娘就往回走。走了幾步，回頭一看，姑娘早已無影無蹤了。肖信只好拿著藥回家了。

肖信的娘吃了一劑藥病就好了，左鄰右舍感到驚奇，都紛紛打聽。肖信講了經過，屯裡人都讚揚姑娘的心眼好，醫道高，也有人聽了姑娘的來歷，心裡直翻個。

肖信為了感謝姑娘，按照姑娘告訴的地址去找姑娘的家。進了林子，果然有一片紅松林。肖信面對著紅松林四下踅摸姑娘的家，就聽後面有人說：「我知道你今天要來，早就在這兒等你呢！」肖信回頭一看，正是上次送藥的姑娘，笑眯眯地站在身後。肖信謝了姑娘，和姑娘坐在花紅草翠的地上，嘮起嗑來。肖信喜歡上姑娘了，便鼓了鼓勁說：「我倆一塊過日子吧！」姑娘說：「肖信哥，我是個參姑娘啊，你不嫌我嗎？」肖信說：「我不嫌，我早有個約莫呢！」姑娘紅著臉點了點頭。

肖信從林子裡回家來，領個俊媳婦，可喜壞了娘。屯裡人有個大病小患的經參姑娘一治就好，屯裡的日子一天天紅火起來。一來二去，鎮上的窮苦人也紛紛奔到山裡求醫。參姑娘是有求必應，分文不取，手到病除，聲望越來越大，人們都叫參姑娘為「參醫姑娘」了。山裡山外的人都找參姑娘看病，鎮上那家藥鋪可沒生意了。藥鋪掌櫃的氣得咬牙切齒。知道自己對付不了參姑娘，想來想去，想到派人到營口請老客來拿治參姑娘，既可除去心頭恨，又能發筆大財。

這一天，老客到了。藥鋪掌櫃的和他帶著應手的東西，裝扮成求醫的，騎著馬，混在求醫的人群裡進山了。參醫姑娘和肖信一早起來，就開始接待來看病的人。眼看只剩下掌櫃的和老客了，正在這時，肖信起身到後屋拿藥，老客一下抱住了參醫姑娘。掌櫃的挺麻溜地用紅線纏住了參醫姑娘的腰。參醫姑娘只喊了聲：「肖信！」就現了原形。一束紅線拴在一苗大棒槌上，鬚根還微微地抖動著。老客和掌櫃的拿了人參衝出屋去，翻身上了馬。肖信聽到喊聲，從屋後跳出來一看，參姑娘沒有了，知道不好，攆出屋去時，只看到兩匹馬奔出山去。

肖信喊著叫著拚命追趕，屯裡人知道了也趕了來，沿路追去。鎮子上來求醫的人聽到後邊喊聲連天，見兩匹馬落荒而來，知道有事，都停了下來堵在前面。老客和掌櫃的雖然騎在馬上，可這山裡的道坑窪不平，石頭流星的，倆馬也慌了，一失前蹄，倆壞種栽了下來，磕得鼻青臉腫，手中的大棒槌也甩在道邊的草叢上。人們圍了上來，一看人參都明白了。一個老人親手解開了紅線，只見人參一打挺，參醫姑娘站在大家面前，蒼白的臉上閃著笑意，躬身向大家致謝。

憤怒的人們把剛甦醒過來的老客和掌櫃的押回了鎮上，把藥鋪也搗毀了，老客和掌櫃的在人們的唾罵聲中驚慌地逃離了這一帶。

以後，參醫姑娘和肖信邊行醫，邊教人們栽培人參和各種藥草，這一方的人們個個健康安樂，園參的栽培也多起來，一直到現在。

王希傑（蒐集整理）

人參姑娘的傳說（之六）

長白山裡泉水叮咚，流水潺潺，滋養出滿山秀色，孕育了奇珍異寶。為什麼長白山泉眼這麼多，流量這麼大？聽老一輩人講，是參女和成泉打碎了天上的玉鏡，後人才喝到了甘甜的泉水。

傳說，很久以前，玉皇大帝和王母娘娘想在人間選一處避暑勝地，既可以享受清涼世界，又可以觀賞人間秀色。他們選來選去，最後看好了長白山。

王母娘娘拿出兩面玉鏡，把一面變成了天池，另一面高掛在半空中。兩面玉鏡相互輝映，水在雲上，雲在水間，真是天上人間。每當盛夏時節，玉皇大帝和王母娘娘就帶領仙女們趕赴長白山，他們坐在掛在半空的玉鏡上，看鳥囀參果，鹿銜靈芝，蚌吐珍珠，熊舔蜂蜜，真是開心極了。仙女們時不時還下到天池中游泳，天上水中傳來陣陣快樂的笑聲。

他們離開的時候，就讓南海龍王的四個兒子黑龍、綠龍、黃龍和白龍把守。這龍兄龍弟噴雲吐霧，把兩面玉鏡全部籠罩起來，遠遠望去只見雲氣氤氳，祥光四射，人們卻走不進去。

有一年，山東大旱，有個叫成泉的小夥子就來到長白山挖野山參。他年輕、勤快，又肯出力，很快就熟悉了長白山裡的環境，成了棒槌鳥和小松鼠的好朋友。

這天，成泉選準了一處山景，搭了一個窩棚，開始放山。正午時分，他剛想找個地方休息一下，忽然看見一個姑娘邊喊「救命」邊向他跑來，仔細一看，後面還緊跟著一個穿綠衣服的大漢。成泉很奇怪，這附近的環境自己已經很熟悉了，沒有什麼人家，從哪來了這個姑娘和大漢？

他來不及細想，上前攔住了綠衣大漢，「你一個大男人怎麼能欺負姑娘？」綠衣大漢一愣，接口說道：「我想娶她做老婆，好狗不擋道，你算哪門子神仙？」那姑娘喊道：「誰稀罕嫁給你，你是仗勢欺人！」綠衣大漢上前就去抓那姑娘，成泉一擋，綠衣大漢就和他撕打起來。

幾個回合下來，成泉力氣不支，被推倒地上。綠衣大漢接著去抓那姑娘，成泉氣急了眼，撲過去抱住了大漢的腿，順手抓起背筐的斧子照那大漢的腳就是一下子。只聽一聲霹靂，接著一陣急雨，那大漢不見了。

成泉嚇得目瞪口呆，一時摸不著頭腦。那姑娘走上前扶起他：「實話告訴你吧，我是千年野山參修練成人，那個大漢是東海龍王的二兒子綠龍。那綠龍既懶又饞，享受這滿山奇珍異寶還覺得不夠，想霸占我為妻。我知道你是一個實在人，你要不嫌棄，咱倆一塊過日子吧。」成泉看著這個頭頂參籽的俊俏姑娘，心裡還有些犯嘀咕。那人參姑娘說：「放心吧，我不會害你，我嫁給你，那綠龍可能就會死了心，這長白山也能清靜清靜。」成泉一想，反正自己也是單身，樂不得地同意了。

再說這綠龍，從東海來到長白山，開始還挺賣力，時間一長就現出了又懶又饞的本性。大哥黑龍管得緊，他還不敢怎麼的。北海龍王感覺冰宮融化，請黑龍去那裡幫助出主意、想辦法。綠龍這回成了老大，就想把長白山所有的奇珍異寶據為己有，他尋吃找喝，連唬帶嚇，弄得烏煙瘴氣。兩個弟弟黃龍和白龍勸不了他，只好任他折騰。

飽暖思淫慾，這綠龍又看中了人參姑娘，厚著臉皮去求親，遭到拒絕後又想來硬的，結果挨了成泉一斧頭，逃回了天池。他是又生氣，又不甘心，大發淫威，吸乾了長白山所有湖泊、沼澤裡的水，限令老百姓獻寶上貢，不然就不行雨放水。這下可苦了長白山裡的老百姓，大家這個恨哪，可被綠龍掐住了脖子，只能忍氣吞聲。

成泉和人參姑娘的好日子還沒過多久，見綠龍禍害百姓，心裡發悶，愁眉苦臉。人參姑娘見成泉愁眉不展，心裡也不好受。她心一橫，對成泉說：「你要是真想為百姓造福，我倒有個辦法成全你。要想和綠龍鬥，必須要有四件寶貝——人參千年籽、巨蚌懷中珠、鹿王頭頂角和貂王身上衣。我把參籽拔掉給你，千年的修行就沒了。你快去找另外那三件寶貝吧。」說著，她一把拔掉頭上的參籽，面色隨即變得慘白。「我還能挺七天，你找到其他寶貝後，回來咱們一起去鬥綠龍。」

成泉又感動，又心酸，揮淚告別人參姑娘，先奔湖泊去尋珍珠。他來到已經乾涸的湖底，按人參姑娘教的辦法，用索撥棍用力地敲了湖底三下。巨蚌從泥土裡鑽了出來，聽成泉說完後，毅然掏出了懷裡寶珠。成泉又在山頂岩洞裡找到了鹿王，鹿王決然撞向岩石隨即昏了過去。成泉手持鹿角流著眼淚去紅松王樹下找貂王，貂王為難地跳上跳下，最後忍痛脫下皮衣，隨即死去。成泉的心都要碎了，他下定決心要和綠龍拚個你死我活，哪怕同歸於盡。

在人參姑娘的帶領下，成泉走近了霧氣瀰漫的天池邊。他吃了人參姑娘的千年參籽後，只聽全身「嘎吧、嘎吧」一陣作響，他長高到了十丈，渾身充滿了力氣，眼睛也看透了迷霧。人參姑娘說，「你穿上貂王皮後，就可以分水進入天池。找到綠龍，你用鹿王角猛擊龍角，抓住綠龍的尾巴靠近天上的玉鏡，用珍珠打碎玉鏡，那樣甘泉就會撒滿整個長白山。」

成泉跳進天池裡，說也奇怪，那貂王皮竟然一點水珠也不沾，天池水自動分出一條路來。他順利地找到了綠龍，綠龍正喝得醉醺醺地，也眼看到成泉，想跳起來卻沒了力氣。成泉用鹿王角猛砸龍角，綠龍受不了疼痛，就向天上的玉鏡逃去。成泉抓住龍尾，瞅準機會猛地把珍珠砸向玉鏡。黃龍和白龍來不及阻攔，只聽「轟」的一聲巨響，天上的玉鏡被砸得粉碎，碎片四散迸飛。

玉鏡的碎片飛到哪裡，哪裡就出現了一眼汩汩流淌的泉眼。整個長白山佈滿了大大小小的泉眼，泉水流到哪裡，哪裡就充滿了勃勃生機。成泉被震到山腳下昏死過去，人參姑娘趕過去抱著他失聲痛哭。泉水在他們身邊流淌、翻湧，慢慢地兩個人也變成了清澈的泉水。這兩股泉水相依相偎，上下翻滾，盡情纏綿。

據說，長白山維東邊防站附近的夫妻泉就是他們變的。這夫妻泉是由一冷、一熱兩股泉水會合在一起形成的，長白山的老人說，熱泉是成泉變的，他穿的是貂王皮，所以熱水橫溢；冷泉是人參姑娘變的，她因為摘掉了千年參籽，身體發冷。老人們還說，那顆珍珠變成了王池，鑲嵌在萬畝花園裡；那兩根鹿角變成了松樺戀，它們緊緊地抱在一起，守護著長白山。

天上的玉鏡一碎，綠龍怕玉帝責罰，貓著腰貼著地皮向南海跑去，他犁出了錦江大峽谷，變成了鴨綠江。黃龍和白龍見自己失職，感覺無顏回家見父母，白龍向東海跑去，變成了圖們江。黃龍本來往北跑去北海龍王那裡找大哥，見小弟白龍去了東海，就轉身向東追白龍，他變成了松花江，他停腳轉身的地方後來就被叫成黃龍府。黑龍回天池正走到半路上，見兩個弟弟都奔向了東海，也呼嘯著追了過去，變成了黑龍江。

人參姑娘的傳說（之七）

早先年一出船廠，全是黑沉沉的老林子。龍潭山上的樹，一棵挨著一棵，只有紅日當午時才能看見太陽。那時候林子裡有的是珍禽異獸。在龍潭山南天門的砬子尖上，還長著一苗小參。這苗參總在千年以上。船廠曾有人看它變成個美麗的姑娘，到松花江裡和小白龍相會。每年到了棒槌開花的季節，站在江邊上就能看見江水裡映出紅豔豔的鎯頭，江水都被染成了粉紅色。船廠的人都知道，南天門上有棵寶參，放山的人一個跟著一個登上龍潭山，攀上南天門，想法挖這苗參，走到跟前卻是一片雜草，尋不到寶參的影子。回到江邊一看，紅豔豔的鎯頭仍然映在江裡。放山的人再爬上南天門，還是看不見寶參的影子。

江東岸團山子根兒上有個小窩棚，四外圍著樺樹皮，頂上壓著烏拉草，窩棚裡住著娘兒倆，兒子不滿三十，媽媽六十出頭，兒子叫關強，靠打魚為生。他每天都披星戴月、起早貪黑地到江裡去打魚。魚打來了，就挑到船廠去賣了，換些五穀雜糧，回來度日。一天，媽媽受了風寒，渾身發燒，嘴邊都起了燎泡，病勢一天比一天嚴重。關強到船廠找來個薩滿，請神一看，說是因為沖了喪門，才招災降禍，要燒七七四十九天香、上七七四十九天供才能免去災禍。關強為了給娘治病，只得照著薩滿的話做了。每天賣了魚，買來雙料高香，應時果品給喪門上供。薩滿隔七天來一道，說是驗看香火旺不旺，供果好不好。二十一天過去了，薩滿來了三趟，一看香火不斷，供果淌桌，心裡非常滿意，吃喝一頓，他就把供果背走了。可是媽媽的病不但沒好，反而加重，不能吃，不能動，一天只喝幾口鯽魚湯。關強愁得吃不下飯，睡不好覺，望著昏迷不醒的媽媽，整天唉聲嘆氣，夜裡睡不著覺他就想，都說南天門上的寶參常下山給人治病，給窮人消災去禍，我媽病成這個樣子，寶參咋不來給扎古扎古啊！關強正在想著，忽然覺得從迎面吹來一股風。抬頭一看，是個美麗俊俏的姑娘站在眼前。兩隻大眼像一汪水似的望著自己。關強暗想：近處沒有人家，深更半夜的闖進來這個姑娘，這是咋回事呀！正在他驚疑之間，姑娘卻開了口：「關強，咱們是近鄰，我是來給你媽媽治病的。這件事可不能對外人說呀。」關強一聽更疑惑不解。這一帶前有大江，背有高山，只有我這一座小窩棚，哪裡有啥近鄰呀！這時就見姑娘拿出一把藥放在碗裡，走到水缸跟前，舀一瓢水把藥泡上。頓時，滿屋裡都飄著藥香。姑娘扶著老媽媽把藥灌下去，扭臉沖關強一笑就走了。關強望著姑娘走出了窩棚。忽然媽媽說話了：「孩子，你看啥呢？」關強一聽媽媽的聲音，轉身一看，媽媽睜開眼睛正望著自己。關強暗想：這姑娘真是好醫道，藥到病除，他連忙架火給媽媽燉一條鯽魚，這天夜裡，娘兒倆都睡得很香甜。

第二天晚上，姑娘又來了，還和昨天一樣，給媽媽灌下藥，瞅關強一笑就走了。三天過去，媽媽的病真好了，娘兒倆都感恩不盡。媽對兒子說：「你見了姑娘得好好報答報答人家呀！」關強心裡想。咋個報答呀，連姓名都不知道。正在這時，薩滿推門進來了。他搭眼一看，老太太正在炕上做針線，就問關強：「你娘的病好了，這都是燒香上供感動了喪門。」關強心直口快，沒等薩滿住口，就搶著說；「我媽的病好了，壓根兒礙不著燒香上供的事兒，若不是那姑娘……」關強語吐半截，忽然想起來姑娘的囑咐，話到嘴邊又嚥回去了。

薩滿見關強吞吞吐吐的，料到其中必有緣故，便追問道：「你說，到底是誰來給你娘扎古的病？」關強沒言語，薩滿還是不住嘴地追問。關強便把實話對薩滿說了。薩滿聽關強講完，兩個賊眼幾裡咕嚕一轉，心裡琢磨，這準是南天門上那苗寶參。聽放山的人說，寶參常化成人來到江邊給人治病，這姑娘莫非就是那苗寶參？想到這兒，他轉身返回船廠去了。

龍潭山南天門上有寶參的事兒，早就傳到清朝一個將軍的耳朵裡了。他晝思夜想要把這苗寶參弄到手，送到北京，獻給皇帝，萬歲爺一高興，准賞個肥缺。於是就在城門上貼出告示，說能獻寶參者，賞銀千兩，賞七品頂戴。半年過去了，也沒有人來獻寶參。薩滿看了告示，就留了心，到處探聽寶參的下落，後來看見放山的人都空著手回來了，也就洩氣了，不料來給關強他媽治病，卻得到了寶參的消息，於是趕緊去向這位將軍報告。將軍樂得合不上嘴了，急忙命令戈什，帶二十人，跟著薩滿去捉寶參。

戈什帶著人到江沿上了船，船到江心，瞧見南天門上的寶參清清楚楚地映在江底，薩滿對戈什說：「看見了吧，這就是南天門上的寶參，她每天夜裡都下山給關強他媽治病。我們先到江上玩一會兒，等太陽落了，抽冷子闖進窩棚，捉住寶參，用紅絨繩一拴，咱就回去領賞吧。」戈什樂得合不上嘴，他又低下頭朝江裡瞧瞧，看見寶參忽然變成美麗俊俏的姑娘，正衝著船招手呢。薩滿說：「她就是寶參變的，今晚上十拿九穩能送到將軍的書房裡。」薩滿正說著，只見江裡的寶參姑娘引著一個白衣少年站在江面上，那姑娘沖船一揮手，白衣少年縱身一躍，隨即化成一條十九丈長的白龍，張牙舞爪地朝船頭撲過來，白龍掀起一個浪頭，就把船捲進江底。戈什和薩滿全都淹死了。待波平浪靜以後，龍潭山南天門上的寶參，還清清楚楚地映在松花江上。

摘自《滿族民間故事選一》

人參姑娘的傳說（之八）

在長白山根兒底下有個大湖，湖當間兒有個立陡立陡的大石砬子。石砬子上邊有個大瀑布，那水呀，像天河開了口子似的流進湖裡，水花迸起老高，怪好看的。放山人都想上石砬子頂上開開眼界，可誰也沒去成，傳說就張小山哥兒倆上去過。

提起張小山這人，命可苦啦，八歲喪了爹，九歲死了娘，只靠比他大五歲的張大山挖參、打柴過日子。小山十八歲那年，大山跟一幫鬍子到山外搶了些財寶回來，用這筆橫財雇了些夥計，在船廠開個山貨莊，娶了老婆，就把小山攆了出去。小山只好到山溝搭了個地戧子，孤苦伶仃地混日子。

一天，小山在湖邊打柴，看見一個穿著七色彩裙的姑娘，抽抽噎咽哭得怪傷心的。小山問這姑娘為啥哭，姑娘撩起彩裙擦擦眼淚說：「我爹爹被毒蛇纏住，眼看把血都吸乾了，一直也沒找到解救的人。」小山急忙問：「你家住在哪裡？」姑娘說：「就在那石砬子頂上。」小山一愣神兒心想：湖水這麼深，砬子又那麼陡，怎會有人家呢？他尋思一會兒說：「我有心幫你，可惜我上不去呀！」姑娘擦擦眼淚，露出幾分喜色說：「哥哥真能幫忙的話，我能領你上去。」小山就點頭答應了。姑娘從懷裡掏出一把七色羽毛小扇，打開扇子，輕輕地扇了三下，大砬子上空立刻飄來一朵雲彩，接著就下起雨來。雨剛過，一條七色彩虹從大石砬子的瀑布上跨過大湖，一直伸到小山跟前。姑娘拉著小山的手，登上了彩虹，原來是一座七彩拱橋。

小山跟著姑娘來到大石砬子頂上，姑娘把他領到瀑布後面一塊怪石旁邊。小山一看，一條毒蛇纏著一苗大棒槌，正在舔那紅鎯頭。小山手疾眼快，抄起砍柴大斧狠狠地向毒蛇砍去。只聽「咯嚓」一聲，毒蛇被切成了兩段。

姑娘見毒蛇死了，樂得兩眼直閃淚花。她拉過小山，又問名姓，又嘮家常。倆人嘮了半天，小山見天黑了，忙著要回去，姑娘送他回去了。走到湖邊時，姑娘說：「日後你要是想我，就對著大石砬子高喊三聲『彩虹姑娘』，我就來接你。」話音剛落，姑娘不見了，彩虹也消散了，只是在小山的扁擔鉤子上掛著兩苗小三花。

小山把兩苗小三花交給他哥哥，大山把嘴一撇，說那是兩棵不值錢的小玩意兒，只給了小山兩弔錢。過了些日子，小山又到湖邊打柴，想起了彩虹姑娘，就對著大石砬子高喊三聲「彩虹姑娘」。喊聲未了，姑娘果然來到面前，笑呵呵地說：「小山哥，你咋才來找我呀？可把我想壞了！」她又掏出七色羽毛小扇，向空中扇了三下，把小山領到大石砬子頂上了。他倆來到那塊怪石旁邊，見那苗被毒蛇舔過的大棒槌比以前精神多了，只是傷口還沒長好。小山給那苗大棒槌培些土，除掉旁邊的雜草，留下幾棵大葉草給棒槌遮陰涼。彩虹姑娘笑眯眯地對小山說：「我爹說了，等他病好之後，讓你也到這裡來住呢。」

彩虹姑娘讓小山抬幾苗棒槌拿回去賣些錢花。小山精心在意地躲過那些二甲子、六品葉，生怕碰上彩虹姑娘和她爹，只抬出兩苗巴掌子。姑娘看他這個老實勁兒，歡喜地說：「小山哥，你真是個好人啊！」她又給小山兩苗六品葉，讓他自己到船廠去賣。

小山到船廠賣了八百兩銀子。他有了錢也捨不得亂花，就買了三間新房，把過日子用的一應東西置得齊齊全全。

大山兩口子聽說小山得到寶參發了家，總來追根問底。小山知道哥哥心毒手狠，不敢告訴他實話。可是大山的老婆鬼門眼子多呀！她買了些酒肉，包了餃子，把小山請回家來，熱乎乎地說：「二弟呀，老人都不在了，就留下你們哥兒倆，誰能有吃一個奶頭長大的弟兄親呢！以後洗洗涮涮、縫縫補補的就別見外。」在酒飯桌上，大山兩口子你一盅我一杯地把小山灌醉，小山酒後失言，把心裡話說了出來。大山一聽，眼珠子一轉，計上心來。等小山睡著了，他偷偷地穿上小山的衣裳，扛起小山的扁擔，拎起砍柴大斧，把抬棒槌的家什藏在身邊，就向大湖跑去。大山照小山說的那樣，向大石砬子喊了三聲「彩虹姑娘」。姑娘真的來了。她一時沒認準，就把大山領到大石砬子頂上了。

大山見到那一片大棒槌，眼睛都紅了，掏出斧子和扦子，盡挑那些五品葉、六品葉往出抬，抬出這苗拾那苗，累得那汗水呀滴答滴答地從頭上往下直落。彩虹姑娘瞅著這情景，心裡起了疑。她想，小山不這麼貪呀！就不高興地說：「抬幾苗中啦，快走吧，彩虹橋一散就回不去了。」大山裝作沒聽見，還是一個勁兒地抬。彩虹姑娘一連催他三次，他壓根兒沒在乎。抬著抬著，大山猛一抬頭，看見了怪石旁邊的那苗大棒槌，就慌忙奔了過去。彩虹姑娘一見急喊：「快走！快走！彩虹橋散了！」大山哪肯放過這棵大棒槌，伸手剛摸到掛滿露水珠的大棒槌葉子，忽聽一聲轟響，大山回頭一看，彩虹橋真的慢慢消散了。這下子他可毛丫子了，急急忙忙往橋上跑去。剛邁出幾步，雲開橋斷，彩虹也沒有了，貪心的大山一頭栽進大湖裡去了。

就在這夾當兒，湖邊跑來個山貨老客，喊「彩虹姑娘」。姑娘一見，羞得退後幾步，剛想問話，只聽那人說：「彩虹姑娘，你不認識我啦？我是小山。」原來小山酒醒後，知道哥哥冒充自己去挖棒槌精，就急忙穿上他哥哥的衣裳，跑來送信。

姑娘一聽，可高興了，說：「我看他那個貪勁兒就猜出不會是你。這回來了，就別走啦，反正我爹也答應了。」說完這話，又掏出七色羽毛小扇，向空中輕輕地扇了三下，她拉著小山的手，一步一步地登上彩虹橋。

打這以後，小山再也沒有回來過。畢成山（講述）

梁樹銘（蒐集整理）

人參姑娘的傳說（之九）

說這話離現在也有一百多年了。那時候長白山裡棒槌還不多，懂得放山的人也少，只有幾個貪財的把頭常在老林子裡轉轉。

就在這塊地方，有個小屯堡，幾十戶人家，除了一家開店的以外，都是腳站在莊稼地裡過日子。屯子裡有一家姓劉的，娘倆，老太太六十來歲，有病趴炕一年多了，家裡家外只依靠兒子劉義一個人，真夠小夥子受的，除了上山打柴，下田種穀，回家還得做飯和侍候老娘。可是老太太的病一天比一天厲害，劉義難為壞了，近處沒有醫生，到城裡吧不光花不起錢，就是道也走不起，又不忍心看著老娘等死。

這一天劉義又從山上回來，挑著一擔乾柴，無精打采地低個頭往家走。走到半山腰，只聽「哎喲」一聲，抬頭一瞅，見一個女人讓前邊的柴火捆撞倒，滾到山下去了。劉義扔下擔子，就在後面撵，跑到山下忙把女人扶了起來，一看是個小媳婦，穿著紅褂綠裙，頭上插朵紅花。小夥子過意不去，連連賠禮：「大嫂，對不起，實在沒看到！不知摔傷沒有？」

小媳婦抿嘴一笑說：「沒什麼，也沒摔壞。」她抬頭看看劉義愁眉苦臉的樣子，問道：「你好像有什麼愁事似的？」

劉義也不隱瞞，就把老娘得了重病，請醫生無錢的事，從頭說了一遍。說完，眼淚就在眼圈上轉。小媳婦看他這個樣子，很是可憐，嘴裡嘟囔著：「噢，是這麼回事！」愣了一會兒，彎腰從地上拔出一棵草，還結著紅籽，葉子油綠，根子雪白，遞給劉義說：「你拿家去，把根子熬水給老娘喝了，病就會好。」

劉義趕快接過來，向小媳婦道了謝，也不顧柴火了，抬腿就跑。到家裡，把那棵草的綠葉紅籽掐下來扔到後院，根子熬水讓母親了。果然，老娘的病立時見好，不幾天的工夫就能下地了。

娘倆這可樂壞啦，一心要當面謝謝小媳婦。劉義打聽遍了全屯子人，誰也不認識這個小媳婦，更不知是誰家的，住在哪裡。一天，劉義走進了屯中的小店，聽後屋房裡有女人哭哭啼啼的聲音，去一看，門還上著鎖。他覺得奇怪，順著門縫往裡一瞅，正是他找的那個小媳婦，身上被紅絨繩綁著，臉色煞白。小夥子不由怒火衝天，急忙來到前屋櫃檯，想找店掌櫃打聽這是怎麼回事。只見個穿得非常闊氣的老闆和一個放山把頭談買賣。老闆拿出一大堆白花花的銀子，送到把頭的眼前說：「好，你要五百兩，我就給你五百兩。咱可一言為定，不准打賴！」他往後屋一指，得意地說：「實話告訴你吧，你挖的那不是一苗普通的大山貨，是個棒槌精，會變人形呢！」

劉義聽到這裡才明白過來，又悄悄地回到了後屋，四處瞅瞅沒人，忙把窗戶撬開跳進屋裡，沒等小媳婦吱聲，他便上去把身上的絨繩拽斷，說：「你快走吧，他們想禍害你！」小媳婦朝劉義擺了手，一眨巴眼睛的工夫就不見了。劉義又從窗戶跳出來，按原來樣子關好。等老闆和把頭來拿貨的時候，屋地下只剩一根紅絨繩，兩個傢伙都傻了眼。

小媳婦到哪兒去了，誰也不知道。可是從這以後，劉義扔過參葉的院子，長出來一片棒槌。屯子裡誰有什麼病，他就送給誰幾棵，他熬水喝，喝了棒槌水的病人，不幾天病就好。於是，大夥就給起了名字叫「救命草」。

李文瑞（編）

長白山人參娃娃的傳說（之一）

傳說很久很久以前，在長白山腳下住著一戶人家，這戶人家就祖孫兩個，爺爺和十歲的孫子娃娃，他們的生活很艱苦，但是在這白雪皚皚的山腳下，他們的心中充滿了快樂，每天娃娃都要上山幫爺爺砍柴，然後一起把柴火拿到鎮上去賣，這是他最快樂的事情，在那深深的白雪裡面行走，像走在厚厚的棉花上，這也許就是娃娃在貧苦中所能找尋到的快樂吧！能有什麼可以和家人在一起的日子更幸福呢？

忽然，有一天，在一個北風呼嘯的晚上，爺爺發起了高燒。第二天，爺爺就不能起床和娃娃一起上山了，而且爺爺咳嗽得很厲害，娃娃擔心極了，怎麼才能讓爺爺好起來呢？

娃娃聽人們說：在長白山很遠的山裡面，有一個人參娃娃，可以救命，於是娃娃準備好行囊，冒著大風雪上路了，娃娃走啊走，餓了找野果子吃，渴了吃一口雪，他沒感覺到辛苦和勞累，因為他心中有信念：那就是一定要救活自己最愛的人——爺爺。翻過了一座又一座山，憑著自己的聰明，躲過了凶狠的猛獸，不知道走了多遠的路，也不知道過了多久，娃娃一邊走，一邊尋找著。

終於，有一天，在一個四周都是白雪覆蓋的高山下的山坳裡，那裡一片綠色，蝴蝶在鮮花上面飛舞，小鳥在林中歌唱，一群漂亮的光著身子的孩子在互相追逐玩耍，娃娃剛想和他們說話，他們一看見娃娃來了，嗖的一下不見了，娃娃很納悶，但馬上他就明白了，他終於找到了他要找的東西。娃娃找了一棵最大的，因為要救爺爺，但是娃娃沒有把所有的都帶走，因為他知道貪婪會帶走一切美好的東西，也許會把他手上的東西也帶走的。

娃娃帶著人參娃娃急衝沖地回到家裡，把它喂給了奄奄一息的爺爺，爺爺馬上好了起來，又和娃娃簡單快樂地生活在這片土地上。

長白山人參娃娃的傳說（之二）

很久以前，相傳在山清水秀、風光旖旎的山東沂蒙山區的蒙山上，生長著許多人參。其中兩棵活了上千年，有了靈性，變成了人參娃娃，夜晚經常在山中玩耍。晴朗的月夜，有人在山上見過他倆的身影——一男一女，白生生、胖乎乎的，腰裡圍著耀目的紅兜兜，蹦蹦跳跳，十分可愛。

有一天，遠處來化緣的一個黑心和尚得知此事，便想抓到人參娃娃。他就騎著一頭毛驢，帶著清風、明月兩個小和尚來到蒙山上，建了一座不大的寺，起名叫明山寺。他來後無心唸經，白天睡覺，夜晚在山上東遊西逛到處尋找。這兩個小和尚白天為他砍柴、做飯、割草、餵驢，晚上舂米到深夜，吃剩飯、穿破衣，還經常挨打受罵。

有天晚上，黑心和尚又外出尋找去了，清風、明月正在舂米，只見門外站著一男一女、兩個圍著紅兜兜的白胖娃娃，他倆怯生生地說：「我倆幫你們舂米好嗎？」清風、明月正愁舂不完呢，就答應了，他們四人一會兒就把稻穀舂完了。從此以後，每當黑心和尚外出的夜晚，倆娃娃就來幫忙幹活，然後一塊玩耍，有說有笑，快活極了。

有天夜晚，黑心和尚回來特別早，發現了人參娃娃在屋裡玩耍，就輕輕地推開門，貓腰去抓，但人參娃娃立刻不見了。黑心和尚眼睛賊溜溜地轉了幾轉，對清風、明月說：「我給你倆每人一根帶著一綹紅線的針，等胖娃娃再來的時候，偷偷把針別到他們的紅兜兜上，鬆開線，到時候，你倆就可以常跟他們玩了。」清風、明月信以為真，高興了大半夜。又到了晚上，兩個胖娃娃來了，他倆留著胖娃娃玩了一會兒，依照吩咐別了針，鬆了線。

第二天早晨，黑心和尚早早起來，順著彎彎曲曲的紅線向前尋去，直到傍晚才在大山樹叢深處挖出人參娃娃。黑心和尚暗自高興：「嘿嘿，我就要脫胎換骨立地成仙了⋯⋯」

他悄悄來到廚房，把人參娃娃放到鍋裡，搬來一塊大石頭壓在鍋蓋上。叫來清風、明月說：「你倆只管燒火，不許打開，否則就要你倆的小命。」說完就沐浴更衣去了。

清風、明月剛點著了火，忽然一股異香從鍋裡飄出來，就聽裡面喊：「救救我們。」他倆互相看了一眼，壯著膽子掀掉石塊打開鍋蓋一看：「啊？是那兩個胖娃娃。」清風、明月知道上了當，他倆不顧一切把兩個好朋友抱出來，讓他們從後院逃走了。臨走時，倆娃娃感激地塞給每人一個不知名的小山果，並告訴他們遇到危險，把它放到嘴裡，說完身子一閃不見了。

一會兒，黑心和尚回來，發現清風、明月放走了參娃娃，就拿著荊條去抽他倆。清風、明月趕緊把小山果含到口裡，只覺渾身發輕，雙腳離地。他們趕忙抓住拴在桂樹上的毛驢韁繩，沒想到毛驢和桂樹也拔地而起，向天上升去，樹根上夾帶的石塊、泥土落下來，正巧砸到黑心和尚的頭上，頓時他腦漿塗地，一命嗚呼了。

清風、明月升到九重天上，被王母娘娘派給萬壽山五莊觀的鎮元子仙人，做了看守「人參果」的仙童；那頭毛驢在天上東遊西逛，正巧被張果老碰上，收留當了坐騎；那棵桂樹被月宮裡的嫦娥攔住，栽到了月宮門前。晴朗的月夜，我們還能看到月亮上桂樹的影子呢！

逃出虎口的參娃娃，不願繼續在蒙山上久住，便帶著他們的家族，離開了沂蒙山區，遷到我國東北大森林，在那裡安家落戶，繁衍生息。

這個故事雖然是個民間的神話傳說，但是，東北人參的藥用價值是婦孺皆知的。事實早已證明：野生動植物資源是人類的朋友，是人類的寶貴財富，我們一定要嚴加保護和合理利用。

長白山人參娃娃的傳說（之三）

小罕子，八九歲的時候生母就去世了，他的繼母叫那拉氏・肯姐，是小罕子父親塔克世的第二個妻子。肯姐對小罕子兄弟很不好，她每天都要讓小罕子兄弟上山打柴、採蘑菇、挖人參等，而且每次都規定一定的數量，如果小罕子兄弟完不成她交給的任務就會挨打。肯姐是哈達部首領王台的女兒，從小嬌生慣養，小罕子的父親也很怕她，所以小罕子和弟弟被打時，父親也很少管。這樣肯姐就更加肆無忌憚了，一有不對便會拳打腳踢。

有一次小罕子同往常一樣被繼母逼著上山打柴。小罕子正打柴時，忽然看見前頭來了個小孩，這個小孩有五六歲的樣子，長得白白胖胖的，身上只穿了個小紅肚兜，頭上紮了個向上翹的小辮子，好看極了。小孩一蹦一跳地來到小罕子面前說：「小哥哥，陪我玩會兒好嗎？」小罕子說：「我可不能陪你玩兒，我還得打柴呢，要是打不夠柴，回家又要挨打了。」小孩說：「你陪我玩，我幫你打柴還不行嗎？」小罕子說：「你太小了，你根本幹不了這活。」可小孩還是央求著，當小罕子看到小孩那充滿淚水的眼睛時，他心軟了。他放下手中的活對小孩說：「那我只能陪你玩一會兒。」於是小罕子陪那小孩玩去了，他從沒有像今天玩得這麼高興過，不知不覺太陽已快落山了，小罕子忽然想起來他今天的柴還沒打夠呢，這下可壞了，回家一定又要挨打了。小孩看著小罕子著急的樣子也很過意不去，不等小罕子說話就跑進樹林裡，不一會兒小孩又回來了，還抱了一大捆柴火，跟小罕子打的柴加在一起就足夠了。小罕子見後高興地說：「沒想到你這麼大點也能幹活。」小孩說：「那你明天還來陪我玩嗎？」小罕子只好答應他。就這樣，小罕子每天都到山上陪小孩玩，小孩也每天都幫小罕子打柴。

一天，小罕子和平常一樣上山打柴，陪小孩玩。他倆玩著、玩著，不小心滾到了泥坑裡，弄得兩人滿身都是泥水，小罕子倆也沒在意。回到家繼母一看小罕子滿身是泥就來了氣，舉手便打小罕子，並追問他又到哪兒淘氣去了。小罕子不肯說，她就狠狠地打，打得小罕子再也挺不住了，只好說出了和小孩玩耍的事，肯姐又追問小孩的樣子，小罕子也照實說了，肯姐聽後一愣，因為她小時候聽父親說過，山中生有千年以上的老山參，可化為人形，而且正像小罕子遇到的那個穿紅兜兜的小孩樣子。想到這裡，她不再打小罕子了。到吃飯時還給小罕子做了些好吃的東西，她又假惺惺地問小罕子痛不痛，說：「媽打你也是心疼你，怕你跟野孩子學壞，只要你聽媽媽話就行了。」小罕子從生母去世後從來沒有看到過繼母這麼對待他，他生性憨厚老實，還真以為繼母真的對他好呢。等小罕子吃過飯，肯姐拿出了一條兩米多長的紅線，上面還穿著針。她對小罕子說：「明天你上山再看到那個小孩，把這個針別在他的肚兜帶子上。」雖然小罕子對繼母的做法感到奇怪，但他知道繼母的霸道也就沒敢多問，只是點頭答應了。

第二天，小罕子又到山上打柴，小孩也同往常一樣在那兒等他。兩個見面後，又拉著手玩了起來。小罕子在和小孩玩的時候，趁他不注意就把針別在了他的肚兜帶上。剛別上，忽然從樹叢裡躥出一個人，大叫一聲：「哪來的野孩子！」小孩一驚，立即不見了，小罕子也待在那裡。沒想到藏在樹叢裡的人是他的繼母，她已經跟蹤小罕子半天了，肯姐從小罕子手中拽過那條紅繩，順著紅繩向前找去，突然她大笑起來。原來紅繩另一端拴在一棵大人參上，那棵人參還頂著一朵紅紅的參花。她立即用事先準備好的小鏟子開始挖參，挖了半天終於將這根又大又胖的人參挖了出來。人說七兩是參，八兩是寶，可這棵參足有十幾兩，那可是寶中之寶呀。她拿著寶貝和小罕子回家去了。路上她就盤算著是把這個寶貝賣了呢，還是自己吃呢，最後她下定決心，自己吃了它。她想：這個千年寶貝，吃了它就算變不成神仙，也能長命百歲吧。想到這兒，她又想到了自己的阿瑪（父親），於是她又決定請阿瑪來一起享用。

到家後，她馬上讓小罕子點火煮參，小罕子哪知道這人參就是那個小孩呀，他還以為小孩怕見生人跑了呢。於是小罕子就按繼母的吩咐開始點火煮參。肯姐要請她的阿瑪去，臨走時要小罕子看好火，不准偷吃，可她還不放心，又找了個石頭壓在鍋蓋上。

肯姐走後不久，小罕子聽到有小孩哭，還說：「罕哥哥快停火，再煮就要燙死我，快快給我拔下針，然後跟你慢慢說。」小罕子仔細一聽，原來聲音是從鍋裡傳出來的，他急忙撤去鍋下的火，然後用盡全身力氣搬掉壓在鍋蓋上的石頭，打開鍋蓋一看，原來是那小孩在裡面哭呢，而且渾身燙得青一塊、紫一塊的，小罕子吃驚地問：「小弟弟，你怎麼在鍋裡呀？」小孩跳出鍋說：「我就是那個大人參，我叫人參娃，你後媽騙你，讓你把針別在我身上，她就是為了抓我。」小罕子忙把小孩肚兜上的針拔下來說：「對不起，我不知道，差點害了你。」小參娃說：「沒事了，你這不是又把我救了嗎！」說完把小肚兜脫下來扔到鍋裡，鍋裡的湯立即染得通紅，他對小罕子說：「你把鍋裡的湯煮開，把湯喝了，這對你有好處，就算我報答你了。」說完出門後就不見了。

小罕子照參娃說的話把參皮湯喝了，他怕繼母追究便逃到森林裡，後來到古勒城找他的姥爺王杲去了。肯姐帶著她阿瑪回到家後，看到人參湯已經沒了，一下暈了過去。從那以後她就得了種怪病，天天心疼，不久便死了。

小罕子就是後來的老罕王努爾哈赤，他自打起兵後，身經百戰，也曾多次受傷，但不論大小傷口，很快就會自然痊癒。據說，這就是因為喝下參皮湯的緣故。

長白山人參娃娃的傳說（之四）

相傳很早以前，在長白山老林子外的大頂子山上，有一些善良的窮苦人經常看見有兩個又白又胖、身穿紅布衫綠褲子的小孩，多說有十來歲，頭上紮著大紅發結，水靈靈的兩個大眼睛，在山頂上蹦蹦跳跳的十分喜人。別看這倆小孩歲數小，心眼可真好，為進山的人打柴呀，做飯哪，採藥治病啊，成了山裡窮人的好幫手。可是誰都不知道他倆是誰家的，為什麼老在這山溝裡轉悠呢？有的說是仙童下凡啦，也有的說可能是狐仙吧，只是猜疑，可誰也摸不著底細。

山下是片平地，有一個村堡叫大甸子，二三十戶人家，屯子西有一姓劉的，名叫劉誠，有四十來歲，為人老實厚道，家裡六口人，就靠他一個人養活一家老小。這一天，劉誠上大頂子山去砍柴，賣了好換幾個錢養活家口。幾天沒吃上一頓飽飯啦，又有點病，剛爬到半山坡，就覺得頭「嗡」的一聲，眼前發黑，直冒金花，撲通一聲，昏倒在地，說也巧，頭正碰在一塊石頭尖上，鮮血從頭上淌出來，不省人事了。

過了一陣子，劉誠甦醒過來一看，身邊站著倆小孩正給他捶背揉胸，擦血包傷。說也怪，小孩手到之處，立刻就見效，頭也清醒了，傷也不痛了，渾身輕鬆，好好的和原先一個樣。他一骨碌爬起來，看著倆小孩，含著眼淚說：「謝謝仙童救命，這可叫我咋報答好呢！」一個小孩說：「我們不是仙童，是參童。我叫參娃，她叫參姑，你的傷還痛嗎？」劉誠笑著說：「不痛！全好啦。」參童說：「不痛就好，你快回家吧，到下面有一擔柴你拿著吧。」說完，轉眼就不見了。劉誠撲通跪下磕了幾個頭，禱告了幾句，爬起來就順道朝山下走去。到了山下，見道邊放著一擔好柴，一看正是自己的扁擔和繩子，就樂呵呵地擔起柴回了家。

劉誠擔著柴進屯了，就把今天上山撿柴，碰見參童救命的事，從頭到尾地對鄉親們講了。這參童救人的事就一傳十，十傳百地傳開了，越傳越神。這件事很快就傳到財主王天霸的耳朵裡。王天霸是這一帶有權有勢的大財主，他橫行霸道，人事不幹，心眼可壞了，看誰家姑娘好，就搶到家去逼著拜堂成親，看誰家的東西好，早晚就成了他家的。所以，周圍四鄉的人沒有不恨他的，因為他手毒心狠，人們給起了個外號，叫他「黑心狼」。黑心狼聽說這大頂子山上有兩個參孩子，把他饞得都淌出了口水。心裡想：我若能把這參孩子弄到手，那可發大財啦，還能長生不老了，越想越美，整整一夜沒闔眼，天不亮就把兩個夥計咋呼起來說：「快起來，跟我去挖參孩子。」這兩個夥計一個叫李有，二十多歲，另一個還不到二十歲，叫張小山，都是無家無業的人，平常倆人很要好，脾氣也合得來，就拜了把兄弟，比親的還親。他哥倆一聽掌櫃的要他們跟著一塊上山去抓參孩子，本想不去，可是又惹不起他，只好跟著黑心狼上了大頂子山。

到了大頂子山上，黑心狼就瞪著兩個蛤蟆眼到處看，恨不得一下抓住參孩子，哪知道過了半晌也沒開眼。黑心狼累得腰痠腿痛，滿頭大汗，頭暈眼花，就走到一棵楊樹底下一屁股坐下來，想歇歇吃口乾糧。他拿出烙餅，剛咬了一口，一抬頭，就看見石砬子頂上的大榆樹底下有兩個小孩在那裡蹦蹦跳跳又說又笑，看樣子和傳說的一模一樣，心裡尋思八成這就是那倆參童吧！越看越像，這下可把黑心狼樂壞了，飯也顧不得吃了，把烙餅一扔就爬過去，剛爬到石砬子頂上，猛撲過去，一下子把參童按倒了，兩手掐住參童的脖子，騎在身上就大聲招呼：「他媽的，快採呀，抓住參童啦！」李有和張小山一聽黑心狼抓住參童了，可氣壞了。心想：「在你家賣了八年命，吃盡了苦頭，早就憋了一肚子氣，想出這口氣，跳出這個虎口。」哥倆一合計這可是個好節骨眼，也沒人看見，乾脆收拾他算了，叫他別再欺負人了。李有和張小山主意拿定，就跑了上去，一看，嚇了一身汗，只見黑心狼騎在一個小孩身上，兩手掐著小孩的脖子，另一個小孩拿著一根棍子，正狠狠的抽打黑心狼，黑心狼咬著牙瞪著眼死也不放。李有一看急了，抱起一塊大石頭，照準黑心狼的頭狠狠地砸下去，只聽黑心狼「哎喲」一聲，鬆了手。李有一看，黑心狼躺在地上直蹬腿，就說：「兄弟啊，一不做二不休，乾脆去他的吧！」說完就和張小山把黑心狼抬起來，往石砬子下邊使勁一扔，說：「見閻王去吧。」

李有和張小山哥倆把黑心狼扔下石砬子以後，轉過身來，看見這倆小孩正朝著他倆笑呢。急忙問道：「孩子啊！傷得怎麼樣？」參童跳了跳說：「哥哥，你放心吧，不要緊，謝謝你啦。」參童難為情地說：「您救了俺，除了這一害，你們怎麼回去呢？」李有說：「好孩子，沒傷著好，不用掛牽俺倆，這個地方再也不能待下去了，他們家裡要是知道了，是不會饒了俺倆的，我看，咱們一塊走吧，上長白山去，那裡有望不到邊的老林子，土也肥沃，到那裡我們開荒種地，自由自在地過日子多好啊。」參童聽了，樂得跳了起來，兩個人拉著李有的手說：「好哥哥，俺也跟你們一塊搬家。」李有說：「好啊，咱們一塊走吧。」說著四個人就一塊上了長白山。

從那以後，長白山裡就有栽人參和開荒種地的啦。而山外再也看不到參童了，有些老放山的在老林子裡還經常看著李有和張小山領著兩個參童在那裡侍弄棒槌。

人參蘆頭的傳說（之一）

棒槌——人們都知道，是東北三寶之一。能大補元氣，是強壯興奮之良藥。但你並不一定知道它的來歷。棒槌的形狀有些和人體相似，有胳膊有腿。棒鎚頭長得又和鹿頭差不多。要想知道是怎麼回事，你看完這段故事就明白了。

相傳，在很久很久以前，有一個叫李三郎的小夥子，那年二十多歲，有一身好武藝，家住山東登州府李家莊。為了報殺父之仇，用七節鞭打死了老財主。官府衙門到處抓他，沒有辦法才含恨上了關東。

起先，李三郎在船廠一帶靠打把式賣藝維持生活，還想攢幾個錢當盤纏進山挖棒槌。這年四月十八，他早早吃了乾糧，緊了緊紮在腰間的練功板帶，拿著七節鞭上了街。

今天是廟會，鄉下人都來看熱鬧。李三郎找了個顯眼的地方打了個場子。人們一看是耍武的都圍上來。李三郎向大夥抱拳拜了三拜，就耍起了七節鞭。

看熱鬧的人群裡有一個姑娘長得挺俊氣，穿著紅襖綠褲，頭上盤著個大花結，身後還跟著一頭梅花鹿。人們以為她也是個賣藝的，誰也沒注意。李三郎剛耍了幾個套路，忽然，聽有人喊：「救命呀！救命呀……」

李三郎收住七節鞭，抬頭一看，幾個不三不四的人正在搶那個姑娘。李三郎舉鞭就打，把那些傢伙打得哭爹叫娘。

李三郎邊打邊喊：「姑娘快跑！」那姑娘說什麼也不走，非要和他一起走，李三郎說：「你自已走吧，我是個外鄉人，他們不能把我怎麼樣。」姑娘說：「你打傷了人，官府一會兒就來人了。」說著，姑娘一把拉住了李三郎，把他拉上了梅花鹿，鹿好像懂事似的載著他倆騰雲駕霧往長白山方向馳去。

他們走了半天才到長白山，在一個叫棒槌溝的地方下了鹿。李三郎看這滿山坡子全是參天大樹，連東南西北也摸不清。他問姑娘：「你怎麼把我領進這麼個地方，你是幹什麼的？」那姑娘反問了一句：「那你到關東山來幹什麼？」

「聽說關東有棒槌，我挖棒槌來了。」

「我就是棒槌。」

「你？」

「我有一個很大的家族，被人挖走的挖走，被大蟲搶占的搶占。是梅花鹿把我救了出來。搬到了這個地方，每年的四月十八我都和梅花鹿到船廠去看廟會，今天多虧你救了我們。」

李三郎這才知道，棒槌真是個寶貝，還會變人。這時，天已經是後半晌了。李三郎要走，姑娘紅著臉說：「你救了我的命。我也沒什麼親人了。你要是不嫌棄，我就嫁給你。」李三郎有心願意，但又一想，自己沒房子沒地怎麼養活媳婦。

棒槌姑娘看透了李三郎的心事，又對他說：「你沒房子沒地，不要緊。咱們成親以後，到山下找個地方。我會治病，咱們掙錢蓋房子、買地。」李三郎聽棒槌姑娘這麼一說，點頭同意了。他們在山上住了幾天，收拾了一些東西就下山了。

在長白山山根底下，有個三百來戶人家的小鎮子，叫甸子街。李三郎和棒槌姑娘在東門外找了三間草房住下了。棒槌姑娘走東家串西家給人看病，李三郎上山打柴挖藥，日子過得非常美滿。

棒槌姑娘給人看病。藥到病除。這個消息，就像長了翅膀似的在甸子街方圓幾十里傳開了。棒槌姑娘給人家看病從來不要錢。大夥有病都來找她看。

甸子街的南門外，有家藥鋪，是大財主徐麻子開的，自打棒槌姑娘和李三郎下山以後，「積德藥房」上門看病的人漸漸少了。徐麻子為這事吃不下飯睡不好覺，總覺得藥房這幾天不掙錢是個怪事。怎麼看病的人一下子全沒了？

這一天早上，徐麻子把他家的總管王六叫到客房，把藥房最近幾天沒人看病的事對王六說了一遍。

王六說：「東家，最近幾天我聽街上的人說，東門外又開了一個藥鋪，是不是和他們有關？」徐麻子一聽，對王六說：「你到東門外去打聽打聽，是哪家開的。」

王六出了徐家大院，直奔東門外。離老遠他就看見前面有三間草房，門前不少人。他不知出了什麼事，也想看看熱鬧。他到跟前一問才知道，是看病的。王六心想這可能就是新開的藥鋪。他往門口走了幾步，想擠進去看看誰是坐堂先生，可他擠了好幾次也沒擠進去，把王六急得夠嗆，怎麼回去和東家說啊！王六走到窗前用舌尖舔破窗戶紙。用一隻眼往裡一瞅，愣住了，這個坐堂先生是個十七八歲的姑娘，像仙女一樣。他又仔細看了看，發現這個姑娘頭上別著一朵花，王六是個老放山的，一眼就看出這姑娘是百年以上的大棒槌，他有心把她拿住，又不敢，這麼多看病的人，都向著棒槌姑娘，弄不好，還得說他搶男霸女。

王六轉過頭就往徐家大院跑。徐麻子見王六跑回來，就問：「咋回事？」王六說：「東家，東門外開藥鋪的是個棒槌姑娘。」徐麻子一聽可樂壞了，叫王六帶幾個家人把她搶來。王六對徐麻子說：「咱們可不能明拿明搶，弄不好雞飛蛋打，我們應該把她請來當『積德藥房』的坐堂先生。到那時她還能跑了您的手心。」

徐麻子聽王六這麼一說，覺得有道理：「好，明天去請她。」

第二天，徐麻子和王六領了幾個人拿著財禮來請棒槌姑娘，徐麻子好話說了三千六，棒槌姑娘就是不去。王六在一邊看著請不動棒槌姑娘，就起了壞心，想用紅線繩把棒槌姑娘套住。李三郎早就看這幫傢伙不是好東西，暗暗地把七節鞭拿在了手裡，他一看王六想動手，照準他的手就是一鞭，把王六打得差點痛死，一腚坐在了地上。

徐麻子回家以後，又是氣，又是恨，非到官府告李三郎不可。王六對他說：「東家，您咋又糊塗呢！這事要是驚動了官府，那個棒槌姑娘還能到您手嗎？」

「那依你之見呢？」

「等風平浪靜以後，那個窮小子上山採藥的時候，我就神不知鬼不覺地把棒槌姑娘搶到手。」

又過了幾個月，有一天，李三郎早晨上山採藥剛走，鄰居就跑來告訴棒槌姑娘，說是徐麻子帶人來抓她。棒槌姑娘急忙到房後把梅花鹿牽了出來，翻身上了鹿。她剛上去，徐麻子帶人也到了門口。棒槌姑娘一拍梅花鹿，鹿前腿一弓，後腿一蹬，帶著她衝門而去。

徐麻子一看棒槌姑娘跑了，就帶領家人去追。棒槌姑娘騎梅花鹿跑一會兒，跑不動了，眼看徐麻子的人馬要跑到了。她心想，就是死，也不能落到這幫壞蛋手裡，她一蹬梅花鹿，鹿和她一起跳下了立陡立陡的懸崖。

徐麻子騎馬跑得太快，也掉下懸崖摔死了，鄉親們到懸崖下找到了棒槌姑娘。她已經死了，頭摔沒了，梅花鹿的身子也摔碎了。鄉親們把鹿頭安在棒槌姑娘身上，埋在了懸崖下。第二年春天，從棒槌姑娘的墳里長出一種植物，人身鹿頭。鄉親們都說這是棒槌姑娘變的。

人參蘆頭的傳說（之二）

早年，「仙人洞」「關帝廟」的道士們生活得非常清苦，自己種地，自己打柴。到了冬天，年歲大的道士在廟內看門，幹些零活，年紀小一些的道士們便拉著小爬犁上山打柴，一是備足一年的燃料，二是將一部分燒柴拉到縣城，換些油鹽和糧食，勉強度日。

有一天，天氣格外冷。出去打柴的道士們抓緊時間打足燒柴往回趕。到了晚間，已經掌燈了，道長一點人數，發現有一名小道士還沒有回來。就數他年歲小，又才來廟裡不久，身單力薄。莫不是迷失在山上了？道長急忙召集一些人打上火把順道去找。這時外邊起風了，人走在雪地上踩得嘎吱嘎吱響。「臘七臘八，凍掉下巴」，這天正是臘月初八，小風颳得像刀子割臉。大家走出了四五里地，藉著火把的光亮，遠遠地看見一個黑乎乎的東西坐在大道上，近了一看，哎呀！可不得了，是一頭大黑熊。它在道邊上用雪堆了一個大雪堆，正在那看著這個雪堆呢！旁邊扔有一小爬犁柴火。道長倒吸了一口涼氣，全明白了，小道士是讓大黑熊埋在雪裡了。

原來，小道士撿完燒柴後，拉著爬犁往回趕。由於西北風正是頂頭風，臉不敢迎著風，只得偏著頭。突然從森林中躥出一頭大黑熊，將他撲倒在地。小道士哪見過這種場面，只嚇得光伸舌頭喊不出聲來，趴在地上一動也不敢動。大黑熊以為他死了，就用身子連推帶扒地拱來一大堆雪，把小道士埋了起來。若是明白人，便會裝死不動彈，等黑熊走了再爬出來。可這小道士沒經過這回事，在雪堆裡趴不一會兒，以為黑熊走了，便掙扎著要出來。黑熊一看便使勁往下按，又往上堆雪。就這樣，小道士動了六七回，黑熊就又埋了六七回，一直守到天黑。

道長一看急了眼，高舉火把大喝一聲就衝了過去。這黑熊不怕人，但怕火，一見通紅的火光，嚇得一溜煙跑了。扒開雪堆一看，小道士已經凍僵了，大家趕緊抬起他往回跑。

進了廟門，來到屋裡，剛放到炕上，性急的道士急忙打來熱水要給這個小道士洗腳。道長趕忙喝住，叫人用簸箕撮來一堆雪，用手捧著從腳開始往上搓，大家輪流幹。一直忙活了兩個多時辰，小道士的身子由硬變軟，由白到紅，由涼到熱，終於救過來了。可是，由於凍的時間太長，加上天氣太冷，小道士的十個腳趾頭逐漸變黑，最後潰爛，疼痛難忍，道主用了不少土辦法也未好使。眼見得小道士的這雙腳要保不住，大家都難過得吃不下飯。

有一天，廟外邊來了一個白鬍子老頭，白衣白褲，一頭白髮，進廟乞討，道長便叫徒弟盛碗大子乾飯給他吃。可誰知這老頭不吃飯，非要人參頭上的蘆頭吃不可。這下可把道長氣壞了。廟裡窮得叮噹響，哪來的人參，還非要人參頭上的蘆頭，真是太欺侮我們出家人！便叫眾人轟他出去，這老頭也不惱，樂呵呵地出了廟門奔山裡而去。

別的道士們當然不明白這老頭為什麼非要人參蘆頭，都以為他瘋瘋癲癲的，並不在意。而道長心裡生疑，迷惑不解，似覺老頭在暗示指點什麼。想到這兒，道長自己出了廟門跟隨著白鬍子老頭，要看個究竟。這老頭在前邊只顧自己走，並不回頭。走了十多里地，來到一個小山溝裡，一眨眼，老頭不見了。道長一驚，忙四下觀望，也沒有人影。低頭看路，雪地裡有個地方像是被什麼扒過了。他彎下腰用手扒開一看，在雪地裡埋著三棵人參。道長倒也見過人參，可這幾棵人參長得特別。身子不長，露頭卻很大，一個蘆頭有好幾個窩，上面又有很多小碗，這是年歲大的標誌。

這下子明白了，人參蘆頭能治凍瘡，這白鬍子老頭肯定是苗老山參，是他親自下山指點我們呢，險些誤了大事！想到這兒，他忙把人參揣在懷裡，一氣兒跑回廟裡，把人參蘆頭掐下來，用嘴嚼爛，糊在小道士已經要爛掉的腳趾頭上。奇蹟出現了，第二天瘡口不黑了，開始變紅，幾天以後，瘡口全好了，小道士能下地走動了，又過了幾天便全好了。

從此以後，道長的土藥方上又多了一個方，就是用人參蘆頭治療凍傷。在長白山這個大森林裡，哪年冬天都有進山凍傷的，這個方不知治好了多少人。

長壽花的傳說

長白山是撫松縣東面最高的一座大山，嶺連嶺，山連山。在這座山尖上，不長樹，不長草，連個鳥雀都飛不上去，一年到頭積雪不化。這裡，有個很大很深的湖叫「天池」，過去都管它叫「龍王潭」。

這座山，一到早晨日頭剛冒紅的時候，上面全是大霧蓋著，什麼也看不清。如果你站在老林子裡，就能看到一對一雙的梅花鹿，嘴裡叼著一棵綠草兒，草上掛著一團紅籽兒，站在高高的石砬子上，對天大叫。

這是怎麼回事呢？說起來還有一段很優美的故事呢！

傳說很早以前，這座山是玉皇大帝所管轄的「仙境」。山上一年四季總是花鮮草綠，蝴蝶成群，一片片的長壽花開得又紅又香。那時候，這座山名叫「萬香山」，山尖上有個「龍王潭」，潭裡的水分三樣色：上面是一層黑水，當中一層是綠水，底下是白水。傳說，每年到了三月三那天，王母娘娘擺完蟠桃宴，玉皇大帝就帶領神仙到「萬香山」來看長壽花。玉皇大帝為了防備長壽花被人偷去，叫織女織了七層錦雲，罩住了山頂，又派一條黑龍住在潭裡，看管長壽花。

黑水龍王有三個女兒，大公主和二公主都出嫁了，只有三公主還是個黃花閨女。三公主長得眉清目秀，和那長壽花一樣俊。她特別愛玩，整天從前宮玩到後宮，日子長了，她在黑水宮玩得有些膩了。有一天她聽說潭面上景緻好玩，還長有一種「長壽花」，要是吃了可以長生不老。因此她心裡老是惦唸著要到上面去玩玩。可是，玉皇大帝怕潭中生靈到潭上惹是生非，派老君在上面灑下了一層黑水，並把這事列入天條，誰要違犯了就要遭貶。

玉皇宮裡有個銀龍大王，和黑水龍王是連襟，他的二太子年歲和三公主相仿，脾氣也相同。有一回他私自到人間，叫老君碰上了，說他犯了天條，奏了一本，玉皇大怒，把二太子貶到黑水潭苦修三年。二太子到黑水潭就和三公主處熟了，他們多麼想到水面上去看看長壽花呀！一天，二太子想出來個好主意，對公主說我得讓玉帝答應收回它的旨令。

第二天早晨，黑水龍王剛到黑水宮，就看見蝦兵蟹將一個個東倒西歪，像掉了魂似的，見到黑水龍王一齊跪下，說：「龍王啊，可不好了。」

黑水龍王一見兵將這個樣子，嚇了一跳，急忙問：「你們這是怎麼了？」

兵將們說：「因為我們成年累月連個日頭影也看不著，道行都減退了，要是再見不到陽光，我們的道行就全沒了。」

蟹婆子也說：「讓我們到潭面上去。」

黑水龍王本來不同意，但又一細琢磨，怕真的把蝦兵蟹將的道行都弄沒了，靠誰來保護長壽花呢？於是奏明玉帝說：「黑水潭裡大小兵將的道行都減退了不少，很難守住黑水潭和長壽花。」

玉帝問：「為啥道行都減退了呢？」

黑水龍王說：「潭裡兵將終年在水底下，受不到日月精華，所以道行減退了。望大帝開恩，讓他們每天見見陽光。」

玉皇大帝一想，也有道理，就答應他們每天到潭面上見一個時辰的陽光。

黑水潭裡的兵將聽到這個事，都樂壞了。三公主和二太子樂得更不用提，天天到潭面上盡情地遊玩。有一天，他們在回宮的道上，忽聽到旁有一種嗷嗷的叫聲，三公主問道：「什麼怪物，在這亂叫喚？」

「公主不要生氣，我是人間的紫貂。媽媽有病，來採長壽花，被抓進潭來。因想念媽媽，才每日哭叫。」

公主一聽是人間的動物，就說：「人間的事你一定知道很多，講給我聽聽。」

紫貂說：「人間比萬香山可強百倍，白天有日頭，夜晚有月亮，地走不到頭，天看不見邊，花草樹木，五穀雜糧，要啥有啥；男耕女織，世代相傳，一點也不像黑水潭裡這樣冷清。」

二太子在一旁說：「人間可比這裡好得多，那次我到人間，要不是被老君碰上了，我才不回來呢！不過凡人就是不長壽。」

三公主又問：「那是怎麼回事？」

紫貂說：「大多是得病死的。」

三公主對二太子說：「表哥，咱們這兒有長壽花，它的根能治百病，除百瘟，益壽延年。我們要有下凡那天，把它帶到人間一些，該有多好。」

紫貂樂得直跳：「那容易，出了三江口，就到了人間。」

三公主說：「你們不知道，這潭口有三道閘門，閘門用三把金鎖鎖著，鑰匙放在寶箱裡，只有等我爹爹上天辦事的時候偷到鑰匙，穿上巡水寶衣，拿上巡水寶劍才能出水啊！」

紫貂一聽，不由想起了心事，兩眼吧嗒吧嗒直掉眼淚，說：「公主呀，我要採不來長壽花，我媽的病好不了，家裡的兄弟姐妹就全完啦。」

二太子說：「三妹，我們不能見死不救，再說要能把長壽花帶到人間，幫助凡人治病，該有多好呀1」

一天，三公主聽說黑水龍王又到天上去了，她就慌慌張張地跑到黑水後官，見了黑水娘娘說：「媽媽，可不好了，紫貂把寶箱咬了個窟窿，要是把寶衣咬壞了可糟了！」

黑水娘娘聽了，忙從兜裡掏出個小腰葫蘆來，忙念道：「葫蘆開，葫蘆開，吐出寶箱鑰匙來！」連念了三遍，只見一道金光，從葫蘆中飛出一把鑰匙來。娘娘忙遞給三公主說：「這是寶箱鑰匙，快去看看，千萬不可誤事！」公主說聲「是」，轉身就跑了出去。

三公主拿著寶箱鑰匙，打開寶箱，取出巡水寶衣和巡水寶劍，找到二太子和紫貂，一同衝到人間了，潭中有些魚鱉蝦蟹也一塊跟著跑出了三江口，從此三江裡生長了很多魚蝦。

三公主和二太子到了人間，忙從懷中取出長壽花種，迎風一撒，眨眼工夫，到處開遍了通紅通紅的長壽花。紫貂高興地說：「公主，你真做了一件好事。」

三公主和二太子偷走長壽花的事，被玉皇大帝知道了。玉皇大怒，對老君說：「你帶領五百天兵天將，前去查明此事，要嚴加懲處。」老君帶領兵將，來到南天門外。

三公主和二太子正種長壽花，忽見滿天黑雲，飛沙走石，三公主和二太子立刻覺得渾身發顫，知道大事不好。三公主忙對二太子說：「表哥，我們犯了天條，要遭大禍，你快逃走吧！」二太子說：「三妹，我要和你同患難，絕不分開！」

只聽老君站在天上叫道：「好個孽畜，你們私自下凡，帶走了長壽花，還不快回天認罪！」公主說：「出來就沒想回去！」

老君大怒道：「觸犯天條，還執迷不悟，這還了得！天兵天將與我拿下！」眾兵將一齊上擁，可是寶衣金光閃閃，不能靠近。老君一看，忙從懷裡掏出一個萬寶袋，往下一拋，只見三公主寶衣上的金光，完全鑽進袋裡，不一會兒，寶衣變成了普通的布衣。

三公主說：「什麼叫天條地條，只許你們在天上興風作浪，就不准我們來到人間栽花種藥？」

老君惱羞成怒，忙命雷公雷母、閃電娘娘說：快快把他們處死！」雷公手舉神斧，正要霹雷，又見東方來了一塊白雲，原來是觀音大士趕到了。

觀音大士忙說：「老君何必動怒，看在我的面上，讓他們變化身形，下界去吧！」說話間，手舉聖水瓶晃了三晃，用楊柳枝一撣，只見三公主和二太子就地一滾，變成一對滿身梅花的走獸。他們向觀音大士點點頭，又朝老君大叫三聲。老君非常生氣，大聲罵道：「好個畜牲，還敢對我無禮！」遂命八大金剛動手，只見一把鋼叉向三公主飛來。三公主仰著頭，瞪著眼，瞅著老君。二太子一看不好，忙躥到前面，擋住了三公主，就聽「嚓」的一聲，鋼叉落到了他的頭上。觀音大士一見不妙，忙從聖水瓶中滴下三滴救命水，二太子只覺得一陣頭癢，頭頂長出了一對像樹枝一樣的角。老君看三公主和二太子都變成了走獸，又命風婆婆、雪公主吹風揚雪，將萬香山變成了一座四季不斷雪的山峰。從此，人們就管它叫作「長白山」。龍王潭成了現在的「天池」。遍山的「長壽花」就是現在的人參；紫貂給媽媽治好了病，從此也子孫興旺，在此世代為家，三公主和二太子就變成了梅花鹿。每到早晨就站在石砬子上，嘴裡銜著人參，向半空大叫三聲，對天庭發威。

　　從此，人參、紫貂與梅花鹿成了好朋友，總不分開，長白山也就成了盛產這關東三寶的寶地了。

鼠年放山

為什麼鼠年去放山？長白山區有句老話：「牛年好耕田，鼠年去放山。」放山為啥偏等鼠年呢？因為這裡的人參不是年年都開花的，有的隔一年開一次，有的隔好幾年才開一次。但是，每到鼠年就不同了，山裡山外所有的人參，不論大小一律開花。這又是什麼緣故呢？據說，這和老鼠討親有關係。

有一年，秋霜來得早，中秋節這天，長白山的老山參告訴孩子們，在落太陽之前，都把頭上戴的花摘下來，過一兩年再戴。老山參有個小女兒叫敖蒿格格，她非常喜愛自己戴的這串小紅花，不願往下摘。她小聲自語著：「多好看的花呀，戴著它多美呀！」可是一看哥哥姐姐們都按阿瑪說的做了，她嘟囔著：「摘下來就得一兩年以後才能戴，一兩年的時間，多麼長啊！」她轉悠著兩個黑溜溜的大眼睛悄悄地溜走了。走到清泉邊兒上，她對照清亮的泉水，看著頭上這串小紅花，越看越好看。阿瑪和額娘呼喚她，她怕這串花被摘掉，就跑進林中，趴在一棵大樹下躲藏著。時間一長，她睡著了。

中秋夜晚，大月亮地真亮啊！跟白天一樣。老鼠王坐著八抬大轎遊山。前有鳴鑼開道的，後有保鏢的，左右有護轎的。這幫鼠兵鼠將拉成大隊在山裡走，前呼後應，好不氣派。正走著，望見了一串小紅花兒，忙報告鼠王。鼠王挑開轎簾一望，看清楚了，這串小紅花兒是戴在一個睡得很安詳的小姑娘頭上。這小姑娘雖然才十三四歲，可是長得太漂亮了。它忙下轎走跟前，不由自主地嚷道：「天仙，天仙，真是天仙哪！」

敖蒿格格被它吵醒，睜眼一看，自己被一群老鼠圍住了，忙問：

「你們要幹什麼？」

鼠王吱吱哇哇地說：「美麗的小姑娘，我是興格力達（滿語，鼠王），我要娶你做達薩拉干（第一夫人）。」

「啊！？叫我做興格力達薩拉干（鼠王老婆）！」小姑娘十分吃驚，她看著鼠王那又粗又長的尾巴說：「天哪，這多可怕呀！」她後悔沒聽阿瑪的話，可後悔也晚了，這些鼠兵鼠將一擁而上。她大聲喊叫，誰也聽不著，沒人來救她。她拚命掙扎，也沒跑了，被這些老鼠七手八腳地推進轎裡。鼠王吩咐，打道回洞。一聲鑼響，長長的老鼠隊伍往山後走去。走了很長時間，來到鼠王門前，轎沒落，一直抬進洞裡。一進洞，大門就鎖上了。這洞好深哪，洞裡挺寬綽，有甬道，有住室，有廚房，還有倉庫，倉庫裡摞著各種各樣的糧食，它們把敖蒿格格關進一間住室裡。鼠王走進來時，敖蒿格格想，在這裡再哭再鬧也無濟於事，要緊的是如何叫父母知道她在這裡，好來救她出去。於是她對鼠王說：「你們這樣野蠻地把我搶來，我至死也不會跟你成親。要想娶到我，必須叫我父母答應，然後登門去接親才行。」

鼠王真就打發了一隻最有心計的老耗子，穿上青衣，戴上禮帽，到老山參那裡去求婚。老山參正為小女兒失蹤而悲痛呢，忽然見老耗子來求婚，就一把將它抓住，追問敖蒿格格的下落。這老耗子極狡猾，它說：「別說你抓了我，就是殺了我，也不當事，像我這樣的，在鼠王那裡何止千萬。你殺多少也找不到你的女兒，只有你答應這門親事，你女兒才能回來。」

老山參夫婦雖然想見女兒的心切，但是怎肯把女兒嫁給耗子精呢？不答應親事，又找不到女兒的下落，怕女兒在那裡受罪。老山參想了想說：「我答應了這門親事，你們把女兒送回來吧。」

老耗子說：「空口無憑，鼠王不能相信，你必須寫婚書，婚書一到，自然給你送人來。」

老山參寫了婚書。老耗子把婚書拿回來給了鼠王，鼠王就打發了一頂轎，把敖蒿格格送回家交給了老山參。敖蒿格格見到父母就痛哭起來，額娘百般勸慰，最後對她說：「你放心吧，無論如何也不讓你離開我們到耗子精那裡去。」敖蒿格格這才止住了哭聲。

第二天，鼠王鑼鼓喧天來討親，老山參當面把鼠王大罵一通，說它是搶男霸女的強盜，休想娶敖蒿格格。鼠王分辯道：「姑娘是我們夜間在林中撿到的；婚事是你寫的婚書，我才來接親的。你想賴婚不嫁，我去告你！」

「隨你告去，我等著！」鼠王氣憤地寫了呈子，到天庭去告老山參賴婚。這年是羊年，羊天官當令。羊天官看了狀子之後，瞪了鼠王一眼，問道：「那姑娘多大了？」「十三四歲了。」

羊天官把驚堂木一拍：「你大膽，劫女逼婚，反倒來告狀，真是豈有此理！再說十三四歲的女孩尚不到成婚年歲。你這鼠頭，竟然如此貪淫好色。來人哪，給我重打四十，轟下天庭！」

就這樣，鼠王不但沒打贏，還叫人家重重地打了四十大板。但是它還不死心，第二年是猴年，猴天官當令，它也沒告成。接著是雞年、狗年、豬年，鼠王全輸了。它連告了這麼五年，挨了五四二百大板。第六年是甲子年，鼠天官當令。鼠王一見同類，呈上狀子，就號啕大哭起來。鼠天官看了狀子，覺得鼠王據理，就把被告老山參傳來了。開庭問，鼠王告的都是實情，鼠王有理，鼠天官又問老山參你的女兒多大了？」

老山參巧妙地回答：「當年只有十三歲。」

鼠王插嘴道：「我告狀都告六年了，今年該是十八九歲了。」

鼠天官說：「老山參，有你寫的婚書在此，如何賴得過。你趕快回去準備嫁妝，今年秋後成親，否則天不容你！」

老山參回到家中犯起愁來，怎麼能眼睜睜地把孩子嫁了。立秋這天鼠王就來過大禮送了扎分（聘禮），老山參推託說嫁妝還沒備齊，要求婚期再往後拖兩個月。鼠王這次打贏了官司，腰桿也硬起來了，它對老山參說，別說拖兩個月，就是拖一個月也不行。後來，好說歹說才推遲了半個月。處暑之日到了，鼠王親自趕來迎親車。車到大門口，老山參一家都慌神兒了。敖蒿格格偷偷鑽進土裡隱藏起來。她這一藏，提醒了老山參，使他想出了一個巧妙的拖婚辦法。他走到大門外對鼠王說：「成親的一切，我們都準備好了，但是我們有個規矩，作為新郎，必須得認準並親手拽出自己的新娘。如果拽錯了，這一年就不能成親。」鼠王認為這事兒不難，就答應了。它萬萬沒有想到老山參暗地下了命令。一接到命令，所有的人參，不論大小，一律戴上一串紅花。這一來，漫山遍野的人參都頂著一串紅花兒。鼠王看這朵花像，可是看那朵也像，辨認了老半天也確定不了了哪株是敖蒿格格。無奈，只好隨意拔一棵。湊巧，它拔了一棵虎參，虎跟貓的長相差不多，嚇得鼠王大叫一聲「克西克（貓）」後撒腿就跑。這一年討親就算結束了。第二年鼠王又來討親時，老山參連大門都沒開。鼠王又到天庭去告狀。天宮裡別的動物當令時，都不給鼠王做主。因此只好等待十二年，到鼠年時再去討親。可是成千上萬串一模一樣的小紅花，誰能指准哪株是敖蒿格格呢？因此鼠王討親不知討了多少個十二年，也沒討到。老山參為了小女兒不做老耗子精的妻子，一到鼠年就下令。所以每到鼠年所有的人參都開花。這樣一來，就便宜了放山的人。年代一久，他們摸到了這一規律，一到鼠年就去放山，收穫都比別的年多好幾倍。

兩條山規的來歷

過去放山人，都懂得兩條山規：一是燒剩的木頭不許坐，二是管長蟲得叫「錢串子」，管癩蛤蟆得叫「元寶」，碰上它們不能喊出來，誰喊出來就得背著。

怎麼留下的這兩條山規呢？據說，很久以前，有個十四五歲名叫鎖柱的孩子，跟著寡婦媽過活。日子過得比黃蓮還苦。這年秋天，村裡人去放山，鎖柱也要跟去。由於年紀太小，沒走上一天就跟大家走散了。

這天，他累得實在挪不動腳步了，見到一塊燒剩半截的木頭就坐了下去，一會兒就迷迷糊糊睡著了。這時，來了個白鬍子瘦老頭兒，輕聲細語地說：「孩子，你是頭回放山吧？想挖棒槌養活老母，對不？」鎖柱點了點頭。老頭兒說：「你挺孝順呀，我送你兩苗大棒槌吧，在前邊不遠的草窠裡。你起出來就夠過啦，不過，你以後不要再坐燒剩的木頭啦，那是老天爺賞給我的枕頭。方才你就好險坐著我的腦袋。」說著，老頭伸手抽去鎖柱坐的那塊木頭，鎖柱鬧了個趔趄，醒了。睜眼一看，木頭不見了，不遠處的草窠裡真有兩棵大棒槌。他心想：我遇到好心的老把頭了。趕忙趴地上磕了三個響頭。然後興沖沖地去起棒槌。鎖柱下山了。在山口小店中，一個關裡老客商用兩個金元寶和一串銅錢買去了他的兩棵大棒槌。鎖柱把錢和元寶往小背筐裡一擱。急急忙忙往家趕。眼看到家了，突然被一個強盜截住，讓他留下背筐，鎖柱捨不得，和強盜撕扯起來。強盜以為背筐裡一定有貨，便把背筐倒到地上，不料，卻倒出一條大長蟲和兩隻癩蛤蟆。強盜嚇了一跳，鎖柱也鬧愣了。

強盜看了鎖柱一眼，罵道：「小兔崽子，我叫你嚇唬人！」邊說邊解下背筐帶把長蟲和癩蛤蟆緊緊綁在鎖柱的脖子上，罵罵咧咧地揚長而去。

鎖柱可嚇壞了，沒命地往家裡跑，一口氣兒跑到家，老媽媽問他為啥這麼慌張，他指了指自己的脖子說，「長蟲。」可沒等說完，低頭一看，哪裡有長蟲、癩蛤蟆的影子？還是原來賣棒槌的一串銅錢和兩個金元寶。

從此，鎖柱娘倆過上了吃喝不愁的日子。人們也漸漸知道了鎖柱放山的經過。打這兒起，放山人不再坐燒剩的木頭，見了長蟲、癩蛤蟆也不亂喊了。

韓琪　朴靜（蒐集整理）

人參蜜

早先，在長白山下住著母子兩個人，老太太已經很老了，長年病在床上，全靠兒子小格路上山獵點野獸，打點柴火過日子。

這年春天，忽然飛來了一群野蜜蜂，在他家房後的一棵樹上安下了家。那蜜蜂可勤勞了，每天起大早就飛出去，晚上很晚才飛回來，整整忙活了一年，釀出很多蜜來。

眼瞅著要過年了，納納又有病，兒子沒有什麼東西孝敬納納，急得團團轉。最後決定從樹筒子裡起點蜜出來，拿到集市上去賣。他剜了一小壇蜜，來到了集市上，整整叫賣了一天，也沒有人來買。因為人們老遠就能聞到它的苦味兒。

小格路沒有辦法，只得把蜜罈子捧了回來。

大年三十的晚上，家裡沒有一粒下鍋的米，更沒有一片肉乾和一塊酥麻糖。娘倆沒有什麼可餬口的，只得把那壇苦蜂蜜捧出來，吃上幾口解解餓。你說是寶不是寶，納納吃了兩口蜜，那身子骨「嘎巴巴」直響，多年的老病，一下子全好了。兒子吃了兩口蜜，不僅肚子不餓，而且渾身上下長了不少的氣力。娘倆樂壞了，知道這是寶蜜。小格路便又拿到集市上當藥去賣，只一陣工夫就都賣光了。他賣了很多的銀子，買了不少好吃好穿好用的東西，娘倆過了個富裕年。

鄰居有個叫三邪子的浪蕩漢，專門指著坑蒙拐騙過日子。他聽說隔壁娘倆賣藥蜜發了財，晚上便去偷蜂蜜。哪知他剛一伸手，窩裡的蜜蜂就全飛了出來，把他好一頓蜇，腦袋腫得像個大葫蘆。三邪子氣極了，點把火就把蜂筒子給燒了，那群野蜜蜂便飛進主人的屋樑上去。

老人很愛惜這些蜜蜂，怕餓著它，就告訴兒子到集上買了一些糖餵蜜蜂，那群蜜蜂便很好地在他家過了冬。

第二年春天，老人的兒子決定把蜜蜂放出去。老太太留戀地對蜂王說：「你們進深山裡去吧，千萬千萬不要讓壞人看見！」蜂王扇了幾下翅膀，表示感謝，便領著蜂群飛走了。

又一年秋天來到了。一天，小格路正在地裡幹活，忽然飛來一隻小蜜蜂，在小夥子的身邊轉轉，唱道：

嗡嗡嗡，嗡嗡嗡，
向南爬過三座峰，
砬頭上，樹筒裡，
人參寶蜜在其中！

小格路一下子明白了，決定第二天去起寶蜜。晚上他向納納把蜜蜂唱的歌說了一遍，沒想到又讓隔壁的三邪子聽到了。當天晚上半夜，他便偷偷地帶著燈籠、火把，起人參蜜去了。

夜黑頭，山又陡，樹又密，三邪子觔斗把式地好不容易才爬到人參蜜的地方，背起蜂筒就想下山。這次他精了，怕蜜蜂蜇他，把頭臉都用布包上，只露出兩隻眼睛。沒想到他頭重腳輕身子沉，又不得眼，爬不幾步，三邪子就滾了砬子。蜂筒滾了，蜜也撒了，摔得他滿身是傷，回家後躺在炕上直哼哼。第二天，小格路費了很大的氣力才爬到了人參蜜的地方。一看，那蜂筒摔碎了，蜜都摻和到土裡去了。只見那群蜜蜂成群地躲在大樹上。小格路知道讓壞人給端了窩，他便把蜜蜂引回了家，用糖又餵養了一冬。

春天又來了，小格路把蜜蜂又放了出去，說：「你們鑽進遠遠的老山裡去吧，千萬千萬別再讓壞人看見！」蜂王又扇了幾下翅膀，表示了謝意，便領著蜂群飛走了。

這年人參開花的時候，一天，小格路正在地裡幹活。忽然，又飛來一隻小蜜蜂，圍著他的身邊直轉轉，唱道：

嗡嗡嗡，嗡嗡嗡，
向南爬過五座峰，
砬頭旁邊椴樹下，
有棵百年老參精！

唱完，蜜蜂便飛走了。

晚上，小格路又把蜜蜂唱的歌告訴給納納，再一次讓鄰居三邪子給聽了去。三邪子又頂著月黑頭，帶著燈籠火把去了。他費了很大的氣力，遭了很大的罪，終於找到了長著人參精的地方，可哪裡有什麼人參呢，只見一群遮天蓋地的野蜜蜂，一齊向他飛來。他跑不動，躲不開，蜇得他連滾帶爬地回了家去，渾身上下都讓蜜蜂蜇的沒有好地方了，癱倒在炕上，不能動彈了。

小格路第二天找到了人參精生長的地方，只見蜜蜂們都在人參花上採粉，他看得呆了，連一棵都沒捨得挖，好讓蜜蜂採花釀蜜。看了好一會兒，她便回家了。

從此，每年他都能採一些人參蜜，既賣了錢，又治好了很多人的病。小格路成了遠近有名的善人了，向他求蜜治病的人越來越多。他都滿足了人們的要求。最後，他娶了個十分漂亮的姑娘做媳婦。這姑娘也是個生病被他治好的人。她很愛小格路，也很孝敬婆婆。一家人的日子過得和和美美，十分幸福。

董大娘（講述）

曾層　佟疇（蒐集整理）

長白山人參酒的由來

東北老人參是珍奇之寶，過去多用於入藥，治療百病都有奇效。後來，人們又用來泡酒，喝了後不但祛病，還延年益壽。那麼這人參酒是怎麼來的呢？

當年，吳三桂棄明投清，把清軍放進山海關，滅了明朝。他帳下一員大將不願投清，伺機逃出大營，潛入長白山深山老林，隱姓埋名，過起野人生活。因為是將軍出身，懂的知識比較多，又是東北人，對東北的中草藥有些研究，他吃遍了山上的各種野菜，嘗遍了能治病的中草藥，再加上他天天習武，在山上過了好些年，雖年過半百，仍然滿面紅光，身體健壯，自稱「百草翁」。

戰事過後，百草翁年年挖藥材、人參到營口去賣，換來柴米油鹽和生活用品，餘錢全部買酒喝，每天晚上必須喝二兩，這是他一生最大的嗜好。

有一天，一個肩上搭著個大酒葫蘆，騎著一頭小毛驢的老頭從山上下來，百草翁從窩棚裡出來，只看見個背影。心里納悶兒，我在這兒呆這麼多年，這一片山都走遍了，根本沒有人煙哪，這個人從哪兒下來的呢？

過了幾天，那個老頭騎著毛驢又下山了，百草翁老遠就迎上去打招呼：「老大哥，又下山了。」

老頭樂呵呵地答道：「哎，下山去。」

「到屋裡坐坐吧。」

「不了，下山打一葫蘆酒，回來咱再聊。」

「好吧。」

十多天后的一個眼黑天（黃昏），老頭騎著毛驢慢悠悠地回來了，百草翁聽見驢蹄聲就出來迎接。到了窩棚前老頭下了驢，被讓到屋裡，二人嘮起嗑來。在大深山裡成年見不到一個人，冷丁有個人來，就像來了親戚一樣，心裡有說不出的高興。

百草翁自我介紹：「我姓百，今年五十五歲，不知大哥高壽。」

老人說：「問我多大年紀我也記不清了，反正比你大，你就叫我千大哥吧。」

「千大哥，我來這三十多年了，也沒個人和我喝酒，今天咱哥兩喝一盅行不行？」

「太好了，我今天還買了個膀蹄，足夠咱倆下酒的了。」老百把膀蹄切了切，又扒拉一個山菜，兩人就你一盅我一盅地喝起來。百草翁看千大哥不勝酒力，喝了兩三盅臉就紅了，頭也有點暈了，就說：「千大哥，今天就喝這些，改日再喝吧。」老千說：「好吧，告辭了。」千大哥騎上了驢，一抱拳就走了。

從此以後，千大哥隔三岔五下趟山和百老弟就喝上一頓。千大哥的酒量慢慢見長，後來和百老弟打了個平手，老百心裡話，千大哥這麼大歲數，酒量怎麼長得這麼快，是個實在人。他到底住在哪兒呢？也不便過於查問，只說住在山上，看樣子肯定不是個妖精。

帶帶拉拉地二人在一起喝了一年多酒，老百總是把酒預備個足足地，多咱都不帶喝露底的。可是有一回卻現了底，他倆頭天晚上喝完酒，葫蘆裡就剩不多了，百草翁準備喝完了就下山打酒。沒想到第二天老千又來了，老百想，有多少就喝多少吧。看千大哥喝得甜嘴抹舌的，老百挺不好意思，說：「大哥，我今天沒去打酒，你沒喝好，下次我一定多打點。」老千不高興地說：「你以為我白喝你的酒啊，你不樂意咋地？我以後不來還不行。」說完就要走，老百忙拉住賠不是說：「可這大山上就咱哥倆，我拿你當親哥哥了，怎麼能嫌棄你呢！下次來咱一定喝個一醉方休。」老千聽了，把話拉回來說：「大哥嘴上沒遮攔，別挑哥哥的理。」說完，上毛驢就回去了。

百草翁因為千大哥沒喝好覺得對不住他，所以下山打了滿滿兩葫蘆酒，又買了些下酒菜，準備等千大哥來了好好喝一頓。

過了好幾天千大哥才來，和百草翁說：「老弟，我淨喝你的酒了，今天我帶來一葫蘆酒，不是我還你的，是我送給你的。」

「大哥，喝點酒算啥呀！這酒還是你留著自己喝吧。」

「你對哥哥是真心實意，哥哥我也是誠心的，這點酒算不了啥，也是哥哥的一點心意，這葫蘆酒今天不喝，以後咱哥倆慢慢喝行了吧？」

「那好，就放著往後咱再喝。」

老百把老千請到屋裡，老百殺了一隻小雞燉了燉，兩人盤腿坐在炕上就喝起來。

老百說：「那天大哥沒喝好，兄弟心裡不過意，我特意打了兩葫蘆酒。今天咱倆喝個夠。」

「咱哥倆一見面，我就看出老弟是個豪爽、大度、心腸好的實在人，我願意和你這樣的人交朋友。」

「大哥過獎了，咱哥倆能要好，是咱的緣分，大哥心地善良，為人正直，把我當親兄弟看待。我真是三生有幸。」邊嘮邊喝，多半葫蘆酒下了肚，二人都有些醉意了。老千倒出了心裡話：「老弟啊，說實在的，我原來沒喝過酒。自打我第一次聞到酒的香味，心裡那個舒坦勁就別提了，不怕老弟笑話，我順著香風，找到你這兒，你喝酒的時候，我偷偷地到你這兒好幾回。看你背酒葫蘆，我也弄了個葫蘆，可我這葫蘆是擺樣子的，裡面沒裝酒。後來，我就故意騎著毛驢和你見面，打眼一看，你這個人就是好人，就想和你交朋友。」聽了這番話，老百心裡直畫魂兒，千大哥到底是什麼人呢？但臉上卻沒表露出來，仍然說：「這麼大一座山就咱哥倆在這住兒，多難得啊！咱今天一定好好喝喝，來，乾杯！」二人交杯換盞喝完了一葫蘆酒，老百招架不住了，老千也開始說醉話了：「老弟呀，人逢知己千杯少，喝多少也——不醉啊，把那葫蘆也打——開，還——得——喝。」老百把那葫蘆也打開，每人又喝了幾杯，倆人都醉了，趴在炕上呼呼地睡著了。

一覺醒來，已經大天實亮，百草翁一骨碌爬起來，不見了千大哥，只看見衣服在炕上，忙把衣服拎起來，底下蓋了一顆五行俱全的大人參。他回憶起千大哥的一舉一動，又想起他說的話，完全明白了，原來千大哥是個千年人參精變地，他看我一個人寂寞，天天來陪我喝酒，後悔得直拍腦袋：「是我害了你，千大哥，我對不住你呀，說著把人參捧起來，含著眼淚喊：「千大哥，醒醒啊，醒醒啊！」儘管千遍萬遍地喊，也沒人答應，他哭一陣、喊一陣。天天茶不思、飯不想，一心想把大哥叫醒。幾天過去了，人參的皮有點抽巴了，他想，怎麼也不能把大哥乾巴死啊，咋辦呢？大哥好喝酒，用酒滋潤滋潤吧。他就每天用酒噴一遍，時間長了，有的鬚根還是乾癟了，乾脆把他泡在葫蘆裡吧。他的兩個葫蘆口都小，放不進去，大哥拿來的那個葫蘆口大，個也大，拿過來一比量，放進去大小正合適，裡面的酒也剛好滿滿地。他給千大哥做了個牌位，把葫蘆供在上面，天天叩頭禱告，希望大哥能活過來。

過了九九八十一天，老百做了個夢，夢見千大哥站在面前，說：「謝謝你了，我的好兄弟，你為我禱告了八十一天，我已經成仙升天了，以後不用供奉我了，你就把泡我的這葫蘆酒每天喝上一小盅，就會長壽的，這葫蘆酒你是永遠喝不完的。老百遵照千大哥的話，每天喝上一小盅，更是滿面紅光，身強體壯，每當他下山，見過他的人都很奇怪，不知道這個老壽星得了什麼秘訣，可他從來是牙口縫不露。

最後，是一個放山的老把頭識破了他喝人參酒的祕密，他才不得不說了實話。從此，泡人參酒的秘方就傳到民間。

百草翁一直活到二百多歲，臨死，那一葫蘆酒也沒見少，最後也不知讓什麼人給搬去了。這就是長白山人參酒的來歷。

棒槌營子的故事

下了公路，往紅葉谷裡走二三里，有一個小屯，早先叫棒槌營子，現在叫石虎屯。既然叫棒槌營子，想當年這地方棒槌肯定特別。

兄弟放山

有那麼一年，從山東過來了哥倆，哥哥已經三十歲，弟弟才十八，他們從小就和氣，長這麼大沒紅過臉。由於父親去世早，欠了很多外債，哥倆不大就跟表叔到關東學放山，想掙點錢養活老娘。放了幾年山，也沒攢下錢，除了還外債，本應有點餘付，年年鄉親們有個為難招災的也都借出去了。到如今，哥倆連媳婦也沒說上。老娘數著算著想攢幾個錢給兒子說媳婦，可自己又得了病，沒辦法，逼得兩個兒子不得不再上關東。

哥倆來到紅葉谷，聽見棒槌鳥在山上叫，跟著棒槌鳥轉悠了一天，還真沒白跑，發現了半畝來地一片小人參苗子，哥哥說：「看這架式，這趟溝裡人參少不了，不然，哪來那麼多棒槌籽撒到這兒。」他們白白跑了七八天也沒開眼，弟弟想換個地方，哥哥非要查找棒槌籽的來歷不可。紅榔頭市眼看要過去了（棒槌籽要落地了），還是兩手空空，哥哥說：「咱還是沒找到正地方，明天咱到南坡看看，挖不著咱就走。」

第二天一大早，哥哥告訴弟弟：「今天咱倆別離遠了，能聽見索撥棍上的大錢響就行，要聽不見就趕快叫棍。」二人一左一右扒拉著草，走到半山腰，一隻棒槌鳥在小二頭上叫，他隨著聲音撵了一陣，發現離哥哥太遠了，連忙轉身往回走，邊走邊喊：「哥，哥！」喊了半天，沒人答應，老二拿起棍就敲。「梆梆——梆梆——」敲了半天棍也沒聽見回棍，小二慌了神，心想，不能再撵了。憑著放山的經驗，辨別了一下方向，順著山坡往回走。忽然，聽見身後有「唰啦唰啦」的響聲，他回頭一看，離他兩丈多遠來了一隻小梅花鹿，瞪著兩隻小圓眼看了看他，順著山坡下去了。老二跟在後邊，來到一塊有半間房子大的石頭旁，看見草叢中有紅彤彤東西，他拎著家什走過去，一扒拉，露出兩團緊挨著的紅豆豆，顆顆籽粒飽滿，把老二樂得忙喊：「棒槌！」趕緊把紅頭繩拴上，就開始挖。開了盤，發現是一對，有兩個蘆頭，兩個身子連在一塊，四隻胳膊，四條腿，雖說不大，可挺怪的。挖出來，仔細打好包，揣在懷裡回窩棚了。

回到窩棚，哥哥已經先回來了，弟弟把人參交給哥哥並把碰見小梅花鹿的事和哥哥學了，哥哥覺得挺蹊蹺，那隻梅花鹿肯定是有來歷的。「是妖精嗎？」弟弟問。

「不像，好像是在幫咱們。」

「它為什麼要幫咱們？」兩人琢磨了半宿，也沒琢磨透。

第二天早上，二人分了手，老大走到半山坡也聽見棒槌鳥的叫聲，抬頭看了一眼沒搭理，只管低著頭扒拉草。忽聽索撥棍下面的大錢嘩啦一響，碰在一根一丈多長碗口粗的倒木上，他剛想邁過去，這根倒木「撲棱」一下，活了。把老大嚇得噔、噔、噔倒退了好幾步。仔細一看，原來是一條大蟒蛇，仰著頭看了看他，晃晃頭就爬走了。老大心里納悶，今天怎麼又來一條蛇呢？那條蛇不緊不慢地爬著，他悄悄地跟在後面，走了一段路，老大沒看見什麼，就停下了，大蛇看他停下，它也停下，轉過頭看著他，老大明白了，又跟了有二三里地，到一個懸崖邊，蟒蛇沒影了，他以為蛇鑽進山洞去了呢，找來找去，沒找著山洞，卻發現石砬子上長著兩棵拳頭大的紅蘑菇，啊！那不是靈芝嗎？好事能都讓我們攤上嗎？他爬到砬子上，細細地端詳，確實是兩個罕見的大靈芝，老大樂得嘴都合不上了，折了幾片樹葉子包好了，兩手捧著一蹦一顛地回窩棚了。離窩棚老遠就喊：「二小，二小！快看，又得寶貝了。」弟弟問：「啥寶貝呀？大靈芝！」到屋裡，哥哥把包打開，呵！滿屋子都照紅了，香氣撲鼻。哥哥說：「咱們今年真走勁兒，看來真有神仙幫助咱們。你昨天碰上鹿仙，我今天又碰上蟒仙，是它領著我到石砬子上摘的仙草。無緣無故的人家怎麼會幫咱呢？這裡面肯定有說道。」弟弟道：「這麼看，山上的寶貝確實不少，明天再上山踅摸踅摸，說不定還能碰上別的寶貝呢。」

這一次，哥倆是一個東一個西，各找各的，一門心思地找寶貝。直爬到山頂連個小花鼠子都沒看見。

晚上，倆人趴在被窩裡，哥哥說：「明天得下山了，咱就這麼大的財命，不能再強求了。這回雖然得了寶，但是，我總覺得心裡不踏實，這麼多年，哪碰上過這好事呀。」

「我也覺得是個謎兒，一時半會兒還解不開，過年再來解吧。咱娘還惦唸著咱呢。」

神仙託夢

晚上正睡著覺，房門呼啦一下就開了，進來一個白髮髻、白鬍鬚的老人，看上去八十開外的年紀，開口像洪鐘：「自打你們來關東，我就注意了，你們哥倆心眼好，能吃苦，又勤快，我想把你倆留在這兒，交給你們一份差事，日後就不用關裡關外地跑了。你們老娘病得只剩一口氣了，在家等著你們回去呢。我送你們的兩件東西，那棵雙胎參，走半道上把它賣了，回家把你娘發送了，再把你們的婚事辦了，剩下的還夠過三年好日子。不過，兩棵靈芝給多少錢也不能賣。千萬記住，來年立夏前，帶著你們的媳婦一塊到這兒安家。」說完話，老人就不見了。

哥倆不約而同地坐起來，互相問：「你看見了嗎？」

哥哥說：「看見一個老頭，說咱娘病重，還讓咱們明年再來，是不是？」

「是，怎麼那麼清楚呢？」既然二人同時做了一樣的夢，夢裡那個老神仙說的事也完全一樣，那就錯不了，按照老人說的辦就是了。

二人帶著寶貝到了船廠，找到一家大藥鋪，把人參包遞上，店掌櫃打開包一看，就說：「你們放著好貨了，這叫雙胎參，這棵參特別少有，專治不孕不育症，不管男女，誰有病都能治好。你們開個價吧。」哥哥說：「掌櫃的這麼懂行，也不會虧待我們，你就照量給吧。」

「那我就不客氣了，給三千兩銀子，可以吧？」二人一合計說：「行。」拿了銀票，哥倆樂呵呵地回家看老娘去了。

奇藥治病結良緣

這一日，天都黑了，他們還沒找到住處，看見前邊有一間茅草屋，弟弟上前叫門，敲了半天沒人答應，推開門，腿還沒邁進門檻，就「啊」的一聲退了回來，張著大嘴，指著屋裡說不出話來。弟弟的樣子把哥哥也嚇了一跳，往屋裡一看，哎呀！地上躺著兩個人。「小二，快看看還有沒有氣？」二人伸手在每個人的鼻子前試了試，好像還沒死透，哥哥說：「只要有口氣咱就得救人，救活一個是一個。」他們忙乎了半天也沒管事，就嘴對嘴地做人工呼吸，可還是無濟於事。哥哥突然想起，靈芝不叫還陽草嗎？今天派上用場了。弟弟說：「老神仙不是不讓動嗎？」

「救人要緊，快拿出來！」老二把靈芝包打開遞給哥哥，怎麼用呢？聞著靈芝那股清香味，不妨先把靈芝放到倆人的鼻子前燻燻，備不住能管事。工夫不大，那倆人的鼻眼透氣了，等了半天，還是沒睜眼。哥哥說：「看樣子光熏不行，就得把靈芝豁出去了。你生火，我打水。」小二說：「先熬一個給他們喝了差不多就能好。」哥哥想了想說：「只要把人救活了，這靈芝就沒瞎，救人救徹底，乾脆一人一個，全熬了。」湯熬好了，給倆人灌下去，當時就聽二人肚子裡咕嚕嚕直響，滿頭滿臉出大汗，像水洗的一樣，不一會兒，微微睜開雙眼。

老二突然喊：「哥，她們是女的！」

「啊？」剛進屋時，在黑影裡光顧救人了，也沒看出來是男是女，這下子，把他倆嚇得立刻站到一旁，臉臊得像紅布似的，不知如何是好。

過了一會兒，聽一個人呻吟著叫：「妹妹，妹妹……」

「我在這……」妹妹有氣無力地說。

「咱們還活著嗎？」

「是活了，我們救的你們。」弟弟聽見說話聲高興地說。

地上的兩個人聽見有人說話，都把臉轉過來，問：「你們是誰？為什麼來救我們？」

哥哥這才長出了一口氣，說：

「活過來就好，這就放心了。我們倆從這路過時發現的，你們這到底出了什麼事？」兩個姑娘硬撐著坐了起來，理了理頭髮，姐姐說：「俺這兒鬧了窩子病，死了好多人，俺爹娘都病死了，俺倆也染上了。該著俺們命大，碰上你們這兩個救命恩人。」說著，姐倆就跪起來，給他們叩頭。「快起來，快起來！」哥倆一人一個，把她倆攙起來。姐姐問：「這種病是沒有治的，你們用什麼藥給我們治的？」弟弟答：「靈芝還陽草。」妹妹說：「這藥可真靈，這麼一會兒身上就有勁了。」說著話，姐妹二人站起來。姐姐皺了皺眉，好像想起了什麼：「窩子病可過人哪，別把你倆給過上，快走吧。」弟弟一聽害怕了，哥哥想了想說：「沒事，俺倆把靈芝再熬一遍，喝了准管用。」姐倆聽了，趕緊動手熬藥，哥倆趕忙喝了，肚子也咕嚕咕嚕一陣響，頓時覺得渾身熱乎乎的。

兩個姑娘把髒衣服換下來，洗了洗臉，攏了攏頭髮，兄弟倆藉著燈光，才正眼看了一眼，這倆姑娘一個個長得大眼睛雙眼皮的，都那麼俊。姐妹雙雙給兄弟倆施了個大禮，說：「謝謝救命之恩！二位恩人勞累一天，又遇上我們這樁糟心的事，真是過意不去，沒有什麼好吃的，粗茶淡飯先填飽肚子，早早歇息，明日好趕路。」兄弟二人忙還禮，深為感激。

晚飯後，把二位恩人安排到東屋，姐倆回到自己屋裡。

妹妹說：「這兩個人心眼真好，為救咱們把寶貝都豁出來了。」

「是呀，難得遇到這樣的好人。咱爹娘這一走，剩下咱倆，肩不能挑擔，手不能提籃，今後可怎麼過呀？」

「可不是，在這大山溝裡，就咱這兩個姑娘家家的，不得讓山牲口給吃了哇。」

東屋的哥倆，看她倆到西屋睡覺去了，弟弟悄悄問哥哥：「咱倆和她們對嘴呼吸的事她倆不會知道吧？」

「不會的。不過，在這荒郊野坡，十里八里都沒有人家，光兩個姑娘可夠危險的。」

「是挺可憐的，要是兩個小子咱就帶著，兩個姑娘怎麼帶呀。」說話間，隱隱聽見西屋傳出嗚嗚的哭聲，二人為了難。還是弟弟心眼來得快，說：「明早問問她們有沒有親戚，如果有，咱就給送到親戚家去。」

「要沒有呢？」哥哥問。

「要不，就問問她們願不願意跟咱拜乾姊妹？要同意，咱就帶她們走，日後給她們找個好人家，咱也就靜心了。」

哥哥說：「也只好如此了。」

早上吃飯時，哥哥問：「二位妹妹，還有親戚可投嗎？」姐妹聽了眼淚奪眶而出，說道：「請二位哥哥救人救到底，帶我們走吧，有口飯吃就行。」老大說：「咱們是男女有別呀，無親無故的怎麼帶你們走哇？」姊妹倆咕咚一下就跪在哥倆的面前：「二位哥哥在上，受妹妹一拜。」哥哥笑了，說：「咱們想到一塊了，二位妹妹快快請起。從今天起，咱就是親姊妹了，我是大哥，他是二哥。」姐姐說：「我就是大妹，她就是小妹了。」

兄妹四人一路上互相照應親如一家，不知不覺就回到老家。一進院，哥倆就直奔上房，看見娘倒在床上，兩眼塌陷，面色蒼白，齊聲喊：「娘，兒子回來了！」娘用力睜大雙眼，看著兒子們，兩行老淚順著眼角流了出來，兩個兒子拉著老娘乾癟的手，看娘已經奄奄一息，哇哇地哭起來。「兒呀，別哭，娘不是還活著嗎，你們回來就好。咳！是娘拖累了你們，都這麼大了還沒說上媳婦，娘死不瞑目哇。」這時，兩個姑娘過來了，也大聲叫：「娘！」老太太一愣神，接著嘴角就露出了笑容，喃喃地道：「大小，二小，你們把媳婦帶回來了，娘這回就放心了。」兒子怕惹老娘生氣，沒敢說不是。老太太眯著眼看著兩個姑娘說：「多好的孩子，娘不行了，你們好好過日子吧，早點給我生個孫子。」說完，兩眼一閉，把氣嚥了。四個人一陣號啕大哭，而後，把娘發送了。

守孝過百日，在本家長輩的主持下，給哥倆辦了婚事。

開闢棒槌營

春暖花開時節，兩對小夫妻啟程來到關東慶嶺，在那一大片長著小人參的地邊蓋了三間大房子，在房前屋後開了一大塊地，準備種些莊稼，養豬、養雞好好過日子。

有一天晚上，哥倆又是同時夢見老神仙，背來一大袋人參籽，對他倆說：「我讓你們回來，是讓你們來保護這座山的，山上寶貝很多，我是不會讓它們下山的，你們也不能動它。你們要把這袋參籽種到山上，等將來山參少了的時候，他們就長起來了，絕不能讓它絕種，這就是我交給你們的差事。一定要辦好！」二人跪在地上緊忙答應。醒來一看，門前果然有一大口袋棒槌籽，兩人試著拎了一下，沒拎動。地化透後，他們四個人早出晚歸，把參籽撒了漫山遍野，種子是乾撒不見少，該種的地方都種上了，還剩了少半袋，沒辦法，就在房前開了一塊地，把剩下的參籽全種上了。

種完參，買些糧種，把莊稼種上，下了場透雨，莊稼苗都出來了。可是，種的人參一棵也沒出，扒開土一看，參籽還是好好的，原封沒動，鏟完頭遍地，仍然沒出來，一直到老秋，連一棵拱土的也沒有。這下四個人可上火了，這麼多參籽下了地，都不出來，那不白瞎了嗎？怎麼向老神仙交代呀？一商量，乾脆把種子再摳回來吧，不然，冬天凍壞了怎麼辦？他們又漫山遍野地往回摳種子。誰知過了一春一夏，地裡的草長了溜腰深，種下地的種子都找不著了，回來把房前屋後種上的摳了出來，放在屋裡。

第二年春天，從鍋台後把參籽拿出來，打開一看，糟了！由於鍋台後太熱，都長毛了，把幾個人急得直跺腳，拿到外邊一個個扒拉，有的還裂了口，扒開皮一看，有的瓤都脹開了，但還沒發霉。哥哥說：「只要仁兒沒壞就能發芽，是不是籽太乾了，咱把它泡泡再種。他們抱著試試看的想法，把這些泡完的參籽種在門前，怕再不出，就把那一片小參苗挪下來栽到一邊。鏟完二遍地的一天，老二站在地邊突然大喊：「快來看，快來看！拱土了，拱土了！」大家都湊過來，可不是嗎，真有發芽的了！把一家人樂得沒法兒。後來陸陸續續地出來了一些。過了三四年，種在山上的也都出來了。這時，他們才發現，參籽最好發了酵，殼裂開嘴才能發芽，不然幾年都不拱土。

過了些年，參園子裡移栽的參苗越長越好，種的人參也挺旺興，種在山上的也都長大了。他們完成了老神仙交給的使命，哥倆都兒女成群，過上了幸福美滿的日子。

棒槌園子一年比一年擴大，後來就形成了棒槌營子。

棒槌砬子的傳說

在長白山下的渾江市三岔子區大陽岔鄉（現白山市江源區大陽岔鎮）附近，有一座高聳的人參形石峰，當地人稱它為「棒槌砬子」。關於棒槌砬子，還流傳著一個動人的傳說。

早先，這裡是一片林海，「關東三寶」在這裡到處可尋。關裡家一些過不去日子的窮苦人，實逼無奈，都是一跺腳撲奔到這裡謀條生路的。

這一年山東大旱，又是顆粒無收。乳山縣一個莊裡的兩個小夥，一個叫馬勤，一個叫熊三，結伴來挖參。他倆漂江過海，翻山越嶺，吃盡千辛萬苦，好歹轉悠到這裡，乾糧早吃光了，餓得頭昏眼花，後來雙雙倒在一棵大松樹下。

他倆醒過來時，覺得嘴裡有股苦溜溜的甜味兒，身板兒也有力氣了，很是奇怪。一踅摸，不遠處站著個俊秀的小夥子，正瞅著他們樂呢。他倆知道是這個小子救活了他們，忙站起來謝恩。

這小夥子幫他倆壓了戧子，一天一趟給送吃的，每回兒還坐坐嘮嘮嗑。告訴他倆別性急，稍等幾日到了鎯頭市時會抬到大棒槌的。一來二去的，三個年輕人扯掰不開了，他倆也知道了這山裡小夥是人參精。不過他倆都說山裡小夥好，救了他倆，一點兒也不覺得有啥生分。馬勤和熊三還非要和小夥子磕頭拜把子。山裡小夥也挺隨和的。三個插草稈為香，拜了山神。人參精小夥是大哥，熊三是老二，馬勤是老疙瘩。

不愁吃，不愁喝，日子過得挺快。轉眼間到了鎯頭市。這天大哥來到戧子告訴熊三和馬勤，明天到東山嘴的紅松排子邊抬棒槌。臨走還囑咐他倆，大片棒槌都可抬，中間那棵大六品葉可別抬。

第二天他倆起個大早，收拾妥當了，來到東山嘴紅松排子邊，果不其然有一大片紅鎯頭在搖擺，中間那棵大六品葉還直朝他倆點頭呢。他倆知道這是大哥。熊三和馬勤把四周的棒槌全抬了，打好了包子，雙雙站在六品葉邊等著。

只見大六品葉一閃，人參精大哥立在他倆面前笑著說：「兄弟，快當，快當！下山去吧，到營口賣上大價錢，回關裡家過好日子去吧！往後有危難著的，儘管來，用索撥棍敲這棵老松樹三下，喊聲『大哥』，哥哥會來幫忙的。」

他倆戀戀不捨地離開了人參大哥下了營口，他倆發了財。馬勤回山東老家過日子去了。熊三在營口享開福了。吃喝嫖賭抽，花天酒地窮造，幾年工夫就把銀子踢蹬光了。看看沒有著落了，熊三想起只有回長白山老林去找人參精大哥。熊三幾年富豪日子過得富態了，這回穿山越嶺是咬牙瞪眼地難受。可不去不行啊，要想再過上天堂日子就得去找人參精大哥。他連滾帶爬地總算是找到了當年人參大哥指給他和馬勤看的那棵紅松樹。他用索撥棍「梆梆梆」敲了三下，喊了聲大哥，話音剛落，就覺眼前一忽悠，人參精大哥笑吟吟地站在他眼前了！

哥倆親親熱熱地嘮扯，動手壓了一個戧子住下了。熊三把帶來的酒斟上，哥倆喝起來。喝到半酣子，人參精問：「兄弟又返深山老林要哥哥幫啥忙？」熊三眨眨小眼睛，把要人參精再給弄幾苗寶參發個大財的話說了。人參精聽了說：「兄弟，我心直口快，說你也別生氣，上回抬的參足夠你過一輩子富足日子的。不能太貪心了，念你苦巴苦累地來一趟不容易，就再幫你一回吧！」這話說得熊三臉上紅一陣子，白一陣子，人參精卻沒在意，頭一倒睡在草鋪上了。熊三可不瞌睡，他氣啊！他把小眼睛眨巴來眨巴去，牙一咬，下了狠心：「無毒不丈夫！乾脆就要你這個無價之寶的人參精得了！」他隨手就掏出了紅快繩，當兩手麻利地繫在人參精的腰上時，人參精一哆嗦驚醒了，知道不好，一扭勁，憑著千年功力，拚命長大身軀想掙斷紅繩，可頂翻了地子，直長成像山峰一樣，朝前躬腰猛掙，也未掙脫紅繩。畢竟是人參畏懼紅繩啊，慢慢地化作一座石砬子。這就是當地人稱那山峰為「棒槌砬子」的由來。如若近前細看，至今石砬子腰上還有一圈印呢！那是當年繫紅繩留下的。

那麼熊三哪兒去了呢，就在人參精高長猛掙的夾當，他還不捨得撒手呢！一帶把他悠起來，落在人參精腳下摔死了。他也慢慢地化作一塊人體型狀的石頭了。現在有來觀賞「棒槌砬子」秀麗姿態的，為看得清楚，都輪番踏在那塊當地人稱「熊色」的石塊上賞景呢！

李大爺（講述）

王希傑（蒐集整理）

棒槌哈達

誰也不知道棒槌哈達有多高，立陡石崖的，它的峰頂總是被埋在雲霧裡。只有在萬里無雲的秋天，正晌午時才露出一會兒山頭，把影子倒映在峰下的棒槌河裡。這時，很多人都從河中的倒影裡，看見哈達頂上長著很多又大又胖的棒槌。

那棒槌吸引了很多很多的人，千百年來一個接一個的登攀過棒槌哈達。有的爬到半山腰，就嚇得又退了回來；有的豁上性命爬了上去，一去卻沒有回來。所以人們都說：膽子小的人爬不上去，貪心的人爬上去也回不來。人們只有眼巴巴地望著它，再也沒有人敢攀登它了。

又不知過了多少年月，棒槌哈達下有一個父母雙亡的孤兒，名叫那哲里，他不僅膽子大，而且很有登山的本領，又是個心眼憨直的人。他受鄉親們的囑託，決心要試試登攀棒槌哈達。因為那時，棒槌哈達下的老百姓正鬧著瘟疫，只有用棒槌熬水喝才能治好。

人們在棒槌哈達下設了祭壇，宰殺了整豬整羊，斟上了上百年的陳釀老酒，為小夥子祝福。那哲里喝了鄉親們敬的三碗醇酒，吃了黃粟黏團，脖頸套上艾葉圈，每個人都吻了一下他的額頭為他送行。

那哲里單腿跪在地上，向鄉親們行了大禮，便開始登攀棒槌哈達了。

那棒槌哈達高不見頂，大砬巴上，連個落腳的凹坑都沒有。他光著雙腳，用手扯著荊枝籐條，艱難地往上爬著，稍一不小心就會滑落下來。他費了很大的力氣，流了很多的血汗，費了很長的時間，終於在一個晴朗的早上登上了峰頂。

登到棒槌哈達上，使他大失所望，別說沒有發現什麼棒槌，就連草木都很稀少。滿山頂全是些狼牙怪石，葛條荊棘，連下腳的地方都沒有。

那哲里愁住了，往下一看，萬丈懸崖，寬寬的棒槌河，變成了一根銀線了。這時他疲勞極了，也飢餓極了，便在一塊大石頭上坐了下來歇息，忽然，聽到一陣風吹草動聲，從那狼牙怪石中間蹦蹦跳跳地出來一個小紅孩。他渾身上下除了一個紅兜肚而外，再也沒穿別的東西。小紅孩見到了那哲里，歪著紮著獨角辮的腦袋，轉動著一雙黑溜溜的大眼睛，嬌聲嬌氣地問道：「哎唷，賽音哥哥，你是從棒槌哈達下面上來的吧？」

那哲里見到小紅孩問他，高興極了，笑著回答說：「對，小兄弟，我正是從棒槌哈達下面上來的！」

「俺老祖太爺爺早就知道了，讓我來請你！」

小夥子有些發愣了，想不到這萬丈高峰頂上，還住著人家，他就跟在小紅孩的身後，登石峰，攀籐條，左曲右拐，不大一陣工夫，來到了一個地方。只見前面三塊大石砬子堆起了一座大石門。進了石門，呵！裡面青堂瓦舍，粉皮花牆，月亮門，寬敞豁亮極了。鸚鵡唱著歌，仙鶴跳著舞，梅鹿守庭院，老虎把大門……真是個神仙住的地方。小夥子哪敢進去呢！

這時，從台階上傳出一陣笑聲，只見一位白髮銀鬚的老頭迎了出來，拱手說道：「賽音哥哥，等你很長時間了，快請到堂屋裡去休息喝茶！」

那哲里剛剛坐下，只見一個身著錦衣彩裙、年輕美貌的格格走進屋來。她放下茶盤，倒上了水，還微笑著瞅了那哲里一眼。那哲里羞得滿臉通紅，連忙低下了頭。不過他已經看得清清楚楚，送茶的格格長得比天仙還要美呢！

白髮老翁向小夥子介紹說：「這是我第十八代的孫女，叫紅紅。」

那哲里紅著臉站了起來，向紅紅深深地打了一個千。

茶沒等喝完，滿桌的酒席就擺上來了。那酒席更是那哲里從來沒有見過的。那棒槌酒，各種野果釀造的酒，從瓶子裡飄出了香味兒；那棒槌蜜、百花蜜、異草蜜，甚是清香撲鼻。酒席上，還是那個端水倒茶的格格，給他們斟酒、拔蜜。那哲里餓極了，他喝了很多的酒、吃了很多的蜜。酒足飯飽以後，不覺有點醉意，便躺在花藤床上呼呼地睡著了。

天黑了，滿天的星星和月亮就像在樹上掛著似的，照得棒槌哈達頂上像白天一樣亮堂。突然，一陣鼓樂聲把那哲里驚醒了。只見屋裡堂外，前宅後院。鬧嚷嚷的燈籠火把，站滿了人。這時，還是領路的那個小紅孩來到了那哲里的身邊，深深打千說：「姑爺爺，我祖太爺請你去見他！」

那哲里愣住了，怎麼叫起姑爺爺來了呢。他蒙頭轉向地跟著小紅孩去了。

白髮老翁樂呵呵地說：「勇敢善良的賽音哥哥，這是阿不凱恩都里的安排，讓你和我第十八代玄孫女兒成親！」

那哲里嚇得連忙跪在地上，懇求地說：「老仙翁，這可使不得，萬萬使不得呀！我是受鄉親們的囑託來求藥的呀！」

白髮老翁笑著說：「這件事兒，我們早就給你辦好了！」

那哲里還是不肯答應，說：「我是個窮苦人，怎麼能有資格和仙女婚配！」

白髮老翁又解釋說：「世上的賽音哥哥千千萬，只有你才配得上做我的第十八代玄孫女兒女婿呀！」

那哲里還是苦苦地哀求，說：「我不能離開鄉親，我一去不回還，人家是會罵我的呀！」

老仙翁又笑著解釋：「他們不會罵你，還要感謝你呢！」

那哲里哀求不行，想走走不了，只得和紅紅格格成了親。

白髮老翁用棒槌蒸起霧氣，噴在棒槌哈達下，治好了人們的瘟疫。他又向山下撒了很多的棒槌種子，讓棒槌在山野裡繁殖生長，為人們消災治病。

傳說，那白髮老仙翁是一棵長了五百年的老棒槌精，棒槌哈達上的那些人都是他繁衍的子孫。他們見到忠誠、善良、勇敢的賽音哥哥那哲里，老仙翁就決定把幸福送給人間。

六品葉溝

撫松縣城郊有個叫六品葉溝的地方，離縣城十多里，是個三十多戶人家的禿溝筒子，看上去，沒啥出奇的地方，可是有誰知道，在很早很早以前，這地方全是冒煙起的大林子，密麻麻，黑乎乎的。放山的人常在裡邊拿大貨，時間長了，人們就給這個溝起了個名字，叫六品葉溝。從這裡還流傳一個有趣的故事。

從前，有一年山東無雨大旱，顆粒不收，很多人活活餓死在長街之上。有一家姓佟的，小兩口過日子，小夥子叫佟剛。一看日子實在過不下去了，就和老婆商量闖關東，才過門一年多，老婆怎麼捨得呢，可眼下是走一個逃一個，守在家裡也夠嗆，只好同意了。臨走的頭天晚上，兩口子哭了半夜，老婆告訴佟剛：「闖好闖壞給我捎個信，別忘了我。孩子都好幾個月了，你就給他起個名吧，日後也好找你！」佟剛對老婆說：「我看，要是生個男孩就叫鐵柱，生個女孩就叫俊妮，怎麼樣？」佟剛老婆點了點頭。

佟剛自離家後，一路上風餐露宿，夜宿日行，也不知走了多少天，也不知走了多少路，一雙鞋走得沒有底，飛了幫，最後只好光腳趕路。這一天，他來到長白山深處的一個溝筒子裡，實在走不動了，就在溝底的小路邊搭起了一個戧子住下來了。一年三百六十五天，除了上甸子街買點油鹽以外，哪兒也不去，老在這條溝裡轉悠，想挖幾苗大貨，好回山東家和老婆團圓。誰知一年一年地過去了，佟剛還是兩手空空，什麼也沒撈著。

這年春暖花開的時候，有一天日頭剛冒紅，他還沒等上山，就聽房門一響，進來一個穿著上下一身白的小夥子，長得挺精神，背著一張長弓，拿一桿長槍，進門就樂呵呵地說：「我家在溝門上住，咱是老鄰居，我看你一天天老是東跑西串的，也挖不著大貨，多沒意思，今天跟我一塊去打圍吧？」

佟剛來到這個溝裡一晃六七年，別說住家的，就連個走道的人也不多見，今天冷丁來了個打圍的小夥子，自稱在溝門上住，實在覺得有些古怪。不過因為佟剛成年論輩子在林子裡轉轉，老是見不到個人，這回來了個小夥子正是個伴，就熱誠地說：「好啊，咱們一塊出去打圍。」

他倆出門順一條小毛道兒往山坡上走，小夥子在前，佟剛在後，就見毛道的草往兩邊直倒，一點也碰不到身上。佟剛抬頭看看遮天蓋日的大樹，一動也不動，心裡就琢磨：也沒風啊，為什麼這草老往兩邊分呢？

佟剛正琢磨著，不知不覺爬到了一個平台上，穿白衣裳的小夥子指著對面的山頭說：「你看，那山上有個麅子。」佟剛手搭涼棚往對面山上一看，就見林子裡影影綽綽有個東西活動，還沒等看清楚，就聽嗖的一聲，銀光一閃，對過山上的黑點就不動了。他倆跑到跟前一看，是一個挺肥的麅子，箭正射在腦門上。佟剛哈腰拔出箭說：「真準哪！」

說著抬頭一看，小夥子沒了，再看看手裡的箭，原來是一根棒槌稈頂著個綠葉，上面還有幾行字兒：

家住白山本姓參，草中之王除病根，
生來喜愛老實漢，願和佟剛結成親。

佟剛一看就明白了，這是一個棒槌精，要能和他交成了朋友可太好了，在這老林子裡總算有個認識人，不過怎麼能「結成親」，他一時還琢磨不透，這時，佟剛又想起了懷孕的老婆，離家一晃七八年了，老婆還在不在人世呢？生個男孩還是女孩呢？生活怎麼樣呢？一連串的問題，使他心裡一陣心酸！哪承想這些年啥也沒挖著，回家又沒盤纏，真是左右為難。今天冷不丁遇上了這個小夥子，覺得分外高興，扛起麅子就往回走。

從那以後，那個穿一身白的小夥子動不動就找佟剛一塊出去打圍、逛山，沒有一趟空著回來的，打回來的野牲口肉兩個人一炒，常常在月亮地裡喝酒嘮嗑，倆人從沒紅過臉，處得可好啦。

樹葉青了黃，黃了又青，轉眼間十多年過去了，佟剛漸漸地長了鬍子茬，那個小夥子也比過去變了樣，原先穿的一身白衣裳變成了杏黃色，模樣也越來越老了。他們年歲大了，也就不再滿山滿嶺地去打圍了，沒事常常找到一塊下棋。

這年秋天，一個日頭卡山的時候，棒槌精又從兜裡掏出那副通紅的圓棋子兒，兩個人就著石板上下起來。眼看著佟剛贏了，棒槌精一揮袖子，不知從哪裡出來個挺俊的大姑娘，伸手就把棋子給胡嚕了：「爹，你叫我？」姑娘說完臉臊得紅到耳根子。還沒等棒槌精回答，佟剛納悶地問：「咱們在一塊下了幾年棋，我一回也沒贏過你，這回眼看著贏了，又叫你這個姑娘給胡嚕了。我過去怎麼從沒聽說你有個姑娘！」

棒槌精笑呵呵地說：「特意送給你看看，咱們是親戚了，明天晚上你就能知道。」說話的工夫，棒槌精和他的姑娘都不見了，棋子也沒啦。

第二天晚上，佟剛吃完了飯，躺在炕上，正琢磨心事，就見房門一開，進來個二十歲左右的小夥子，進門就叫爹，佟剛一下子愣住了。

原來這個小夥子就是佟剛的兒子鐵柱，他是佟剛闖關東五個月後生的。今年山東鬧蝗蟲，鐵柱的媽媽又餓死了，臨死時她告訴鐵柱，他爹在長白山裡挖人參，讓他到東邊外去找他，省得餓死在山東老家。佟剛聽小夥子一說，又是悲，又是喜：悲的是老婆受了這麼多年苦，活活餓死了，喜的是他們爺倆見了面。佟剛嘆了口氣說：「難為你怎麼找來的。」鐵柱美滋滋地說：「我岳父把我送來的。」佟剛愣住了。

爺倆一邊收拾碗，鐵柱一邊對爹學說，自從他離開了山東白天晚上一個勁地走，不知走了多長時間，這天傍晚的時候，來到了長白山下的一個溝門，山旁有一座四合套大瓦房，院裡高騾大馬咴咴直叫，姑娘媳婦出出進進，滿好的一家人家。鐵柱想上前打聽個路，這時從裡面走出個五十多歲的老頭迎上前說：「鐵柱來啦，快到屋裡坐吧！」

鐵柱在路上就聽說長白山是一片大林子，沒有人煙，誰承想在荒山溝裡遇著一大戶人家，又加上出來個老頭叫他的名字，心裡就一翻個兒，還沒等摸著頭腦，院裡又出來一大幫人，忽地把鐵柱圍在當中，有叫妹夫的，有叫姐夫的，還有些扎歪辮的小孩子，又是喊姑父，又是喊姨父，連推帶擁的，把鐵柱領到了院裡。鐵柱抬頭一看，青堂瓦舍又高又大，玻璃溜明通亮，房簷下開滿各式各樣的花兒，啥色的都有，好看極啦。院裡還跑著雞鴨鵝狗，歡歡實實的，真熱鬧。

鐵柱進了上房，老頭樂呵呵地說：「柱啊，你爹做主把我姑娘許配給你了，今晚就是好日子。」

這時，一幫人推進來個俊秀的大姑娘，水汪汪的眼睛，雙眼皮兒，臉蛋粉嘟嚕的紅。這姑娘偷偷地看了鐵柱一眼，眯眯一笑，臉紅得像春三月的桃花，輕輕地低下了頭。

當天晚上，月亮爬上了樹梢，院子裡又是吹，又是打，來往的客人可多啦，一直鬧到多半夜，鐵柱成了親。成親的第二天，老頭把鐵柱送到佟剛的戧子門口。

佟剛一聽全明白了，領著兒子走出門口，想去謝謝這個好心腸的棒槌精。偏巧，人家領著姑娘來了。姑娘羞答答地給佟剛行了個禮，輕輕地喊了聲爹。棒槌精遞給佟剛那副紅棋子說：「親家，沒別的送，給你這副棋子吧，把它埋在地裡，這溝裡就會長出很多棒槌，窮哥們的日子也就好過了。說完扔下姑娘，老頭不見了。

從那以後，這個溝長出了很多六品葉。六品葉溝這個名也就是那時候留下的。

乾飯盆

過了北崗屯，沿著一條彎彎曲曲的羊腸小道，一直向北走，走進一片茂密的原始森林，再翻越兩座山岡，爬上一道嶺，就來到一個群峰聳立的盆形山坳裡。大晴天，那兒也是霧氣騰騰、白茫茫的一片。遇上陰天下雨就像天要塌下來那樣黑沉沉的，壓得透不過氣來。風一吹，遍野的參天大樹發出陰森可怕的吼叫。方圓幾百里的長白山下，有著大小幾十個屯子，上百戶人家，有好多放山能手，機靈勇敢、身體結實的小夥子，還有不少年年穿深山老林挖棒槌的「山裡通」，都想試著要闖一闖那片神祕的山川峽谷。可很少有人敢進去，那裡是有名的「乾飯盆」。聽老年人說，人走進那裡就容易「麻達」，迷迷糊糊認不准方向，怎樣走也離不開那塊迷魂陣。山裡人都傳說，只有那些心腸好，非常勇敢，又有多年穿山經驗的年輕人，才敢進那個「乾飯盆」。這是為啥呢？

傳說有這樣一個故事。在古老的長白山下，有一個靠山屯，住著十來戶人家，都是以幹山利落為生，屯東頭住著兄弟兩個。老大叫貴貴，老二因為他有一顆金子般的好心腸，屯裡人都喜歡叫他金良。金良他從小就鑽深山穿老林子，磕打出一雙攀陡壁登懸崖的好手腳，每次放山回來，先把山貨換成糧食，布匹分給屯裡的窮人家，天長日久，哥哥就多了心眼，總把好東西、值錢的留給自己，他也嘗夠了在深山老林裡打小宿的滋味，漸漸的三天打魚兩天曬網，懶著不幹了。又過了三兩年，貴貴二十三歲了，就用金良「放山」掙的錢為自己娶了個媳婦，那媳婦長得倒俊秀，就是又懶又饞心腸又壞，整天梳妝打扮。可是貴貴迷戀女人，對他媳婦是百依百順，整天不幹活守在家裡，全靠金良一人掙飯吃。貴貴媳婦見金良把山貨都分給鄉親們，氣得夠嗆，存心找碴兒鬧事。她不是嫌金良活幹少了、幹慢了，就是嘮叨家裡斷頓了，連金良去放山都不讓帶足乾糧。金良心裡明鏡似的，知道這是他嫂子刻薄，他也不吱聲，背上背筐就進山去了。屯裡人看貴貴媳婦如此虐待金良，都很氣憤，大家都說她是白菜爛了心——壞心眼子女人。

有一次，金良翻山越嶺來到很遠的地方，採藥挖參。他走得又累又渴，正想吃點幹糧，歇一會兒再走，一轉身卻看見個白鬍子老頭，餓倒在一個山坡上。金良趕忙上前扶起那老人，忙把自己帶來的乾糧全送給老人吃了。那老人吃了一塊又一塊，不一會兒把乾糧全吃完了，連聲「謝」字都沒說，爬起來就走了。第二天金良又在那山坡碰見那個白鬍子老頭，金良又把自己吃的乾糧全送給了老人家。從那以後，金良天天都能見到那位老人，他寧肯自己餓肚子，也把乾糧分給老人吃，沒半句怨言。這一天，金良的嫂子沒讓他帶乾糧，到吃晌飯的時候，他發愁了，自己不吃倒罷了，可是那個白鬍子老頭今天沒有吃的怎麼辦？金良坐在山上傷心地哭了起來，一會兒白鬍子老頭又出現了，只見他拿著一個亮閃閃的盆子拍拍金良的肩頭說：「好小夥子，不要難過了，我知道你是一個非常善良的好心人，實話告訴你罷，我就是山神老把頭。你那顆比金子還好的心腸深深感動了我，這只『乾飯盆』就送給你了，只要你添上一瓢水，就能做出乾飯來。不過你可要千萬記住，不能送給任何人。」說完，老人就轉眼不見了。

金良一聽，麻利地搬來三塊石頭，支起了鍋灶，把「乾飯盆」裡添滿泉水，點火燒起來，果然，盆裡飄來了小米飯的香味。金良又驚又喜，這真是個寶貝呀。以後，金良再進深山總把它帶在身邊，再也不挨餓了。

可是，沒過多久，壞心眼子的貴貴媳婦就聽說金良有了「乾飯盆」，就對男人說，「明天你跟金良上山去，瞅瞅他得的那寶貝到底有啥用處。」

第二天，貴貴硬著頭皮要跟金良上山去，金良問哥哥。「你還能服下放山的苦處？好幾天不回家你能熬得住？」貴貴心裡有事，連連說：「中！中！」金良就帶著貴貴一起進了大深山裡。過了幾天，「乾飯盆」的祕密到底被貴貴發現了，他一溜煙跑回家，告訴了他媳婦。那女人一聽眉開眼笑，悄悄貼著貴貴的耳朵說：「我倆要有了那個盆，這一輩子可不愁吃的了，更不用說幹活受累了，就坐在炕頭享清福吧，說不定那個『乾飯盆』，還是個『聚寶盆』呢！那我們可更……」她越說越眼饞了，恨不能馬上把寶貝拿到手。等金良一回家，她第一次滿面春風，笑臉相迎，用尖尖手指輕輕拍去金良身上的泥塵，又拽過金良的一隻手，問長問短。她是想方設法要金良把那個「乾飯盆」拿出來。可金良不領她的情，只推說什麼也沒有，就板板正正地坐在那兒不放聲了。這可把貴貴媳婦氣炸了。她又急又火了，一把扯住她男人的耳朵嘀咕一番，貴貴沒等她說完全身就發抖了，「那可使不得，他是兄弟……」女人又說：「只要把那個寶盆弄到手，還顧得金良死活，你又不跟他過，再上山不把那個『乾飯盆』拿回來交到我手裡，休想再進老娘的門。」

這一天，貴貴又跟金良進山。他心懷鬼胎，神情不安，幾回想下毒手，可都雙手發抖，心軟了。但想到家裡那女人的厲害，空手回家她是不會饒過自己的，只有咬咬牙，狠了心，想從背後下毒手砸死金良，但他怎麼也不忍心害死自己親兄弟。正在左右為難的時候，只見那女人瘋瘋癲癲地也趕到山上來，見他還沒動手，便氣急敗壞，惡狠狠地瞥了男人一眼，趁金良不注意的機會，操起那盛滿滾湯熱水的「乾飯盆」，朝著金良的腦門扣了過去，只聽一聲巨響，那個「乾飯盆」四裂八崩飛向周圍，變成了一個奇峰聳立的盆形山谷，半生不熟的黃米飯變成了千百個大小一樣的巴山嘴子。壞心眼子女人被崩死過去。貴貴也早嚇昏了，分不清東西南北了，全身直打哆嗦，慌裡慌張，連滾帶爬往外走，他走過了一個巴山嘴子又是一個。前後左右都是一樣的巴山嘴子，加上遍地蒺藜繞著他走不動，走呀爬呀，整整一個下午，太陽落山了，他累得也不行了。可萬萬沒有想到他只是轉了一個大圈子，又回到原來那個巴山嘴子上。他驚恐得又哭又喊，沒命地摸呀走呀，走了一夜，又摸了一天，不知轉了多少圈，他還是在原地打轉，到底還是沒有離開那片迷惑人的地方，到後來，貴貴也是餓死在那深山谷裡。

金良是被那隻梅花鹿救活了，他平安地走出那神祕的山谷，回到靠山屯，他還是天天進山，把山寶采來送給窮人，幫助山裡人過好日子。「乾飯盆」從此而得名流傳到現在，那些壞心眼的人再也不敢到那兒了。

人參老頭

從前有個地方叫花鞋溝，溝口有個糧戶姓楊，是個大山戶，前溝後坡上的人家全是他家佃戶。他家還開燒鍋和粉坊，淨喝窮人的血。

這年秋天，七月十五那天清早，楊財主讓趕車老闆老王套車往山外送貨，由楊家少財東掌包，預定當天就得趕回來。兩人晃晃搖搖裝上一大車就奔縣城去了。

這天正是集日，集上人山人海，可熱鬧啦！酒館、飯館門前掛著通紅的雙幌，說書館裡坐得水洩不通，野檯子戲鑼鼓敲得通通響；道旁擺的攤子，有賣瓜果梨桃的，有賣婦女用的紅頭繩、綠綵線和小孩玩的泥娃娃的；還有活蹦亂跳金翅金鱗的大鯉魚。

這天兩人到城，賣了貨，楊家少財東就和一群狐朋狗友到飯館大吃大喝起來，直到喝得爛醉如泥，躺到客店裡，睡得像條死狗一樣。

車老闆老王是個老實巴交的人。他記起老財東曾囑咐他當天趕回，一看天色不早，少財東還醉得不成樣子，心想他反正也常常在外閒逛，就一個人趕著空車往回走。

老王趕著大車，出城四五里地，就看到前面有個老頭。這老頭上身穿著白洋布小褂，下身穿著條黑單褲，頭上疏朗朗的幾根白頭髮，攏在一起，在腦後紮根小辮，還繫條紅頭繩，離老遠就紅得耀眼。他身上背個小包袱，一回頭看見後邊來車了，就跟老王打招呼：「趕車的大哥，你是哪兒的車呀？」

「老大爺，我是花鞋溝的車。你老上哪兒去呀？」

老頭說：「咳，我去趕集來的，現在是往回走。人老了，腿腳也不聽使喚了！」

老王一看這老大爺歲數確實不小，背個包袱，累得氣喘吁吁的，就說：「你老人家住在哪兒呀，上車吧，我送你老回去。」

老頭說：「咱們本是一條路，我的住處離你們東家也不遠，可我不能白坐車呀，你出個價吧，我好上車。」

老王說：「老大爺，你這麼大歲數，別說是同路，就是再遠點，也得把你送到家呀！快上車吧，怎能要錢呢！」說著停下車，把老頭拉上了車。

從縣城到花鞋溝有四五十里，快黑天的時候才到花鞋溝口。老王說：「天黑了，溝里路不好走，深一腳淺一腳的，你老到我們夥計屋子歇一宿，明天再走吧！」

老頭笑著說：「謝謝你吧，我家也離這兒不遠了。你看我就住在溝裡。」老頭邊說邊指著砬子。

老王心裡直納悶：「我常常到溝裡去給東家辦事，溝裡幾戶人家我都認識，怎麼這些年從沒看見過這個老頭呢？」

老頭像是看透了他心思，就笑著說：「咳，我整年不出門，就七月十五這天趕一趟集，你哪能認識我呀！」

老王一想也對，溝裡有不少人成年蹲在溝裡，一年才下一趟山，辦點米糧、油鹽，自己哪能都認識呢！

這時老頭說：「你這位大哥，給你車錢你不要，趕明兒個你到我家去吧，離這兒不遠，在溝掌上，孤單單一間小房就是我家。實不相瞞，我家還有幾苗參，你去挖著使吧。你記住，只別挖中間那棵。」說完，老頭往下一跳就下車了。老王一舉鞭子，牲口往前一躥，老王再一回頭，老頭已經不見了。

老王一回來，幹這幹那，一天忙得腰困身乏，把老頭的話也就忘了。

過了好些日子，老財東又要打發他出山，他這才冷不丁想起白鬍子老頭來。於是他來到溝掌上，兩邊是立陡的砬子，一看，哪裡有什麼房子，就見在砬子後面，有三塊石頭撐在一起，倒有點像個窩棚，前邊好大一片棒槌，紅鎯頭都有拳頭大，當中的一棵長得又粗又高，火紅火紅一團棒槌籽，足足有冰盤大小。

老王這才明白，原來是人參老爺爺幫襯自己來了。他謹記住老頭告訴他的話，沒挖中間那棵大的，還給它培培土，把雜草拔了。只從旁邊挖了幾苗四品葉、五品葉。

老王回到楊家粉坊，找著楊財東，就說：「財東，這些年我給你當驢當馬，我幹夠了，不想幹了。」

楊財東一聽車老闆不幹了，就嘿嘿冷笑，說：「窮鬼，你好大的口氣，離了你楊大爺家，誰給你頓飯吃？」老王也沒理他，回到夥計屋子，和大夥告別，捲好鋪蓋卷，背上棒槌包子走了。

老財東後來打聽到了老王得棒槌的事，氣得把兒子臭罵一頓：「這筆大財，眼看讓窮鬼得去，那天你要是跟車回來，還有他的份兒嗎？」少財東不敢吱聲，心裡直暗暗埋怨自己，不該多貪了幾杯，誤了大事，就對他爹說：「不要緊，那老頭子不是說他每年七月十五下山趕集嗎？我明年去堵他，跑不出咱們手心。」

轉眼就是第二年秋天，又來到了七月十五。老財東早幾天就打發兒子一個人套車去趕集。

少東家來到縣城，住到客店裡，整天從早到晚街上逛，東瞅西望，找白鬍子老頭。七月十五那天是正日子，集上人山人海。少財東照例又到街上去找白鬍子老頭。剛走到東城門邊，就見來了個老頭，長相、打扮和老王遇見的那人一模一樣。漂白的頭髮，腦後耷拉條小辮，紮根紅頭繩，直晃眼睛。他背個包袱拄個枴杖，顫悠悠地往街裡走。少財東一見，不敢怠慢，連忙跟在後邊就追。只見這老頭一會兒到攤子上買鮮貨，一會兒鑽到人群裡去看眼檯子戲。看了一氣，戲看夠了，又擠出來。就這樣東一頭西一頭，把少財東累得滿頭大汗。眼瞅天就到晌午了，少財東又餓又累，心裡頭暗罵：你這老雜種，害得你少爺滿街跑著攆你，等著瞧吧！正在這時，就見老頭進飯館去了。少財東也跟進去，在老頭身後坐下，跑堂的給老頭端來一碗豬肉燉粉條子，一碗粳米飯，老頭就吃起來，少財東這時才放了心。看老頭快吃完了，他就先起身，回到店裡把大車套好，駕上五頭馬的大馬車，一溜煙地趕出城去。他一出城門，就見老頭拄杖在前邊走，少財東不等老頭開開口，就喊：

「喂，老大爺，你不是上花鞋溝嗎？坐我的車吧！」

白鬍子老頭一聽有人喊他，就站在道旁，看著少財東說：「那敢情好啦，你要個價吧，我好上車。

少財東忙著送上個笑臉：「老大爺，說哪裡話，自家的車，還能要錢嗎？」

老頭說：「好吧。」說完就上車了。

直到傍黑時，才好不容易到了花鞋溝口。他也假意讓老頭到家住一宿，老頭說：「不啦。」臨走時老頭說：「給你車錢也不要，沒別的，我家園子裡還有幾苗參，你明天去挖吧。」又囑咐他千萬別挖中間那棵大的。

這夜，財主爺倆樂得一宿沒闔眼，好容易盼到天亮，少財東背著參兜子就進溝了。果然像老王說的那樣，在溝掌砬子後邊，有個三塊石頭搭的窩棚。前面通紅一片棒槌，中間那苗，足有一人高。紅鎯頭通紅老大。楊少財東一看可樂壞了，牙根咬得嘎巴嘎巴直響，心想：你不讓我挖大的，我偏挖你大的，先挖大的，後挖小的，大小一齊挖！全給你包圓！想著就去挖中間那苗大的。他開開盤，閃開土，一看，那個樂就不用提了，蘆頭像鵝蛋般粗，肩膀老寬。這時，就覺著參秸子一晃悠，他的手一哆嗦，只聽「撲哧」一聲，一刀把棒槌肩膀砍破了。這下他可傻了眼，一看，棒槌皮裡邊包的全是豬肉、粉條、粳米飯。他用索撥棍一撥拉，只見豬肉仍是一片一片、粉條也是一根一根的。這些東西，正是白鬍子老頭在飯館裡吃的飯菜，一點不差，是他親眼看見的。

這時，也才知道是上了白鬍子老頭的當了，趕忙轉身想去挖那些小的，一看也都沒了。只得到一塊一寸多高的半截棒槌皮。

老財東、少財東連憋氣帶窩火，也沒敢去賣棒槌皮。因為老輩人常說，好心眼的人能挖著棒槌，心眼不正的就挖著棒槌皮。黑心人只能挖著半截爛棒槌皮，讓別人知道了，豈不是一場大笑話。

爺倆幾乎窩出一場大病來。從那以後，再不敢去堵人參老頭了。

西　彤（蒐集整理）

雙胎參

聽人講，早先在松江河邊有個榆樹屯，屯裡有個叫金柱的小夥子，父母全去世了，就剩下他孤苦一人，守著兩間破草房過日子。

金柱都二十出頭了還沒成家。他舅舅掛著這件事，這天來看外甥，進門見屋裡也不像個家樣，心想，他要有個媳婦就好了。他從懷裡掏出十兩銀子，交給金柱說：「舅舅我做小買賣也不寬裕，這點銀子你留下，張羅著託人定一門親吧。等有了准譜，告訴我個信兒。」

舅舅走後，金柱想，我一個窮光棍，誰給我做媳婦？不如把這錢買點小米子，去放山，要能挖著個大棒槌，以後成家就不愁啦。他準備了三天，第四天就奔老白山去了。一路上爬溝上崖，蹚水過河，真不容易，一個人足走了三七二十一天，來到一片老樹排子裡，在一棵老窟窿楊樹邊上壓了個小地戧子。第二天一放亮，他就出去壓山了，結果，白白走了一天，什麼也沒撈著。就這樣，一連半拉來月，方圓百八十里地是壓遍了，連棵棒槌毛也沒看見。這天晚上，他把剩的最後一碗小米飯吃了，看看空口袋，躺在那裡翻來覆去睡不著。半夜光景，他忽然聽戧子外面有女人哭的聲音，心想，這深山老林的，哪兒來的女人啊？他躺不住了，披上布衫走了出聲。剛邁出戧子，就愣住了，原來，眼前出來個小院套兒，這陣子正敞著大門，院當心有兩個大姑娘眼淚汪汪地跪在那裡，一個乾巴老太太，正咬牙瞪眼地用笤帚疙瘩打靠左邊跪著的那個姑娘。她一邊打一邊罵：「再叫你不聽說，再叫你不聽說，非打死你不可！」

說完，她又朝姑娘頭上打了起來。金柱一看，怕她把人打壞了，也沒多尋思，大步走了過去，把乾巴老太太的手架住說：「大嬸，她犯啥錯，你多數叨數叨就行了，打腦袋容易打壞呀。」

乾巴老太太翻了翻白眼珠子，往地下吐了一口唾沫說；「好吧，今兒個看你這鄰居的面上，饒她這一次，下次再不聽話呀，哼！我就扒她皮！」

說完把笤帚疙瘩一扔，進屋去了。金柱撿了幾片乾淨樹葉兒，讓姑娘自己擦了擦嘴角上出的血，就出大門回了戧子。第二天天亮，他起來想做飯也沒有米了，抽一袋煙就又去壓山。他轉悠了一天，到老林子放黑影的時候，他走了回來，覺著渾身無力，走到地鋪跟前，一頭栽倒那裡就昏過去了。可是過了一會兒，他忽然聞到了一陣撲鼻的小米飯的香味。他強支巴起來，打開小鍋一看，果然是一鍋熱氣騰騰的小米飯，也顧不得問是誰給做的，就吃了起來。吃著吃著他又納起悶來，這是誰給做的呢？正在這工夫，就聽外面有人叫他：

「金柱哥，金柱哥，明天你趕緊下山吧，可別再待了。別說紅榔頭市已經過了，就是不過，有那個老太太在這兒，你也別想開眼。」

金柱趕緊走了出去，見一個紮著一根大辮兒的姑娘，正急急忙忙走回對面的小院子裡去，看樣，就是昨晚被打的那個姑娘。金柱叫了一聲：「妹妹，飯是你給做的嗎？」

那姑娘站下，紅著臉說：「快別問這些了，一會兒老太太就回來了。」說完她飄飄悠悠地進了院子不見了。金柱回到戧子門口，被一件東西絆了一下，低頭用手一摸，原來是米袋子，裡邊有半袋小米。不用說，這是那位好心的姑娘方才送來的，那飯也一定是她做的了。第二天，金柱背起東西要下山了，臨走，他想再看看姑娘，但是連房子也不見了。無奈，他向那裡點了點頭走了。又走了三七二十一天，金柱好歹到了家。鄉親們看他瘦了不少，都勸他別上火，放山不開眼是常有的事，沒把命搭上就挺好。

事情真巧，金柱回家的第二天，舅舅又來了，這老頭是看看外甥把媳婦娶到家了沒有。金柱怕舅舅生氣，把舅舅迎在當院，不敢讓進屋，臉上還直勁地淌汗。舅舅偏用眼一勁兒往屋裡瞅，捋著鬍子問金柱：「金柱，我在家等聽信兒，等得不耐煩了。咋樣了？外甥媳婦娶家來了沒有？」

老實巴交的金柱汗珠子一溜兩行地向下滾，乾嘎巴嘴說不出話來。就在這工夫，屋裡的破門簾忽然一挑，從裡面走出一位挺俊的姑娘，她假裝生氣地對金柱白了一眼，說：

「你看你，舅舅來了，你不快讓進屋。舅舅，你老快進屋喝酒吧。」

舅舅著眼一打量這姑娘，心裡話，這回我那死去的老姐姐該閉上眼了，這外甥媳婦，不但長得俊，說話也爽快。金柱看這位姑娘出屋，開始一愣，好半天才認出來，這不就是那位送小米的姑娘嗎，她怎麼來了呢，再一看，屋裡收拾得挺利索，桌上擺上了酒菜。舅舅高高興興地吃喝完畢，又囑咐了一陣，就回去了。姑娘讓金柱往遠裡送送，等他送舅舅回來以後，站在院子裡，心裡一個勁兒地「撲騰、撲騰」跳，不敢進屋，後來還是姑娘紅著臉，把他接了進去。這時，已到掌燈時分，姑娘點著小油燈，背著臉，低著頭坐在那兒，金柱的兩隻手沒處擱沒處放，也紅著臉說不出啥來。呆了一會兒，還是姑娘先搭了茬兒：「金柱哥，你認不出我來了？」

「認出來了，認出來了，今天多虧了你出頭，方沒惹舅舅生氣。可這到底是咋回事啊？」

姑娘說：「我叫蒂蓮，姐姐叫並蓮，俺倆是一對雙。親媽死了，落在後娘手，成天挨打受罵。今天是姐姐幫忙，我才跑出的。金柱哥，你把我留下吧！」金柱一聽樂得合不上嘴。小兩口當天成了親，轉過年來蒂蓮生個大胖小子，起名叫小果。

有一天，金柱收工，蒂蓮已經做好了飯。她讓金柱先哄會兒孩子，自己要到河溝去洗件衣裳，等洗好後再吃飯。全柱點頭答應，蒂蓮端著洗衣盆走了。她剛剛走不到一袋煙工夫，當院忽然起了大風，刮得飛沙走石睜不開眼睛，風剛一住，從門外進來一個人，金柱認出，來的不是別人，就是打蒂蓮的那個乾巴老太太——蒂蓮的後娘，金柱忙走上前說：「大嬸，你來了，先歇歇，一會兒收拾飯吃。」

這時，蒂蓮也回來了，她一見老太太，臉「唰」地變了色。乾巴老太太的臉子更冷，她趁金柱沒防備，一把把孩子搶了過去，咬牙切齒地說：

「好你小蒂蓮，你敢背著我和這窮小子成親，看我不打爛你！你說，你回不回去！不回去就拿這孩子遭殃！」說完把小果舉起來，就要往地下摔，把孩子嚇得沒好聲叫喚。蒂蓮「撲通」一聲跪在地上，哀求把孩子留下，答應跟她回山。這時，乾巴老太太把小果往金柱懷裡一推，說：「我諒你也得回去。我先走了，你要是不走，不出半個時辰，我還回來。」說完，她披頭散髮，倒騰著小腳走沒影了。蒂蓮接過小果，眼淚像斷線珠子似的往下淌。金柱方才像傻了一樣，這陣才醒過來，他扯住媳婦的手，苦苦哀求：「蒂蓮啊，你可不能走啊，扔下我和小果，我們爺倆怎麼活呀……」

蒂蓮什麼話也說不出來，光知嗚嗚喲喲地哭。正哭著，忽然當院又起了一陣風，蒂蓮知道乾巴老太太又要回來，趕緊擦了一把眼淚，拍著金柱的胸脯說：

「他爸，不能再留我了。實話對你說吧，那個乾巴老太太就是那棵乾巴老楊樹變的，我們姐倆是人參變的，因為從小長在那棵楊樹窟窿裡，靠著半窟窿土長大的，那個老楊樹精，想法折騰我們姐倆，我好容易跑出來，又叫她給找到了。我要不走，她再回來，咱全家三口都要遭殃。」

「蒂蓮啊，蒂蓮……」金柱的眼淚嘩嘩的，可是，等他睜眼看時，哪裡還有蒂蓮，只有半截長袖子在手裡攥著，他追出門外，跑到大道上，攆過村口，只見蒂蓮的背影進了林子不見了。

蒂蓮走後，金柱飯不想吃，水不想喝，小果也鬧。左鄰右舍來勸，也不頂事，金柱一想蒂蓮回去又得受罪，更是揪心。又過了幾天，金柱拿定主意，要去找蒂蓮。他帶了點炒米，背著小果走了。

走啊走，走啊走，餓了吃把炒米，渴了喝口山澗水，走段路就嚼口炒米喂喂小果。他爬過了九九八十一座山，蹚過了九九八十一道河。這一天，霧氣一過，前面露出了三間瓦房，開著窗戶，金柱大步奔過去，往裡一看，大叫一聲，奔進屋去，原來是蒂蓮正被一根紅繩子五花大綁地綁在屋裡的柱子上。他沖蒂蓮說：

「蒂蓮啊，我可看到你了，你為我遭老罪了。」

被綁的那個姑娘，強打精神笑了笑說，

「妹夫，你認錯人了。我是並蓮，你姐姐。自從我幫蒂蓮逃走以後，那個老楊樹精就把我綁在這屋裡。」

金柱要給姐姐解繩，並蓮不讓，怕被老楊樹精知道更糟糕。金柱無奈，只好告訴並蓮，要先去找蒂蓮。姐姐再三囑咐，到了裡邊要十分小心，不管怎麼餓，千萬不要吃乾巴老太太給的東西。金柱點頭答應了，背著小果出了門，抬頭一看，前面不遠有一座大院，他還沒等到大門口，那個乾巴老太太就迎了出來，笑嘻嘻地把他讓進屋去，又招呼一個小姑娘給他端飯，說：「餓了吧？趕緊吃飯吧。」

金柱搖頭說一點也不餓，乾巴老太太無奈，便叫小姑娘把飯端了下去，又吩咐道：「丫崽子，領他歇歇去。等一會兒，再讓蒂蓮去看你。」

小姑娘領金柱到了一間空房子裡，心裡真盼著蒂蓮快來。可是一下午過去了，到了晚上，肚子餓的「咕咕」直叫，小果也餓得直哭，還是不見蒂蓮來，正在著急，忽然門簾一動，金柱正要迎上去，只見來的還是那個小姑娘，端來幾個饅頭，一大碗炒蘑菇。金柱和孩子都餓得夠嗆了，他真想抓起來就吃，可又想起並蓮囑咐的話，就沒敢動。

再說，那個老楊樹精，約莫金柱爺倆吃了饅頭和菜，馬上就能毒死，正在暗暗高興，這時候蒂蓮進屋來了，自從她回山以後，那老妖婆整天叫她在磨坊推磨。蒂蓮說：「聽說金柱他們爺倆來了，我得去看看。」

老楊樹精冷笑一聲：「哼！快去吧，快去吧！快去收屍吧！」

蒂蓮含著眼淚，急急忙忙奔空房子去，進屋一看，見饅頭、炒菜都沒動，就放心啦。金柱拉著蒂蓮的手，小果撲到媽懷裡哭，蒂蓮接過兒子喂了幾口奶，孩子不哭了，她才說：「這饅頭是石灰變的，吃了就燒斷腸子，蘑菇也是有毒的，吃了非死不可。那老楊樹精是想害死你們。」說著她從腰裡掏出一把斧子，在地上掘了個坑，把饅頭、蘑菇全埋上了。

又把斧子交給了金柱，叫他去砍老乾巴樹。臨走還囑咐：不管老楊樹精怎麼哀告，也不能手軟。金柱點頭答應，抱小果躺下了。蒂蓮故意哭哭啼啼來到上屋，對後娘說，「他們爺倆中了毒快嚥氣了。」乾巴老太太說：「誰讓他們來了，自己找死！」

半夜子時到了，金柱夾起斧子奔上屋去了，抬頭一看，屋子早沒有了，那地方只有一棵老乾巴樹，金柱記著他媳婦告訴他的話，奔上去對準第二根就是三斧子，乾巴老太太的聲音出來了：「金柱啊，別砍了，好孩子，別砍了。今後，你要啥給你啥，你要咋的都依你。」

金柱沒聽她那套，他又按蒂蓮告訴的數著樹根，左數第七根，右數第八根，上去就砍了起來，忽然他聽蒂蓮哀告起來，「哎呀，金柱你好狠心啊，我天天盼你來，天天想著你來，你可倒好，壞了良心了，怎麼砍開我了……」

金柱一愣神，那樹根又和原來一樣粗了。他想，這准保是老樹精耍花招，得聽蒂蓮的話，不能手軟。一想到這兒，他左一斧子，右一斧子，越砍越歡，一會兒工夫把那老樹根砍斷了，只聽老樹精「哼」了一聲，再也沒動靜了。這時蒂蓮笑呵呵地抱著小果走過來了，說：「孩子他爸，你砍死老楊樹精，這回咱們得好了。」說完，小兩口抱著孩子，來到那兩間瓦房，給姐姐鬆了綁。金柱要請姐姐一塊下山，並蓮說：「我在這裡待慣了，再說這裡還有些家產。日後，你們要有個難遭個災的時候，也好有個投奔，我就不走了。」

金柱和蒂蓮看勸不過，只好答應她先在這裡住著。他們又商議，把那個老楊樹精抓來的黨參小姑娘放回去。然後，小兩口歡歡樂樂地抱著孩子下山了。

巨蛇護參

早先，在二道江上游的一個巴山嘴子旁住著一戶人家，這戶人家就老兩口。山上種了不少的地，圈裡養了不少的牛，家裡一年四季長工不斷，按現在的話說那就是一個地主。

這一年夏天，從山外來了祖孫倆，經過二道江要到敖東城找親戚。祖孫倆來到這裡就走不了了，爺爺六十多歲，渾身是病，孫子才十多歲。這老頭眼看自己病得不行，就對他借宿的東家說：「東家行行好，我的病好不了了，我死後求您開開恩收留這孩子吧，你就當養個貓，養個狗，過幾年他長大了，就能給你幹活了。」東家掌櫃的見老頭說得可憐，就答應了。過不幾天老頭就死了，東家打發夥計埋了老頭，然後告訴小孩：「我花錢把你爺爺發送了，以後你就得給我幹活，明天你就頂半拉工去放牛，往後要聽我的，等你長大了，我再給你娶房媳婦，只要你好好幹活，我虧不了你。」

小半拉子放了幾年牛之後，變成了一個十七八歲的小夥子。對這一帶的地形、山場瞭如指掌，哪兒的草多，哪兒的水好，他都能閉上眼睛把牛群趕到。牛這種動物也有喜新厭舊的習氣，在以前吃過草的地方不愛待，草倒了也不愛吃，專奔草肥草嫩的地方去，這樣吃吃走走，走走吃吃，就來到了江邊的沖刷地。

這地方草肥水美，老遠一瞅鬱鬱蔥蔥，煞是好看。江兩岸的山崖像刀削斧砍一樣立陡立陡的。在這山崖的石縫上還長著大骨梗子，雖然現在是伏季，但背陰的地方還有上一年的冰沒有化完，所以這地方非常涼快，牛也愛到這地方吃草。小半拉子放牛的時候常常過來薅大骨梗子吃，摘大骨梗子葉扣頭上遮陽擋雨，對這一帶再熟悉不過了。

有一天，天挺熱，日頭賊辣辣地毒，傍晌的時候一絲風也沒有。把小半拉子熱得在樹下找塊石頭坐下涼快，十來頭牛也往樹林裡鑽。突然呼呼地起了風，牛一下炸了群，哞哞叫著四處奔跑。小半拉子一下站起來，怎麼覺著不對勁呢？颳風樹咋不動？看到牛受驚的樣子，他心裡也陣陣發毛，頭皮發炸。是不是有啥大野獸出現？那咋一點動靜也沒有呢？這是咋回事呢？小半拉子心裡犯了嘀咕。過了一會兒，牛群不再亂跑了，慢慢又回來吃草，小半拉子也就沒在意。如此這樣有過幾次，小半拉子也沒看出一點事來，就沒跟東家說。

再說這一天，天特別晴，從早晨天一亮就覺得悶熱悶熱的，到了晌午更是熱得受不了，牛熱得也不愛吃草，都在樹下趴著乘涼。小半拉子想天太熱了，又口渴得厲害，費點勁上砬子亂石縫裡薅幾棵大骨梗來解解渴，弄個大葉子遮遮陽，不挺好嗎？一想到那大骨梗又粗又嫩，小半拉子一下來了勁，不一會兒的工夫就爬到了長大骨梗的地方，專找像小孩胳膊粗的大骨梗薅，不一會兒就薅了一抱。就在他轉身想下山的時候，無意中看見山上有個黑影在晃動，小半拉子想，這轉圈十幾里地就我一個人，那是誰呢？他手搭涼棚再仔細一看，嚇得他差點沒叫出來！原來是一條巨蛇正立直了身子四處張望。這條大蛇的頭上頂著像花一樣鮮紅鮮紅的冠子，在黃黑的蛇身映襯下，分外奪目。口裡吐著三尺來長的芯子，嘴裡發出像颳風一樣的呼呼聲，兩隻綠眼發出陰森的寒光，正向小半拉子方向望來。小半拉子身上霎時起了無數雞皮疙瘩，雙腿一軟，就勢蹲在了地上，大氣都不敢喘。巨蛇在那兒看了半天，沒有發現異常，就向山下的江裡爬去。巨蛇在江裡稀里嘩啦好一頓玩耍之後，爬到岸邊一塊巨石上曬起了太陽，約莫過了一袋煙的工夫，巨蛇順原路又上了山。

小半拉子這下明白了，前幾次牛炸群，就是牛看見蛇的原因。晚上回去，小半拉子就把看見巨蛇的事跟東家說了，東家說啥也不信，說你一定是看花眼了，把倒木看成了巨蛇。小半拉子說，東家要是不信，等哪天我領你去看看，東家說：「正好明天家裡沒啥事，咱明天就去。」

第二天也是一個大晴天，一早晨小半拉子帶上乾糧，趕上牛群領著東家就往放牛的江邊走。牛是邊走邊吃，吃吃走走，等到了出現巨蛇的地方也快晌天了。小半拉子用手指了指前邊的山樑，東家會意地點點頭，他倆一塊來到一處小山崖後藏了起來，專等巨蛇的出現。牛群就在這兒附近吃草，不敢再往前走了，過了能有半個時辰，就聽從山上傳來嗖嗖的響聲，像颳風，但草不動，牛群出現了一陣騷動。小半拉子用手指了指上邊，東家順方向一看，嚇得他「唉呀媽呀」一激靈，當時就傻了。那蛇的頭有馬頭那麼大，身子有水桶粗，長這麼大哪見過這麼大的蛇！只見那巨蛇探身往江裡看了又看，然後把身子一卷，滾到了江裡，在穩水的地方游開了泳。這一切被東家和小半拉子看得一清二楚，東家這回相信是真的了。巨蛇在江裡游了一會兒，就爬上岸在大石頭上盤成一團歇著。

東家把小半拉子拉到眼前，悄聲說：「待會兒，蛇走的時候咱倆跟著，看它往哪兒去。」小半拉子嚇得連連搖頭，東家眼一瞪，用手在小半拉子身上用力一掐，痛得小半拉子眼裡含著淚趕緊點頭。又等了一會兒，巨蛇開始慢慢往山上爬。爬上山頂又過了幾道山樑，來到了一片比較平坦的松樹林裡。林子裡倒木橫七豎八到處都是，巨蛇像大倒木似的在裡面爬上爬下，一會兒的工夫就不見了。東家和小半拉子納悶了，這緊瞅慢跟咋還讓大蛇爬沒影了呢？他倆互相對望了一眼，繼續悄悄往前找。突然東家一把拉住了小半拉子，這時小半拉子也看見了，原來大蛇在離他們不遠的地方鑽進了一個空筒子大倒木裡了，尾巴在外邊露出一丈多長，蛇頭在倒木的另一頭探了出來，搭在另一棵倒木上不動了。也不知道它在幹啥，東家和小半拉子都挺好奇，於是他們倆悄悄地繞了挺遠來到蛇頭的正面想看看它在幹啥。他倆往蛇頭衝著的方向一看，通紅的一片，就像「托盤」一樣，這是啥呢？他倆走近仔細一看，呵，可不得了，這一片都是六品葉大棒槌，足有一畝地大。東家拉了拉小半拉子，示意他別吱聲，又順原路回來了。

晚上吃飯時，小半拉子就問東家，「白天你不讓我吱聲，咱看到的那一片結著紅籽的是啥東西？」東家見小半拉子不明白，就問小半拉子，「你說關東山裡啥最值錢？」半拉子說：「那當然是人參、貂皮、鹿茸角了。」「對了，咱今天看見的那一片就是人參。那裡邊高大的一般都是六品葉，咱把它挖巴挖巴拿船廠一賣，準能買船廠的幾條街。」小半拉子一聽可樂壞了，心想：「有了錢我不就可以娶媳婦了嗎？」

這一夜東家一宿沒睡。他琢磨著在船廠買兩條街，一條開當鋪、綢緞莊，另一條開票號、藥材鋪，再開幾間窯子。他越想越樂，雞都叫了也沒有睡的意思。突然他想到小半拉子，這小子也知道這片棒槌，要是賣了錢不也得分他一條街嗎？山裡的規矩是見面分一半，這小子的命咋這麼好。東家太太醒了見他還沒睡，就問：「你發啥痴狂，天快亮了還不睡？」東家嘻皮笑臉地說：「老伴，你說人要發財了該是啥樣？」太太白了他一眼說：「做你的夢去吧。」東家趕緊小聲把昨天白天的事跟她說了一遍。太太聽得都傻了，說：「這還等啥，趕快去把棒槌刨巴刨巴拿去賣了不就得了，咱也不用在這裡受苦了，有了錢就上船廠、上天津衛去住。」東家說：「這事是這事，可小半拉子也知道這片棒槌，他要是把這事跟給咱秽青的夥計說了，那還不得分他們一半，你說這事可咋整？」東家太太低頭尋思了半天，牙一咬，說：「乾脆一不做二不休，量小非君子，無毒不丈夫，我炒點菜弄壺酒，在酒裡下毒一遭毒死他們算了，這二道江一年到頭也不知道淹死多少人，不差這幾個祭江的。」東家一聽連忙搖頭說：「這可不行，這叫多少條人命呢。」東家太太「呸」了一聲說：「你還想發財呢，不獨吞，咋發財，你還算是個爺們兒嗎？」東家眼一瞪說：「你他媽別瞎吵吵，我看這樣，趁大夥都還不知道，咱先不害他們的命，我帶上傢伙，悄悄地一個人去刨，幾趟就都刨回來了，那時咱帶上貨走了不就完了嗎？」東家太太聽他這麼一說，沒再吱聲。

天大亮後，東家等幹活的夥計和小半拉子都走了之後，找來口袋拿上家什偷偷摸摸一個人直奔那片棒槌地。離老遠就能看見通紅的棒槌籽，東家心裡這個樂呀，一個勁地直叨咕，這回可發了，這回發大財了。他三步並做兩步就差跑起來了。眼瞅就到了一棵又高又壯頂著鮮紅棒槌籽的六品葉前，剛要下手，他突然感到一股又腥又臭的涼氣撲面而來，渾身不由打了個冷戰。東家拿眼四下一踅摸，嚇得他頭髮一下子全豎起來了。原來離他不到兩丈遠的地方那條巨蛇正張著血盆大口，吐著像要滴血的芯子，瞪著一對鈴鐺大的綠眼盯著他呢！東家「嗷」的一聲轉身就跑，啥都不管不顧了，就是個跑。此時的東家就恨爹媽少給他生了兩條腿，不管跑得多快，嗖嗖的風聲一直跟在身後，他一刻也不敢停，也不敢回頭，就這麼一直跑下去。

也不知跑過了幾道梁，翻過了幾道嶺，天漸漸黑了下來，東家實在跑不動了，心想就是讓蛇給吞了也不跑了。他一屁股坐在了地上，身上的骨頭像要散了架，要多難受有多難受。這時的他是又餓又渴又累，頭一歪就在那睡著了。等醒來的時候太陽已經多高了，這是哪呀，當時嚇得光跑了，太陽升起的地方是東，從家到撞蛇的江邊是往東走，那從這兒往西走就能找到二道江，找到二道江就找著家了，東家拿定主意就開始找回家的路。

再說東家太太，左等東家背著棒槌回來，右等東家回來，一直等到掌燈時東家還沒回來。她急得不行，打發小半拉子到放牛的江邊去找東家，小半拉子去了幾趟也沒找著。找不到東家太太不依，逼他打明子亮再去，晚上到江邊，半拉子也害怕，誰知道巨蛇晚上下不下來。東家太太又不好直說掌櫃的去挖棒槌，所以把小半拉子折騰得一宿沒睡覺。

第二天，東家太太又逼著小半拉子上山去找，小半拉子說：「山這麼大，上哪兒去找呀，昨天晚上，我已經把該找的地方都找遍了。」東家太太說：「你東家是不是去看大蛇了，不行你再上那塊看看去？」小半拉子說：「太太你可別提了，那地方太嚇人了，東家好模樣地上那兒幹啥，他不要命了？」太太生氣地說：「那麼多廢話，讓你去你就去唄。」小半拉子明白了，東家一定是去挖棒槌，弄不好是讓大蛇給吃了，但他嘴上沒說。太太見他沒動，就吵吵他還不快去！小半拉子說：「我一個人可不敢去，要去也得帶上打頭的夥計一塊去。」太太說：「就你自己去，別人去了要讓蛇吃了，秋天誰給咱收莊稼？你放心，找回了東家我多給你賞錢，冬天再給你做裡外新的棉襖、棉褲，你要是找不到東家就別回來。」小半拉子沒辦法，只得硬著頭皮自己去找東家。

再說東家，大林子裡全是參天的古樹，一眼望不到頭，上哪兒找路呀。這叫一天一宿沒吃東西了，加上昨天玩命地跑了一天，東家身上沒有一塊好受的地方，這兒痛那兒癢，站在那兒腿都打戰。東家從小到大哪受過這個罪，他在身旁折了一根樹枝握在手裡，看了一眼太陽，憑著感覺開始邁腳前行。這時的東家已經感覺不到餓了，就覺得眼皮和腿發沉，你灌了鉛似的。眼前鈴鐺大的蛇眼一串串是晃來晃去，睜眼看是紅的，閉眼看是綠的，用手劃拉一下也不見少，把個東家折磨得不知該咋辦好了。嘩嘩的流水聲在東家聽來是蛇追他的聲音，他想站起來跑，渾身上下一點兒勁兒也沒有，站都站不起來。罷了，就讓蛇把自己吞了算了。東家身子往後一仰，躺在倒木上昏了過去，大概一頓飯的工夫，他才迷迷糊糊地睜開了眼睛，手腳活動了一下，發現自己還活著，便在心裡安慰著自己，看來蛇沒看見自己，真僥倖。

這時天已經黑透了，天上的星星又明又亮。東家想還是走吧，到江邊喝點水，天亮再找家。他晃晃悠悠拄著棍子站了起來，迎著江水發出的聲音走去。天黑後山裡特別靜，除了一些野獸發出的號叫聲外，江水發出的流水聲非常清晰，東家心裡有了盼頭，腳下的步子不由得快了起來。走著走著就發現有聲音的方向好像有亮光，一閃一閃的。他揉揉眼仔細一看，那不是火光嗎？那地方肯定有人！他想喊，乾使勁嘴裡發不出聲，急得他跟頭把式地朝亮光處奔。

原來是小半拉子出來找東家掌櫃找了一天，有棒槌有大蛇的山崴子也去找了都沒人影，東家太太囑咐找不到東家不讓回家，沒辦法小半拉子只好沿著二道江住下，準備天亮再找，小半拉子吃完煎餅剛想眯瞪一覺，就聽山樑上　裡啪啦亂響，嚇得他一激靈，莫不是山上下來野獸了？他趕緊往火堆裡扔柴火，有了火就啥都不怕了。突然山上傳來梆梆的叫山聲，小半拉子一聽，這不有人在叫山嗎？他也拿根棍子在身邊的大樹上梆梆地敲了起來，敲了幾下後，忽然想會不會是東家掌櫃？於是，他衝那塊喊了一聲：「掌櫃的！」那邊把個東家急得想答應又喊不出聲來，只得拿木棍狠命地敲樹。小半拉子想八成是東家，就朝有人的地方跑去，到跟前一看，這人不人鬼不鬼的，不正是掌櫃的嗎？東家一看是小半拉子，立馬癱在地上動不了了。小半拉子說：「掌櫃的，你這幾天哪兒去了，家裡都找翻了。」掌櫃的乾嘎巴嘴說不出一句話來。小半拉子背起東家來到火堆旁，先給東家喝了幾口水，又把煎餅在水裡泡濕給東家餵到嘴裡。一連餵了八張煎餅，掌櫃的還想吃，小半拉子說啥不給了，怕把東家撐死。東家掌櫃吃了飯喝了水，有了精神頭，就和小半拉子順江往回走。

等走到家，雞已叫頭遍了。東家太太看東家回來了，高興得不得了，告訴小半拉子，今天割肉包餃子。等人安頓下來後，東家太太問掌櫃的，「我說你這一去就是好幾天，可把我急完了，你挖著棒槌了？」掌櫃的喘口粗氣說：「別提了，我這一去差點沒回來。」他把在山上遇到的事跟太太說了一遍，「要不是我跑得快，現在已在大蛇的肚子裡了。」東家太太一聽也嚇得夠嗆，可是，放著那麼大片棒槌不挖，到手的財不取走心裡鬧騰得慌。她尋思了一會兒，對掌櫃的說：「啥也別說了，只能怨咱們命薄擔不起這財。我看這樣吧，我有個兄弟在船廠，從小膽就大，沒有他怕過的事，不如請他來挖這片棒槌，挖回來後多少也能分咱點，免得肥水流了外人田。」掌櫃的一合計，也覺得沒有更好的辦法，總不能把這筆財白白地便宜了這幫來耪青的窮小子，就點頭同意了。

頭晌吃過餃子，掌櫃的打發耪青的夥計順江而下去船廠找小舅子。夥計一走就是十來天，眼瞅著棒槌的紅鎯頭市過了，把掌櫃的急得嘴都起了泡。如果小舅子還不來，刷帚頭再掉了，那今年就這麼的了。

又過了三天，小舅子總算上來了。掌櫃太太趕緊打酒炒菜招待娘家兄弟。喝酒的時候，小舅子問東家：「我說姐夫，你和我姐打發人捎信把我找來有啥事？」東家太太趕緊把門關上。掌櫃的壓低聲音悄聲說：「兄弟是這麼回事，前些日子我在二道江南崗梁的簸箕崴子看見了一片棒槌，能有一畝地那麼大，那傢伙棒槌籽火紅的一片，要是賣了，我琢磨少說也能在船廠買兩條街，兄弟你想想那得值多少錢呀！」東家小舅子聽得眼睛都直了，「姐夫，那你咋不趕緊挖呀，今年的棒槌行市相當好，前些日子我在桃園街和朋友喝花酒的時候，有好幾家山貨行的老闆都說今年的大貨少，多少錢也收不著。關裡的老客背著銀子蹲在店裡多少日子也收不著大貨，乾著急，你看你咋不早說。」東家太太說：「這不是把你找來了嗎，我和你姐夫合計，要挖這麼大一片參咋說也得有個幫手，肥水不流外人田，你說你是不是兄弟。」她兄弟一聽挺高興，心裡想還是姐姐好，遇到好事能想著他，趕緊說：「那明天咱就去挖。」東家太太馬上說：「你姐夫前幾天下地把腳給崴了，一直沒好利索，爬不了山，你看是不是等他腳好好再去？」東家小舅子一聽急了，「現在就剩刷帚把了，再等幾天刷帚把也沒了，那時再去啥也挖不著了。不行讓我姐夫在家養著，我自己先去挖，發了財大家一起分。」他姐姐就等這句話呢，馬上說：「那兄弟可受累了。」她一直沒告訴他兄弟山上有大蛇的事，怕說了他打退堂鼓不敢去，那還咋發財。東家小舅子一聽姐姐同意他一人去挖，心裡樂開了花，小算盤打得透溜：「等我挖到了參，悄悄順江趟子一撤，回船廠賣個大價錢，有了錢可以天天喝花酒，看大戲，再把怡紅院的翠花，春滿樓的小紅贖出來當老婆。那傢伙……」這小子越想心裡越美，恨不得立馬把參都挖出來。

好容易挨到第二天天明，東家小舅子草草地吃了口飯，帶上乾糧家什，問明了去簸箕崴子的道咋走，就急三火四上路了。臨走時他姐姐再三叮囑他機靈點，差不多就行，早點回來。這傢伙哪聽得進這些話，滿腦子全是棒槌和美女了。按著他姐夫指點的方向，走了大概一個時辰的時候，他就感覺有些瘆得慌，因為這地方太險，幾乎沒有人到過這兒，古樹參天，大倒木橫七豎八，每走一步都很困難。這傢伙發財心切，哼著蹦蹦戲小調，自己給自己壯膽，小眼睛四處踅摸，到處找棒槌，很快就在不遠處發現了那片棒槌，他連躥帶跳奔了過去，撲在一棵六品葉大棒槌旁就要下手。這時一陣大風，「嗖」地一聲，東家小舅子兩條腿就進了巨蛇的口中。這小子扭頭一看是大蛇，兩眼一閉昏過去，巨蛇揚揚脖，這小子的整個身子進了肚子。原來這蛇就在附近，粗細花紋跟倒木差不多，他光找棒槌了，根本不知道有大蛇的事。

東家太太看看太陽偏晌了，兄弟還沒回來，就有些坐不住了。她心裡有鬼跟兄弟沒說蛇的事，怕兄弟出事，咋說也是一個媽生的，就讓掌櫃的上山去找找。掌櫃的一聽，讓他上山，頭都大了，說啥也不動彈。沒辦法，找來小半拉子讓他領自己上山去找。小半拉子一聽要到那片棒槌地去，頭搖得像撥浪鼓似的，縮縮脖不敢去。東家太太一頓罵，又許了好多願，才硬拉上小半拉子帶她去。

太太心裡有事，路上一勁催小半拉子快走，太陽卡山前來到了簸箕崴子。林子裡光線昏暗，一陣陣陰風颼起，讓人毛骨悚然。東家太太老遠就喊兄弟的名，干喊也沒有人答應。這時，兩人能遠遠地看見那片棒槌了，就連一個人影都沒有。小半拉子心裡害怕不敢再往前走了，東家太太光顧找兄弟，就忘了這有大蛇的事了，還往前走。走著走著，就看見一條像倒木一樣的巨蛇在一棵棒槌旁蠕動，蛇的肚子上有一個大包。東家太太一看就明白了，那個包指定是兄弟了。她「哇」的一聲哭了，想上前又不敢，只能遠遠地在那兒哭。豈不知這巨蛇是兩條，一公一母，母蛇也在附近。此時母蛇聽到動靜從樹筒子裡鑽出，一眨眼的工夫就從背後把東家太太給吞了。

這一切來得太快太突然了，小半拉子也沒想到還有一條蛇，他都嚇傻了。過了好一會兒，他才反應過來，轉身玩命地往家跑。到家已是掌燈的時候了，小半拉子連水也沒顧上喝，就上氣不接下氣地把經過跟東家說了一遍。東家嘆氣說：「一切都是天意，這財本就不該我發，硬要發反倒搭上了兩條人命。罷了，這片棒槌誰愛刨誰刨吧，我是保命要緊。」小半拉子聽東家這麼一說，也就不再吱聲了。

第二天，牛倌小半拉子把山上有棒槌和巨蛇吃人的事跟耪青的夥計們說了。夥計中有個膽大的，聽說有這好事，就要去看看。打頭的也說大蛇不能天天在那兒看著，再說，剛吃完人跑不動，咱去準沒事。大夥聽打頭的這麼一說，都覺得有道理，於是大夥就搭伙帶上家什奔簸箕崴子去了。到了一看，果然到處是棒槌，秸子有手指那麼粗。大夥四下一踅摸，沒看出啥動靜，就一齊動手挖開了棒槌。打頭的挖著兩棵六品葉二層樓大貨，四下一看，沒人注意就順手掖懷裡了。很快，這片棒槌就被大夥刨完了，這些參拿到船廠賣個大價錢，回來人人有份，東家掌櫃的也分了一份，皆大歡喜。

話說轉過年的紅鎯頭市，那些給掌櫃榜青的夥計，本來都拿著錢回家享福去了，眼看紅鎯頭市又到了，就有幾個貪財夥計相約又來到了二道江老東家。打頭的夥計見大家沒都回來，挺高興，就跟大夥說：「去年上去挖棒槌的時候，急三火四地，還得防著大蛇，鎯頭市都過了咱還挖那麼多，現如今正好是鎯頭市，咱再去放放老埯子，不定還有落下的大貨呢。」這幾個夥計本來就沖這個回來的，聽打頭的這麼一說，就都說那還等啥？當下他們就拾掇奔簸箕崴子去了。

去年他們來的時候根本沒看見什麼大蛇，連條小蛇也沒看見，俗話說耳聽為虛，眼見為實，所以他們根本就不相信有那麼大的蛇。這夥人大大咧咧、吵吵巴伙地就來到了那片棒槌前的倒木窖，隔著這片倒木窖，就能看見前面的棒槌籽火紅的一片。去年挖了那麼多，今年看著一點沒少，這夥人這個樂呀，心想這下又發了。打頭的夥計二話沒說，順著橫在眼前的一根倒木跳了過去，眨眼沒了蹤影。其他人眼睛都盯在了那片通紅的棒槌籽上，一個接一個地往下跳。到最後一個人的時候，他就感覺不對，剛才還吵吵巴伙的一幫人，咋轉眼就都沒了動靜呢？他站在那兒仔細一看，我的媽呀！頭髮「唰」地一下全豎了起來。這哪是什麼倒木，全都是一條條的巨蛇！剛才那倆夥計在打頭的帶領下全跳蛇嘴裡了。這傢伙嚇得鬼哭狼嚎、屁滾尿流、連滾帶爬地總算撿條命跑回了東家。

從此，這傢伙瘋了，見人就「蛇蛇」地直喊。據說現在那片棒槌還在，偶爾有放牛的到了那塊要是趕上紅鎯頭市，還能遠遠看見通紅通紅的一片棒槌籽，可誰也不敢去挖，直到現在也是這樣。

酒參

從前，在長白山下，有一個開燒鍋的，姓李，誰也不知道他叫什麼名字。這傢伙平日裡抬糧放債，大斗進小斗出，不知坑害了多少窮人家，人們都叫他「李二絕戶」。

村子裡有個小孩兒叫張小，從小沒媽。他爹給李二絕戶扛大活，累壞了身子骨，癱倒在炕上不能下地。李二絕戶就叫張小到他的燒鍋幹活兒。這時的張小才十二三歲。李二絕戶白天不讓他吃飽，下晚兒連個睡覺的地方也沒有，他只好蹲在外邊一棵柳樹底下過夜。

有天夜裡，刮著大風。張小想起了癱在炕上的爹沒人侍候，就嗚嗚地哭了起來。這哭聲讓大風一刮刮到東甎子上，給一棵棒槌聽見了。它心里納悶兒：「三更半夜的，是誰哭得這麼傷心，我得去看看。」棒槌一搖鎯頭，變成個白鬍子老頭兒，拄著拐棍就下山了。老頭兒到這兒一看，原來是一個小孩子在哭。他走到張小跟前問：「你是誰家的小孩兒？」張小不答應，還是哭。老頭兒對張小說：「孩子，我能給大夥兒消災除難，你有啥傷心事，儘管對我說吧！」張小不哭了，一看這白鬍子老頭兒，就知道他是個好心人，就把他爹怎麼有病、他又怎樣遭李二絕戶折磨的事一五一十地全說了。老頭兒說：「孩子，你別愁，你爹的病，用人參酒一治就好。李二絕戶我也能制服他。等到第七天頭兒上，你到東砬子上找我吧。」說完就不見了。

第二天傍黑的時候，張小和一些夥計緊忙活，李二絕戶在一旁守著，看著出酒。就在這工夫，房門「吱呀」一聲開了，進來一個白鬍子老頭兒，嘴裡念叨著：「辛苦啦！」說著摸起只大海碗，接了滿滿一碗老白乾兒，「咕嚕」一聲喝進肚，接著第二碗、第三碗……喝起來沒個完，一連喝了九碗。張小一看，這不就是那個白鬍子老頭兒嗎？李二絕戶看老頭兒這麼能喝，心疼得了不得。那時候有個規矩，淌酒的時候，不管是誰趕上了，都白喝。要是不讓喝，過路神仙一見怪，酒就不淌了。李二絕戶乾生氣，不敢說個「不」字。

第二天，白鬍子老頭兒又來了，一連溜兒喝了二九一十八碗，道了一聲謝就走了。第三天，白鬍子老頭兒又來接酒，眼瞅著喝了三九二十七碗，點點頭又走了。第四天，李二絕戶想了個道眼，在半夜時候出酒，心想這回可躲開白鬍子老頭兒了。哪承想，到淌酒的時候，他又來了。李二絕戶平時哪吃過這樣的虧，立時生出一計。他面帶笑容，湊過去說：「老哥哥，喝吧，酒有的是，來！」他故意把三碗能醉倒人的好酒給老頭兒倒上一碗，想把他灌醉，醉死了，喝傷了，那才解恨哩。老頭兒瞅著李二絕戶，笑了笑，接過酒來就喝，一氣喝了四九三十六碗，還是面不改色。老頭兒用袖子抹抹嘴唇，說聲「謝謝」就走了。第五天喝了五九四十五碗，第六天喝了六九五十四碗。到了第七天頭兒上，天剛麻麻亮，張小想起老頭兒的活，就往東砬子跑，老遠就聞到一股酒味兒，聽到「嘩啦嘩啦」的淌水聲。他到砬子根兒下一看，溜光水滑的砬子尖兒上，長著一棵大棒槌，通紅通紅的籽兒，紫微微的梗兒，讓風一吹，顫顫悠悠的。鬚子緊紮在石縫裡，那股泉水就順著棒槌鬚子從石頭縫兒往下流。他用手捧起泉水一喝，這哪是水呀，明明是酒哇。這酒一喝下去，渾身立刻不疼了。這不是老頭兒說的人參酒嗎？他趕忙跑回家去，把這件事對他爹一說，他爹說：「好孩子，那個白鬍子老頭兒一定是棒槌變的，你快去接人參酒，爹喝了，病準能好。」張小接來了人參酒，給他爹喝上，還不到一袋煙工夫，他爹就能下地了。

爺兒倆樂得像什麼似的。張小扶著他爹，忙著到東鄰西捨去把這事一說，一傳十，十傳百，不幾天就傳開了。

這個燒鍋的酒快叫白鬍子老頭兒喝乾了，李二絕戶這天正生悶氣，大管家來告訴他說，東砬子出了個酒泉。他一聽就跟大管家往外跑，到東山根兒一看，呵！真熱鬧，全村的男男女女，老老少少，提瓶抬罐，都來接酒。李二絕戶和大管家順著後山爬上砬子一看，哪是什麼泉眼，原來石頭縫兒里長著一苗大棒槌，酒順著參鬚子往下流，像泉水一樣。李二絕戶心裡明白了，這是苗寶參，要是挖回去，往酒缸裡一放，酒就能不斷溜兒，不用開燒鍋了，也不用再雇勞金夥計了，就能坐在家裡發大財。他對大管家說：「趕快回去拿鎬頭刨下這苗人參。」

不一會兒工夫，大管家扛著鎬頭跑來了。李二絕戶連氣也不讓他喘一喘，就吩咐快刨。大管家舉起鎬頭死命地刨下去，只見石頭冒出一片火星兒，火星兒落到酒裡，就聽「轟」的一聲響，冒起衝天大火，把李二絕戶和大管家活活地燒死了。

火滅了，酒也燒乾了，大夥兒爬到砬子上一看，那苗棒槌也沒了，在長棒槌的地方出了一個泉眼，流出一股清涼涼的泉水，大夥兒就把它叫「酒泉」。從那時候起，人們就用人參酒來治病了。

張乾有（講述）

張棟材（蒐集整理）

九扣還陽草

早年間，關裡有個小夥兒，名叫「黑子」，聽說關東山產人參，就背上鋪蓋捲兒上了關東。

黑子單身一人，又是個初把，沒有人肯要他入夥兒。盤纏在路上花光了，他只好在一個財主家當夥計。當時講好的是不給工錢，只供吃穿。

頭一年，黑子在老林子裡走了兩個月也沒開眼。東家見他兩手空空，蔫頭耷腦的樣兒，就說：「黑子，沒開眼也不要緊，挖參得有財命，該著你今年不發財。憑你這麼個龍睛虎眼的小夥兒，準會發財，明年我再供你一年的盤費。」

第二年，剛入伏，黑子又進山了。一直到秋分，還是沒開眼。回來正趕上過八月節，東家見他又是兩手空空，就說：「黑子，你挺好的個孩子，沒有發財的福份，我供了你兩年，不能再供你了。我看你就死了這條心吧，給我當幾年長工，掙點兒錢回家算了。」

東家有個十八歲的閨女，叫「閨姐兒」，自打黑子一來，就相中了。心想，要是跟他過上一輩子，吃糠咽菜也樂意。閨姐兒見黑子沒精打采的樣子，又難受又心疼。聽爹說不再供黑子上山了，忙說：「爹不願供我供。你挖著參咱倆平分，挖不著我情願白花錢。我就不信，你挖不著參！」

黑子早就看出閨姐兒對他好，可自己是個窮夥計，沒敢往深處想。現在，聽了閨姐兒的這一番話，感動得眼淚都差點兒掉下來。

第三年，臨上山那天，閨姐兒把黑子送出去老遠。直到黑子爬上嶺，閨姐兒在村子外的橋上還站著看他。

黑子在山裡轉了三個月，還是沒開眼。他尋思空著雙手怎麼下山。他正坐在個砬子底下犯愁，冷丁一抬頭，只見砬子上有一苗棒槌，他大喊一聲：「棒槌！」急三火四地爬上去一看，什麼也沒有。從砬子頂下來以後，抬頭又看見那苗棒槌，再爬上去一看，還是什麼也沒有。他心裡一陣難過，眼淚就掉下來了。心想：「黑子啊黑子，放山三年才看見一苗參，還一會兒出來，一會兒又沒有了，真沒福，空著手怎麼還有臉回東家那兒，怎麼對得起閨姐兒的一片心！我就在這兒上吊吧，別去連累別人了！」

想到這裡，黑子解下褲帶掛在樹上，剛往脖子上掛，就見那苗棒槌通紅的頂子，紅得耀眼。他想看個明白，又爬到砬子上細細察看，到底棒槌長在什麼地方。爬上砬子一看，棒槌又沒影了。他剛從砬子上下來，又把褲帶往脖子上掛，又看見那苗棒槌了。這樣，一連上去下來八趟，八次把褲帶往脖子上套。這回是第九次往脖子上套了，他心想：死了，死了，一了百了！他想臨死前再看一眼砬子頂上，到底有沒有棒槌。抬頭一瞅，那苗棒槌還在那兒，紅得直晃眼睛。他急忙把套在脖子上的褲帶解開，又爬到砬子頂上，朝下一看，這回可看清了。

黑子抓住一根從砬子上耷拉下來的圓棗藤子，來到砬子中間，棒槌就長在這裡，渾身還亂顫顫。這苗棒槌長在石頭縫裡，挖了半天才挖出來。只見棒槌的蘆頭長得曲裡拐彎挺老長。黑子一看，也沒什麼東西包，就脫下一隻襪子，把棒槌裝好，牢牢繫在腰裡，又抓住圓棗藤子爬上砬子頂。他回到戧子，收拾收拾就下山了。

黑子遠遠就望見了橋上的閨姐兒。閨姐兒見黑子喜眉笑眼的樣子，就知道得了大貨。她接過棒槌包，樂顛顛兒地回到家。東家一看，這苗棒槌足有六七兩重，心裡話，還是閨姐兒有福，看看閨姐兒和黑子兩人的眼神兒，心裡也就明白了十之八九。

這一天，又是八月十五中秋節。黑子自到東家三年，頭一回和東家坐在一張桌上吃飯。喝到六七分時，閨姐兒見爹娘都挺高興，說：「爹，趕明兒個我跟黑子一塊兒上營口，去賣棒槌。」東家說：「那怎麼行？一個閨女家家的！」閨姐兒一聽，把嘴一噘，說，「不讓去，我也走！」東家對黑子說：「女大向外，黑子，明兒個是八月十六，是個雙日，家裡什麼都現成，我看，明兒個就給你和閨姐兒成親，成了親你們再走，怎麼樣？」黑子和閨姐兒立刻跪下磕頭，謝老人成全他們的婚事。第二天，東家張燈結綵，為女兒操辦了婚事。

婚事辦完，他們拜別了二位老人就上路了。

歷年營口的棒槌市開秤的日子，也沒這麼晚。有些老客等了一個多月了，大掌櫃說大貨還沒下山，不能開秤。

這天，黑子夫妻倆到了營口，大掌櫃說：「大山貨到了，開秤！」說著就把黑子夫妻讓進屋裡。打開棒槌包一看，青苔裡面是一隻繡花襪子，襪子裡裝著一苗棒槌。倒出來一看，蘆頭七扭八拐挺長，足足八兩整。大掌櫃說：「這叫九扣還陽草。這苗棒槌長在又高又陡的石砬子上，上不著天，下不著地，它足有一千五百年的歲數了。它的蘆頭上有九道彎，挖這苗棒槌的人，得尋死上吊九回，最後沒死，才能得到這苗參。用這苗參泡水，給快嚥氣的人喝了，能還陽再活九年。它是稀世之寶，挖著它必須放在襪子裡裝著，不然，它就跑了，你只能得到它一張皮。」大掌櫃問黑子對不對，黑子點了點頭。

大掌櫃問要多少錢肯賣，黑子也說不準要多大價。大掌櫃又一個勁兒追問，生怕這寶物到了別人手。急得黑子在大掌櫃後屋炕上躺下起來，起來躺下，一連三次，嘴裡也沒說出一個字，黑子又在炕上翻了個身。大掌櫃說：「行了，小夥子！你這價到數了。我也不還價，就給你三躺一骨碌。一躺四十八萬，一骨碌十萬，總共給你一百五十四萬兩銀子。」

夫妻倆賣了棒槌，到丈人家住了些日子，給老丈人留下幾十萬兩銀子，夫妻二人就回老家山東過日子去了。

徽闖　福林（講述）

溫泉（蒐集整理）

藥王參

很早以前，長白山下老林子邊上莊上一個老金家，是個大參戶，雇了一些山把式，為他挖參、採藥。

他家有個小豬倌，叫黑旦，十六七歲。他看人家放山，也要去，可是人家嫌他人小，都不領他。金家有個閨女叫金鳳，十七八歲。她很喜歡這個小豬倌，對他說：「你要放山就去吧，不用跟他們搭伙。」黑旦很高興。

過了幾天，金鳳給黑旦準備了鞋襪，補了衣裳。臨走，她給他帶了些小米。

過了一春，放山的人們帶著好多棒槌回來了。東家很高興，殺了口豬，捧出一罈酒來犒勞大家。大夥正猜拳行令熱熱鬧鬧地吃著的時候，小豬倌回來了。他耷拉著腦袋，小臉煞白。金鳳一看就明白了，他沒開眼。

秋天，人們又去放山了。金鳳對黑旦說：「你再去吧，多給你帶點小米。」這話的意思是說：準備挖不著棒槌，晚回來也餓不著。

黑旦進山以後，金鳳就惦記著他。眼看著青山變成五花山了，樹葉也開始落了，還不見黑旦回來。她天天到山道旁盼他，等他，看見放山的仨一群倆一夥地回來了，可就是沒有黑旦。她上前去打聽，都說沒看見他。她計算著黑旦的小米快吃完了，就更心焦了，後悔不該讓他一個人去放山。

再說黑旦到了山上，東尋西找，也沒找到一苗參。一晃到八月，就是沒開眼。眼看小米快吃完了，怎麼辦呢？他坐在山上發起愁來。今年白搭了，白糟蹋了金鳳的東西，連一件襖面都不能給她買，真辜負了她的心意，哪有臉再回去見她呢！他正悶頭犯愁，聽見有棒槌鳥叫，抬頭一看，眼前一亮，仔細一看，對面山上紅彤彤一片。他跑過去一看，全是火紅火紅的棒槌籽。他就揀大的挖，挖了兩天，挖了滿滿一背筐，高高興興地下了山。

金鳳看見黑旦回來了，走路興沖沖的樣子，不用問，準是「走山運」了。

她迎上去，把他接回家。回到家裡，黑旦把參包打開，揀著大個兒棒槌往外拿，最後剩下個小二甲子，有手指頭肚大小，胖乎乎的，四條根鬚子像人的手腳似的。金鳳一看：「哎呀，是個寶！」馬上包起來，囑咐黑旦不要聲張。

過了幾天，金鳳去找她媽要錢。說要到營口去賣參。開頭她媽不同意，可是金鳳剛強，向來打定了主意，爹媽也拗不過她。媽沒辦法，就給她二十兩銀子，叫她女扮男裝，由黑旦陪著去營口溜躂溜躂。他倆到了營口，進了西門，順大街往東走。山貨應老闆正在街旁望著暱：一條大板凳，一頭在門裡，一頭在門外，他坐在上面拿著個水煙袋咕嚕咕嚕抽水煙，眼睛可是瞅著街上，一看他倆走過來，心裡一驚：「來寶了！」把他們讓到櫃房。問他倆賣什麼貨，金鳳只是笑而不答，老闆看他們不俗氣，便讓到後客房，好酒好菜恭敬開了。

一連十幾天，金鳳也沒把寶參拿出來。黑旦心裡不托底，就問金鳳：「這樣住著，將來店錢也還不起呀？」金鳳說：「不要緊，咱們的棒槌值錢多著哪！」

這一天，老闆把財東也找來了，一同陪著他倆吃飯。吃過飯，喝著茶，老闆說話了：「今晚上咱們大夥都樂呵，財東也在這兒了，咱們看看參吧。」金鳳說：「行。」她捧出一個紅漆匣子，打開匣子是一個紅綢子小包兒；紅綢子包裡是一團雪白的棉花；棉花團當中是紅色的松樹皮；鬆鬆皮裹著綠色的青苔；剝去青苔才是一苗棒槌。她要人拿來一個冰盤，把棒槌擺在盤子裡，順巴好，擺到桌子上。老闆把脖往左歪歪往右歪歪，一個勁地看：「好參！」財東也弓著身子瞧，抿不住嘴地笑：「好參！」金鳳問：「你們看，這是什麼參？」這一問可把老闆、財東都問住了。

老闆紅著臉說：「不瞞二位老弟說，我們開這個山貨莊幾十年了，什麼寶參都見過，就是沒看見過這種參，一下子我還叫不准。」金鳳說：「你們叫不准也不好遞價錢，我們可不能叫你們上當，那就找別的地方經經眼睛，聽聽價錢吧。我們先賣給你們幾苗別的。」這一說可把老闆、財東急壞了，到手的財哪能再放過呢！老闆忙說：「不用不用，哪能讓二位白來呢！咱們用水試驗一下吧。」接著，他說寶參都見水親：龍參、水參願意進到水裡，老頭參、老太太參都愛喝水；只有米參怕水，見水就躲。

他叫人打一盆清水來，放在盛參的冰盤旁邊，把燈亮撥小了，人都躲出去，從窗戶眼兒偷著往裡瞧。

不一會兒，那棒槌變成一個小孩，光著屁股，一下就跳到盆裡。在水裡洗起澡來，把水潑得嘩啦啦響。老財東有個咳嗽病，嗓子發癢，憋不住咳嗽了一聲，這小孩跳出水來，又跑回冰盤裡，還了原形。

大夥回到屋裡，撥亮了燈，金鳳問老闆：「是龍參還是水參？」老闆說：「也不是龍參，也不是水參。龍參進到水裡就游，水參在水裡沉底，這個參洗澡，是愛潔淨的參。可是叫不上名來。」

金鳳想起小時候聽他爺爺說過：有一種寶參最愛洗澡，洗過的水能治百病。疔毒惡瘡，無名腫毒一洗就好；五癆七傷、心跳氣喘，喝三口就能絕根。這種參結的籽叫回生籽，能起死回生，人死了把它放在嘴裡就能活過來。因為這種參是藥王爺爺栽的，後人就叫藥王參。說不定這苗參就是藥王參。

金鳳把這話說了一遍，老財東一聽，搶著說：「讓我先試驗一下吧。」拿茶杯從盆裡舀了一杯水，一連喝了三口，就覺得渾身暢快，出氣也痛快，嗓子也不癢了。當時有個生瘡的夥計，用這水一洗，馬上止疼解癢，過了一會兒就排膿消腫，瘡也好了。老闆的老伴兒病了三年，請幾個名醫也沒治好，病越來越厲害，這兩天死去活來的鬧得厲害，老闆舀了一杯水給老伴兒喝了，第二天，病也好了。

老闆想買這苗藥王參，讓他倆說個價錢。金鳳說：「給十躺銀子吧。」這麼多銀子，得動產業呀，老闆和財東捨不得拿出來，可又想得這寶參，他想出了個辦法，給他倆擺了一桌酒席，找賬房先生陪著喝酒，一邊喝著，一邊嘮扯：「二位老弟成家了麼？」回答說：「沒有。」賬房先生說：「我給你們倆保個媒吧。」金鳳聽了一愣，黑旦一聽臉就紅了。賬房先生沒注意，接著說：「我們的財東和老闆都是家財萬貫，房子地無其數，都沒兒子，各有一個閨女；一個十七，一個十八，長得都那麼俊，我看配你們倆正合適。」黑旦臊得耷拉著腦袋，金鳳也有話不好說。賬房先生以為都樂意了，說：「我當媒人，給你們說一說，親事成了，這幾天就拜天地。」金鳳著急了，想拒絕，又不知道黑旦什麼意思，就說：「等我們合計合計再說吧。」

晚上，金鳳試探黑旦；「人家來提親了，老闆和財東的閨女都挺好，你就挑一個吧？」黑旦一聽誤會了，以為金鳳不愛他，讓他另找媳婦，心裡很難受，半天不吭聲。金鳳緊催他。

「你倒說話呀！要哪個呀？」黑旦急了。「我，我哪個也不要。」「那你一輩子打光棍兒？」「我一個窮放豬的，連你都看不上我，別的閨女還能看上我麼！」金鳳笑了：「看你說的這傻話，誰看不上你呢？我是想這兩個閨女都比我有錢，比我俊，你跟她倆哪一個成親都比跟我享福。」黑旦說：「除了你，我誰都不要。」金鳳又高興又害羞，低下頭不知說什麼好。過了一會兒，黑旦說：「咱們走吧，不賣了。」金鳳說：「寶都露了，他們不會放咱們走哇。」

他倆合計了一陣，最後決定黑旦帶著寶參先回家。當夜就偷著走了。

第二天，賬房先生來問親事。金鳳說：「婚姻大事，自己做不了主，我的同伴回家問老人去了。」過了兩天又來問。金鳳約莫他們追也追不上了，回答說：「黑旦沒回來，必是不願意。」賬房先生著急了，不能再放過金鳳：「那你就自己在這兒招親吧，兩個閨女由你挑。」「我？我有難處啊！」「有什麼為難事只管說，是缺房子是缺地？若想你媽，我們給你接來，用多少錢？我給你辦。」「這個難事，你可辦不了，我是個女的。」

賬房先生一聽，傻眼了，報告給老闆跟財東。老闆跟財東聽說寶參已經拿回去了，也沒辦法。

金鳳賣了別的棒槌，把一盆藥王參的洗澡水送給了山貨莊。全鋪子的人都很高興：有病不發愁了，都能治了。

黑旦帶著寶參回到了家，幾天之後，金鳳也回來了。後來他們結了婚，兩口子就用這苗藥王參給鄉親們治病。

燈參、寶磨和金馬駒

從前，有個姓李的老把頭，無家無業，成年在老林子裡闖蕩。哪塊山場好，什麼時候出過大貨，什麼地方適合壓戧子，他都心裡有數。挖了幾十年的參啦，都是一個人撮單棍。

這一年，老李頭眼瞅六十過頭了，身板不似往年硬實了，就想找個幫手一塊進山。

偏巧從海南家過來個苦孩子，姓李，叫李福，從小沒爹沒娘，挨餓受凍的。李把頭看李福長得膀大腰圓，心眼兒實誠，李福也看這老頭和眉善眼的，心腸又熱，這樣，李老頭就把李福認為義子，收了下來。

這爺倆進了老林子，正是七月間人參籽通紅的時候，棒槌鳥從這山叫到那山，可爺倆就是挖不著成器的好貨。

這天，他倆來到一個地方，兩面都是立陡立陡的石砬子，中間一條小河。遠看，山上的樹長得青油油的，樹頭像是讓一層藍霧罩著一樣。近瞅，草色翠綠，從草裡走過，唰唰直響。兩腳狠勁地往地上一踩，那土板實沉沉的。李把頭一看，知道這一帶必有寶貨，就決定不走了，爺倆在河北沿砬子底下壓了戧子住了下來。

這李福本是貧寒出身，從小就幹活幹慣了的。他跟著李把頭爬山越嶺找參不算，端鍋做飯全是他幹。到晚上，他點起火堆，把乾爹打發睡下，再把兩人的鞋、襪、包腳布都烤乾，放好，他自己才睡。李把頭呢，怕乾兒子年輕，睡冷戧子受風寒，傷了筋骨，一宿要幾次叫醒李福起來烤火。爺倆雖然沒挖著寶貨，過得倒是挺樂呵。

話說李福天天早上起來，到小河邊淘米，總是見對面山上霧氣濛濛的，山頂端有一盞燈，比星星還亮。不一會兒，就見從山上飄飄搖搖地下來一個姑娘，也到河邊淘米。姑娘手裡提著一盞小燈，照得河水通紅。李福在北沿，姑娘在南沿。兩人淘完米，又一個向北，一個往南，各自回家。

就這樣，不管李福起多早，對面山上的燈總是亮的。

再說那李把頭，一連半月沒挖著參，心裡不住地琢磨：這個樹頭齊、草頭綠、土板結實的地方，哪能不藏寶貨呢？越想越覺得蹊蹺，也就翻來覆去地睡不著。到半夜時分，見李福一骨碌爬起身來就往外走，李把頭以為他睡迷糊了，就一把拽住他問道：「剛過半夜，起這麼早幹啥？」「爹，這還早啊，人家對面山上的人家早就起來了！」李把頭一聽，心裡想：這樣的深山裡哪來的人家，要是有放山的在山上壓戧子，十來天也不能碰不見吶，就問李福。李福把怎樣看見對面山上有一盞燈，又怎樣天天看見一個姑娘提燈來河沿淘米的事說了。李把頭聽了，立時心裡開了兩扇門，就對李福說：「兒啊，今天不用你做飯了，你等那姑娘淘完米，回去的時候，跟著去看看她家住在什麼地方，也好做個鄰居。」又囑咐他，姑娘要是不開口，也就別說話。

李福出了戧子，一抬頭，果然對面山上的燈亮了。不一會兒，那姑娘就從山上走下來，到河邊淘米來了。李福等那姑娘淘完米轉身上山的時候，依照乾爹的話，跟了上去。這山好陡啊，把李福累得滿頭大汗，可那姑娘，一隻手提燈，一隻手端盆，像走平道一樣。李福在後邊緊追緊趕，來到了山上，就見林子深處有一塊小小的平台，平台上有一間白石頭房，房裡亮著燈。李福悄悄來到門口，向裡一望，見棚上懸著一盞燈。這燈由七個珠子穿成的，一個比一個大，明光耀眼的，把屋子照得如同白晝。再一看，燈下還有一盤磨，一匹小黃馬在拉磨，那姑娘坐在旁邊只顧低頭篩麵。李福看姑娘不理睬他，也就沒敢說話，順手到磨盤上抓了一把糧食，下山了。

回到戧子，他把見到的事對李把頭一說，又從衣服口袋裡把糧食掏出來給李把頭看。嘿，這哪是糧食，全是金子、銀豆子。

第二天，爺倆早早吃過飯，背起參兜子，帶上棒槌扦子，李福在前引路，李把頭跟在後面上了山。來到山上一看，小房子不見了，在小平台上，有三塊石板支在一起，石板下面有四苗參，都頂著通紅的參籽。爺倆小心地把這四苗參挖出來一看，一苗在蘆頭下邊長著一串七個圓球，一苗長得活像一匹馬；一苗長得肩膀寬寬的，下邊三條大須，支起來平平穩穩的，最後一苗就像人形一樣。這爺倆起下松樹皮、青苔毛子，包好了四苗參，回到戧子就下山了。

那時候，挖參的人，得著不起眼的小貨才去船廠賣，挖到出奇的寶參，就都成幫結夥的下營口去賣。那營口是水旱兩路的碼頭，到了收貨的時候，四路來的收參老客早都提前到了這裡，各地挖參的人也都背著棒槌包子來到，單等山貨莊開盤子。

這一年，四面八方買參賣參的全聚齊了，大棧小店都住滿了，就是山貨莊遲遲不開秤，一拖就是半個多月。有錢的老客倒不要緊，整天住在大客棧裡，吃喝玩樂，可就苦了那些挖參的窮人，白蹲店，搭著飯錢。可是山貨莊還是不慌不忙的，就是要等寶貨下山。

這一天，就見從東邊來了一老一少，都穿著補丁摞補丁的衣裳，渾身一層灰土。可兩人的氣色卻和旁人大不相同，眼睛晶亮，滿面紅光，連頭頂都映得通紅。山貨莊老闆知道這一定是寶貨下山了，趕忙迎上前去，把這爺倆讓進大棧房，好酒好菜地款待了三天。

這天，山貨莊掛上牌子，開秤了。照例是先看領包子貨，四方的老客和各路挖參的把頭也都跑來看寶貨。李把頭當著眾人，捧出棒槌包，解開紅絨繩，打開青油油的青苔毛，拿出四苗參來，擺到櫃檯上。大夥一看，連老闆、老客、挖參的把頭們都看出是寶貨，就是認不出是什麼貨，急得老闆滿地亂轉。李把頭說：「老闆，你們要是認不出來，今天晚上，就給大家先顯顯寶氣吧！」

老闆把七間房子的大客廳騰出來，打掃得一乾二淨，地上鋪上紅氈，單等晚上好觀寶。

到了掌燈的時候，大客廳裡擠得水洩不通，全是看寶的人。李把頭要來一根竹竿，把那苗七個圓球的參挑起來，再把那三苗參擺到紅氈上，然後把八仙桌上的燈，用葫蘆瓢遮住，屋裡黑了。不一會兒，就見棚上的那苗參活像七顆夜明珠一樣，照得客廳通亮，這時就出來一個俊俏姑娘，上身穿著大紅襖，下身穿著水綠的褲子，腰間繫著一條繡著牡丹花的圍裙，她不慌不忙地來到那兩苗參跟前，一抬手就把活蹦亂跳的小金馬套上了。那小金馬撒撒歡兒，跑一圈兒，磨出一堆金子；小金馬撒撒歡兒，再跑一圈兒，推出一片銀豆子來，小金馬再撒撒歡兒，跑一圈，又是一層雪白的珍珠。這時，李把頭將葫蘆瓢一掀，棚上的燈滅了，姑娘、石磨和小金馬也不見了。大夥一看，紅氈上，三苗寶參的旁邊，堆滿了金子、銀豆子和珍珠，於是都拍手叫絕，異口同聲地說：「這可開了眼界了，真是好寶參！」老闆也服了，就請教李把頭，問這是什麼寶。李把頭說，「聽老輩人說，這四苗參是燈參、磨參、馬參和姑娘。這四苗參不容易出土，非得挖著燈參，有它照亮，那三苗才能出土。那燈參每千年才出土一次。」

大夥都佩服李把頭經驗多，見識廣，挖著了千載難逢的寶參。

紅燈籠

在長白山下，有個地方名叫毓秸垛。在毓秸垛山前面大溝裡，有一座馬架子房，裡面住著一個孤老頭子，不知叫啥名字，只知道他姓李，所以人們都稱他老李頭。這老李頭是個坐地戶，祖祖輩輩住在大林子裡，以打圍、放山為生。他無兒無女，無親無故，就跑腿一個人，日子混得還將就。

有一年秋頭子，老李頭背上背筐，背筐裡裝的山貨土產，要到集上去賣。從毓秸垛往上走，走不多遠，就是奔長白山主峰的路；往下坎走不遠，有一條清清亮亮的小河，小河的南岸是一個山崴子。他站在小河的北沿上端量這地方，像是能出大棒槌的地。他經常出去放山，怎麼家跟前這地方倒忽略了呢？他嘴上沒說啥，心裡卻暗暗計劃好了，出門回來後，一定到這地方細細地拉幾個棍。他又背起背筐，沿著小河往下遊走，奔樺甸縣去了。

到了樺甸縣，把棒槌、天麻、虎骨和茸角賣出了手，隨後就到市上買些應用的東西。他一年只下一次山，油鹽醬醋、布棉衣鞋啥的，這一遭都得辦置齊全了。這一天，東西也買得差不離了，他就來到飯館，要吃點飯。他坐在飯桌前，還沒等跑堂的來答對他，忽見牆旮旯裡蹲著一個小小子，正勾著腦袋瓜，抽抽搭搭地在哭，那眼淚就像斷了線的珠子，吧嗒吧嗒直往下滴。老李頭是個軟心腸子的人，眼窩子又淺，見此情景，禁不住眼裡滾出熱淚。他走過去把那小小子拉起來，一邊拿手給他擦眼淚，也不住地打咳聲。這小小子十二三歲年紀，蓬頭垢面，穿的破衣爛衫，還打著赤腳板。老李頭拉著他的手，慢聲慢語地說：「孩子，你這是咋的了？你家住哪兒？爹和媽呢？」

聽了這一迭連聲的問話，小小子再也憋悶不住了，哇地一下哭出了聲，邊哭邊訴說自己的身世。原來他是個無娘孤兒，家住山東青州府，父母先後去世了，無依無靠，加上山東老家經常鬧災荒，沒法子，就一路討飯來到關東山，流落到樺甸縣城。眼下，他正在困難處，吃沒吃的，住沒住的，天要冷了，這一個嚴冬可怎麼熬啊！

老李頭聽完了小小子的哭訴，一把將他攬進懷裡，摟得緊緊的，長長地嘆了口氣說：「孩子，我知道窮人的苦滋味啊！你要是不嫌棄，你就隨我去吧！我雖說沒有好吃的，也沒有好穿的，但總不能讓你凍著餓著。咱爺倆對付著混日子吧。」

圍觀的人大都同情這孩子的苦難身世，見老李頭這樣慷慨豪爽，無不誇讚稱道。內中有個好心人引頭，讓小小子認老李頭為乾爹。老李頭和小小子呢，也都打心上願意，當下小小子就給老李頭跪下了，磕了頭，叫了聲「爹」。老李頭拉起小小子，馬上給他起了個名，叫李小。從錢褡子裡拿些銀子，買了飯菜，爺倆吃了。又到布莊子，從頭到腳給李小裁了一身新衣裳，還帶他去剃了頭。經過這一番拾掇，李小立刻變得標緻起來，濃眉大眼，黑裡透紅的臉膛，挺招人稀罕的。老李頭細細一端詳，臉上笑成了一朵花。山裡人居家過日子的東西都採辦齊整了，爺倆就高高興興地往秫秸垛的方向走了。李小這孩子聰明伶俐，又聽說聽道的，老李頭更是心滿意足，視為掌上明珠。老李頭教他怎麼放山，怎麼窨鹿，怎麼抓紫貂，怎麼起天麻……李小認認真真地學，不上半年，山裡的活就學得差不離了。李小對老李頭也很好，侍候起來可上心盡意了，啥好吃的就留給老李頭吃，啥好穿的先緊著老李頭穿。老李頭覺得，李小這孩子比自己親生的兒子還要孝順；李小覺得，老李頭疼愛自己，跟死去的父母沒啥兩樣。他們處得融融洽洽的，歡歡樂樂的，小日子過得可舒心了。

自打從樺甸縣城回來以後，第二年一到放山季節，老李頭就帶領李小到小河南岸的南崴子一帶去放山。一到這兒，就聽見棒槌鳥「王乾哥！王乾哥！」不停地叫著。這兒的樹頭齊刷刷的，草旺花鮮，地土不乾也不澇，這正是人參生長繁殖的好地方。這地方的棒槌可真多啊！淨是片兒貨和堆兒貨。

那紅鎯頭紅得像朝霞，跟五顏、六色的山花連在一起，就像那色彩斑斕的雲錦，甚是好看。挖出的棒槌，五品葉六品葉的可多了。這兒的棒槌個頭大，體型也好。爺倆那個樂啊！不上幾年，他們的小日子就發旺起來了。

轉眼間，老李頭七十多歲了，李小也快到二十歲了。這些天，老李頭的臉上總是陰忽拉的，心上像壓了一扇磨。李小又精又靈的，當然早就察覺出來了，只是不知老人為哪宗事不高興，不好開口。

這天，他們打南崴子放山回來。他們的運氣不錯，挖了不少頂星子貨。李小挺高興地打開棒槌包子，看那些皮緊紋密的大棒槌，笑著對老李頭說：「爹，你看這些棒槌有多好！這須條，這露頭，再看看這些珍珠疙瘩，錚明閃亮的，準能賣上好價錢！」想不到老李頭卻打不起精神頭來，他打了個咳聲，斜倚在鋪蓋捲兒上，裝上一鍋蛤蟆頭煙，一邊抽著，一邊直勾勾地瞅著房巴。

李小不知道老人的心裡頭到底有啥難解的疙瘩扣兒，又不好直接發問，只得軟聲和語地說：

「爹，你老人家哪兒不自在了？」老李頭搖搖頭。

「爹，兒子惹你老生氣了？」老李頭又搖搖頭。

「那麼，你到底有啥難心事？孩子好憋悶得慌啊！」

老李頭沉吟半晌，長長地出了口悶氣說：「孩子！我一輩子沒個枝兒蔓兒的，那是怨老人窮，日子過得貧寒，說不起家口啊！自打你到我身邊以後，我是事事滿意，處處放心，喘氣勻流，睡覺安穩。可是，這些天我心裡老考慮一個事啊！老人古語說：錢是死的，人是活的，錢是人掙的。孩子，你也老大不小了，到了娶媳婦的時候了，光有銀子有啥用？得有個家呀，鰥寡孤獨的光景難熬啊！可是在咱深山老林裡前不著村後不著店的，最近的鄰居還相隔七八十里，再說，誰家的閨女願意遠嫁到長白山老林子裡？這些日子，我就為這碼子事犯愁。我尋思著，再不咱就搬到山外去住，興許——反正在我嚥氣以前，一定得把家口給你辦上。」

李小知道爹是為這事犯愁，心上才一塊石頭落了地，說道：「爹，你身板子還挺硬朗的，我年歲還不太大，咱們先在這兒幹幾年。這地方水甜土肥，是養窮人的好地方，我真捨不得離開呀！」

想不到老李頭聽了這話，滿臉的愁雲消散了，笑呵呵地說：「孩子，你這話才說到點子上了。爹就是不願意離開這塊寶地啊！」

爺倆又嘮了一陣子，這才躺下睡覺。

第二天，天還沒放亮，李小就爬起炕來，點上明子，操起木桶和木瓢，來到小河邊上，把明子插在地上，他蹲在河邊的一塊石頭上，弓起身子淘米。淘著淘著，就覺眼前通紅一亮，抬頭一看，打小河南沿南崴子那兒，閃出一團亮光來，那亮光朝小河這邊走來，紅亮紅亮的，來到近前一看，竟是一盞紅燈籠。

李小十分驚訝：這紅燈籠是哪兒來的？再說這附近也沒有人家呀！藉著燈光，往細裡一瞅，見一位大姑娘一手挑著紅燈，一手拎著木桶，朝小河邊走來。到了小河邊，那姑娘也尋找一塊石頭蹲下身子，把紅燈籠放在身旁，也弓起身子嘩啦嘩啦地淘起米來。那姑娘粉褲綠襖，扎一根獨辮，劉海上插一朵通紅通紅的大紅花。身材苗苗條條的，臉盤兒有紅似白的，眉眼又清秀又明亮。

那姑娘頭不抬眼不睜，一門心思地淘著米，臉上還透出一絲兒笑模樣。那燈籠也奇怪，不點明子不點蠟，不使捻子不用油，可又紅又亮。

李小看得入了神，竟忘記了淘米和搓米。這時，他忽然覺得眼前忽扇一下，有點昏暗，扭頭一看，原來自己點的明子已經著完了。他就藉著紅燈籠的亮光，急急忙忙把米淘完了。這工夫姑娘早已淘完了米，但卻仍舊蹲在那兒沒動地方，直到李小淘完米，她才拎起木桶，擎起紅燈籠，朝南崴子走去。

李小站在河北沿，眼瞅著紅燈籠在大林子裡消失了，這才拎起木桶往家走。這時，老李頭已經穿戴完畢，就等著他淘完了米好下鍋。李小麻利地把米下到鍋裡，點火做飯。吃完飯，他們還要上山挖棒槌呀！今天早上在小河邊遇到一位大姑娘淘米的事，他沒跟老李頭學說。

第二天，天還沒亮，李小又打著明子到小河邊去淘米。那個大姑娘又挑著紅燈籠來了。來到河邊，她放下紅燈，蹲下身子，又淘起米來；淘完了米，朝他淡淡一笑，拎起水桶，擎著紅燈，又朝南崴子走去了。

打這兒以後，他們兩人是每天如此，一大早就同時到達小河邊，一個在南沿淘米，一個在北沿淘米，兩人還不過話，還總是姑娘先淘好米，再等候李小一會兒，待李小淘完了米，她再沖李小微微一笑，然後就拎起木桶，擎著紅燈籠，向南崴子走去。

這一天，雞已經叫頭遍了。李小爬起來，收拾收拾，又打著明子去河邊淘米了。是個陰天，李小剛到河邊，那姑娘也手挑紅燈籠來到小河的南岸。見了李小，盈盈一笑，又低下頭，淘起米來。淘著淘著，忽又揚起臉來，嘎巴下嘴唇想說什麼，卻又把到嘴邊的話嚥了回去。淘完了米，兩人你瞅我一眼，我看你一眼，就這麼的，足有一袋煙工夫。姑娘立起身，拎起木桶要走，卻又磨磨蹭蹭地不願挪動腳步。這時，李小終於找著話茬兒了，說：「這位大姐，你要往哪兒去呀？」

「回家去呀！」姑娘的嗓音又清亮又好聽。

李小吭哧老半天，臉膛漲得賽似眼前的紅燈籠。他一眼瞅見紅燈籠，就順口說道：「這紅燈籠真好！」

「可以借給你。」

「家裡還有。哪一天你去取吧。」

「我家脫離不開，還有個上歲數的老爹需要我侍候，再說我還不知道你家的大門朝哪兒開呢。」

姑娘撲哧一笑說：「咱是鄰居，就在南崴子大林子裡。你回家跟你爹說說，他會明白的。」

李小說：「我一准去串門！」

姑娘深情地看了他一眼，說：「我等著你，明天是個吉慶日子。」

姑娘剛要邁動腳步，抬頭一望天空，漆黑漆黑的，還淅淅瀝瀝掉毛毛雨。她順手把頭上的大紅花摘下一個瓣兒來，扔給李小說：照個亮吧！」

李小拾起托在手掌上，只見那東西有拇指蓋大小，滴溜溜圓，發著紅瑩瑩的亮光，好像一盞小燈籠。李小又高興又驚奇，正想向姑娘細細打聽一下，抬頭一看，姑娘早已走了，大林子裡紅燈籠的光亮在閃耀，還飄過來一串銀鈴似的笑聲。

李小站在河沿上，望著姑娘遠去的方向，品味著姑娘剛才的一番話，覺得心兒麻酥酥地甜，臉蛋兒火辣辣地燒。

這時沒提防老李頭來到他的身旁。原來他見李小淘米老半天沒回來，心裡記掛著，怕有什麼閃失，就穿上衣裳奔小河走來。走到半路上，遠遠望見這兒燈明火亮的，還隱隱約約聽到一遞一答的說話聲。來到近前，卻只見李小手掌上托著一個亮東西，面朝河南岸正在出神呢。老人家馬上覺察出這事挺蹊蹺，再一聯想李小這些天上河淘米一天比一天起得早，淘米的時間老長老長的，更覺這裡必有緣故，於是就問道：「孩子，剛才你是跟誰說話呀？」

李小見爹來了，想起剛才姑娘囑咐的那席話，就把與姑娘相遇相識的經過一五十地說了一遍。老李頭一聽，心裡立刻明白了八九份，他捋著花白的鬍鬚，笑模笑樣兒地說：「孩子，這是大喜事呀！」他從李小手上拿過那顆紅東西，眯起眼睛看了一會，樂得嘴巴都合不攏了。原來這放紅光的圓圓粒，是一個老大老大的棒槌籽啊！他把這粒棒槌籽攥到手裡，對李小說：「孩子，咱得馬上回去，操辦喜事！」

爺倆一回到家，老李頭就支使李小幹這忙那的，又殺雞又宰鵝，又泡木耳又洗元蘑，把麅子肉乾和黃花菜也用溫水浸上了。還讓李小拿馬尾兒到小河裡套幾條大細鱗魚回來。屋子灑掃得乾乾淨淨，準備過年用的香燭紙馬也找了出來。

李小不解地問：「爹，你這是要幹啥呀？」

老李頭說：「我這是要準備給你娶親呀！」

「娶誰呀？」

「就是跟你一塊堆淘米的那個黃花姑娘呀！」

「爹，這事八字還沒有一撇呢，你看你——」

老李頭抑制不住內心的喜悅，把李小拉過來，說：「孩子，你聽我說呀！」於是就對李小如此這般地囑咐了一番。

第二天一大早，李小還照樣去淘米。這個姑娘早已來到小河邊，紅燈籠就放在她的身邊。見李小來了，她先是甜甜地一笑，而後說道：「李小，我等你老長時候了，跟你爹說了嗎？」

這回李小的膽子也放開些了，他涉過小河，緊挨著姑娘蹲下身子說，「說過了。」

「你爹說什麼來著？」

「我爹說，」他瞅了姑娘一眼，不好意思地低下頭，語聲也有點顫抖了，「讓咱倆快成親，今天就操辦！」

姑娘聽了，臉頰上先是湧起一點紅潤，接著就咯咯咯地笑了起來。這工夫，李小從衣大襟上拔下早已紉好了紅線的針，別在姑娘的衣領上。姑娘一邊揚起脖兒，讓李小往上別針，一邊咯咯咯地笑著。李小別完了針，姑娘又拎起木桶，一閃身就走得沒影沒蹤了。

李小馬上回家找老李頭，告訴他針已經別好了。老李頭跟著李小，趟過了小河去。這時候天已經大亮了。他們沿著紅線繩，向南崴子方向尋去。走不過半里路，面前橫著一座立陡石崖的大砬子。老李頭仰臉一踅摸，就見在大砬子尖上有一團像火球一樣的東西，又紅又亮，直晃眼睛。那根紅線繩也向大砬子尖上走去。爺倆就攀藤蔓，抓樹枝，終於爬到砬子尖上了。低頭一瞅，嘿，那紅線繩就拴在一棵大棒槌的秧子上。那像火球似的紅東西，就是紅鎯頭啊，長得活像一盞紅燈籠。每個參籽，都有手指蓋大，像透亮杯似的，放著紅瑩瑩的亮光。

爺倆仔仔細細地抬了起來，唯恐碰破一點皮，挑折一根鬚子。抬出來一看，這苗棒槌足足有一斤重，形體像人，四肢五官長得齊齊全全的。爺倆扒下一張紅松皮，抓幾把青苔毛子，把棒槌包好了。秧子和紅鎯頭露在外面，紅得耀眼，綠得鮮亮，別提有多招人稀罕了。

回家以後，爺倆把棒槌放在新房裡。院子中央擱上天地供桌，桌上擺滿了供品，點燃了香燭，燒起了紙馬，放起鞭炮。也就在這當兒，就見新房裡的那苗棒槌，紅鎯頭一抖動，綠葉兒一顫悠，「嘩」的一聲，棒槌籽爆落在地上，像無數顆珍珠、瑪瑙和翡翠散落地面，也像流星和霞光一樣閃耀明亮，美麗極了。隨著屋裡瀰漫著五彩煙霧，煙霧散盡，冷不丁就見一位大姑娘活脫地立在地當間。李小定睛一看，正是跟他一起淘米嘮嗑的大姑娘！只是臉兒更俊了，衣裳更新鮮了，尤其瀏海上的那朵大花，活像一盞錚明通亮的紅燈籠。

當下由老李頭主持，二人在天地桌前拜了天地，就算成了親。

這姑娘可真當老李頭和李小的心意了，心靈手巧，要多能幹有多能幹，要多賢惠有多賢惠，可會過日子了。爺倆別提有多高興了。

一天，李小開玩笑地問她：「你既然是人參精，咋還天頂天地去淘米？」

姑娘咯咯咯地笑了起來，伸出手指戳著李小的鼻樑說：「傻瓜蛋！你真憨啊！那哪裡是淘米呀？我是去淘人參籽呀，不然的話，你們爺倆能夠在南崴子一帶挖那麼多的大棒槌？」

從此，他們一家三口，就歡歡樂樂、和和美美地過日子了。

李二壞成「神」

在早年，東興屯有個姓李的財主，處人辦事最奸滑，沒利不幹，石頭裡也想榨出二兩油來。大夥給他起個外號叫李二壞。

李二壞成天啥也不幹，就靠夥計們給他種地、放山養活他。

有一天，小豬倌上南山放豬，就見從大林子裡跑出一個白胖白胖的小孩，帶個小紅兜肚，蹦蹦躂躂地朝小豬倌這兒跑，嘴裡直招呼：「小豬倌，小豬倌，咱倆玩呀！」

小豬倌瞅著這個胖小子挺招人喜歡，心裡尋思：我天天在山上放豬，除了大林子，就是一群豬崽子跟我做伴，這回有個小孩跟我玩，可真好。小豬倌是打心眼裡往外樂呀，就說：「來吧。」兩個人在山坡上找了個平台，一邊嘮嗑一邊玩。

從這以後，小孩天天到時候就來，日頭偏西就走。一來二去，兩個小孩越玩越熱乎。這一天兩個人都玩迷了，日頭卡山了還玩呢。小紅孩冷不丁站起來說：「小豬倌，天快黑了，咱們回家吧。」

一句話把小豬倌提醒了，急忙趕起豬，連數也沒數，就回去了。

李二壞看天都黑了豬倌還沒回來，急得他罵罵吵吵地站在大門口，伸個脖子直往南山瞅，看小豬倌趕著一大群豬，吆吆喝喝地回來了，李二壞迎頭上去，開腔就罵，隨手就打，把小豬倌打得鼻口躥血，眼淚噼里啪啦地順著小臉蛋直往下掉，也不敢出聲。李二壞打了小豬倌幾巴掌，轉身又去查豬，一查少了個豬崽。不容分說，惡狠報地把小豬倌吊起來，一邊打一邊逼問：「你把小豬崽弄哪兒去了？不說，今兒個非扒你的皮不可。」

小豬倌渾身被打得青一塊紫一塊得，實在抗不住了，就把和小紅孩玩的事從頭到尾說了一遍。

李二壞一聽有個戴紅肚兜的小孩兒是個寶，心裡立時淌了壞水，連忙眉開眼笑地把繩子解開，又叫人拿來油餅雞蛋湯給小豬倌吃。小豬倌哪能吃得下呀，回到夥計房子，渾身傷痛，一宿也沒睡好。別人問他話，他只是一個勁地哭，啥也不說。

第二天一早，李二壞又把小豬倌叫過去，雞蛋、油餅擺了一桌子，硬叫小豬倌吃。小豬倌不知李二壞的葫蘆裡賣的什麼藥，又加上李二壞直勸他吃，他就咬了口油餅。這時，李二壞拿出一穗紅線，線頭上紉了一根繡花針，悄悄告訴小豬倌說：「今天你和那個小孩玩，等他要走的時候，把針別在他的兜肚上，他走你就放線，啥時線不動了，你就回來找我。要辦好了，丟的那個豬崽就不用你賠了，還給你一個大元寶。」

小豬倌哪敢不接呀。他把線穗和針剛接到手，李二壞又把眼睛一瞪，嚇唬他說：「不許跟別人說，若說了，我就要你的命！」

小豬倌像掉了魂似的，沒精打采地趕著豬上山了，等把豬群撇開，低著頭往山坡上一坐，越尋思越不是個滋味。這工夫，那小孩又來了，笑嘻嘻地一連喊了他好幾聲：「豬倌哥哥。」小豬倌打個咳聲，說：「別玩啦。」

小紅孩一看小豬倌不樂，就用手搖晃他的肩膀，問：「咋的啦，豬倌哥哥？」

小豬倌老是低著頭，吧嗒吧嗒掉眼淚。小紅孩看這光景，追問得更緊了。小豬倌沒法，就把昨天怎麼回去晚了，丟了只小豬崽，李二壞怎麼打他，怎麼請他吃飯，又怎麼交給他紅線穗和針，還有李二壞告訴他的那番話都說了。小紅孩聽了又是吃驚又是生氣，就對小豬倌說：「他想要害我。」

小豬倌一聽可急了，把紅線和針往地下一扔說：「你把我領你們家去吧，我跟你一塊幹活過日子。」

小紅孩搖搖頭說：「你別急，李二壞那麼壞，我有辦法治他。」接著就小聲地對小豬倌把辦法說了一遍，小豬倌聽了，拍手打掌地樂起來。

天到晌午了，小孩說：「把針給我別在兜肚上，就這麼辦吧！」小豬倌點點頭，把針別上，跑進大林子，小豬倌緊放線，等線不動了，剛想去找李二壞，忽見李二壞伸個脖子，搖搖擺擺地正往這兒走呢。小豬倌擺手招呼：「二爺，二爺，快來呀！」

李二壞一聽，樂得他那個撥浪鼓腦瓜直搖晃，呼哧呼哧地跑過來，上氣不接下氣地問：「別上了嗎？」

「別上了。」

小豬倌一指紅線。

李二壞就拉著小豬倌，順著紅線，一連爬過好幾個山頭，最後上了個砬子頂，紅線不動了。李二壞一看，這砬子有好幾丈高，底下是一條大溝，一苗大棒槌直挺挺地長在溝邊上，這可把李二壞難住了，這麼高的砬子，怎麼下去呀。小豬倌照著方才小紅孩給他出的道道說：「二爺，那苗通紅白淨玩意是寶參，吃了就能成神。」

李二壞聽了，更是急得抓耳撓腮，直打轉轉。小豬倌又出了個主意：「用山葡萄藤手接起來，把你送下去。」

「好好好！」李二壞拍著小豬倌的肩膀。兩個人就弄藤子，李二壞把藤子綁在身上，叫小豬倌往下送，小豬倌不肯。李二壞明白了，就說：「好孩子，聽二爺的話，我要成神了，你也一樣得好。」小豬倌說：「怕你說了不算。」

李二壞起誓發願地叫小豬倌放心，小豬倌這才往下送他。不一會兒，到了溝裡，李二壞照著小豬倌的辦法，挖出了那苗寶參，又叫小豬倌往上拽他。小豬倌一邊拽一邊喊：「二爺你可別吃呀，分給我一半，叫我也鬧個半仙體呀！」

李二壞一聽這話，就想：這可不能給小豬倌。於是把一棵參連忙塞進嘴裡就吃。等小豬倌把他拽上來，已經吃的連個參毛也沒剩了。小豬倌朝他要參，李二壞把腳一跺，胸脯一挺，變了臉色，大聲喊：「跟我回家！」

一進屯子，小豬倌就吵吵起來了：「我們二爺吃了人參寶，要成神了！」

李二壞挺著肚子，邁著四方步，頭抬得老高，兩眼瞅著天，搖搖擺擺的，那股神氣真像成了神。屯裡大夥都不知道是怎麼回事兒，聽小豬倌這麼一吵吵，都圍上來看熱鬧。李二壞的老婆也出來了，小豬倌對她說：「二爺成神了，快磕頭。」

李二奶奶一聽，趴在地下就磕頭，嘴裡還哭唧唧地說：「你成神了，我們娘們可怎麼過呀。」

二壞進了屋，一尋思要成神了，不能太小氣，就放了幾桌席，請請頭行人和鄰居。

日頭剛落，席也放好了，大夥都來賀喜。李二壞換上新衣裳，正在炕上坐著呢！他冷丁覺得肚子難受，過了一袋煙的工夫就有點疼得抗不住了，臉一會兒青，一會兒白。李二奶問：「你是咋的了？」

李二壞也不吱聲，把牙咬得嘎吱嘎吱直響。小豬倌心裡明白，這是參孩子用棒槌皮包的「露蓮」根子上來毒勁了。又待了一會兒，看李二壞折騰得夠受了，就對大夥說：「我們二爺脫胎換骨呢，快要升天了，大夥都得大笑三聲。」

李二壞一聽，強笑三聲，李二奶和大夥也跟著笑了三聲。這一笑不要緊，李二壞肚子疼得如刀絞一般，身子一歪，「撲通」一聲，打了兩個滾兒，嚎了兩聲，就斷了氣。

二奶上前一摸，沒氣了，剛想哭，小豬倌忙攔住：「不能哭，不能哭，二爺升天了。」李二奶奶一聽哪還敢哭，就張羅著送二壞「上天」了。

這回小豬倌和伴計們可出了口氣。

趙　赴（蒐集整理）

韓生和棒槌孩

從前有個叫韓生的人，靠打獵放山謀生。有一次他進山打獵，意外地發現一苗大棒槌，長在大砬子頂上，秸子少說三尺高。別的棒槌早落籽兒了，可它還頂著紅榔頭。韓生心裡真高興，急忙朝那裡奔去。

剛剛來到砬子底下，猛然間看見榨槌旁邊臥著一條一抱多粗的大蛇，瞪著兩隻眼睛，正惡狠狠地盯著他呢。韓生吃了一驚，心想，有護寶蟲護著的棒槌，必是寶參，一槍打死大蛇就可以得到這苗棒槌；可是萬一打不死它，自己這條命非搭進去不可！正在拿不定主意的時候，忽然覺得背後颳起一陣冷風。他回頭一看，見一隻比大蛇還大的蜈蚣精從下面爬上來了。他急忙躲在一塊大石頭後邊，藏起身來。

蜈蚣精沒有發現他，直奔大蛇爬去。原來他也是想要得到這苗棒槌。大蛇不等它靠前就呼一下迎了上來。兩個在砬子底下一來一往，打了起來。直打得石頭亂滾，天昏地暗。漸漸地，大蛇有點招架不住了，一邊和蜈蚣精打仗，一邊朝韓生藏身的地方投來求救的眼光，韓生心想，反正我是想得著棒槌，要是蜈蚣精把護寶蟲踢騰了，哪還有我的份兒？我先把蜈蚣精打死，然後再收拾大蛇！想到這裡，就端起槍來，瞅得明白，照著蜈蚣精頭上打了一槍。蜈蚣精此刻正朝大蛇猛撲，這一槍打中了它的後半身，一股腥臭的黑血噴出幾丈遠。蜈蚣精一心一意對付大蛇，不提防挨這一傢伙，實在惱火。它四處瞅瞅，也看不出這一槍是從哪兒打來的，於是就更發狠地向大蛇撲去。它雖然受了重傷，但還很凶猛，和大蛇拚死搏鬥著。蜈蚣精咬住了大蛇的脖子，大蛇纏住了蜈蚣精的身子。它兩個糾纏在一起，扭結成一團，直打得風聲呼呼，嘶聲陣陣。韓生一看機會到了，正可以一箭雙鵰呀。他拎過獵槍，裝足了火藥，灌滿了槍砂子，安上了卡火帽，照準那兩個傢伙就狠狠摟了一火。只聽「轟」一聲山響，震天動地的一陣吼叫，大蛇和蜈蚣精從山上滾到山下，烏黑的腥血迸濺了滿山遍野。這時，就見砬子上那苗大棒槌一哆嗦，冷不丁就沒影了，卻打地面上站起一個小男孩來。這小孩兒只有四五歲光景，黑黑的頭髮，圓圓的臉龐，戴著小紅兜，渾身胖乎乎的，顯得又乖又可愛。他來到韓生面前，跪下就磕頭。韓生把他扶起來，抱在懷裡。小孩兒用小手摸著韓生的面頰說：「好心人，多虧你救了我！」韓生不解地問：「你是誰？我怎樣救了你呢？」小孩說：「我是長白山裡一苗棒槌精呀！這兩個傢伙纏我多少年了，再有一百天，正是我五百歲，它們誰吃了我誰就可以成神。它們為了爭搶著吃我，打了好幾天架呢。你今天一下子把它們倆全殺死了，我也得救了。」小孩問韓生到這兒幹啥來，韓生告訴他，家中生活難熬，日子難混，就到長白山來幹山利落。

小孩聽他這麼一說，就從他的懷裡掙脫出來，跳到地面上，仰著臉對韓生說：「這好辦，你跟我走！」

韓生跟著小孩，下了山，來到溝子裡。小孩指著前面說：「看，那是什麼？」

韓生手搭涼棚細細一看，不禁失聲叫了起來，原來地下堆著一大堆黃橙橙的金子。韓生哈下腰撿了一塊，揣在懷裡。小孩對他說：「以後有啥為難遭災的事，就到這砬子下，連喊三聲『棒槌孩』，我就來了。」韓生點頭答應了。他和棒槌孩戀戀不捨地分手後，就回到家裡。從此他的日子過得更好了。

王兆斌（講述）

蔣正平（蒐集整理）

擰勁參

早些年，長白山區有個放了半輩子山的老把頭叫孫福。他本來有幾年不上山了，可是遇上了災年，無法生活，為了混口飯吃，只好把挖棒槌用的家什又翻騰出來，齊堆了二十來個當年放山的老夥伴，想進山去趕紅鎯頭市。

在老白山的進口處，有個大財主，叫閻富貴。他霸占著山口，凡是南來北往進山的人都得從這里路過，這些年來，連他自己也說不清從放山人的身上榨出了多少油水，人們背後都管他叫「閻毒棍」。

老孫福領這夥人進山也越不過這個關口，自然也得按閻毒棍立下的規矩辦事：凡是進山的人都得抬閻毒棍的五十斤糠米，出山時還一百斤米錢，挖著山貨和他三七劈成，閻毒棍得七成，放山的得三成，如挖不著山貨，出山時得交一塊銀圓的地皮錢。人們說：「這真是雁過拔毛啊！」

到了山裡，老孫福領著大夥壓上了地戧子，安排好住處，就攀崖越嶺，去找棒槌。

說來也怪，老孫福放了半輩子山，頭回遇上這樣倒楣事兒，一連一個多月沒開眼。帶來的米快吃淨了，怎麼辦呢？出山吧，那閻毒棍就在山口堵著，用啥還人家的米錢和地皮錢！要不出山吧，這二十多號人就得餓死在山裡頭。想來想去，他不由得兩行老淚「唰唰」地從眼眶裡淌了出來。

大家也都明白老孫福的心事，正想勸一勸他。忽然，「吱呀」一聲門開了，進來一個二十多歲的小夥子。這小夥兒進了戧子說聲：「快當！」就坐在了人堆裡。

伙子長得黑黝黝的，兩眼有神，一副笑模樣，對人挺親熱，進門就和窮放山的嘮起來了。

嘮來嘮去，大家把自己的苦處都跟他說了。聽了這事，那小夥兒登時就說：

「愁有啥用。這樣吧，我家就住在西邊的紅松砬子上，有事到家去找我，我可以幫幫忙。」說完出門就走了。

老孫福和幾個老夥伴一合計，覺著這也是絕路上的一線希望，第二天一大早帶著人就來到了紅松砬子。一看，哪有什麼人家，也是一塊樹木槲林的山地。老孫福不甘心，又領人爬上了砬子頂。放眼一看，嘿！砬子頂上孤孤地長著一苗六品葉大棒槌，挑著盤子大的紅鎯頭，隨著風向大家直點頭。

老孫福和幾個老夥伴一對眼珠，心裡早就明白了，這是棒槌仙賜給咱們的大山貨。於是，就拴上了紅線繩，把這苗棒槌抬了出來。

也怪，按常理說，這六品葉應該是個大山貨，起碼也得有七八兩重。可這苗棒槌又細又小，皮色發黑，頂多也不過三四兩。

老孫福心想：不管怎麼的，這是棒槌仙賜給的，再不濟也不能嫌棄。於是，他薅了點青苔，剝了塊松樹皮，打上包葉，領著大夥就回戧子了。

吃晚飯的時候，大家都挺高興，覺得這是棒槌仙給大夥指出了活路，心裡都挺亮堂。進山一個多月了，大夥第一次睡了一宿安穩覺。

第二天早晨起來，人們都愣住了，互相一看，每個人身上穿的衣服都變成嶄新嶄新的了，雖說不是綾羅綢緞，可也都是結結實實的好布。這還不說，人人都覺著衣兜裡沉甸甸地往下墜，伸手一摸，每人挎兜裡都揣著兩塊銀圓。大夥心裡哪明白是怎麼回事兒，收拾收拾，便歡天喜地地下山了。

剛一出山口，就被閻毒棍和他的奴才們給截住了。

閻毒棍一看人們的穿戴，心裡就犯了合計，又看他們交錢交得那麼衝，就更起了疑心，知道這些人一定是得了大山貨了。於是，硬說他們把火山貨給藏了起來，叫奴才們搜查。可是，搜了半天，除了銀圓以外，什麼也沒搜出來。

閻毒棍還是不死心，眼珠轉了轉又在那苗棒槌上打主意。他逼著老孫福說出挖棒槌的經過。老孫福心想：這有啥，一不是偷的，二不是搶的，是大夥憑著力氣挖出來的，有啥不敢說的，就一五一十地照實說了。

閻毒棍一聽，心裡全明白了，他拿定主意要獨吞這苗棒槌，就皮笑肉不笑地說：

「嘿嘿，說實的，要是按葫蘆摳籽的話，你們身上穿的、腰裡的銀圓都應該打在山貨一起，按三七分成，可我念你們都挺窮，家家都是養大護小的不容易，那就不算了，把這苗小棒槌留下，你們可以走了。」

大家一聽閻毒棍要把棒槌仙留下，誰也捨不得。閻毒棍一看火了，「啪」地一拍桌子說。

「你們這幫窮小子，真他媽的貪心不足，老爺對你們夠高看的了。夥計們，把這幫賴光棍給我攆出去！」

老孫福他們二十多號人就這樣被攆下山了。

再說閻毒棍，得了那苗棒槌可騎毛驢吃豆包——樂顛餡了。他喜滋滋地回到屋裡抱著包葉盒子睡了一宿。

第二天早晨起來，睜眼一看，可把他嚇傻了，本來自己住的是清堂瓦舍的大屋，蓋的是大緞子花被，此刻卻變成了又破又漏的爛草棚子，蓋的被只剩下些破棉花套子，家具、擺設也都成了爛木頭塊。抽開糟子一看，更糟，那些金銀財寶不知怎麼都變成磚頭瓦塊了。正在這時，他的家人從外面跑進來對他說：「老東家可不好了，這一夜之間，倉裡的糧食不知怎麼全變成糞土了，滿圈的牛、馬、騾、驢都死光了……」

閻毒棍一聽「嗷」的一聲，像驢叫喚似的，咧著大嘴哭起來，一邊哭還一邊數落著：「這是怎麼回事呢？我這萬貫家產一宿之間全光了，這可叫我怎麼過呀！」他哭著哭著，一看那苗棒槌還在，上去一把抱起來，眼珠子一轉悠，我這一宿之間變成這樣，是不是與這棒槌有關係呀？聽人說，人要得了寶就得有能降住寶的福分，如果沒有那麼大的福，就會招來禍。這棒槌是苗珍寶，可能是我的福分太小沒降住它，才落到這個地步。想到這兒，他心裡一轉個，又來主意了：要講福分大，就得數皇上了，我何不把這珍寶獻給皇上，他最少也能賞給我幾千兩黃金，弄好了還興許鬧個一官半職的，那不又啥都有了嗎！想到這兒，他拿定主意，抱起包葉盒子，擦了擦眼淚，進京獻寶去了。

不知走了多少天，來到了京城。在宮門外往裡一稟報，皇上也挺樂，忙頒了一道聖旨，叫文武百官先去驗寶，再宣詔獻寶人上殿。

領頭驗寶的宰相是個滿腹經綸、通曉天文地理的高人。他一看這苗棒槌，就嚇得倒退了兩步，馬上命武士把閻毒棍看起來，然後跑上金鑾殿奏稟皇上說：

「啟稟我主萬歲，來獻寶的人拿的是一苗擰勁參，這擰勁參已有兩千年的道行，它專能擰世上貧富，高低、貴賤的勁，如果真正的窮人得了它，馬上就會變富，富人得了它，立刻就會變成窮光蛋。我主乃身居萬人之上的一朝人王帝主，如果接了它，馬上會跌到萬人之下，成為最低賤的人，我等文武群臣也會淪為一般庶民。這寶是萬萬收不得的。我看獻寶人一定是別有用心。故意斷送我主江山社稷，應該把他就地處斬。」

皇上聞奏，勃然大怒，「啪」的一聲拍案喝道：「欺君之罪尚要處斬，這害君之罪焉能留得，左右傳旨，把獻寶人就地斬首！」

就這樣，閻毒棍還沒來得及知道是怎麼回事兒呢，就被刀斧手把腦袋砍掉了，那苗棒槌也掉到了地上。滿朝文武百官誰也不敢動，因為他們都是有權有勢的人，怕動了它把官給擰了，變成窮人。

這時，天近中午，只聽那包葉盒裡發出一陣「吱吱」的響聲，接著，從裡面跳出個小人兒來。這小人兒隨風長到五尺多高，成為一個黑黝黝、二十多歲的小夥子，他對著看熱鬧的人笑了笑說：「家住長白本姓參，生來秉性是擰勁，專擰人間不平事，願為百姓除惡棍。」

說完，化陣清風不見了。原來這擰勁參就是老孫福他們在長白山老林裡看見的那個小夥子。皇上殺了閻毒棍，擰勁參又回了長白山。從此，擰勁參的故事就在長白山區傳開了。

龍咬參

很早以前，甸子街這地方還是片大泡子呢！在牤牛山下，頭道松花江邊上的小屯子裡，住著個放山的孤老頭兒。這老頭五十多歲了，放了三十多年山，一年到頭總是鬧得溜溜光。

這一年，老人還是攝單棍放山，開眼就是一苗六品葉，他高興地喊了聲：「棒槌！」說完就放下參兜子，鋪好油布，掏出鹿骨扦子，開開地皮就挖棒槌。挖著挖著，不知啥時候從哪兒爬來個黃乎乎的小馬蛇子，一口咬住棒槌身子，老頭趕也趕不走。沒法，老頭把它拿下來，輕輕地放到一邊。哪知道劃根火柴的工夫，馬蛇子又爬回來咬住原來的地方，這回老頭把它送出去十好幾步，不一會兒又爬回來，咬在棒槌上了，老頭實在沒辦法，只好精心地把參挖了出來，連小馬蛇子一塊兒，背回家了。他家裡窮啊，也沒地方擱，就放在個破水缸裡了。

第二天，老頭一看，缸裡的水滿滿的，他就燒火做飯，可缸裡的水還是滿滿的。他好納悶，把水舀出來好幾瓢，水還滿的，他往缸裡一看，裡邊有一條金翅金鱗的小金龍，搖頭擺尾的，嘴裡叼棵大棒槌，在水裡游來游去。老頭沒吱聲，就天天吃這缸裡的水。

一晃就是十來天，老頭的身板也比在早壯實多了，勁頭也大了，精神也足了，腿也不疼了，腰也不酸了。他心裡想：這水準能治病，街坊鄰居都喝這龍參水，保準沒災沒病。想到這兒，他就告訴大夥來挑，一天挑出去好幾十擔，缸裡的水還是滿滿的。沒用上三天的工夫，全屯人都用這水做飯吃。說也靈，有病的人病越來越輕，沒病的更壯實了。偏偏這年兩個月沒下雨，莊稼乾黃乾黃的。老頭和大夥一合計，就在山坡上挖了十幾條溝，又把這十幾條溝在坡頂上歸成一條深溝，接著把這裝龍咬參的缸抬到坡頂上，把缸歪著一放，水就順著流到地裡，沒用幾天的工夫，莊稼就變得青油油，粗壯壯的了。

沒有不透風的牆，這事叫甸子街上頭號大財主「財迷精」知道了，那個愛財如命的壞蛋恨不得一下子把這裝龍咬參的缸弄到手裡。他心裡合計，把這龍咬參弄到手，那可真是有錢有勢又有寶，縣太爺也比不上我了！他越想越得意，就打發兩個家丁去找老頭兒。

兩個家丁見了老頭，滿臉是笑地說：「我們東家打發我們來問你，要能把這龍咬參獻給我們東家，他就到縣太爺那兒說上一句話，保準能讓你當個官兒。再說你這麼大歲數也沒成個家，東家說了，這事包在他身上！還說給你十頃好地，十間好房……」兩個家丁花言巧語說了一大氣，倒挨了老頭一頓大罵：「那些玩意兒咱不稀罕，趕快給我滾！」

兩個家丁回去和財迷精一說，可把財迷精氣壞了，他哪吃過這個辣頭啊，別說是一苗棒槌，就是房子、地、大活人，說要就要，說搶就搶。第二天就帶上幾十個打手，坐上八抬大轎，吆吆喝喝上這個屯子來了。

再說老頭把家丁罵跑了，知道吃人不吐骨頭的財迷精不能算完，就找了些人一合計，連宿搭夜在坡頂挖了一個三丈長三丈寬的大池子，把龍咬參放在裡邊，水忽地一下子就滿了。

財迷精領人來到坡頂，一看缸沒了，光見有個大水池子，水清亮亮的。走到池子邊一看，那條小金龍，嘴裡叼棵大棒槌，在水裡搖頭擺尾，活蹦亂跳的。這條小金龍看見財迷精，就游過來了，財迷精樂得趴在池邊伸手去抓。一抓，沒抓著，手指頭剛剛碰到小金龍。小金龍轉了個小圈又游過來，這時打手們都過來抓，財迷精把眼睛一瞪：「你們還要搶啊？沒福分的人是抓不著的，你們要把我的寶貝衝跑了，就要你們的命！」打手們一聽，嚇得躲到一邊去了。財迷精抓了幾個時辰也沒抓著。這回小金龍游得離財迷精就二三尺遠，一伸手就能抓到，財迷精伸出兩隻手使勁向前一撲，「撲通」一聲，大頭朝下栽進池子裡，連頭也沒露一露。

從此以後，誰也看不見小金龍了，這個池子裡的水總是滿滿的，遇到旱年月，水就順著大溝流到地裡去。這一帶的莊稼總旱不著澇不著，鄉親們喝了池子裡的水都沒病沒災的，過著快樂的日子。

虎參

早年，長白山下的雙河屯有個叫王春的小夥子。他爹媽去世得早，欠了財主不少賬。他八九歲就被大參戶佟發財拉去抵了債，整天價上山放豬。他長到十五六歲，就給佟發財放山，幹了八九年，哪一年都挖了不少棒槌。可是到了年底，還倒欠東家的賬。王春想出去另找生路，佟發財百般刁難，說王春給他幹一輩子活也還不上他爹欠的賬。王春一氣之下，在夜深人靜的時候，偷偷地跑到佟發財家的後院，點了一把火，把佟發財和他的一家人都燒死了。

王春怕官家抓他，就連宿搭夜地跑出來了。這一天，王春來到李家屯，看窮哥們三個一夥，兩個一串，到長白山去挖參，他也心活了。可是手頭沒有錢買米，乾著急沒有辦法。為了弄幾個盤纏，他給屯子裡有錢人家打了十幾天短工，掙了一斗小米。人家趕紅鄉頭市都進山了，他沒找著伴兒，就借了個吊鍋子，背著背筐、糧食和放山的家什，到長白山去單棍撮。

王春進山以後，拿出快當斧子砍了七八根碗口粗的樺木桿兒，撅了一些松樹枝兒，在窩風向陽的山根下搭了個戧子。他揀了三塊石頭支了個小廟，掐了點艾蒿插了三炷香，然後跪在地下哐哐磕了三個響頭，嘴裡還不住地叨咕：「山神老把頭保佑咱，幫咱拿苗大貨。」第二天就開山了。

放山這個活可真不易啊！冒煙起的大林子，抬頭看不見天。白天悶悶乎乎的熱，早晚兩頭渾身濕漉漉的，蚊子叮，小咬咬，可真遭罪啊！

王春進山眼瞅著都二十天了，天天早出晚歸，爬了三九二十七座山，蹚了三七二十一條河，小米眼看吃沒了，還沒開眼呢。王春愁眉苦臉地坐在河邊的石頭上，心裡合計怎麼辦好呢？想著，想著，就睡著了。

王春睡著了，就見有個七十多歲的滿頭白髮的老頭兒，手捋著齊胸的白鬍子，站在自己身邊，笑呵呵地說：「王春，你上山來幹什麼？」王春尋思：「我從來沒見過這個老頭兒，他怎麼知道我的名字呢？」他看老頭挺憨厚，對人又熱情，就把在家裡怎麼過不下去了，要挖參賣錢讓鄉親們過上好日子的事說了一遍。白鬍子老頭聽完了，安慰他說：「不要愁，你明天到戧子西邊五道嶺的半山腰去看看，保準能碰上好運氣！你不管遇著什麼，可別害怕。」說完，白鬍子老頭就不見了。王春冷不丁醒了，揉揉眼，四下看了看，啥也沒有，可夢裡白鬍子老頭說的話記得真真切切。他便按著老頭指點的路走，等來到五道嶺的半山腰，卻什麼也沒看見，他就坐在倒木上歇口氣。

剛坐下不一會兒，就聽見什麼東西嗷嗷直叫喚，還噼里啪啦直響。王春一個高蹦起來，摸起索撥棍，只見一隻狸花大老虎，正朝著他跑過來了。他嚇得往後一閃，讓樹茬子絆了個腚墩兒，趕忙爬起來，撒腿就跑。沒跑幾步，又一跳路摔個仰巴叉！眼瞅老虎追上了，他就仰歪在那裡篩起糠來了。這時，老虎已到王春面前，但卻一動不動，只是兩眼定定地瞅著他，朝他直點頭，眼裡還吧嗒吧嗒地流淚呢。王春看老虎沒有傷害他的意思，又想起白鬍子老頭說的話，膽子也就大了。他爬起來仔細看了看老虎，只見有個豺狼狗子正死死地咬住老虎脖子不放呢。別看豺狼狗子長得不大，可厲害啦，不管是老虎還是黑瞎子什麼大山牲口，叫它咬住，就算完了。說時遲，那時快。王春上去就是一索撥棍，把豺狼狗子打死了。再看老虎，老虎的脖子直往下淌血，王春忙從兜裡掏出刀口藥。給老虎上了藥，又從襖襟上撕下一塊布條，給包住傷口。老虎伸出舌頭親暱地舔了舔王春的手，又朝東南點了點頭，然後就向東南走去了。王春明白老虎的意思，就跟在它的後邊走。走了好大一會兒，到一個巴山嘴子上，王春一看老虎沒有了。就又往前走了幾步，突然發現老樺樹下有苗二甲子，一尺多高的秸子上頂著個酒盅大的紅鎯頭，在晚霞的映照下，紅得耀眼。王春高興得喊了聲：「棒槌！」他放下背筐，鋪上墊布，拿出鹿骨扦子，小心翼翼地破土挖參。不一會，就把參抬出來了。呵！這苗參的蘆頭長得像虎腦袋；參膀頭的一邊長兩個疔，根上還長兩個鬚子，根的那邊還長個小鬚子，參形和老虎一模一樣。他扒了張樺樹皮，弄了點兒青苔毛子，包了一層又一層。包好後，把參包子放在背筐底下，上邊捂得嚴嚴實實，就背著背簍高高興興地下山了。

王春帶著這苗參到了營口，一進山貨莊的大門，掌櫃的就喊：「大貨到了！」王春打開參包子，掌櫃的搭眼一看，心裡喜滋滋的，趕忙問：「這苗參要多少錢？」王春也拿不好主意，就順嘴問了一句：「你給多少錢？」掌櫃的張嘴就說給四十八萬兩銀子。王春一聽給這麼多錢，就滿口答應了。

櫃房裡的賣參人都感到驚奇，便問：「掌櫃的，這苗小參怎麼值這麼多錢？」掌櫃的回答說：「這是苗小虎參，有了它，渾身是膽，遇著什麼也不怕，那可真是護身法寶啊！」

王春有了錢，回家娶了媳婦，又買了不少房子不少地，還在城裡開了個大買賣，家裡要啥有啥。可是王春還是不滿足，總想把買賣再鬧得大一點兒。心裡尋思：那裡有小虎參，就能有大虎參，若是拿著大虎參，那可就值銀子了。第二年，王春便雇了四五個夥計去放山。夥計們臨上山的頭天晚上，王春設了一桌酒席，陪著夥計們吃喝。在酒席桌上，他皮笑肉不笑地說：「你們放山要用點心勁兒，若挖那苗大虎參，我給你們房子，給你們地，讓你們和我一樣富起來。」

夥計們放了一棍山，只挖了幾苗小參。王春哪裡肯相信，他硬說夥計們把大貨匿起來了，指著夥計破口大罵：「你們這些個窮鬼，吃我的，喝我的，穿我的，跑了一趟山，連小米錢都沒掙出來，趕緊滾蛋！」王春不僅跟這幾個夥計要小米的錢，還要不給工錢，這些夥計苦巴苦業地幹了一年，結果一個錢也沒拿回去。

王春沒得到大虎參，總也不死心，轉過年又要雇夥計去放山。大夥都知道他變了，對待夥計恨不得從骨頭裡榨出油來，誰也不願意給他放山。他沒有辦法，只好自己去，可也得找兩個幫手呀，便把侍弄莊稼的兩個夥計招到跟前，連哄帶騙地說：「你倆跟我去放山，拿著大貨，咱們對半分，怎麼樣？」兩個夥計怕打了飯碗，滿心不願意，也不敢說個不字，只好硬著頭皮跟著王春去放山。

王春領著夥計在他放山拿貨的地方，壓好了戧子。他每天把夥計打發上山以後，不是在戧子裡躺著睡覺，就是在樹下乘涼。半個月過去了，小米眼看吃沒了，還沒開眼呢。王春急得上了火，滿嘴起白泡，動不動發脾氣，罵兩個夥計：「你兩個窮命鬼，連苗小參都沒拿著，趕快滾蛋！」兩個夥計乾生氣，也不敢頂嘴。一天，王春不知道怎麼高興了，就領著夥計上山了。他們翻過七道山，蹚過四道江，來到了青石嶺。三個人並排著從山根往上壓山，互相之間相隔一里多地。王春來到一個小山包頂上，只見那隻狸花大老虎在草棵裡趴著。老虎看來人了，麻利起來朝他點了點頭。王春明白老虎的意思是讓他跟著走。於是老虎在前面走，王春在後邊跟著。走到平泊子，老虎就沒有了。他往前走幾步看了看，只見小樺樹林旁邊紅彤彤一片。王春想：若是沒有這兩個夥計，就我自個兒多好，這些人參不就都是我的了嘛！想著想著，就起了歹心。他拿出快當斧子，邊往回走，邊在樹上砍個記號，準備自己下次好再來挖參。

晚上回到戧子，王春把兩個夥計喚過來，笑呵呵地說：「白天我碰到了那隻狸花大老虎，它告訴我『乾飯盆』有參，咱們明天一塊兒去。」

兩個夥計一聽找到了參，而且東家也去，心裡可高興了。第二天早晨起早吃了飯，一切都準備妥妥噹噹的，單等王春發話就走。可是王春卻對夥計說：「我肚子疼，得在家熬服湯藥吃，你們倆一塊兒上『乾飯盆』。」說完，兩手摀著肚子，直門叫喚。兩個夥計心眼實，以為王春真的病了。把他攙到地戧子裡安排好，他倆才背著背筐，帶著挖參的家什，按著王春指的路往「乾飯盆」去了。

「乾飯盆」有七九六十三條溝，溝溝汊汊都一樣，冒煙起的大林子，別說初把進去，就是老放山的進去也時常轉向，不容易出來啊！

兩個夥計走了以後，王春從炕上爬起來，在地戧子前後左右溜溜躂達，還觀山景呢！晚上掌燈後，王春看兩個夥計沒回來，那個高興勁兒就不用說了，嘴裡唱著小調，還自言自語地說：「哼，羊肉包子打狗，有去路沒回路嘍！」

第二天天剛放亮，王春順著樹上的記號，爬了一山又一山，終於找到了那片人參。他放下背筐，拿出鹿骨扦子，開始破土挖參，一會兒的工夫，就把那片人參挖出來了。他又朝東走了幾步，往那邊一看，老樺樹下還有苗六品葉，一人多高的秸子上邊，頂著瓶子大的紅鎯頭，在陽光下直閃光。他高興得大喊一聲：「棒槌！」撥開土，只見蘆頭長得和虎腦袋一樣。他精心地挖著，挖著，冷不丁參不見了，面前站著一隻狸花大老虎。老虎又伸爪子又瞪眼，他明白這就是那苗人參變的。他跳起來猛撲上去，伸手一抓沒抓住。老虎在前邊跑，王春在後邊追，累得上氣不接下氣。一直追過了七溝八梁三座山，一看，老虎沒有了，再仔細一找，老虎在立陡立陡的砬子頭上站著呢。王春費了很大的勁兒，才爬上砬子頭。他往老虎身上一撲，只聽嗖的一聲，老虎一縱身，跳到幾十丈深的山澗裡去了。王春撲了個空，也便大頭朝下摔了下去。

從此長白山多了一種矮小的樹，樹上長著密密麻麻的刺兒，放山的見著都用索撥棍掄打，因為怕它紮了人。人們說這種樹是王春變的，都管它叫老虎獠子。

狸花大老虎跳到哪裡，哪裡就有參。打那以後，這個溝裡的參可多了。窮哥們年年來這裡放山，誰也不空手，總是拿著大貨，高高興興地回家去了。

聞守才（蒐集整理）

龍參

從前，長白山下有個黃掌櫃的，他家養著成群的高頭大馬，有好幾幫夥計給他放山。他家有個豬倌，十五六歲，海南人，沒爹沒娘，整天給黃財主放豬打雜，起五更爬半夜，過著挨打受氣的日子。

有一年，放山的時候，豬倌看王把頭領著夥計要進山，就說：「王把頭，你們去放山都能得到寶貝，我也跟你們去碰碰運氣不好嗎？」王把頭說：「去可是去，千萬別讓東家知道。」

當天晚上，豬倌就和挑水的老劉頭商量：「大爺，我想跟把頭去放幾天山，怕東家知道，你得幫我遮蓋遮蓋。」老劉頭一想，豬倌也是窮命人，要能弄幾吊錢，自己還不樂嗎？就答應了。

打那以後，豬倌天天頂著星星起來把豬食弄好，老劉頭替他餵豬，他就跟把頭上山。

豬倌跟把頭去放山，當天打來回，一連五天沒挖著棒槌。黃掌櫃的就沒鼻子沒臉地罵，夥計們都挺生氣，有兩個背後就嘀咕：「你看，領那麼個喪門神，還能開眼？」王把頭怕豬倌聽見傷心，就說：「哎，不開眼也不要緊，他小小年紀，沒放過山，別怨人家。」又放了五天還是不開眼，黃掌櫃的罵得更凶了，夥計們都唉聲嘆氣的。那兩個夥計更嫌棄小豬倌了。王把頭一看沒法，就跟豬倌說：「豬倌，你明天跟別的把頭進山試試吧，俺領不了你啦！」

小豬倌又放了兩天豬，有一天，看見了高把頭要去放山，他就央求說：「高大叔，我跟你們放趟山不好嗎？」高把頭知道豬倌和王把頭放十天山沒開眼，就說：「好啊，跟我去碰碰運氣吧，可別讓東家知道！」高把頭領著八九個人，帶著小豬倌，哪承想剛進林子就麻達山了，在樹林子裡一氣就是兩天兩宿，大夥又餓又渴，小咬咬，蚊子叮的，來家又挨了東家一頓臭罵。高把頭再也不敢領小豬倌上山了。

小豬倌尋思拿著棒槌，賣幾吊錢好跳出黃家的火坑回海南家，哪承想跟高把頭又麻達山了。想著想著，就趴在豬圈門上哭起來了。黃財主有個姑娘，歲數和小豬倌相仿，也十五六歲，俊得像朵花似的。這姑娘和他爹不是一個性兒，心眼像三九天的火盆，對人暖烘烘的，看見誰家有個危難遭災的，她心裡就難受。

豬倌正哭呢，叫姑娘看見了，就問豬倌哭什麼，小豬倌就把他怎麼和王把頭放山十天不開眼，跟高把頭上山，頭一天就麻達山了，鬧得掌櫃的罵夥計，大夥嫌棄他。

姑娘早就看小豬倌老實厚道，又聰明伶俐，這回看他一心要放山，就說：「你要放山也不難，我手裡還攢了幾個錢，背著我爹，供你放山吧。」小豬倌謝了姑娘就走了。

姑娘拿出來一雙新草鞋，撕一塊新雨布，給小豬倌打綁好，讓他跟大幫去放山。一來二去就是半拉來月，這事叫掌櫃的全知道了。有一天黃掌櫃的對姑娘說：「這些日子豬倌常找你，看你歲數不小了，人多嘴雜，讓人家看見了，說閒話。」姑娘說：「怕什麼，好女不怕人，好酒不怕渾。」掌櫃的說：「聽說你還供小豬倌放山，供誰不好，供那個窮小子，他還能給你挖個六品葉？」姑娘說：「你別瞧不起窮人，你怎麼就知道人家就挖不著大山貨！」掌櫃的冷笑著說：「那你就供供看吧！」從那以後，夥計們都知道姑娘供豬倌放山的事。

有一天，大幫都走了，豬倌一個人進山，三走兩走，轉不出林子，越走越遠，天黑的像鍋底，下著瓢潑大雨，豬倌正在無處藏無處躲的時候，就覺眼前一亮，不遠有個洞，豬倌跑進去避雨，洞裡陰森森的，他劃拉點樺樹皮、干樹葉點著了火，就把小布衫脫下來烤乾，再把雨布鋪上，他走了一天又乏又困，就睡過去了。

半夜，來個七八十歲的老太太，頭髮雪白，蹲在他腳底下烤火，老太太說：「豬倌起來吧！」他也不吱聲，老太太又說：「豬倌，你不是要挖棒槌嗎？你種的那塊西黏谷旁邊，不是有個井灣子嗎？明天你就在那兒等著，就能看見啦！你可千萬別害怕呀！」豬倌睜眼一看，老太太不見了，向外一望，滿天星星，雨早就不下了。外邊烏黑，看不見影，豬倌把火撥拉撥拉，又睡了。剛睡著，就見白頭髮老太太還蹲在他腳底下烤火，老太太說：「豬倌，在這兒暖和暖和，好好地睡一覺，明天一早就往回走，遇見了，可別害怕呀！」

豬倌暖暖和和地睡了一宿，早晨醒來，肚子餓得直響，可是乾糧早就吃完了，他到洞口一看，有一堆核桃，他拿個石頭砸開吃了，他知道是那老太太送的，就跪地下磕兩個頭，謝謝老太太。豬倌順著道往回走，想起夢中老太太告訴他的話，就奔那塊西黏谷地去了。

西黏谷地旁邊不遠，有個小井灣子是豬倌用石頭圈起來的。每天他幹活累了就坐在它旁邊歇著，渴了就喝口灣子裡的水。這回，豬倌坐在井灣子旁邊，歇一會兒喝一氣兒水，等著看看到底是什麼玩意兒。不一會兒，就聽草叢裡有動靜，「哧溜哧溜」地來了一條小長蟲，有大拇指粗細，兩個小眼睛，一半綠，一半紅，滴溜溜亂轉，渾身雪白的銀鱗，讓太陽光一照，像一條銀鏈子一樣。它就像沒看見豬倌站在那兒一樣，一直就奔井灣子來了，爬到井邊上，伸出細長的芯子，撩水喝，喝夠了，就「撲通」一聲跳到水裡洗開澡了，就見它把井水攪得直翻花，水珠一跳多高。足足洗了半袋煙的工夫，爬上來，盤到一塊石頭上曬太陽，曬到太陽快偏西了，才「哧溜哧溜」地走了。

豬倌不敢驚動它，悄悄地跟在後邊，就見長蟲鑽到棵大柞樹杈子裡去了，這棵老柞樹杈子有一抱多粗，底下有個小洞，豬倌拔一把蒿子塞進洞裡，又隨手和些泥把洞口堵上，就走了。

太陽落山，豬倌才走到家，就聽姑娘和她爹正吵架呢，黃掌櫃的說：「一個小豬倌不回來有什麼要緊，還值得你那麼著急，就是死了，咱再換個好的。」姑娘說：「就憑你那良心，還想有兒子呢！」

這正說到黃掌櫃的痛處。他五十多歲，跟前只有一個姑娘，要是真絕戶，豈不是空有萬貫家財嗎！聽姑娘這一說，他更是氣不打一處來。可是姑娘大了，又打不得。正在這時，豬倌回來了。姑娘看他回來了，挺高興，就把豬倌領到她屋裡，端上兩杯水，讓他喝了壓壓氣，隨後又給豬倌弄了點飯吃。豬倌就把夢見老太太，遇見小長蟲的事一學說，姑娘挺歡喜。

第二天，豬倌和姑娘拿著鎬和挖棒槌的家什，去挖棒槌。兩人把樹茬子刨開，豬倌說：「先別除土。」說著就把蒿子稈一抽，是個小洞，越開越深，裡邊長著一苗六品葉，一看蘆頭就和蛇腦瓜一樣，身子盤在一起，挖出來一提溜，足有五尺多長，渾身的毛鬚全滿了。兩個人剝下一塊樺樹皮包好，回家了。

姑娘家裡有口大瓷缸，每天老劉頭都挑上兩擔水，給姑娘洗手、洗臉用，棒槌包就放到瓷缸旁邊了。

第二天，老劉頭又來送水，看見缸裡的水全乾了。心里納悶，就問：「姑娘，你洗衣裳啦？」「沒有哇！」「是不是瓷缸漏了，怎麼缸裡的水全乾了呀！」姑娘來到缸前一看，果然全乾了，又一看，缸旁邊的棒槌包上，滲出不少豆粒大小的水珠，真喜人，她心裡明白，就對老劉頭說：「劉大爺，你再挑兩擔水吧，這缸沒漏。」一晃就到立冬了。營口有個老客，聽說黃掌櫃的那一片出個寶參，就親自騎著馬來接貨。黃掌櫃的一聽這信兒，樂得眉開眼笑，心想：豬倌啊，豬倌，這回叫你看看，是你有寶，還是我有寶！

營口的老客來了，他騎著高頭大馬，嶄新的鞍子上搭著紅氈，上面搭著錢褡子，他穿著皮襖、馬褂。黃掌櫃的忙著迎上去說：「辛苦了，請下馬吧！」怕老客閃著腰，叫夥計拿來凳子踏著下馬，接到家裡，擺上酒席，大吃大喝三天。

這個老客最認寶，黃掌櫃的一天總是跟著老客屁股後直轉轉。這天，黃掌櫃的請老客去認寶，他說：「今天正晌午時棒槌就擺齊了，請老客多選出幾苗寶貨，好給夥計們多鬧個鞋錢！」「好吧！」老客說。

黃掌櫃特意騰出四間下屋，地上鋪著松木板，木板上面又鋪上一層青苔毛子，整整齊齊地擺上兩溜棒槌，一色是四品葉、五品葉：緊皮細紋，鬚子嶄新的。老客從這頭看到那頭，看完搖搖頭，說：「這全是些小貨，還有一份大的沒拿出來！」黃掌櫃的說：「老客，我是一苗大的也沒留呀。」老客搖搖頭說：「不對，還沒拿出來。」挑水的老劉頭在一旁說：「我聽說豬倌還拿著一苗大棒槌呢。」老客說：「黃掌櫃的，那就拿出來看看吧！」黃掌櫃的沒法，只好讓老劉頭叫豬倌把棒槌拿來給老客看。

小豬倌捧著棒槌，姑娘跟在後面，來到下屋。他倆把棒槌包一打開，老客就報好，這棒槌渾身漂白，溜光水滑，銀乎乎油汪汪的。老客拿出晶亮的烏木桿戥子，鋪上紅紙，稱這棒槌整整十兩，賣了十躺好銀子。

老客買了棒槌，打好包子，拿出好油紙鋪上，用絨線縛上，又買個結實的木桶，叫人挑上七八擔水，把棒槌包子放在裡邊，釘好封嚴，用兩匹馬馱著回營口了。臨走的時候，旁人問老客：「這棒槌有什麼貴處，值那些銀子？」老客說：「這是一苗龍參。把它放到井灣子裡，就是千軍萬馬也喝不乾。」說完就騎著馬走了。

黃掌櫃的看著豬倌賣了十躺銀子，氣出一場大病。後來，豬倌和姑娘成了親，小兩口帶上銀子歡歡喜喜地回老家了。

火參（之一）

從前，撫松縣城還叫甸子街的時候，街東頭的小板房裡住著娘倆，姑娘名李翠花，十六歲，她長得苗條、俊俏，心靈手巧，勤勞能幹，鄉親們都很喜歡她。她從小爸爸染上瘟疫去世了，料理喪事欠下本街郎財主的棺木錢還不上，硬逼著給他家幹活抵債。她幹了好幾年，不僅舊債沒還上，還欠下新賬，吃上頓少下頓，過著衣不遮體、食不果腹的苦日子。

郎財主為人狡猾奸詐，心毒手狠，對夥計們張口就罵，伸手就打，打不死也得腿斷胳膊折，大夥送他個外號「白眼狼」。

李翠花乍到郎財主家裡時，除了在廚房幹些雜活外，每天早晨還得給「白眼狼」兩口子拎便桶、倒尿罐，白天跟著下地侍弄莊稼，整天忙得不著閒。有一天，翠花兩手端著尿罐從屋裡出來，沒防備「白眼狼」小兒子暗算她，使個腿絆絆倒了，尿撒得滿屋地都是，還濺了她一身。「白眼狼」的兒子笑得前仰後合，嘴裡不時地說著真好玩。「白眼狼」站在一旁看得一清二楚，可是他不教訓自己的兒子，還罵翠花瞎眼了，要扣她一年工錢。翠花氣火了，頂撞「白眼狼」幾句，這下子激怒了「白眼狼」。「白眼狼」操起柞木棒子，朝翠花劈頭蓋臉地打來。翠花的腦袋打得像血葫蘆似的，左腿的小腿骨也斷了。她的腿不能走路，爬著回了家。她養了半年傷，傷雖然好了，但腿坐了殘疾，走路一瘸一拐的，幹不了重活，可是「白眼狼」刁難翠花，讓她每天上山打一挑子柴火送去。屯子到柴場有十幾里羊腸小道，上嶺下坡，道路難走。打柴全靠身背肩扛，她怎麼能吃得消呢？為了母女倆餬口，咬著牙也得幹呢！

這天早晨，翠花上山打柴，走到雞冠山下，看見道旁的草叢裡躺著一個男人，一連招呼好幾聲也沒有回音，只好過去仔細看看。這人穿著一套破破爛爛的綠衣服，臉面消瘦，兩眼緊閉著，扒拉他也不動彈。翠花伸手解開他的衣釦，摸摸心口窩，還有氣兒，摸摸肚子，餓得前腔貼後脊，不知多少頓沒吃飯了。她用手掐了掐他的人中，不一會兒，就甦醒過來了。翠花心裡想：他若是個女的就好辦了，背到家裡養養身體就好了。可他是個男人，我們家都是女的，背到家裡住不方便。人嘴兩層皮，說啥的還沒有，傳出瞎話讓我們娘倆怎麼做人。她挖空心思地想，也想不出什麼好辦法。

那個男人又昏過去了，不能再拖延時間了，得趕快搶救啊！窮人心連心，不能見死不救啊！她橫下一條心，不怕別人說三道四的，把那個男人背到家裡去。她哈下腰，伸出兩隻手去抱，抱不動。怎麼辦？回去找人來背他，怕耽誤時間救不過來。正在左右為難的時候，遇著鄰居王大伯牽著驢上山馱柴火，翠花借他的毛驢把小夥子馱回家去。

翠花到家把收留小夥子的事和媽媽說了一遍，媽媽說她做得對，還幫她把小夥子抬到熱炕頭上，給他蓋上被暖和身體。翠花趕忙生火做飯，不大工夫，一鍋熱氣騰騰、黃橙橙的小米飯做好了。她舀了一大碗飯，用湯匙一匙一匙地喂那個小夥子。一鍋小米飯一頓就吃光了。小夥子吃飽了飯，也提起精神，還和翠花嘮家常嗑呢。

這個小夥子名叫霍松，十八歲，家住南大砬子的松樹林裡。他的繼母對他很刻薄，整天讓他幹重活，還吃不飽飯。他瘦成皮包骨，來陣風就能颳倒了。他為了擺脫繼母的虐待，私自逃了出來。因為餓，昏倒在地上，幸虧翠花救了他。霍松看翠花娘倆晚上躺在屋地下的穀草上睡覺，心裡有點過意不去，從炕上跳到地下，抬腿就走。翠花擔心他身體支持不住，怕路上發生意外的事，趕忙追出去，硬把他拽回來。翠花整天守在霍松的身邊，上山採藥、熬藥、洗衣服、做飯……精心照顧，霍松身體很快就恢復原狀了。翠花看霍松老實厚道，又能幹活，有心想讓他留下來，但又不好開口，只好讓他走了。

李翠花又開始上山打柴了。這天，她來到離屯子十幾里遠的打柴場，剛要伸刀割柴，就聽後邊傳來「唰唰」的腳步聲，回頭一看，這不是霍松嘛！霍松笑呵呵地說：「翠花妹，你走這麼遠的路，夠累了。你坐在倒木上歇息，我幫你打柴火。」說完，他伸手把翠花手中的鐮刀搶過去，揮舞著鐵鐮刀，「唰唰」

地割起杏條來，鐮刀一劃拉，杏條就倒下一大片，不一會兒，就割了一大背柴火。翠花背起柴火要往回走。霍松看翠花體弱，力氣又小，腿又瘸，怕累壞了她的身體，便上前阻攔，說：「這麼多柴火，你背不動，等天黑了，我背著柴火送你回家。」翠花放下柴火，兩個人坐在倒木上嘮嗑，不知不覺天就黑了。霍松背著柴火在前邊慢慢地走，翠花在後邊快走還跟不上，霍鬆放下柴火等著她，看她攆上再走。霍松把柴火送到「白眼狼」家以後，再把翠花送到家門口，看她進屋了，才轉身往回走。一連十幾天，天天都是這樣。到第十七天頭上，天擦黑時，霍松把柴火放到「白眼狼」的柴火垛上，垛好擺齊後，便送翠花回家。兩個人肩並肩地走著，邊走邊嘮，那個熱乎勁兒就甭說了。兩個人要分手時，霍松把身上穿的那件破破爛爛的綠布衫脫下來送給翠花，告訴她穿上能夠暖身。翠花覺得霍松送的不單純是一件破舊的布衫，而是一顆赤誠的心。她當時高高興興地把布衫穿上了，還挺合身呢。霍松從兜裡又掏出一粒紅彤彤、亮晶晶的參籽送給翠花，囑咐她說：「你晚上回家把它吃了。」

霍松給翠花的人參籽是靈丹妙藥。翠花頭天晚上吃了人參籽兒，第二天早晨起來一看，身體胖了，腿也不瘸了，走起路來就像蜻蜓點水似的，步履輕盈，快速如飛，一般人都跟不上趟。「白眼狼」見翠花都不敢認了，不知從哪裡來這麼個俊俏的姑娘。他仔細端詳了一陣兒，才辨認出是翠花。啊！她怎麼一夜之間就變了呢？「白眼狼」感到疑惑不解，非要打破砂鍋——璺（問）到底不可。

「白眼狼」讓老管家把翠花找來了。翠花一進屋，「白眼狼」皮笑肉不笑地說：「大侄女來了，請坐！」這個傢伙過去見面吹鬍子瞪眼，這回說話和和氣氣，往日衣來伸手，飯來張口，這回親自給她沏茶倒水，獻起殷勤來。翠花心裡明白，那是黃鼠狼給雞拜年——沒安好心！果然不出翠花所料，「白眼狼」讓翠花告訴他送柴火那個小夥子是幹啥的，家住在哪裡，翠花不告訴他。他便套近乎地說：「咱們一個屯子住，過去對你們娘倆關照的不夠，都怪我粗心，千萬別往心裡去。嘿嘿！你把小夥子的下落告訴我，我不會虧待你的，給你房子，給你地。」

翠花當即回答「白眼狼」：「不知道。」「白眼狼」著急了，誘惑她說：「小夥子幫你送柴火，不能不報答，你告訴我，小夥子到底住在哪裡，咱們以後去感謝人家。」

「謝謝你的好意！」翠花對「白眼狼」說：「用不著你操那份心！」

「白眼狼」認為有錢能使鬼推磨，不相信花大錢買不下翠花，便對翠花說：「大侄女，你只要告訴我小夥子住在哪裡，你們家欠的賬一筆勾銷，再給你十間瓦房，二十垧地，一百匹騾馬，五百兩銀子……要啥給啥。」

「我不要你的東西。」翠花對「白眼狼」說：「那個小夥子沒有固定的地方，來無影，去無蹤，找他比登天摘月還難！」

「白眼狼」三番五次地碰釘子，便改變了方式，對翠花動起硬來。他板著面孔，氣哼哼地說：「翠花，你這個不要臉的騷貨，私通野男人，敗壞了屯風，天理不容！」

「你們別賴我，我沒那個事。」翠花聽了「白眼狼」的胡言亂語，頓時覺得腦袋轟地一下子，不知所措，嗚嗚地哭起來，邊哭邊說：「不是那麼回事……」

「那到底是怎麼回事？」「白眼狼」催促她，「你快點說。」

翠花老實厚道，說話不會拐彎抹角，有啥說啥。翠花把霍松幫她打柴送柴火給她參籽吃治好了病的事對「白眼狼」說了。「白眼狼」假充善人，對翠花討好地說：「你早對大伯說就好了，何必讓那些小子背後叨咕你。這回誰再瞎說，我不能饒了他。」

翠花說出霍松的事感到後悔，怕「白眼狼」傷害霍松。說出的話潑出的水，再也收不回來了，就得告訴霍松時刻提防他。

第二天早晨，「白眼狼」手拎著一大包東西，走到翠花身邊，假惺惺地說：「翠花，霍松天天幫助你打柴送柴，咱得好好謝謝人家。你把這包香腸送給他嘗嘗鮮吧。」翠花覺得奇怪，心尋思：「白眼狼」過去是有名的吝嗇鬼，一個大錢都能捏出水來，這回怎麼發了善心，給素不相識的人送東西。這裡邊一定有鬼！她心裡雖然這麼想，可是表面上卻不動聲色。她從「白眼狼」手裡接過那包香腸就上山了。翠花走著，走著，就聽身後吧嗒吧嗒地響，拿起那包東西看了看，底部有三個針眼往外滴血。她回頭看了看，路上有明顯的三道血印。她解開包袱扣一看，豬尿泡裡裝的是豬血，不是香腸。噢！明白了，原來是「白眼狼」施的毒計，想順著血溜子抓霍松。翠花四下看看沒有人，「啪」一聲把豬尿泡扔到路旁的溝裡去。翠花來到打柴場，坐在倒木上，皺著眉頭凝思苦想，唉聲嘆氣。霍松來了，看她愁眉苦臉的樣子，便問：「你的病腿好了，身板也壯實了，還愁啥？」

翠花抬起頭，把「白眼狼」施毒計要抓霍松的事說了。她兩眼流著淚，對霍松悔恨地說：「我連累了你，『白眼狼』要抓你，你趕快走吧。」

霍松對翠花說：「我連累了你。他們抓不著我，要拿你出氣，我不能離開你呀！」

霍松和翠花說著，就聽山下傳來「唰唰」地腳步聲和上山蹬下滾石的撞擊聲，翠花斷定是「白眼狼」順著血溜子跟蹤追來了。她怕霍松不走遭禍害，就趕忙離開了打柴場，把「白眼狼」他們引走了。翠花走到哪兒，「白眼狼」他們就跟到哪兒。他們跑了一天，翻過了二九一十八座山，跨過了二六一十二條河，連霍松的影子也沒看見。「白眼狼」心裡明白，這是翠花有意捉弄他。他氣得一跳多老高，吩咐家丁把翠花按倒在地上狠狠地打，翠花被打得血肉橫飛，昏倒在山上。這時，那邊的松樹林裡有個紅燈籠，朝「白臉狼」這邊滾動。紅燈籠裡有人喊：「住手！你不要折磨翠花，有能耐朝我使吧。」

「白眼狼」看紅燈籠透明瓦亮、紅光耀眼，心裡樂得開了花。他帶領家丁向紅燈籠撲去，追了一陣兒，只見紅燈籠在前邊跳躍，就是追不上。他氣急敗壞地謾罵家丁：「完蛋貨！你們平時吃我的、穿我的，到了節骨眼上還不給我賣力氣。你們還不趕快給我追！」

跟隨「白眼狼」來的老管家怕和家丁鬧翻了不好辦事，貼著「白眼狼」的耳根子，嘀咕了幾句，然後對家丁說：「立功請賞的時候到了！你們好好幹，抓住霍松這個人參精，每人獎給一個金條。」

家丁見錢眼開，一聽獎給金條，勁頭就來了。「白眼狼」趁這個熱乎勁兒，命令家丁四路包抄，把紅燈籠圍在中間了，包圍圈越來越小，影影綽綽地看見紅燈籠是個人形。這時候，「白眼狼」大聲地叫山：「棒槌！」

「什麼貨？」老管家接山了。

「寶參！」「白眼狼」回答。

眼前的紅燈籠沒有了。「白眼狼」他們找啊，找啊，在巴山嘴子的樺樹底下找到了一苗六品葉。這苗參的參秸子有三尺多高，盤子大的紅鎯頭隨風搖擺，真好看。「白眼狼」拿出鹿骨扦子，慢慢地扒開土，不一會兒，就把人參挖出來了。這苗參在夜裡閃閃發光，把松樹林照得通亮。「白眼狼」捋把青苔毛子，扒了一張樺樹皮，把寶參包了一層又一層。他兩手捧著參包子，帶著一幫家丁高高興興地回家了。

再說說翠花，甦醒過來以後，連走帶爬，到家已經半夜了。她和衣躺在炕上，翻來覆去睡不著，心裡想：霍松哥為我遭了難，豁出命也得把他救出來。她想著想著，兩眼閉上了，影影綽綽地看見了霍松。霍松好像在召喚她：「翠花妹，快來救我呀！」翠花一骨碌從炕上爬起來，到鄰居家找叔叔大爺們合計怎樣才能救出霍松。翠花手持大刀，同七八個小夥子一起，來到「白眼狼」家的後大牆根上，聽院內沒動靜，踏著小夥子們搭的「人牆」，翻過高牆，跳到院子裡。四處一片漆黑，唯獨「白眼狼」的寢室明光通亮。翠花走到窗前，用舌頭把窗紙舔了個小窟窿，從窗眼往裡一看，「白眼狼」正在擺宴設席慶賀呢。翠花把整個屋子看個遍，也沒發現燈盞。亮光是從哪裡來的？噢，這回看清楚了。那是寶參在炕上的木櫃裡射出來的光亮。翠花隱蔽在黑暗的角落裡，兩眼緊盯著房門，觀察來往人員的情況。「吱嘎」一聲，房門開了。「白眼狼」喝得酩酊大醉，歪歪斜斜地從屋裡出來，回到臥室睡覺了。人都走了，翠花又來到窗根下，聽屋裡沒有動靜，朝窗眼裡一看，只有一個護參的家丁坐在炕沿上，手握著大刀，正打瞌睡，打個呵欠，噴出一口酒氣。

翠花看那個家丁仰歪在炕上睡著了，用大板斧撬。開了房門，躡手躡腳地來到屋裡，她看炕上的大櫃上了鎖，就到處找開櫃鑰匙。沒找著開櫃鑰匙，用大斧劈開木櫃，又怕驚動了隔壁屋裡的家丁，天眼看快亮了。找「白眼狼」拿鑰匙，時間來不及了，她急得團團轉，也想不出什麼好辦法。於是，她對著炕上的木櫃自言自語地說：「霍松哥，我怎麼救你呀？」

霍松小聲地說：「你用火石打火亮，我就能出去了。這回得好好治治『白眼狼』，不能讓他再坑害人。」

翠花和霍松的說話聲驚醒了熟睡的護參家丁。他從炕上爬起來，裡倒歪斜地奔翠花來了，翠花用力一推，家丁摔個仰八叉。翠花按住家丁，沒等他喊出聲來，就用手絹把他的嘴堵上，用麻繩把他的手腳綁上了。這時翠花從兜裡掏出兩塊火石，一手拿一塊，相互摩擦幾下子就著了火。霎時間，就聽轟隆一聲，炕上的大櫃裂開了，櫃裡躥出一尺多高的火苗，火很快就蔓延到房頂上，房子很快就燒落架了。你說怪不？翠花在大火中，一點也沒燒著，她走到哪裡，火立時就向兩邊分開，中間出現一條光明大道。她來到院子裡，要去找霍松。這時候，只見空中飄飄悠悠地落下一棵燒焦的人參秸子，還聽到霍松在空中喊：「翠花妹，謝謝你！你快回家吧。」

火借風勢，風助火威。大火越燒越大，「白眼狼」家的整個院落都起火了。火從外邊往裡燒，把「白眼狼」全家人和家丁都圍在裡邊，一個也沒跑出去，都燒死了。

後來，聽說翠花和霍松結為夫妻，到長白山老林子裡安了家，男耕女織，過著美滿幸福的日子。

火參（之二）

聽老人講，從前有個放山的，年年進山也沒開過眼，一回來就沖姐姐發脾氣。

姐姐是個老寡婦，有一個叫小寶的兒子，十七八歲了，長得很壯實。他對舅舅說：「舅舅別發火，這回我跟你去，興許能找個差不離。」就這樣，爺倆上山了。爺倆在山上轉悠了半個月，連個參毛也沒看見，只好垂頭喪氣地往回走。

走到半路，小寶鬧肚子，要去解手。他來到一個大砬子上面，解完手，冷不丁往前一瞅，看到一團草，長得十分討人喜愛。小寶順手掐了一把花葉兒，跑了回來。

舅舅一看小寶手裡的草，臉頓時變了色，問道：「這草哪兒來的？」小寶說：「那邊有一大圈呢！」

舅舅讓小寶領他到砬子上，爺倆挖出好幾棵大人參，舅舅心想，這幾棵人參我自己要麼，可發大財啦！他糊弄小寶說：「往砬子下看看能不能再有了？」小寶往下一伸頭，舅舅把他朝前一推，小寶就栽了下去。舅舅想，有天大的本事也活不成了，就收拾收拾下了山，對小寶媽說：「小寶不聽話，一進山就走散了，我找了好幾天也沒看見他，八成是讓虎給吃了。」

小寶媽一聽，哭得死去活來，最後把眼都哭瞎了。

再說小寶往山下一掉，只覺得忽悠一下就什麼也不知道了。

他醒來時，發現自己已經躺在一個洞裡。洞裡錚明瓦亮，有一個漂亮姑娘。他忙坐起來問：「你是誰？」那姑娘笑吟吟地說：「我是人參姑娘，你怎麼掉在這塊來了？」小寶就把事情告訴她。

人參姑娘說：「你心眼真好使，要是你不嫌棄我，咱們就一塊回家吧。」小寶說：「我家很窮。」人參姑娘道：「不怕。」小寶一聽十分高興，就跟人參姑娘來到山崖下，人參姑娘從頭上摘下一顆果子，對小寶說：「你吃了，閉上眼睛，就到家了。」

小寶吃了果子，閉上眼睛，只覺得耳邊呼呼的風聲，一會兒，覺得腳著地了，小寶睜開眼睛一看，到家了！人參姑娘已站在眼前。他領著人參姑娘進了屋，喊了聲：「媽呀，我回來了。」他媽一聽，又驚又喜說：「你不是丟了嗎？」小寶就把放山的事從頭到尾說了一遍。接著又問：「舅舅上哪兒去了？」他媽媽嘆了口氣說：「他挖了幾棵參，跑到丹東去了。」

人參姑娘說：「那是火參，心眼兒好的得到，就能發大財，心眼兒壞的人拿著，就會被燒死。」

老媽媽說：「可惜我看不到你們了。」人參姑娘說：「媽，別難過，我有辦法。」接著拿出一粒紅果子，在小寶媽眼上一抹，小寶媽的眼睛就亮了。

聽說，小寶那個壞舅拿著人參走到半道上，果然全身起了火被燒死了。

田秀麗（講述）

顧敬棠（蒐集整理）

刺參

很久以前，在松花江上的老林子裡有個小屯子，叫青牛村。村裡有個大財主叫劉懷順，這一帶的山河都歸他管，家有萬貫，要啥有啥。因他為人心毒手狠，滿肚子壞道道，鄉親們都叫他劉壞水。

劉壞水雇了個夥計，是未出「五服」的侄子，名叫劉德厚。十三歲那年，劉德厚的爹爹染上了瘟疫「攻心翻」去世了，家裡只剩個多病的老母親。因為借了劉壞水二斗糧還不上，沒法兒就給劉壞水乾活頂債。可是起五更睡半夜地幹了幾年，舊債沒還上，新債又拉下了。娘倆吃了上頓沒下頓，連件囫圇衣裳都穿不上。

這年掛了鋤，劉壞水把五六十口豬交給劉德厚一個人放，晚上回來還得背豬食菜。

有天早晨，太陽剛從東山上冒出來，德厚就把豬趕上了山。冷丁從林子裡躥出個梅花鹿，把豬群沖散了。德厚滿山躥個遍，費了挺大勁兒，好歹算把豬歸到一塊兒。累得他滿身是汗，上氣不接下氣，坐在泉邊的大石頭上歇著。泉水清亮亮的，能映出人影來。他兩眼直盯盯地瞅著自己映在泉水中的影子，圓臉變成了瓜子臉，又黃又瘦，他越看心裡越不是個滋味。他尋思：媽媽有病常年躺在炕上，又沒有錢治，怎麼辦呢？這時，從身後冷不丁傳來一陣「咯咯咯」的笑聲，他回頭一看，身後站著個俊俏的姑娘，上身穿著小紅襖，下身穿著綠褲子，梳個大辮，頭上插朵小紅花，紅撲撲的臉蛋，水靈靈的大眼睛，長得真秀氣。姑娘笑眯眯地說：「劉哥，你有什麼難事呀？」德厚無精打采地說：「沒有什麼事。」「那你為啥愁眉苦臉，唉聲嘆氣的呢？」德厚看這個姑娘慈眉善目的，就把媽媽有病沒錢治的事跟姑娘說了。姑娘點點頭，指著對面的山坡說：「劉哥，不要愁，我有辦法。半山腰有五棵老樺樹，最大的那棵樺樹根下有棵藥草，二尺多高的稈兒，上邊頂著一團紅籽兒，挖出來熬水喝，管保頂用。」

德厚按著姑娘的指點，來到老樺樹下一看，呵！有一苗五品葉大棒槌，頂著一團火紅的參籽，被風颳得一搖一擺的，朝他直點頭。德厚樂得不得了，趕忙把參挖出來，回去給媽媽熬水喝。第二天晌午，德厚放豬回來，媽媽的病全好了，娘倆那個高興勁兒就不用說了。德厚媽問他，那苗人參是哪個好心人給的？德厚就把泉邊遇見姑娘的事從頭至尾地說了一遍。德厚媽說：「你沒問問是誰家的姑娘，得好好謝謝人家。」

街坊鄰居聽說德厚媽的病治好了，都來打聽吃的什麼藥。德厚就把在泉邊遇見姑娘給弄參的事說給大夥兒聽，有病的叔叔嬸子們求德厚找那個姑娘弄苗參治治病。過了幾天，德厚放豬又來到泉水邊那塊石頭上坐著，尋思前幾天姑娘給弄了人參，連感謝的話都沒說，這回若是遇著那個姑娘，可得好好謝謝人家。想著想著，只聽後邊喊了一聲：「劉哥，你媽的病好了沒有？」德厚回頭一看，正是那個姑娘，趕忙站起來，說：「讓你掛心了，媽媽的病早就好了。」

德厚幾次想張嘴求姑娘再給弄苗參給鄉親們治病，可是話到舌邊又嚥回去了。姑娘看德厚好像有什麼心事似的，就問他：「你是不是還有什麼為難事呀？有事儘管說。」德厚聽了，就把鄉親們有病讓他求姑娘弄苗人參的事說了。

「不要著急，我有辦法。」姑娘對德厚說，「煙囪砬子有人參，就是路難走點。」

德厚忙說：「那沒啥，只要能治好鄉親們的病，我就吃點苦受點累算個啥。」

第二天，德厚把豬趕到山上，按著姑娘指點的方向，果然又找到了一片人參，好半天才都挖出來，回去給病人熬水喝了，鄉親們的病也都好了。大家都誇德厚和那個姑娘是天底下難找的好人。

這事很快就傳到劉壞水的耳朵裡。他一琢磨，劉德厚碰見的那個姑娘肯定是苗大棒槌，就盤算著怎麼把她弄到手。

這一天，德厚放豬回來，劉壞水把他迎進院裡，讓到堂屋，皮笑肉不笑地說：「老侄子，這些日子你放豬辛苦了，我叫二東家給你準備了一桌酒席，犒勞犒勞你！」說完就叫上德厚上後屋去了。德厚心裡思量著：這個老東西平日愛財如命，一個銅大錢都握出水來，這回怎麼出血了？德厚想來想去，覺得他是黃鼠狼給雞拜年——沒安好心！一定是在那個姑娘身上打主意，我得當心點兒，不能上他的當。劉壞水喝到興頭上，拍著德厚的肩膀，說：「老侄子，聽說你在山上遇見了一個姑娘，你能幫我的忙嗎？你若是能幫我把她弄到手，我另外給你五間大瓦房，再給你一百畝好地，夠你娘倆過一輩子的了。」德厚心裡想：姑娘救我媽和鄉親們的命，我可不能昧著良心害她！德厚低頭尋思了一會兒說：「東家，我是碰到了一個姑娘，可是她行蹤不定，根本抓不著她。」

「你只要能幫忙就行。」劉壞水從兜裡掏出一卷紅線繩和針遞給德厚，告訴他說：「你再遇見她，就把紅線繩別在她身上，她邊走你邊放線，直到線不動為止。那時，你就回來找我，我順著線繩就能找到她！」

第二天，德厚上山放豬，在泉邊又遇見了那個姑娘。德厚低著頭，悶悶不樂，姑娘問他：「鄉親們的病都好了，你還愁什麼？」德厚流著淚，把壞水要害她的事說了一遍，然後對姑娘關心地說：「你快走吧，劉壞水又毒又壞呀！」那姑娘點點頭，就走了。日頭下山以後，德厚趕著豬回去了。劉壞水迎出大門口，問：「老侄子，見著那個姑娘沒有？」劉德厚沒好氣地說：「沒見著。」

劉壞水滿臉堆笑地說：「老侄子，實話對你說吧，那個姑娘是苗寶參，吃了能長生不老，你快告訴我，棒槌姑娘哪兒去了？」

德厚還是說：「不知道！」

「哎，你真是死心眼兒，快告訴三大爺，只要你說了她的住處，給你十間大瓦房、二百畝好地。」

德厚聽了連眼睛都不眨，理也不理。

劉壞水急了，說：「你嫌少，就給你二百間房子，五百畝地，牛羊都趕去，怎麼樣？」

德厚還是不理劉壞水，劉壞水急得直跺腳，大聲喊起來：「快說，說了我的家產全給你！全給你。」不管劉壞水怎麼說，德厚也不吱聲。劉壞水使了個眼色，幾個家丁如狼似虎地撲了上來，掄起棒子劈頭蓋臉地向德厚打來。這工夫二東家進來，朝劉壞水嘀咕了幾句，然後假惺惺地說：「東家是為了你好，本家當戶，打也打得著，不要往心裡去。你回去好好想想，為了以後你們娘倆過好日子也該……嘿嘿！」說完就叫人把德厚放了。

劉德厚被打得青一塊紫一塊，還得去放豬。德厚趕豬來到泉水邊，姑娘早就在那兒等著呢。姑娘來到德厚的身邊，用手撫摸著他的傷口，心疼地流下了眼淚，說也怪，姑娘那熱乎乎的手輕輕一摸，傷口就不痛了。

姑娘說：「為了我，讓你受這麼大的苦。」

德厚說：「不，還是我連累了你。」

兩個人正說著，聽見山下有「嘩啦嘩啦」的腳步聲，德厚說：「不好，有人來了。」他倆抬頭一看，正是劉壞水領著家丁，拿著鹿骨扦子、紅頭繩，明晃晃的快當刀子，一窩蜂似的上來了。劉壞水離老遠就喊了一聲：「棒槌！」二東家接著問：「什麼貨？」劉壞水回答：「是個寶參。」劉壞水和二東家這麼一喊，姑娘頓時就不哭了。他們撲過來，姑娘就沒有影了。劉壞水見泉水邊的樺樹下有棵六品葉，三尺多高的稈上頂著個像盤子似的紅鎯頭，就急忙拴上紅頭繩，小心地把參挖出來，揭張樺樹皮，弄點青苔毛子包好，樂顛顛地背回去了。

劉德厚一看人參姑娘落到劉壞水手裡，心如刀割，飯也不想吃，水也不想喝，坐立不安。人參姑娘為了窮哥們把命搭上了，劉壞水吃了她，長生不老，哪裡還有窮人的活路啊！不管怎麼的也得把人參姑娘救出來。

劉壞水得到了寶參，晚上擺席設宴，把附近的財主請了來，慶賀得到了寶參。席間，劉壞水把寶參拿出來在大夥面前炫耀。這參緊皮細紋，在蘆頭下邊還有幾個小刺，看的人讚不絕口說：「真是苗寶參。」

劉壞水讓德厚上菜端飯換茶，出出進進，寶參放在哪兒德厚看得一清二楚。晚上德厚回到夥計房子以後，把劉壞水怎麼得了寶參和他想救人參姑娘的事向叔叔大爺們說了，大夥都說：「咱們一定得救出人參姑娘來。」到了夜深人靜的時候，德厚手持快斧，踩著幾個窮哥們兒搭的人梯，翻牆跳進院子，悄悄地來到窗根底下，用舌頭舐破了窗戶紙，順著指肚大的小眼兒往屋裡看：明燈蠟燭，把屋裡照得通亮。一個家丁拿著大刀坐炕沿上打瞌睡。德厚撬開門，偷偷地進去，對準家丁就是一斧子，當時就把家丁砍死了，只聽「咣噹」一聲，劈開了大櫃，拿走了寶參，在鄉親們的接應下，德厚逃出了劉壞水的大院。

劉壞水被這突如其來的響聲驚醒了，他大喊了一聲：「有賊！快抓住他。」這一喊二東家和家丁都起來了，打著燈籠火把，朝德厚跑的方向追去。

等天快亮的時候，劉德厚被攆到一個懸崖上。他回頭看看劉壞水和家丁越攆越近了，跑又跑不成，退又退不了，怎麼辦？劉德厚想：我豁出去了，也不能讓劉壞水再得到寶參。這時聽劉壞水的說話聲：「你們幾個從那邊圍過來，我們幾個從這邊插過去，跑不了他！」德厚看劉壞水和家丁追上來了，咬著牙，狠狠心，縱身一跳，跳進大山澗裡。劉壞水他們趕上來一看，德厚跳崖了，就洋洋得意地說：「我看你還往哪兒跑！」他又對二東家說：「劉德厚摔死了，那寶參壞不了，快放下去繩子，下去把寶參拿回來。」劉壞水和家丁扯著繩子下來了。

再說劉德厚，他跳下去以後，聽著風在耳邊呼呼直響，到了下面，暄乎乎的。德厚旁邊坐著個姑娘，姑娘問他：「摔壞了沒有？」

德厚說：「沒有。你快跑吧，他們會下來抓你的。」姑娘說：「不怕，我有辦法對付他們！」

劉壞水下了懸崖一看，德厚還和人參姑娘嘮嗑呢，就喊了聲：「棒槌！」那個姑娘就不見了。劉壞水這兒瞅瞅，那兒看看，見劉德厚身邊有蘆六品葉，樂得張著大嘴哈哈大笑，趕忙把人參挖出來。仔細看了看，正是那苗寶參！他對著寶參自言自語地說：「這回可不能讓你跑了！」說著就掐下來根參鬚子，張開大口，塞進嘴裡嚥了下。吃了人參鬚子，只聽渾身骨節「咔咔」直響，眼睛不好使，腿也邁不動了，不一會兒，就變了個模樣兒，變成渾身是刺的「刺老芽」樹。二東家看東家沒有了，就一頭撲到「刺老芽」樹上哭起來。過了一會兒，二東家讓「刺老芽」的毒刺扎死了。這時，德厚捧起摔在地上的寶參，埋在一棵樺樹下，長出一棵稈全是刺的「刺參」，打那以後，長白山又增加了兩種植物，一種是劉壞水變的「刺老芽」樹，一種是人參姑娘變的「刺參」。

鹿參

傳說，松花江下游西岸，有座青石山，山前有兩間樺木垛的「霸王圈」，房頂上苫的椴樹皮。房子裡住著一老一小，老的名叫王福，小的名叫王升。爺倆給大參戶李全扛活，苦巴苦業地幹了一年，到了年關，七折八扣，一個錢也拿不回去，吃了上頓沒下頓，過著苦日子。王升長到十二歲那年，他爹刨參土累死了，被用破秫秸席捲了出去。老子欠債兒子還，李全生呲拉地把王升逼去抵債，說幹上一輩子也還不清。王升給李全放牛。他早晨天不亮就趕著牛群上山，晚上頂著星星回來。一晃十多年過去了。有一次，他不小心丟了一頭牛，讓李全毒打了一頓，硬逼著他連宿搭夜去找牛，找不回來就要他的命。他一氣之下跑了出去，再也沒有回去；走了半個月，來到松樹屯，給一家大糧戶打短工。轉過年的秋天，他看鄉親們仨一幫倆一夥地到長白山去挖參，心也活了，要跟著他們去放山。因為他沒放過山，誰也不肯帶他去。他沒辦法，就求鄉親們幫助湊了兩斗小米，借個小鍋和放山的家什，自個兒上了山。

王升走到嘩嘩流淌的小溪北岸，在巴山嘴子下邊找個窩風向陽的地方，搭起地戧子。他到小溪裡去舀水，隱隱約約地聽見那邊林子裡傳來「啾——啾——」聲，循聲找去，在離地戧子不遠的松樹林裡，有一頭小梅花鹿趴在草叢裡。它瞅著王升，兩眼流著淚，還不時地點頭呢。王升蹲下用手撫摸著小鹿，等摸到左前腿時，小鹿身上一哆嗦。噢！它的腿斷了。他從兜裡掏出治療跌打損傷的藥，從布衫前襟撕塊布條，給小鹿的傷腿抹上藥包好了，然後，抱著小鹿回到地戧子，把它放在地鋪上躺著，煮了滿滿一鍋小米粥，盛在大碗裡，一匙一匙地舀粥餵小鹿。王升白天黑夜地守護著小鹿，一天餵好幾遍。沒事兒，他一會給小鹿撓癢癢，一會兒梳梳毛，小鹿見到王升，就依偎在他的身上，舔舔手，咬咬衣襟兒，一時看不見他，就「啾啾」地叫喚。這天，王升看小鹿的傷養好了，就對小鹿說：「傷好了，你走吧。」小鹿好像沒聽見似的，站在那裡一動也不動，朝東南直點頭。王升明白小鹿的意思，小鹿在前邊走，他就在後面跟著，一直走了小半天，走到一片小樺樹林子裡，小鹿就不見了。王升四下看了看，呵！林子邊上一摟粗的樺樹根下有苗四品葉，隨風搖擺，他高興地大喊了一聲：「棒槌！」放下背筐，掏出紅頭繩，拴在參秸上，拿出鹿骨扦子，破土抬參。這苗參的一邊長了四個側根，尾部往有側根那邊彎下去，蘆頭上長了幾個叉，身子上還有些白點兒，長相和梅花鹿一樣。他扒了張樺樹皮，捋些青苔把參包好，放在背筐底下，高高興興地下山了。

王升背著參下營口，山貨莊掌櫃的看了參讚不絕口，說這是苗鹿參，人吃了可以延年益壽，不管要多少錢非買不可。錢給得再多，王升也不賣。他想：這苗寶參獻給皇帝，備不住弄個一官半職的，那時也就不怕沒錢花了。對！到京城給皇帝進貢獻寶去。

王升來到了京城，把鹿參獻給了皇帝。皇帝很高興，賞給他不少銀子，還下了一道聖旨，封他為鎮邊官。

王升回到松樹屯，鄉親們都出去迎，高興得跳啊唱啊，指望他能夠給窮哥們當家做主，過上個太平日子。誰承想，沒過多久，王升就變了。他為人心毒手狠，巧取豪奪，把這一帶的土地、山林、江河都霸占去了。家有錢財萬貫，牛馬成群，要啥有啥。他出門坐著轎，一幫人前呼後擁，那個威風勁就不用提啦。鄉親們那個氣啊！

有一天，王升照鏡子一看，腦袋上稀稀拉拉的頭髮白了，連嘴巴上也長出了白鬍子，臉上的皺紋像蜘蛛網似的，密密麻麻。他吃了一驚，開始琢磨吃什麼才能長生不老。他打發出去不少夥計四處求醫和打聽民間驗方。後來聽說靈芝草吃了能夠返老還童，便派出了好幾十個兵丁，讓他們到長白山去找靈芝草。

兵丁們進山的頭天晚上，王升擺了幾桌酒席，對兵丁們假惺惺地說：「弟兄們，你們辛苦一趟，上山找到了靈芝草，我給你們房子，給你們地，讓你們也享受榮華富貴。」

兵丁們明知道他在騙人，可是誰也不敢吱聲，只好硬著頭皮去找。他們跑了一秋天，長白山裡的山山嶺嶺都找遍了，腳掌子磨破了，衣服刮爛了，也沒找著靈芝草。王升發火了，指著兵丁們鼻子罵：「你們這些狗雜種，吃我的，喝我的，穿我的，上山還不玩活，要你們這些喪門星有啥用？」說完，吩咐兩班衙役，把放山回來的幾十個兵丁每人重打四十大板。

轉眼又到了第二年秋天，王升又想出個熊道眼，下令逐屯輪流派人上長白山去找靈芝草，找不著靈芝草的回來就砍頭，一年又一年，不知道殺了多少無辜的平民百姓。這年秋天，找靈芝草的差事輪到了松樹屯。屯東邊馬架子裡住著個單身漢，名叫李永，二十三四歲，高高的個兒，膀闊腰圓，結結實實，真有個力氣頭。他想：我自個兒去，找不著靈芝草砍頭只是我一人。於是他把想法稟報給了王升，並立下了字據，一個月的期限。

鄉親們給李永湊了兩斗小米，準備好了家什，第二天吃完早飯，李永背著背筐出發了。全屯子男女老少送了一程又一程，真是難捨難分呢！

李永來到王升當年挖鹿參的地方，在依山傍水的石砬子根下搭了個地戧子，就開始壓山了。

一天一天過去了，鎮邊官王升規定的期限快到了，別說是靈芝草啊，就是棒槌毛也沒見到。李永坐在地戧子門口的倒木上發愁，低著頭盤算著還怎麼個找法。想著想著，忽然傳來唰唰的腳步聲，抬頭一看，有個白鬍子老頭，拄著枴杖，站在面前，笑呵呵地問：「李永，你上這兒來幹什麼？有什麼為難事儘管說，我幫你辦。」

李永納悶兒，從來沒見過這個老頭，他怎麼知道我的名字呢？便問白鬍子老頭說：「老爺爺，你家住在哪裡？」白鬍子老頭舉起枴杖指了指山後說：「離這兒不遠。」李永嘴不說，心尋思：「這一帶都走遍了，也沒看著人家呀！」他看白鬍子老頭為人和善，實實在在，就把鎮邊官王升逼著鄉親們進山找靈芝草的事說了一遍。白鬍子老頭很生氣。他囑咐李永：「你往東南方向走，不管遇著什麼為難事，也別灰心，就能夠如心所願。」李永按著白鬍子老頭的指點，翻過兩座山，來到一個立陡立陡的大石砬子下邊，看砬子頂上景緻不一般，木頭齊刷刷、綠油油的，是個好地方。李永雙手扯著軟棗藤子往上爬，爬到半山腰，腳一滑溜身子往下墜，軟棗藤子斷了，他滾下砬子摔死過去。

這時，從林子裡跑出個小梅花鹿，圍著李永轉了一圈，又全身聞了聞，嘴裡叼著個像蘑菇似的東西，在李永的嘴上抹了幾下，李永很快就緩醒過來了。他抬頭看梅花鹿站在身邊，嘴裡還叼著個血紅透明的東西，知道是小鹿救了他，感動得兩眼流出了熱淚，對梅花鹿說：「謝謝你，謝謝你！」小鹿又聞了聞李永，撒個歡兒，眨眼的工夫就沒影了。

第二天，李永起早吃完飯，渾身有了力氣，很順當地爬上了大砬子。剛站住腳，就聽見樹林裡嗚嗚直響。他抬頭一看，一條盆口粗、幾丈長的大蛇，吐出幾尺長的芯子，朝李永撲來。他往旁邊一閃，舉起快當斧子，照準大蛇的七寸狠狠地砍去，大蛇受傷翻了個身逃了。李永順著血溜子，穿過樹林，來到漫漫崗上看到大蛇已經死了。再往前走幾步，大樺樹下有苗六品葉、五尺多高的參秸子頂著盤子大的紅鎯頭，晃晃悠悠閃著光。李永放下背筐，把墊布攤在地上，拿出鹿骨扦子，扒拉開土一看，蘆頭上的枝枝杈杈和鹿茸角一樣。這不是鹿參嗎？王升吃了它也能長生不老，那還有窮人的活路啊！他又把土扒拉回去，將鹿參埋上了。李永站起來剛想要走，突然那頭梅花鹿出現在眼前，擋住了去路。

他回頭一看，那苗鹿參不見了。他明白了，眼前這頭小鹿就是鹿參變的。李永對小鹿說：「你讓我走吧。鎮邊官王升要的靈芝草還沒找著，他規定的期限眼看快要到了，回去晚了別連累鄉親們。」

梅花鹿舔了舔李永的手，把頭伸向一棵樹根，李永低頭一看，一棵像蘑菇似的紅色透明的東西長在樹上。李永明白了，問小鹿：「這就是靈芝草吧？」小鹿點了點頭。他四下仔細一踅摸，棵棵黃花松樹根部都有靈芝草，顫顫巍巍的，閃著亮光。李永又問小鹿：「這靈芝草，王升吃了真能返老還童嗎？」小鹿搖搖頭。

李永把靈芝草取下來一棵，用墊布包了包，放在背筐裡，便趕緊往回走。因為正好是一個月了。他剛走幾步，小鹿卻跑到李永身前趴下了。他知道這是鹿參怕他回去晚了，要馱著把他送回去。

李永趴在小鹿身上，閉上兩隻眼睛，只聽「嗖」的一聲，像騰雲駕霧一般，飄飄蕩蕩，不一會兒，小鹿停了下來。他睜開眼睛一看，已經到了松樹屯外。

李永大步流星地走進屯子，家家戶戶都鎖著門，鴉雀無聲，看不著人，感到事情不好。在屯子東邊的大柴草垛旁邊，他找到了鄉親們。原來王升看限期已到，卻不見李永回來，便帶領兵丁把全屯子鄉親們趕到一塊兒，他騎在馬上惡狠狠地叫喊道：「你們說，李永這小子跑哪兒去了？今天不說實話，就把你們都燒死！」鄉親們誰也不吭聲。王升的狗腿子點著了松樹明子，正要點柴草垛，李永跑過來大喊了一聲：「住手！」這一聲就像空中響個炸雷，震住了王升和狗腿子。鄉親們都看著李永，見他放下背筐，掏出採來的靈芝草，送給了王升。王升雙手接過仔細觀察，確實和醫書上講的一模一樣。心急得一口就把靈芝草吞進肚子裡了，樂顛顛地領兵回了鎮邊官府衙。後來聽說，當天晚上王升就翻白眼珠，嘴吐白沫，傍天亮時便伸腿玩完了。原來他吃的是毒蘑菇。

吉林文庫 A0703B04

長白山傳說　第四冊

主　　編　莊　嚴
版權策畫　李　鋒
責任編輯　楊家瑜

發 行 人　陳滿銘
總 經 理　梁錦興
總 編 輯　陳滿銘
副總編輯　張晏瑞
編 輯 所　萬卷樓圖書股份有限公司
排　　版　菩薩蠻數位文化有限公司
印　　刷　維中科技有限公司
封面設計　菩薩蠻數位文化有限公司

出　　版　昌明文化有限公司
桃園市龜山區中原街 32 號
電話　(02)23216565
發　　行　萬卷樓圖書股份有限公司
臺北市羅斯福路二段 41 號 6 樓之 3
電話　(02)23216565
傳真　(02)23218698
電郵　SERVICE@WANJUAN.COM.TW
大陸經銷　廈門外圖臺灣書店有限公司
電郵　JKB188@188.COM

ISBN 978-986-496-304-1
2018 年 1 月初版
定價：新臺幣 480 元

如何購買本書：
1. 轉帳購書，請透過以下帳戶
合作金庫銀行　古亭分行
戶名：萬卷樓圖書股份有限公司
帳號：0877717092596
2. 網路購書，請透過萬卷樓網站
網址　WWW.WANJUAN.COM.TW
大量購書，請直接聯繫我們，將有專人為您服務。客服：(02)23216565　分機 610
如有缺頁、破損或裝訂錯誤，請寄回更換

國家圖書館出版品預行編目資料

長白山傳說 / 莊嚴主編. -- 初版. -- 桃園市：昌明文化出版；臺北市：萬卷樓發行, 2018.01
冊；　公分
ISBN 978-986-496-304-1(第 4 冊：平裝)
539.5242　　107002197

本著作物經廈門墨客知識產權代理有限公司代理，由時代文藝出版社授權萬卷樓圖書股份有限公司出版、發行中文繁體字版版權。

本書為金門大學華語文學系產學合作成果。　　校對：劉懿心